"十二五"国家重点图书出版规划项目
中国科学技术大学精品教材

张瑞稳／编著

Accounting

会计学

第2版

中国科学技术大学出版社

内 容 简 介

会计学是管理学科的重要组成部分，是经济学、工商管理学科类专业的核心课程。会计作为一种通用的“商业语言”，它借助会计信息系统，把众多的经营信息和杂乱的会计数据归类整理，加工编制成有用的财务信息，为内部管理者和外部利害关系人提供决策服务。会计知识已成为从事现代经济活动必备的基本常识之一。

本书主要内容包括：会计概论、会计循环、企业基本业务核算、企业税务会计、企业会计政策、财务报告、财务报表分析、上市公司会计造假原因分析及识别方法、审计报告等。

本书既适用于管理学和经济学专业本科生，同时也适用于工商管理硕士（MBA）的教学。

图书在版编目(CIP)数据

会计学/张瑞稳编著.—2版.—合肥：中国科学技术大学出版社，2014.1
(中国科学技术大学精品教材)
“十二五”国家重点图书出版规划项目
ISBN 978-7-312-03383-4

Ⅰ.会…　Ⅱ.张…　Ⅲ.会计学—高等学校—教材　Ⅳ.F230

中国版本图书馆 CIP 数据核字(2013)第 319113 号

中国科学技术大学出版社出版发行
安徽省合肥市金寨路 96 号，230026
http://press.ustc.edu.cn
合肥市宏基印刷有限公司印刷
全国新华书店经销

开本：710 mm×960 mm　1/16　印张：27.5　插页：2　字数：524 千
2003 年 5 月第 1 版　2014 年 1 月第 2 版　2014 年 1 月第 2 次印刷
印数：4001—7000 册
定价：49.50 元

总　　序

2008年，为庆祝中国科学技术大学建校五十周年，反映建校以来的办学理念和特色，集中展示教材建设的成果，学校决定组织编写出版代表中国科学技术大学教学水平的精品教材系列。在各方的共同努力下，共组织选题281种，经过多轮、严格的评审，最后确定50种入选精品教材系列。

五十周年校庆精品教材系列于2008年9月纪念建校五十周年之际陆续出版，共出书50种，在学生、教师、校友以及高校同行中引起了很好的反响，并整体进入国家新闻出版总署的“十一五”国家重点图书出版规划。为继续鼓励教师积极开展教学研究与教学建设，结合自己的教学与科研积累编写高水平的教材，学校决定，将精品教材出版作为常规工作，以《中国科学技术大学精品教材》系列的形式长期出版，并设立专项基金给予支持。国家新闻出版总署也将该精品教材系列继续列入“十二五”国家重点图书出版规划。

1958年学校成立之时，教员大部分来自中国科学院的各个研究所。作为各个研究所的科研人员，他们到学校后保持了教学的同时又作研究的传统。同时，根据“全院办校，所系结合”的原则，科学院各个研究所在科研第一线工作的杰出科学家也参与学校的教学，为本科生授课，将最新的科研成果融入到教学中。虽然现在外界环境和内在条件都发生了很大变化，但学校以教学为主、教学与科研相结合的方针没有变。正因为坚持了科学与技术相结合、理论与实践相结合、教学与科研相结合的方针，并形成了优良的传统，才培养出了一批又一批高质量的人才。

学校非常重视基础课和专业基础课教学的传统，也是她特别成功的原因之一。当今社会，科技发展突飞猛进、科技成果日新月异，没有扎实的基础知识，很难在科学技术研究中作出重大贡献。建校之初，华罗庚、吴有训、严济慈等老一辈科学家、教育家就身体力行，亲自为本科生讲授基础课。他们以渊博的学识、精湛的讲课艺术、高尚的师德，带出一批又一批杰出的年轻教员，培养了一届又一届优秀学生。入选精品教材系列的绝大部分是基础课或专业基础课的教材，其作者大多直接或间接受到过这些老一辈科学家、教育家的教诲和影响，因此在教材中也贯穿着这些先辈的教育教学理念与科学探索精神。

改革开放之初，学校最先选派青年骨干教师赴西方国家交流、学习，他们在带回先进科学技术的同时，也把西方先进的教育理念、教学方法、教学内容等带回到中国科学技术大学，并以极大的热情进行教学实践，使“科学与技术相结合、理论与实践相结合、教学与科研相结合”的方针得到进一步深化，取得了非常好的效果，培养的学生得到全社会的认可。这些教学改革影响深远，直到今天仍然受到学生的欢迎，并辐射到其他高校。在入选的精品教材中，这种理念与尝试也都有充分的体现。

中国科学技术大学自建校以来就形成的又一传统是根据学生的特点，用创新的精神编写教材。进入我校学习的都是基础扎实、学业优秀、求知欲强、勇于探索和追求的学生，针对他们的具体情况编写教材，才能更加有利于培养他们的创新精神。教师们坚持教学与科研的结合，根据自己的科研体会，借鉴目前国外相关专业有关课程的经验，注意理论与实际应用的结合，基础知识与最新发展的结合，课堂教学与课外实践的结合，精心组织材料、认真编写教材，使学生在掌握扎实的理论基础的同时，了解最新的研究方法，掌握实际应用的技术。

入选的这些精品教材，既是教学一线教师长期教学积累的成果，也是学校教学传统的体现，反映了中国科学技术大学的教学理念、教学特色和教学改革成果。希望该精品教材系列的出版，能对我们继续探索科教紧密结合培养拔尖创新人才，进一步提高教育教学质量有所帮助，为高等教育事业作出我们的贡献。

侯建国

中国科学技术大学校长
中国科学院院士
第三世界科学院院士

再版前言

本书是为管理类专业及MBA课程专门编写的教材。第1版于2003年在中国科学技术大学出版社出版以来,受到了读者的好评。至今已经十年,这十年间,中国的会计环境发生了很大变化。中国资本市场逐步完善、企业所得税法修订、新会计准则施行、企业会计准则解释颁布、增值税转型与营改增的试点推广等,所有这一切都为会计工作的发展和完善提供了更好的机遇和更多的挑战。为了有效地利用机遇和迎接挑战,我们的会计教育应该为学生提供必要的知识储备和能力积淀。本书正是基于上述环境和目的进行了修订。

第2版的修订具有以下几个特点:

(1) 实用性。力求务实,与我国资本市场相结合,与中国企业会计实践相结合。教材紧紧围绕企业经理人或高级管理者的会计课程目标:看懂财务报表,利用财务报表提供的信息正确决策,以及利用会计政策,编制自己所需要的财务报表等。

(2) 新颖性。根据国家近几年颁布实施的《企业会计准则》、《企业所得税法》、《企业会计准则解释》等以及我国财税改革的新内容对原教材相关内容进行实时更新。

(3) 明晰性。会计技术方法的专业性和内容的复杂性,往往使会计教材变得晦涩难懂。因此,本书极力用简明的手法来处理一些难于掌握的会计原理。为了帮助学生理解和掌握会计学内容,本书各章都配备了相关的案例,以便学生开拓思路,提高认识,增加知识趣味性。这些案例大部分是根据真实的经济业务编写而成的,小部分来自于新闻媒体的报道。

由于本人水平有限，书中掺杂的个人观点不一定完全正确，恳请各位读者给予批评指正。

作 者

2013年10月

前　言

会计是因人类社会实践和经邦济世的客观需要而产生并发展的。经济越发展，会计越重要，这一非常重要的论断，已被现代社会和历史发展所证明。作为国际通用的商贸语言，会计与国际惯例接轨的要求愈加迫切，那么对会计信息真实、客观、透明、公允的要求愈加严格。

利用会计信息和会计的职能来管理经济，日益为人们所重视。会计这一商业语言与管理工具在企业的经营管理和发展中正起着越来越重要的作用，现代会计在市场经济中发挥的职能也越来越大。因为无论企业或其他经济组织出于什么目的、追求什么目标，也无论企业采取何种经营的模式，企业的一切经营管理活动，如产品的研究与开发、组织设计与创新、产品的生产、营销与管理、人力资源及项目管理、制度安排与创新等等，最终都要反映在企业的财务状况上。一个企业忽视会计工作，那么它在竞争中往往会失利，它的投资决策往往会失误，它的持续经营能力就会出问题，所有者的财富就会发生损失，发展下去企业就会面临危机，企业管理当局就会被淘汰。从另一侧面观察，会计也反过来影响它所处的社会环境。作为一个经济信息系统，它将会计信息反馈给有关各方，帮助会计信息的使用者作出理性的判断，制定合理的经济决策，促使企业乃至国民经济健康地向前发展。

会计学作为MBA教学的核心课程，旨在让学生对会计有一个较全面的理解，可使学生掌握会计信息的产生和分析的基本方法与技能，并通过相关的案例分析，利用会计这一特殊的商业语言，改善和推进企业管理。

传统的会计学教材中，主要以大量的篇幅介绍会计确认、计量、记录和报表编制的知识，而对会计政策选择的应用和分析、会计报表附注揭示内容、上市公司信息披露等方面很少涉及。本教材试图在这一方面有所突破。

本教材共分15章内容，主要阐述财务会计基本理论与实务操作方法，具体内容包括会计基础理论、记账方法及会计信息流程，以及现金、应收款、存货、固定资产、无形资产、负债、所有者权益、收入、费用、利润等项目的核算；会计报表的编制和分析；职业经理人对会计政策的选择判断；上市公司信息披露存在的问题及思考。本书在编写过程中，注重理论的逻辑性、实务的可操作性，以及各种核算方法对财务信息披露及税收的影响。为了便于组织教学，本书各章均有练习题，并在大部分的章中附了案例题，以便学员讨论和掌握所学的基本知识。

由于本人业务和文字水平有限，写作中的不足在所难免，为此，恳请广大读者批评指正。

张瑞稳

2002年8月于合肥

目　录

第一章 会计概论

第一节 会计的含义

一、什么是会计

凡是成年人，说起会计，恐怕没有不知道的。但会计作为一个专业、一种专门技术、一门学科，对很多非会计专业人员来说，是既熟悉又陌生的。说熟悉，是因为我们参加工作的每一个人都与会计打过交道，比如领工资、预借和报销差旅费等。说陌生，是因为非会计专业人员看在眼里的仅是凭证、账簿、报表、计算器、算盘、计算机等会计核算工具，而对经济业务的处理、会计数据的加工、会计报表各项目的经济含义，还都像雾里看花。尤其是会计报表，简直就是一个“迷宫”。

什么是会计？一是指会计工作，另一指会计学科。从事会计工作或把会计作为职业的人员，在我国据曾经的统计有1 300多万，相当于我国人口基数13亿人的1%，即每100人中就有1人是会计。会计作为一门学科，它是人们把对会计这一实践活动(也称会计工作)的认识加以系统化和条理化，用若干专门的概念(范畴)，全面、系统地加以理论阐述。

从企业管理的角度来说，会计是企业的语言，这种语言是企业内部交流的工具。当公司领导开会时，要借助会计语言来研究企业的管理。用会计语言表述企业用了多少资产、欠了多少债务、拥有多少权益、有多少收入、用去多少费用、获得多少利润等等。会计语言是企业通用的语言，在企业内部各部门之间是通用的，在一个国家里也是通用的，甚至是国际通用的语言。当企业和另外一家企业打交道时，要借助于会计语言；当企业和银行打交道时，也要使用会计语言；当企业和政府打交道时，同样要使用会计语言。

通常，我们从专业角度来定义，会计就是以会计凭证为依据，以货币为主要计量单位，运用一系列专门的技术方法，全面、连续、系统、综合地反映和监督企、事业单位的经济活动，并向相关会计信息使用者提供符合会计法律、法规和规章制度要求的会计信息的一项管理工作。

二、会计的重要性

人类的经济活动，特别是物质资料的生产，是人类社会存在和发展的基础。会计，作为人们对经济活动进行记录、计算和汇总，并获得经济信息的一项活动，有着悠久的历史。在这一历史长河中，会计的内容经历了一个从简单到复杂、从不完善到比较完善的漫长的发展过程，其性质和作用也随着经济活动的发展而发生了很大变化。但会计从产生时起，就着重于从数量上计量人们经济活动中的财产变化和效益高低等方面，并提供与此相关的经济信息。

人们要管理好经济活动，力求减少耗费和提高经济效益，就必须掌握经济活动的数据和信息。最初，人们只能靠头脑来接收并储存有关经济活动的信息；后来，人们才逐渐学会把经济活动中的各种事项加以量化并记录下来，以帮助衡量效益与规划未来。

《鲁滨逊漂流记》有这样一段故事：鲁滨逊漂流到孤岛上，孤岛是一片未开发的原始地，岛上没有现成的东西可用，他只有依靠自己的双手劳动，自给自足。一次，鲁滨逊意外地从一条漂来的破船上抢救出一些账簿、墨水和笔，他除用它们记事外，还开始记起账来。他的账本记载着他制造各种物品的数量以及每种物品平均耗费的劳动时间，记载着他所使用的各种物品以及这些物品的折耗与废弃。鲁滨逊为什么在这样艰难的环境中还要坚持记账呢？这是因为他认为：要想克服各种困难，生产出必要的物品以维持生活，就必须合理地安排每天的劳动，分配各种劳动时间。《鲁滨逊漂流记》中的这段故事生动地指出了会计产生的动因——人们对生产过程中各种物化劳动和活劳动的关心。

在人类历史发展的初期阶段，人们就从生产实践中逐步认识到，在进行生产的同时，把生产活动的内容记录下来，并从数量上对生产过程进行计算是十分必要的。会计是伴随着人们生产实践而产生的一种活动。它最初是生产职能的附带部分，即在生产时间之外附带地将各种收入、支出及其发生的具体情况等记载下来，以便人们能更好地管理生产。随着生产的发展，它逐渐从记录和核算生产过程的职能中分离出来，成为一项特殊的、专门的独立的工作，起着反映、监督、分析、预测和参与决策经济活动的重要管理职能。

会计是因人类社会实践和经邦济世的客观需要而产生并发展的。经济愈发展,管理水平愈提高,人们就愈加会利用会计信息,会计也就愈加重要。利用会计信息和会计的职能来管理经济,日益为人们所重视。哪一个企业忽视会计工作,那么它在竞争中往往会失利,它的投资决策往往会失误,它的持续经营能力就会出问题,所有者的财富就会发生损失,发展下去企业就会面临危机,企业管理者就会被淘汰。从另一侧面观察,会计也反过来影响它所处的社会环境。作为一个经济信息系统,它将会计信息反馈给有关各方,帮助会计信息的用户作出理性的判断,制定合理的经济决策,促使企业乃至国民经济健康地向前发展。会计的主要作用有以下几个方面。

(1) 会计有助于为决策者提供有用的信息,提高企业透明度,规范企业行为。

企业会计通过其反映职能,提供有关企业财务状况、经营成果和现金流量方面的信息,是包括投资者和债权人在内的各方面进行决策的依据。比如,对于作为企业所有者的投资者来说,他们为了选择投资对象、衡量投资风险、作出投资决策,不仅需要了解企业的毛利率、总资产收益率、净资产收益率等指标在内的盈利能力和发展趋势方面的信息,也需要了解有关企业经营情况方面的信息及其所处行业的信息;对于作为债权人的银行来说,他们为了选择贷款对象、衡量贷款风险、作出贷款决策,不仅需要了解企业的流动比率、速动比率、资产负债率等指标在内的短期偿债能力和长期偿债能力,也需要了解企业所处行业的基本情况及其在同行业所处的地位;对于作为社会经济管理者的政府部门来说,他们为了制定经济政策、进行宏观调控、配置社会资源,需要从总体上掌握企业的资产负债结构、损益状况和现金流转情况,从宏观上把握经济运行的状况和发展变化趋势。所有这一切,都需要会计提供有助于他们进行决策的信息,通过提高会计信息透明度来规范企业会计行为。

【案例 1】

亏损产品是否接受订货?

某企业生产 A 产品,单位成本 12 元,单位售价 10 元,去年生产 1 000 件,净亏损 2 000 元,今年在一切条件不变下,某客户要求按同样的价格订购同样的产品 10 000 件。问你干不干?很可能,你不干。因为 1 件亏 2 元,10 000 件亏 20 000 元。但从会计角度分析,产品单位成本 12 元,有材料费 7 元,你和工人的工资成本为 5 元(公司全年工资 5 000 元)。今年你和工人仍然工作,工资支出 5 000 元,这样,10 000 件产品总成本为 70 000 + 5 000 = 75 000(元),但收入为 100 000 元,盈利 25 000 元,若不接受订单,企业将失去 25 000 元的利润。

【案例 2】

股东是否满意?

某企业股东出资 2 亿元,要求回报率 10%,银行借款 2 亿元,年利率 6%,全年实现净利润 300 万元。问:股东是否满意?很显然,股东不满意。因为净利润对投资人没有补偿,按投资人的出资额及要求投资回报率,净利润至少在 2 000 万元以上。

(2) 会计有助于企业加强经营管理,提高经济效益,促进企业可持续发展。

企业经营管理水平直接影响着企业的经济效益、经营成果、竞争能力和发展前景,在一定程度上决定着企业的前途和命运。为了满足企业内部经营管理对会计信息的需要,现代会计已经渗透到了企业内部经营管理的各个方面。比如,企业会计通过分析和利用有关企业财务状况、经营成果和现金流量方面的信息,可以全面、系统、总括地了解企业的生产经营活动情况、财务状况和经营成果,并在此基础上预测和分析未来发展前景;可以通过发现过去经营活动中存在的问题,找出存在的差距及原因,并提出改进措施;可以通过预算的分解和落实,建立起内部经济责任制,从而做到目标明确、责任清晰、考核严格、赏罚分明。总之,会计通过真实地反映企业的财务信息,参与经营决策,为处理企业与各方面的关系、考核企业管理人员的经营业绩、落实企业内部管理责任奠定基础,有助于发挥会计工作在加强企业经营管理、提高经济效益方面的积极作用。

【案例 3】

哪一家企业获利能力更强?

我国部分高速公路 2012 年的销售毛利率、销售净利率、净资产收益率如表 1.1 所示,试判断哪一家公司获利能力更强。

表 1.1 部分高速公路 2012 年的销售毛利率、销售净利率、净资产收益率

公司名称	销售毛利率	销售净利率	净资产收益率
深高速	51%	23%	7.18%
皖通高速	62%	37%	11.63%
华北高速	43%	29%	5.18%
中原高速	53%	13%	7.65%
宁沪高速	47%	30%	12.49%

(上市公司 2012 年报)

(3) 会计有助于考核企业管理层经济责任的履行情况。

企业接受了包括国家在内的所有投资者和债权人的投资，就有责任按照其预定的发展目标和要求，合理利用资源，加强经营管理，提高经济效益，接受考核和评价。会计信息有助于评价企业的业绩，有助于考核企业管理层经济责任的履行情况。比如，对于作为企业所有者的投资者来说，他们为了了解企业当年度经营活动成果和当年度的资产保值和增值情况，需要将利润表中的净利润与上年度进行对比，以反映企业的盈利发展趋势；需要将其与同行业进行对比，以反映企业在与同行业竞争时所处的位置，从而考核企业管理层经济责任的履行情况；对于作为社会经济管理者的政府部门来说，他们需要了解企业执行计划的能力，需要将资产负债表、利润表和现金流量表中所反映的实际情况与预算进行对比，反映企业完成预算的情况，表明企业执行预算的能力和水平。所有这一切，都需要作为经济管理工作者的会计提供信息。

【案例 4】

董事会是否履行合同？

A 企业是一家具有 1 000 万股份的公司，年初董事会与经营层签订一合同，合同规定，全年实现净利润 3 000 万元以上和净资产收益率在 10%以上，将按净利润的 10%给全体经营层发奖金。经过全体经营层的一年努力，终于全年实现净利润 5 800 万元，净资产收益率为 18%，但每股营业现金流量为 0.02 元/股。那么董事会是否履行合同？如果不履行，则董事会不讲诚信；但如果履行合同，企业没有现金。

在今天，会计的重要性不仅仅体现在利用会计信息和会计的职能来管理经济，更重要的是把会计作为企业战略的一部分，利用会计为企业战略服务。如企业生存和发展的基础是具有获利能力和偿债能力。利润是评价企业业绩的重要指标，所以，企业追逐利润是很正常的事。一旦要完成一定的利润目标有困难，经理们就自然会想到会计。这些会计行为可分为两类：一类是通过合法的手段——会计政策的选择；另一类是通过非法的手段——会计作假账。作假账是违法的，显然是不可取的。随着政府管制的不断强化，社会经济秩序的不断优化，靠假账维持是短命的。这一点人们已经达成共识。因而，企业管理层自然会转向通过选择会计政策，让会计政策服务于企业的发展战略，服务于企业的整体利益，甚至服务于某一时需要的特殊目的。

【案例 5】

哪一家企业更好?

A 和 B 两家企业 2011 年和 2012 年的每股收益资料如表 1.2 所示。根据表中资料,请判断 A 和 B 两家企业哪一家收益更好。从资料上看,可能 A 企业比较好,因为 2011 年亏损,2012 年扭亏为盈。实际上这种情况完全可以通过会计政策得到。

表 1.2 A、B 两家企业 2011 年和 2012 年每股收益表

每股收益	A	B
2011 年	-3 元	-1 元
2012 年	1 元	-1 元
合 计	-2 元	-2 元

【案例 6】

顾雏军是经营之神吗?

顾雏军带领格林柯尔用 9 亿元资金收购科龙电器、美菱电器、亚星客车、襄阳轴承,换来了响当当的企业,资产总值共计 136 亿元。顾雏军收购的企业都有一个共性:当年巨亏(这样降低收购成本,另外为将来报出好的报表和进一步资本运作留出腾挪空间),收购次年,企业盈利。如科龙电器 2001 年亏损 12.3 亿元,2002 年盈利 1 亿元;美菱电器 2003 年亏损 1.95 亿元,2004 年盈利 2 000 万元;亚星客车 2003 年亏损 1.48 亿元,2004 年第一季度盈利。

顾雏军收购的企业一个个从亏损变为盈利,难道顾雏军是经营之神?盈利的根本途径是核心竞争力和运营效率的提升。这个途径一般在短期内很难实现。怎么办?会计来帮忙。

简单地说

$$盈利=收入-成本-费用-税金$$

这个公式告诉我们,公式右边任何一项都有文章可做。顾雏军是怎么做的?以科龙为例(注:2001 年收购科龙),资料如表 1.3 所示(单位:亿元)。

表 1.3 科龙 1999～2002 年收入、利润表

年 份	1999	2000	2001	2002
主营收入	56.2	38.7	47.2	48.8
主营利润	17.74	6.19	7.66	10.25
净利润	6.85	-4.71	-12.3	1.0

从科龙的 1999～2002 年报表可以看出，科龙的毛利率基本持平，但净利润变化很大。原因是 2001 年当年费用飙升，大量计提各种准备金，2002 年费用冲回。科龙在 2002 年坏账转回 0.5 亿元，存货减值准备转回 2.12 亿元，冲回广告费 0.8 亿元，维修费少计提 0.5 亿元，合计约 3.9 亿元。如果没有上述处理，科龙能盈利吗？可以看出如果没有 2001 年的计提、2002 年的冲回，科龙在 2002 年、2003 年不可能盈利。如果将费用与收入对比，将科龙 1998 年、1999 年、2000 年的平均费用与收入的比率 24%，对科龙 2001 年、2002 年利润进行还原，则科龙净利润没有好转。

顾雏军不是经营之神，但对财务报表的洞察、理解和执行能力，确实达到了熟练级。

（格林柯尔系资本运作全解析　七大步骤曝光顾雏军并购神话[EB/OL]. 21 世纪经济报道(2004-08-16). http://www.21so.com/HTML/21century/2004/08-16-63023_2.html.）

【案例 7】

ST 春都“保壳摘星”战略

2002 年 4 月，一直陷于泥潭的 ST 春都迎来了西安海拓普集团。尽管海拓普集团入主后，社会各界寄予重望，但并没有取得实质性的进展，致使春都 2002 年继续亏损，加上 2000～2001 年年度会计连续亏损，深交所决定自 2003 年 3 月 25 日起，ST 春都股票暂停上市。ST 春都犹如一块山坡上的巨石，随时都可能滚下。阻止这块石头滚下山的唯一力量是利润。可是这时的 ST 春都主业赢利能力依旧虚弱，靠主业短时间营造出利润不可能。于是 ST 春都“保壳摘星”战斗开始。ST 春都的两大股东进行了分工。一是 ST 春都持有的华美生物公司 30%的股权（由于华美生物公司当时的净资产不足 1 500 万元，30%的股权价值仅 500 万元），以 1 000 万元的价格卖给海拓普方，为 ST 春都制造 500 万元的利润；二是 ST 春都持有的洛阳春都药业 75.7%的股权（当时洛阳春都药业注册资本仅 300 万元，75.7%

的股权价值不过227.1万元)以850万元的价格出售给海拓普方,又为ST春都制造500万元的利润;三是第二大股东河南建投出资3 000万元,购买ST春都持有的郑州宝蓝包装技术有限公司约37.5%的股权,又为ST春都制造1 000万元的利润。另外,采取转回坏账准备、出售低效资产、剥离债务、财政补贴等措施,实现了ST春都2003年上半年和全年赢利,为恢复上市创造了基本条件。

(ST春都暂停上市之后海拓普救壳紧急行动[EB/OL].21世纪经济报道(2003-04-10). http://www.21so.com/HTML/21century/2003/04-10-56592.html.)

会计既是一门科学,也是一门艺术,新会计准则更强调了会计艺术属性,既是艺术,就有一定的弹性,体现会计艺术的盈余管理的会计方法所引致的财务舞弊已日益成为证券市场健康发展的障碍,而盈余的战略、运营和财务管理方法往往被公司管理当局所忽视。公司利润的持续增长是投资人获取高额投资回报的源泉,而减少公司利润波动则是降低投资人风险的重要手段。公司需要准确、合理地把握盈余管理分寸,提升盈余管理水平,规避财务舞弊风险,才是会计创造价值之道。

据美国《商业周刊》最近报道说:"越来越多的CEO出身于金融或会计,而不是其他职业。"任何一个生活在现在社会中的人如果不懂一些基本会计知识,就如同一个人生活在外国,而又不懂那个国家的语言一样。会计知识可以帮助所有国家的不同年龄的人了解其经济环境并对日常事务进行管理。

三、会计的产生与发展

会计是一门古老而又年轻的学科。说它古老,因为它早在几千年前就有;说它年轻,是因为它仍在不断发展。会计不是人类社会一开始就有的,是人类社会发展到一定阶段的产物。会计的产生需要两个条件:(1) 有剩余产品;(2) 有文字出现。考察人类社会的发展历史,在原始社会早期,生产力比较落后,没有剩余产品,没有文字,也就没有会计。到了原始社会后期,生产力较发达,有了剩余产品,但由于没有文字出现,真正的会计不会产生,但产生了会计行为,如结绳记事、刻契记数等。到了奴隶社会,会计产生的条件具备,于是我国早在西周年代就产生了会计。随着社会经济活动的发展和经济组织的演进,会计在不同的文明社会中发展,又随着经济活动疆域的拓展,传播到世界的其他地方。会计由简单的序时记账,发展到复式簿记;由手工的会计系统,发展到电算化会计信息系统。它的功能由会计个体内部经管责任的解脱到为内外信息用户提供决策所需的信息。近年来,随着科学技术和社会经济的发展加快,会计也呈现出一种加速发展的势态。它正向着人力资源、研究和发展、环境保护、社会效益等领域延伸,会计的发展永无尽头。

会计的发展大致经历了以下几个阶段。

按照服务对象的不同，会计发展分为：

官厅会计⟶民间会计⟶企业会计⟶{财务会计(对外)；管理会计(对内)}

按记账方法和技术的不同，会计发展分为：

古代会计⟶近代会计⟶现代会计

1．古代会计

15世纪以前的会计，习惯上称为古代会计。尽管在远古印度公社中已经有了一个农业记账员，他“登记农业账目，登记和记录与此有关的一切事项”，“在古希腊和古罗马就有了农庄、庄园和不动产的账目”，但是，古代会计是以官厅会计为主的，以上所谓的民间会计仅占非常次要的地位。

什么是官厅会计？目前还没有一个公认的定义。人们对官厅会计的一般认识是：主要服务于奴隶主和封建王室赋税征收、财政支出及其财产保管的会计。例如，早在公元前1066～771年的西周王朝，我国就建立了比较完备的官厅会计制度。我们知道，周朝是奴隶社会，以农业经济为主，土地归王朝所有。周王把一部分土地和奴隶分封给诸侯，诸侯再分封给士大夫。分封时，需要对土地和人口进行计量，作为赋税征收的依据；还要记录国家的收支。这些都有详细的规定。

2．近代会计

会计史上具有决定意义的事件，乃是复式簿记的出现。卢卡、巴其阿勒于1494年论述的“威尼斯簿记法”是会计发展史上的一个里程碑，近代会计是从运用复式簿记开始的；复式簿记不同于古代会计所使用的单式记账法。现在看起来，单式记账法似乎只具有某些历史意义，而复式簿记则不同，它与现代会计仍有密不可分的关系。今天我们使用的记账方法仍然是以复式簿记为主的，它对近代会计的发展作出了卓越的贡献。

3．现代会计

现代会计是指20世纪50年代以后，在发达的市场经济国家，特别是美国发展起来的。现代会计的形成和发展主要表现在两个方面。

(1) 会计的工艺同现代电子计算技术相结合，会计由手工簿记系统发展为电子数据处理系统(EDP会计)。会计数据处理的电算化，是会计在记录与计算技术方面的重大革命。会计电算化是电子计算技术、信息技术和现代会计技术相结合的产物。会计操作工具和处理技术的变化大大地提高了会计数据处理的及时性、正确性。会计电算化系统具有以下特点：一是处理工具电算化；二是会计数据代码化；三是信息载体磁性化；四是登账简单化、账务处理程序统一化和控制方式技术化等。

(2) 会计的理论、方法随着企业内部和外部对会计信息的不同要求而分化为两个子系统:一是财务会计。它以向投资者、债权人和企业外部其他方面提供有关投资决策、信贷决策和其他经济决策所需要的信息为主。在这个意义上,财务会计也称为"对外报告会计"。二是管理会计。它以向企业内部各级管理人员提供短期和长期经营、管理、理财决策所需要的经济信息为主。在这个意义上,管理会计也称为"对内报告会计"。

四、会计的职能

会计的职能是指会计在经济管理中具有的功能。会计的职能很多,但基本职能只有两个。会计的基本职能是:核算与监督。会计的职能是会计本质的体现。例如货币,由于它的本质是充当一般等价物的特殊商品,所以货币在经济生活中具有价值尺度、流通手段、贮藏手段、支付手段和世界货币等五种职能。会计的职能同样能体现会计的本质和作用。

反映生产和再生产中的数与量是会计的本质。会计本身不是生产活动,也不是管理活动,但它能提供生产所要求、管理所必需的经济信息。会计提供的信息,主要运用货币形式综合反映企业生产经营活动的所有重要方面。会计这个信息系统所提供的财务信息和其他信息,对于经营好一个企业,是必不可少的。否则,企业生产经营过程中的价值运动就无法客观地得到反映,人们将难以掌握与此有关的数与量。由此,企业的生产经营活动就寸步难行。从会计产生的时候起,它总是首先体现反映的职能。随着生产的发展和人们对会计信息的充分利用,它又具备了监督的职能。

马克思曾经把会计方法的本质和基本特点概括为"对过程的控制和观念的总结",即核算与监督。

会计的核算职能是指会计对经济活动进行确认、计量、记录,并进行汇总、报告的工作,即通常所说的"记账、算账、报账"。在企业中,除会计核算外,还有统计核算、业务核算。相较于其他核算,会计核算的特点是:

(1) 以货币为主要计量单位,从价值量上反映各单位的经济活动状况。

(2) 会计核算具有完整性、连续性和系统性。

(3) 会计核算要对各单位的经济活动的全过程进行反映,不仅事后核算,而且事前、事中核算。

会计的监督职能是指通过预测、决策、控制、分析、考评等具体方法,促使经济活动按照规定的要求运行,以达到预期的目的。会计监督的特点是:

(1) 会计监督主要通过价值指标来进行。

(2) 会计监督既有事后监督,又有事前、事中监督。

会计监督是一个相对独立的控制职能。资本主义国家的会计监督主要表现为内部审计和外部审计。其外部审计必须由企业委托作为自由职业的注册会计师进行,审计的主要依据是“公认会计原则”(美国)、“标准会计惯例公告”(英国)、“企业会计原则”(日本)。在我国,会计监督也有内部监督和外部监督。内部监督,一般由会计机构、会计人员以及内部审计机构、审计人员来进行。外部审计主要由注册会计师进行。监督的目的(或任务),是力求使企业、单位的会计事项和会计处理达到合法性、合规性,既要加强宏观控制(主要是间接控制),又要增进企业活力;既要提高经济效益,又要制止各种违法行为。

随着商品经济的发展,会计的职能还将有所发展。

第二节 会计对象

会计对象是指会计核算和监督的内容。会计的一般对象是资金运动,会计的具体对象是会计要素。会计要素是会计核算对象的基本分类,是设定财务报表结构和内容的依据,也是进行确认和计量的依据。会计要素包括资产、负债、所有者权益、收入、费用和利润。

一、资产

资产是指企业过去的交易或者事项形成的、由企业拥有或者控制的、预期会给企业带来经济利益的资源。

一个企业从事生产经营活动,必须具备一定的物质资源,或者说物质条件。在市场经济条件下,这些必要的物质条件表现为货币资金、厂房场地、机器设备、原料、材料等等。这些货币资金、厂房场地、机器设备、原料材料等等,称为资产,它们是企业从事生产经营活动的物质基础。除以上的货币资金以及具有物质形态的资产以外,资产还包括那些不具备物质形态,但有助于生产经营活动的专利、商标等无形资产,也包括对其他单位的投资。

资产具有如下特点:

(1) 资产能够给企业带来经济利益。资产定义中的“预期会给企业带来经济利益”，是指直接或者间接导致现金和现金等价物流入企业的潜力。经济利益，是指直接或者间接流入企业的现金和现金等价物。比如，货币资金可以用于购买所需要的商品或用于利润分配，厂房机器、原料、材料等可以用于生产经营过程。制造商品或提供劳务，出售后收回货款，货款即为企业所获得的经济利益。

(2) 资产都是为企业所拥有的，或者即使不为企业所拥有，但也是企业所控制的。企业拥有资产，从而就能够排他性地从资源中获得经济利益；有些资产虽然不为企业所拥有，但是企业能够支配这些资产，而且同样能够排他性地从资产的使用中获得经济利益。以融资租赁为例，对于所租入的资产，企业并不拥有所有权，但是由于租赁合同中条款规定的租期相当长，接近于该资产的使用寿命，到租期结束时承租企业有优先购得这些资产的权利，在租期内企业有权支配资产，并从中受益，所以融资租入固定资产应当视为企业的资产。而企业没有买下矿产使用权的矿藏、工厂周围的空气等，都不能作为企业的资产。

(3) 资产都是企业在过去发生的交易、事项中获得的。资产定义中的“企业过去的交易或者事项”，包括购买、生产、建造行为或其他交易或者事项。预期在未来发生的交易或者事项不形成资产。只有过去发生的交易、事项才能增加或者减少企业的资产。不能根据谈判中的交易或者计划中的经济业务来确认一笔资产。

对资产可以作多种分类，比较常见的是按流动性以及按有无实物形态来分类。

按流动性进行分类，可以分为流动资产和长期资产或非流动资产。流动资产是指那些在一年内变现的资产，如货币资金、交易性金融资产、应收票据、应收账款、存货等。有些企业经营活动比较特殊，其经营周期可能长于一年，比如造船、大型机械制造，从购料到销售商品直到收回货款，周期比较长，往往超过一年，在这种情况下，就不把一年内变现作为划分流动资产的标志，而是将经营周期作为划分流动资产的标志。长期股权投资、固定资产、无形资产的变现周期往往在一年以上，所以称为长期资产或非流动资产。按流动性对资产进行分类，有助于掌握企业资产的变现能力，从而进一步分析企业的偿债能力和支付能力。一般来说，流动资产所占比重越大，说明企业资产的变现能力越强。流动资产中，货币资金、交易性金融资产比重越大，则支付能力越强。

按资产有无实物形态分，可以分为有形资产和无形资产。像存货、固定资产等属于有形资产，因为有实物形态；而货币资金、应收账款、交易性金融资产、长期股权投资、专利、商标等等，都属于无形资产，因为它们都没有实物形态，而是表现为某种法定权利或技术。传统上，通常将无形资产作狭义的理解，仅将专利、商标这些不具有实物形态、能够给企业带来超额利润的资产称为无形资产。

符合资产定义的资源，在同时满足以下条件时，确认为资产：

(1) 与该资源有关的经济利益很可能流入企业;这里讲的“很可能”,是指发生的可能性超过50%的概率。

(2) 该资源的成本或者价值能够可靠地计量。

符合资产定义和资产确认条件的项目,应当列入资产负债表;符合资产定义,但不符合资产确认条件的项目,不应当列入资产负债表。

二、负债

负债是指企业过去的交易或者事项形成的、预期会导致经济利益流出企业的现时义务。

负债具有如下特点:

(1) 负债是由于过去的交易、事项引起的、企业当前所承担的现时义务。现时义务是指企业在现行条件下已承担的义务。未来发生的交易或者事项形成的义务,不属于现时义务,不应当确认为负债。

(2) 负债将要由企业在未来某个时日加以清偿。

(3) 负债的清偿预期会导致经济利益流出企业。为了清偿债务,企业往往需要在将来转移资产,比如用现金偿还或者实物资产清偿,或者通过提供劳务来偿还,或同时转移资产和提供劳务偿还。也有可能将债务转为所有者权益。

按偿还期的长短,一般将负债分为短期负债和长期负债。预期在一年内到期清偿的债务属于短期债务。有些企业经营周期超过一年,这时,预期在一个经营周期内到期清偿的债务,也属于短期债务。通常情况下,流动负债包括短期借款、应付票据、应付账款、预收账款、应付职工薪酬、应交税费、应付利息、应付股利、其他应付款和一年内到期的长期借款等。除以上情形以外的债务,即为长期债务,一般包括长期借款、应付债券、长期应付款等。

符合负债定义的业务,在同时满足以下条件时,确认为负债:

(1) 与该业务有关的经济利益很可能流出企业。

(2) 未来流出的经济利益的金额能够可靠地计量。

符合负债定义和负债确认条件的项目,应当列入资产负债表;符合负债定义,但不符合负债确认条件的项目,不应当列入资产负债表。

三、所有者权益

所有者权益是指企业资产扣除负债后由所有者享有的剩余权益。公司的所有者权益又称为股东权益。

所有者权益相对于负债而言,具有以下特点:

(1) 所有者权益不像负债那样需要偿还,除非发生减资、清算,企业不需要偿还其所有者。

(2) 企业清算时,负债往往优先清偿,而所有者权益只有在清偿所有的负债之后才返还给所有者。

(3) 所有者权益能够分享利润,而负债则不能参与利润的分配。

所有者权益在性质上体现为所有者对企业资产的剩余利益,在数量上也就体现为资产减去负债后的余额。所有者权益的来源包括所有者投入的资本、直接计入所有者权益的利得和损失、留存收益等。

直接计入所有者权益的利得和损失,是指不应计入当期损益、会导致所有者权益发生增减变动的、与所有者投入资本或者向所有者分配利润无关的利得或者损失。

利得是指由企业非日常活动所形成的、会导致所有者权益增加的、与所有者投入资本无关的经济利益的流入。损失是指由企业非日常活动所发生的、会导致所有者权益减少的、与向所有者分配利润无关的经济利益的流出。所有者权益在性质上体现为所有者对企业资产的剩余权益,在数量上也就体现为资产和负债的计量。

四、收入

收入是指企业在日常活动中形成的、会导致所有者权益增加的、与所有者投入资本无关的经济利益的总流入。

企业日常从事各类生产经营活动,从而取得收入,在取得收入的过程中也会发生消耗,以收入抵偿消耗即为盈利,最终表现为净资产的增加。这里所讲的日常活动,指的是企业正常性的、经常性的活动,像商业企业从事商品购销活动,金融企业从事存贷款、证券投资业务,工业企业制造和销售产品,都属于日常活动。企业所进行的有些活动并不是经常发生的,比如工业企业卖出作为原材料的存货,在这种情况下,虽然不是经常发生的,但与日常经营活动直接相关,因此也列入收入。

收入具有以下特点:

(1) 收入是从企业的日常活动中产生的,如工商企业销售商品、提供劳务的收入。有些交易、事项也能为企业带来经济利益,但由于不是从企业的日常活动中产生的,就不属于企业的收入,而作为利得。例如,出售固定资产所取得的收益就不能作为企业的收入。

(2) 收入可能表现为企业资产的增加,如增加银行存款、形成应收账款,也可能表现为企业负债的减少,如以商品或劳务抵偿债务;也可能同时引起资产的增加和负债的减少，比如销售商品抵偿债务，同时收取部分现金。

(3) 收入将引起企业所有者权益的增加。

(4) 收入只包括本企业经济利益的总流入。企业所有者投入资本导致的经济利益的总流入，一方面增加企业的资产，另一方面增加企业的所有者权益，因此，不增加企业所有者权益，不能作为企业收入。同样，企业为第三方代收的款项，如增值税、利息等，也不能作为收入。

按企业所从事的日常活动的性质，收入有三种来源：一是对外销售商品，通过销售商品，取得现金或者形成应收账款；二是提供劳务；三是让渡资产的使用权，主要表现为对外贷款、对外投资或者对外出租等等。

按日常活动在公司、企业中所处的地位，收入还可以分为主营业务收入、其他业务收入。其中，主营业务收入是企业为完成其经营目标而从事的日常活动中的主要项目，可根据企业营业执照上规定的主要业务范围确定，例如工业、商品流通企业的主营业务是销售商品，银行的主营业务是存、贷款和办理结算等等。其他业务收入是主营业务以外的其他日常活动，如工业企业销售材料、提供非工业性劳务等。

收入只有在经济利益很可能流入从而导致企业资产增加或者负债减少，且经济利益的流入额能够可靠计量时才能予以确认。

符合收入定义和收入确认条件的项目，应当列入利润表。

五、费用

费用是指企业在日常活动中发生的、会导致所有者权益减少的、与向所有者分配利润无关的经济利益的总流出。

费用与收入相配比，即为企业经营活动中取得的盈利。与收入相对应，费用的特点在于：

(1) 费用是企业在销售商品、提供劳务等日常活动中发生的经济利益的流出，像固定资产清理损失就不是日常活动发生的经济利益的流出，所以属于损失。

(2) 费用可以表现为资产的减少，如耗用存货，也可能引起负债的增加，如负担利息，或者同时表现为资产的减少和负债的增加。

(3) 费用将引起所有者权益的减少。

费用按照其与收入的关系，可以分为营业成本和期间费用两部分。其中，营业成本是指所销售商品的成本，或者所提供劳务的成本。营业成本按照所销售商品或提供劳务在企业日常活动中所处地位可以分为主营业务成本和其他业务成本。期间费用包括管理费用、销售费用和财务费用。管理费用是企业行政管理部门为组织和管理生产经营活动而发生的各种费用；销售费用是企业在销售商品、提供劳务等日常活动中发生的除营业成本以外的各项费用以及专设销售机构的各项经费；财务费用是企业筹集生产经营所需资金而发生的费用。

费用只有在经济利益很可能流出，从而导致企业资产减少或者负债增加，且经济利益的流出额能够可靠计量时才能予以确认。

符合费用定义和费用确认条件的项目，应当列入利润表。

六、利润

利润是指企业在一定会计期间的经营成果。利润反映的是企业的经营业绩情况。利润通常是评价企业管理层业绩的一项重要指标，也是投资者、债权人等作出投资决策、信贷决策等的重要参考指标。

利润包括收入减去费用后的净额、直接计入当期利润的利得和损失等。

直接计入当期利润的利得和损失，是指应当计入当期损益、会导致所有者权益发生增减变动的、与所有者投入资本或者向所有者分配利润无关的利得或者损失。

利润金额取决于收入和费用、直接计入当期利润的利得和损失金额的计量。

利润项目应当列入利润表。

会计要素之间的关系构成以下会计等式(Accounting Equation)。

1. 资产 = 负债 + 所有者权益(Assets = Liabilities + Owners' Equity)

"资产 = 负债 + 所有者权益"是设置账户、复式记账和编制资产负债表的依据。

例 小陈是一家公司的职员，2011 年 1 月辞去工作开一家自行车店。由于自己只有 40 万元，于是又向银行借款 10 万元。开了这家名为"双轮公司"的自行车店。这家新开的自行车店的资产负债表如表 1.4 所示。

表 1.4 "双轮公司"2011 年 1 月 1 日资产负债表

资 产	金 额	负债及所有者权益	金 额
现金	500 000	负债 所有者权益	100 000 400 000
总资产	500 000	总负债及所有者权益	500 000

2. 收入 - 费用 = 利润 (Revenue - Expenses = Income(Loss))

"收入 - 费用 = 利润"是编制利润表的依据。

例 "双轮公司"1 月份自行车店开始营业，取得收入 80 000 元，购买商品等营业成本 40 000 元，另发生管理费用 10 000 元，假设以上均通过现金收付。编制利润表如表1.5所示。

表1.5 "双轮公司"2011年1月利润表

项目	本月数额
主营业务收入	80 000
减:主营业务成本	40 000
管理费用	10 000
利润总额	30 000

在会计期末,存在以下会计等式:

$$资产=负债+所有者权益+(收入-费用)$$

$$资产+费用=负债+收入+所有者权益$$

例 在2011年1月末编制的资产负债表如表1.6所示。

表1.6 "双轮公司"2011年1月31日资产负债表

资产	金额	负债及所有者权益	金额
现金	530 000	负债 所有者权益	100 000 430 000
总资产	530 000	总负债及所有者权益	530 000

从以上可以看出,利润表是联系两个资产负债表的纽带。

第三节 会计核算的基本前提和会计要素计量

财务会计作为一个以提供财务信息为主的经济信息系统,密切依存于会计的目标及其所处的客观经济环境。为了提供信息使用者满意的信息,考虑客观经济环境的影响,有必要设定会计活动的若干前提或制约条件,并使会计具备自己的基本特征。

一、会计核算的基本前提

会计核算的基本前提,也称为会计基本假设,是对会计核算所处的时间、空间环境的范围所作的合理假定。会计核算对象的确定、会计方法的选择、会计数据的收集都要以这一系列的基本前提为依据。会计核算的基本前提包括:会计主体、持续经营、会计分期和货币计量四项。如同数学上的公理一样,会计是在一定环境下的,这一经济环境必然存在着某些不确定因素,会计假设就是对这些不确定因素作一较合理的假设。只有在会计假设的基础上,才能构筑会计的理论大厦,并在会计假设的基础上,进行会计核算。

1. 会计主体假设(Separate-entity Assumption)

会计主体假设是指会计反映的是一个特定单位或组织的经营活动,而不包括其他单位或组织的经营活动。这就要求我们以企业作为会计核算的主体,站在本企业的立场,把企业与企业的相关利益主体尤其是投资者、关联方企业区分开来,只核算本企业发生的各项交易或事项,记录和反映本企业自身的各项生产经营活动。如统计一个城市的人口,要想统计正确,首先要确定统计的对象是什么,统计的信息范围包括哪些,是否包括在校大学生,是否包括在旅店居住的旅客等。

如果没有一个确定的空间范围,资产和负债就难以界定,收入和费用便无法衡量,以划清经济责任为准绳而建立的各种会计核算方法便无从谈起。因此,在会计核算时首先要从空间上界定核算的范围,这样有利于正确反映一个经济实体所拥有的财产及承担的债务,计算其经营收益或可能遭受的损失,提供准确的会计信息。

会计主体假设包含两个内容:

(1) 解决会计人员的立场。会计核算应当以某一范围内发生的经济业务为对象,记录和反映该范围本身的各项经济活动,并为该范围的经营管理者提供必要的信息。将本范围内的经济业务与其他范围的经济业务严格地区分开。

(2) 界定会计核算的范围是独立的经济实体。以独立的经济实体作为划分各会计主体的标志。独立的经济实体是指独立地完成生产经营活动,独立地对外结算,对外编制会计报表等。

注意 会计主体、法律主体和纳税主体的区别。法律主体一般应是会计主体,但会计主体并不一定是法律主体。如从法律角度看,独资和合伙企业所有的财产和债务,在法律上应视为所有者个人财产延伸的一部分,独资和合伙企业在业务上的种种行为仍然视为其个人行为,企业的利益与行为和个人的利益与行为是一致的,独资和合伙企业都因此而不具备法人资格。但是独资和合伙企业都是会计主体,在会计处理上要把企业的财务活动与所有者个人的财务活动截然分开。在多数情况下,会计主体是纳税主体,但也有特殊的会计主体不是纳税主体。从纳税的角度看,会计主体进行生产经营活动时,凡是符合税法的纳税范围的,该会计主体作为纳税主体;若该会计主体所进行的经济活动不在纳税范围,则该会计主体不是纳税主体。

2. 持续经营假设(Continuity Assumption)

持续经营假设是指会计主体在可以预见的将来不会破产、清算,一直存续经营下去。这一假设又称连续性、继续经营、非清算性假设等。其含义是:除非存在明显的"反证",否则,都将假设一个主体的经营活动是连续下去的。而所谓的"反证",就是那些表明企业经营活动将会中止的证据,如合同规定的经营期限即将到期,企业资不抵债已宣告破产,国家法律明文规定要求停业清算等。

每一个企业迟早会面临破产或清算,但只要不是在近期,就应假设该企业是持续经营的,否则会计准则和会计核算方法会丧失存在的基础。只有具备了持续经营前提,才能以历史成本作为企业资产计价的基础,才能认为资产在未来的经营活动中能够给会计主体带来经济效益,长期资产的价值才能分期转为费用。

会计主体假设解决了会计核算的空间范围,持续经营假设解决了会计核算的时间范围,它又是会计分期的前提。

3. 会计分期假设(Time-period Assumption)

会计分期假设,实际上是持续经营假设的补充,持续经营假设把主体的经营活动看成是延续不断的"长河",会计分期则把这连续的"长河",人为地分割成一个个等距离的时间"间隔",以便于核算和报告主体的财务状况和经营成果。常见的会计分期是按年划分,称为会计年度。我国的会计年度采用日历年制,即每年的1月1日至12月31日。

企业的生产经营活动从时间上看是持续不断的,但与企业有利益关系的单位或个人都需要随时了解企业的财务状况和经营成果,而不能等到生产经营过程结束后再考察企业的财务状况和经营成果。因此,会计必须为有关方面定期提供会计信息。为了适应定期提供信息的需要,应将持续不断的经营活动人为地划分为各个期间。因此会计分期假设的提出是由持续经营和及时提供会计信息决定的。

注意 (1) 会计期间的划分是一种人为的划分,实际的经济活动周期可能与之一致,也可能不一致,有的经济活动可以持续多个会计期间,有的经济活动在一个会计期间内可能进行多次。如轮船的生产周期一般都长于一年,而商业企业从购进到出售商品的时间较短,一年可以进行几次周转。(2) 会计期间划分的长短会影响损益的确定,一般来说,会计期间划分得愈短,反映经济活动的会计信息质量就愈不可靠。会计期间的划分也不能过长,否则会影响会计信息使用者及时使用会计信息。

4. 货币计量假设(Unit-of-measure Assumption)

货币计量假设是指企业在会计核算中以货币为计量单位，记录、反映企业的经营情况。货币计量假设是会计核算计量尺度的假设，它有两层含义：一是在诸多计量单位中假设货币是计量经济活动中的最好单位。在市场经济条件下，企业是商品生产者和经营者，企业经济活动是价值运动。货币是商品的一般等价物，是衡量商品价值的共同尺度，具有广泛的适用性，综合性最强。二是假设币值是稳定不变的。但在发生恶性通货膨胀时，通常应采用通货膨胀会计进行处理。

商品经济的发展，产生了一般等价物——货币。货币的综合性特点决定了它能够作为衡量经济业务价值的共同尺度，以数量形式反映会计主体的财务状况和经营成果。会计计量是会计核算的关键环节，是会计记录和会计报告的前提，货币则是会计记录的统一尺度。企业经济活动中凡是能够用货币计量的，会计可以进行反映；凡是不能用货币计量的，被摒弃在会计核算系统之外。

二、会计核算的基础工作

在会计主体的经济活动中，现金收付并不一定与收入和费用归属期间一致，由此产生了两个标准：一是以取得收款权利或付款责任作为记录收入或费用的依据，称为权责发生制；二是根据货币是否收到或支出，作为收入或费用确认和记录的依据，称为收付实现制。

1. 权责发生制

权责发生制又称应收应付制。凡是当期已实现的收入和已经发生或应当负担的费用，不论款项是否收付，应当作为当期的收入和费用；凡是不属于当期的收入和费用，即使已在当期收付，也不应当作为当期的收入和费用。权责发生制原则是用以确认收入和费用归属期的原则，其产生的基础是会计分期。只有在会计分期的基础上，才需要划分收入和费用的归属期。配比原则和实际成本计价原则都是在这一原则基础上产生的。一般情况下，以盈利为目的的企业，为了正确地核算各个会计期间的损益，都采用权责发生制确认收入和费用。我国企业会计准则规定，企业的会计核算应当以权责发生制为基础。

2. 收付实现制

与权责发生制对应的是收付实现制。收付实现制又称现金收付制，以是否收付现金来判断收入和费用的归属期。凡是收到现金的期间作为收入实现的期间，凡是支付现金的期间作为费用的归属期间。收付实现制也是确认收入和费用归属期的原则。一般情况下，非盈利组织为了简化核算，都以收付实现制作为记账的基础。

权责发生制与现金收付制确认的收入、费用区别如表 1.7 所示。

表 1.7 权责发生制与现金收付制确认的收入、费用区别

经济业务(7 月份)	权责发生制		收付实现制	
	收入	费用	收入	费用
(1) 销售产品 4 000 元,货款收到存入银行;	4 000		4 000	
(2) 销售产品 10 000 元,货款下月收到;	10 000			
(3) 预付 7~12 月的租金 6 000 元;		1 000		6 000
(4) 本月应计提银行借款利息 1 000 元;		1 000		
(5) 收到上月份应收的销货款 4 000 元存入银行;			4 000	
(6) 收到购货单位预付货款 8 000 元,下月份交货			8 000	
合　　计	14 000	2 000	16 000	6 000

三、会计信息质量要求

会计工作的基本任务就是向财务报告使用者提供与企业财务状况、经营成果和现金流量等有关的会计信息。会计信息质量的高低是评价会计工作成败的标准。会计信息质量要求主要包括客观性、相关性、明晰性、可比性、实质重于形式、重要性、谨慎性、及时性等。

1. 客观性

客观性要求会计核算应当以实际发生的交易或事项为依据,如实反映企业的财务状况、经营成果和现金流量。该原则包括两层含义:

(1) 会计核算要以实际发生的交易或事项为依据,也就是说,会计核算的原始资料是真实的。

(2) 会计核算时应保持中立,不偏不倚。

如果会计核算不是以实际发生的交易或事项为依据,未能如实反映企业的财务状况、经营成果和现金流量,会计工作就失去了存在的意义,甚至会误导会计信息使用者,导致决策失误。

2. 相关性

相关性要求企业提供的会计信息应当能够反映企业的财务状况、经营成果和现金流量,以满足会计信息使用者的需要,有助于财务报告使用者对企业过去、现在或者未来的情况作出评价或者预测。如果会计信息能为信息使用者了解过去、现在或未来事项的影响及变化趋势,则会计信息是相关的。

如果提供的会计信息不能满足会计信息使用者的需要,对会计信息使用者的决策没有什么作用，就不具有相关性。

3. 明晰性

明晰性要求企业的会计核算和编制的财务会计报告应当清晰明了，便于理解和利用。明晰性原则对于会计信息使用者来说是至关重要的，只有看懂会计信息，才能利用其进行决策。而多数信息使用者不是会计人员，要使会计信息对他们决策有用，会计核算应尽量使会计信息通俗易懂，简单明了。

4. 可比性

可比性要求企业提供的会计信息应当具有可比性。包括纵向可比和横向可比。

纵向可比是指企业的会计核算应当按照规定的会计处理方法进行，会计指标应当口径一致、相互可比。企业的会计核算方法前后各期应当保持一致，不得随意变更。如有必要变更，应当将变更的内容和理由、变更的累积影响数及累积影响数不能合理确定的理由等，在会计报表附注中予以说明。

横向可比是指不同的企业可能处于不同行业，不同地区经济业务发生于不同时点，为了保证会计信息能够满足决策的需要，便于比较不同企业的财务状况、经营成果和现金流量，企业应当遵循可比性要求，即不同企业发生的相同或者相似的交易或者事项，应当采用规定的会计政策，确保会计信息口径一致、相互可比。

如果对于相同或者相似的交易或者事项，不同的企业或者同一企业在不同的会计期间采用不同的会计政策，将不利于财务报告使用者对会计信息的理解，不利于会计信息作用的发挥。

5. 实质重于形式

实质重于形式要求企业应当按照交易或事项的经济实质进行会计核算，而不应当仅仅按照它们的法律形式作为会计核算的依据。在实际工作中，交易或事项的外在法律形式或人为形式并不总能完全反映其实质内容。所以，会计信息要想反映其所拟反映的交易或事项，就必须根据交易或事项的实质和经济现实，而不能仅仅根据它们的法律形式进行核算和反映。

6. 重要性

重要性要求企业的会计核算应当遵循重要性的要求，在会计核算过程中对交易或事项应当区别其重要程度，采用不同的核算方式。对资产、负债、损益等有较大影响，并进而影响财务会计报告使用者据以作出合理判断的重要会计事项，必须按照规定的会计方法和程序进行处理，并在财务会计报告中予以充分、准确的披露；对于次要的会计事项，在不影响会计信息真实性和不至于误导财务会计报告使用者作出正确判断的前提下，可适当简化处理。从数量方面讲，当某一会计事项达到一定数量时，则可能对决策产生影响。如某项资产价值达到总资产的5%时，一般认为其具有重要性。

7. 谨慎性

谨慎性要求企业在进行会计核算时，对交易或事项进行会计确认、计量和报告应当保持应有的谨慎，不应高估资产或收益，低估负债或费用。但不得计提秘密准备。谨慎性体现于会计核算全过程。从会计确认来说，要求确认标准和方法建立在稳妥合理的基础上；从会计计量来说，不高估资产和利润；从会计报告来说，要提供全面报告，特别是风险损失。

谨慎性的目的是尽可能减少经营者的风险负担。当会计人员选择对净资产和利润不利的处理方法时，减少了所有者对企业的要求权和对外分配的利润，相应地提高了企业承担风险的能力。

谨慎性的具体方法是：尽量低估资产与收益，对可能发生的损失和费用要算足。资产计价时从低，负债估计则从高，相应的净资产会减少；不预计任何可能的收益，但如果有合理的估计基础，应预计可能发生的费用和损失，相应地减少实现的利润。

谨慎性的应用有：应收账款的坏账准备、成本与市价孰低法、固定资产的加速折旧等。

8. 及时性

及时性要求企业的会计核算应当及时进行，不得提前或延后。主要包括：及时收集信息、及时加工处理信息和及时传递信息。

【案例8】

美国世界通信公司的财务丑闻

美国电信业巨头世界通信公司是仅次于美国电话电报公司的美国第二大长途电话公司，它所经营的因特网网络是全球最大的"骨干网"之一，是一个年收入高达350亿美元的电信巨人。到2002年3月底，世界通信公司公布的资产总额超过1 000亿美元，是安然公司的2倍。该公司在2001年全年30多亿美元和2002年第一季度将7.79亿美元的经营性开支记到了资本性开支账户上，从而使该公司这一期间的经营业绩从巨额亏损变成了盈利15亿美元。

（美国上市公司丑闻不断，世界通信面临债务危机[N].人民日报：海外版，2002-06-29(6).）

四、会计要素计量

会计计量，是指根据一定的计量标准和计量方法，在资产负债表和利润表中确认和列示会计要素而确定金额的过程。会计计量属性主要有历史成本，采用重置成本、可变现净值、现值和公允价值。企业在对会计要素进行计量时，一般应当采用历史成本，采用重置成本、可变现净值、现值、公允价值计量的，应当保证所确定的会计要素金额能够取得并可靠计量。

【案例9】

计算机如何计量？

2008年5月购一台新计算机，价2万元，预计使用5年，一年后，同型号新计算机价1.5万元，旧计算机出售价为1.1万元，旧计算机可继续使用3年，每年能带来0.5万元的收益。

1. 历史成本

历史成本，又称原始成本，是指以取得资产时实际发生的成本作为资产的入账价值。在历史成本计量下，资产按照购置时支付的现金或者现金等价物的金额，或者按照购置资产时所付出的对价的公允价值计量。负债按照因承担现时义务而实际收到的款项或者资产的金额，或者承担现时义务的合同金额，或者按照日常活动中为偿还负债预期需要支付的现金或者现金等价物的金额计量。

2. 重置成本

重置成本，是指企业重新取得与其所拥有的某项资产相同或与其功能相当的资产需要支付的现金或现金等价物。在重置成本计量下，资产按照现在购买相同或者相似资产所需支付的现金或者现金等价物的金额计量。负债按照现在偿付该项债务所需支付的现金或者现金等价物的金额计量。

3. 可变现净值

可变现净值，是指在日常活动中，存货的估计售价减去至完工时估计将要发生的成本、估计的销售费用以及相关税费后的金额。在可变现净值计量下，资产按照其正常对外销售所能收到现金或者现金等价物的金额扣减该资产至完工时估计将要发生的成本、估计的销售费用以及相关税费后的金额计量。

4. 现值

现值是指资产或负债形成的未来现金流量的折现价值。在现值计量下，资产按照预计从其持续使用和最终处置中所产生的未来净现金流入量的折现金额计量。负债按照预计期限内需要偿还的未来净现金流出量的折现金额计量。

5. 公允价值

在公允价值计量下，资产和负债按照在公平交易中，熟悉情况的交易双方自愿进行资产交换或者债务清偿的金额计量。公允价值计量是建立在公平交易基础上的，能够提供更加准确、可靠的会计信息，从而为会计信息的使用者提供更有价值的决策信息，如交易性金融资产要求按照公允价值计量。

五、会计职业道德规范

会计职业道德规范是指从事会计职业的人们，在会计工作中应遵循的，与会计职业活动相适应的行为规范，是会计人员在会计工作中产生的正确处理会计事务和调整会计人员职权和职责之间行为的准则。

会计工作更应遵守道德准则。作为专家，人们要求他们比社会其他成员具有更高的道德标准。专家拥有的专业知识，更使外行人难以判断。就像病人对医学一无所知，难于评价外科医生一样。会计信息的使用者更是缺少足够的知识评估编制或审计这些信息的会计师。所以公众对会计师的信赖十分重要，即他们能够信赖会计师的诚实、正直及能力。为获得这种信赖，职业会计师协会建立了针对其成员的法规，对不符规定的行为加以审查，对违反规定的人加以处罚。

近几年来，我国经济生活中出现了大面积、持续的会计信息失真现象，是会计工作中存在的突出问题，引起社会各界的高度关注，近几年来各种新闻媒体对此也屡有披露。事实表明，以会计信息失真现象为其突出表现的会计工作存在的问题，确实折射出会计人员职业道德存在严重滑坡。会计职业道德严重滑坡的具体表现如下：

(1) 少数会计人员会计职业道德败坏、沦丧，主动违法犯罪。有的会计人员个人利益膨胀，故意伪造、变造、隐匿、毁损会计资料，监守自盗，利用职务之便贪污、挪用公款、以身试法。某事业单位女会计许某，在其担任会计兼出纳的10年中，利用各种各样的手段贪污公款7 272万元，是新中国成立以来某省最大的一宗经济案件，媒体报道时冠以“惊天大案”，许某已被判处死刑。某房地产公司会计黎某，中专毕业，参加工作仅三年，利用单位财务制度不严密，贪污公款200多万元。这种严重的违法犯罪行为虽然是少数会计人员所为，但也的确反映出在改革开放后的市场经济条件下，在会计队伍中确有一些人职业道德沦丧，走上犯罪的道路。

(2) 相当一部分会计人员会计职业道德严重缺欠，违反实事求是、客观公正的道德规范。在这部分会计人员中，在不得不帮助单位弄虚作假时，表现了高超的技术处理能力，操作极具隐蔽性，一般较难发现，易于逃避外部监督。在有外部监督，如国家规定注册会计师对上市公司的监督时，这些会计人员则能做好与之“协调”、

“配合”,使监督弱化以至流于形式,他们在单位里因此常被视为技术高、会“公关”、有本事的会计人员。1998 年的成都红光实业股份有限公司编造虚假利润,骗取上市资格一案,就是在得到公司领导人的授意后,由当时财务部副部长陈某某的具体组织实施,他们将折旧方法由双倍余额递减法改为直线法;虚开增值税专用发票等虚报利润 10 805 亿元,使得红光公司股票得以上市。这些会计人员可能认为是自担风险,是自己对单位应尽的责任,或是自己专业技术水平良好的表现,但总归是职业道德上的严重失范。

(3) 不熟悉法规,遵纪守法的意识淡薄。不少会计人员不能做到熟悉法规、依法办事,遵纪守法的意识日益淡薄。他们缺乏职业理想和敬业精神,不关注、不学习会计法规,就更谈不上遵纪守法,依法办事了。有的会计人员思想上竟然没有会计职业道德的概念,这是现实中会计职业道德思想基础的严重扭曲。

(4) 缺乏钻研业务、精益求精的精神。现实中不少会计人员缺乏基本的业务素质,会计工作拖拖拉拉,频于应付差事。他们的业务知识贫乏或知识老化,对会计准则、会计制度知之甚少,专业技术能力较差,职业胜任能力明显不够。业务素质的低下,还表现为工作中缺乏精益求精的精神,记账不符合规范,账簿混乱、账账不符、报表挤数的现象,在不少单位是司空见惯的。实践中由于会计人员业务不熟,而出现会计信息失真的情况也并不少见。这些都大大降低了会计工作效率和会计工作质量,违背了职业道德的要求。

尽管有公司及行业的道德行为法规,作出合乎道德的选择也不太容易。例如,你是一名会计师,同时受聘担任两家单位的会计。我们分别称为 A、B 单位。B 单位是 A 单位的客户。B 单位从 A 单位赊购一批材料 500 万元。作为 B 单位的会计师,你知道该企业正面临财政危机,可能无法还清货款。而 A 单位并不知晓,仍把 500 万元货款看作可收回的应收账款而列为流动资产。你是否应告知 A 单位可能出现的坏账并作相应的坏账准备呢?也许你更应珍惜 B 单位对你的信任,两种行为在道德上都是是非兼存的。属于擦边球的道德问题也会产生问题。“合法即可接受”、“人家都这么做”的一类推理在这里总能听到。又假设你是一家公司的会计,在本会计年度刚刚结束后,完成了一笔大买卖。部门经理要求把它记入当年的业绩中而非下一年。他是你的上司,你如果照办,他会对你感到很满意。事实上,如果你不愿从命,他会让你苦不堪言。别人查出这笔错记也不是一件很容易的事,况且这只是一个记录时间的问题。然而很显然,将该笔交易记入下一年度才是忠于职守的做法,但要求记入当年的压力是如此之大,而且你也觉得把交易记入当年会使很多人受益,而几乎没有什么人吃亏。道德问题在这里或许并不是影响决策的主要因素。总的来说,道德难题就是这样难办的问题,没有简单的答案,重要的是你在拿主意前认识到的确是一个道德范畴内的问题时,就应多加考虑。

不作假账是对会计人员的基本要求,可以说是会计职业的道德底线。会计人员是会计制度的具体执行人,会计人员是单位内部的会计从业人员,是受聘、受雇于其所在单位的工作人员,其衣、食、住、行、任免、奖惩、升迁,均依靠其在单位的任职及任职的业绩。在过去,赋予会计人员"双重身份",使他们既是单位的工作人员,又是代表国家的工作人员,会计人员的任免并不完全决定于单位负责人,还要受上级主管部门的约束,这在计划经济条件下是适应的,也起到很好的作用。但是,在建立社会主义市场经济体制的过程中,在人事制度、劳动工资制度的改革中,这种"双重身份"就行不通了,他们同独立、公正执业的注册会计师不同,没有在单位之外、之上的独立执业地位,他们的工作完全在单位负责人的领导、管理之下,单位负责人拥有充分的用人权。会计人员在单位的地位具有天然的从属性,这种从属性往往不以会计人员的主观愿望为转移。如果经理在利益机制驱动下有意指使会计人员提供误导性或存有重大遗漏的会计信息,会计人员就难以做到真实披露会计信息。从数字角度单单地看会计,任凭会计人员怎么作为,结果只能是0,0写得再多也只能是0。但会计人员在现实中往往依附于某种力量,或者说是在某种力量支配下处理事务,这种力量究竟是来自于总经理、董事长,还是政府官员,不同场合或许不同。但客观地存在于会计实务中并对处理具体业务有主宰效能的这种力量,在会计这个0前面加上了一个1。自从有了这个1在前面引路、后面鞭策,会计0就不再是毫无意义了,后面这个0的多少完全取决于1的意志。当前普遍发生的会计信息失真问题,大多数会计人员是没有主观故意的,如果没有遇到授意、指使、强令,他们自己是不会主动制造虚假会计信息的。如国内闻名的"琼民源"案,在1996年的年度报告中虚构利润5.4亿元,就是在"琼民源"董事长马玉和的直接指使和策划下作出的。为此,马玉和因提供虚假财务报告罪,被判处有期徒刑三年。会计人员表现出的不良职业道德,正是单位负责人意志的体现,是单位负责人不良道德的直接结果。

在同一会计个体中,不同的会计人员面临着三种选择:(1) 一个不执行领导会计作假指令,另一个执行领导会计作假指令,执行的那个会计人员获益。(2) 都拒绝执行领导会计作假指令,一起面临打击报复的风险。(3) 一起执行领导会计作假指令,大家都得不到益处。会计人员在实务中更多地表现为一起执行领导会计作假指令。这证明,中国会计确实已陷入了"囚徒困境"之中。

世界上大多数国家为保证会计法规和会计准则的实施都制定了会计人员职业

道德规范，我国到目前为止，管理会计的政府机构尚未制定专门的职业道德规范，其相关内容体现在《会计法》、《会计人员工作规则》和《总会计师条例》等法规之中。从一定意义上讲，相关法规中的规定，不能代替独立的会计职业道德规范，它要求的只是会计人员从事会计工作的下限，对提高会计工作质量通常并不能起到应有的作用。

【案例 10】

提高产量来增加利润

某大企业集团中的一家子公司，有一位部门经理决定通过提高产量使其部门固定生产成本进入存货，而不从当期扣除。他知道固定生产成本将在未来存货被售出的会计期间与收入配比，但是那就与他无关了，因为他在明年将被调动。而且，如果他能使部门当前的年利润足够高，他将在公司中获得一个比较好的位置。通过提高产量来递延确认的固定生产成本与公司的会计政策并不矛盾，与一般公认会计原则也不矛盾。该子公司年生产能力 10 万台设备，每台单价 1 600 元，2001 年产量 5 万台，每台成本 1 700 元，年销售 5 万台，亏损 500 万元。但经分析，每台产品的变动生产成本是 1 050 元，全厂固定制造费用总额是 1 600 万元，销售和管理费用总额 1 250 万元。生产部门满负荷生产，通过扩大产量来降低单位产品负担的固定制造费用。这样，即使不提价、不扩大销售也能使企业扭亏为盈。为了减少将来的风险，2002 年追加 50 万元来改进产品质量，这笔费用计入固定制造费用；再追加 50 万元作广告宣传，追加 100 万元作职工销售奖励。计算结果如下：

单位生产成本 = 1 050 + (1 600 + 50)/10 = 1 215(元)

利润 = 5×1 600 − 5×1 215 − (1 250 + 100 + 50) = 1 775 − 1 400 = 375(万元)

【案例 11】

收入提前确认

总公司对分公司的考核标准是完成销售收入的目标给予预定 100%的奖励，完成销售收入 80%的给予预定 50%的奖励，完成销售收入 80%以下的，不给奖励。年末分公司完成销售收入 78%，于是分公司经理要求会计人员下年 1 月 1 日、2 日的销售收入提前到本年度，从而使得本年度完成销售收入目标的 81%。

第四节 企业内部控制

一、企业内部控制的目标和原则

2008 年 5 月，我国财政部、证监会、审计署、银监会和保监会联合颁布了《企业内部控制基本规范》。2010 年 4 月，五部委又联合发布了《企业内部控制应用指引》、《企业内部控制评价指引》和《企业内部控制审计指引》等，自 2011 年 1 月 1 日起首先在境内外同时上市的公司施行，2012 年实施范围扩大到国有控股主板上市公司。

按照我国 2008 年 5 月 22 日《企业内部控制基本规范》的定义：企业内部控制是指由企业董事会、监事会、经理层和全体员工实施的、旨在实现控制目标的过程。内部控制的目标是合理保证企业经营管理合法合规、资产安全、财务报告及相关信息真实完整，提高经营效率和效果，促进企业实现发展战略。

企业为了保证各项业务活动的有效进行、确保资产的安全完整、防止欺诈和舞弊行为、实现经营管理目标等而制定和实施了一系列具有控制职能的方法、措施和程序。企业内部控制，包括内部会计控制和内部管理控制，是一种现在企业管理中的各种控制程序、措施和办法。例如，一项经济业务的全过程不应由一个人或一个部门单独处理；资产的记录与保管的分工等。

企业内部控制应当遵循的基本原则：

(1) 内部控制应当涵盖企业内部的各项经济业务、各个部门和各个岗位，并针对业务处理过程中的关键控制点，将内部控制落实到决策、执行、监督、反馈等各个环节。

(2) 内部控制应当符合国家有关法律法规和本单位的实际情况，全体员工必须遵照执行，任何部门和个人都不得拥有超越内部控制的权力。

(3) 内部控制应当保证单位内部机构、岗位及其职责权限的合理设置和分工，坚持不相容职务相互分离，确保不同机构和岗位之间权责分明、相互制约、相互监督。

(4) 内部控制应当正确处理成本与收益的关系，保证以合理的控制成本达到最佳的控制效果。

二、企业内部控制要素

建立与实施有效的内部控制，应当包括下列要素：

(1) 内部环境。内部环境是企业实施内部控制的基础，一般包括治理结构、机构设置及权责分配、内部审计、人力资源政策、企业文化等。

(2) 风险评估。风险评估是企业及时识别、系统分析经营活动中与实现内部控制目标相关的风险，合理确定风险应对策略。

(3) 控制活动。控制活动是企业根据风险评估结果，采用相应的控制措施，将风险控制在可承受度之内。

(4) 信息与沟通。信息与沟通是企业及时、准确地收集、传递与内部控制相关的信息，确保信息在企业内部、企业与外部之间进行有效沟通。

(5) 内部监督。内部监督是企业对内部控制建立与实施情况进行监督检查，评价内部控制的有效性。若发现内部控制缺陷，应当及时加以改进。

三、企业内部控制的内容

企业内部控制的内容主要包括对货币资金、筹资、采购与付款、实物资产、成本费用、销售与收款、工程项目、对外投资、担保等经济业务活动的控制。

(1) 企业应对货币资金收支和保管业务建立严格的授权批准程序，办理货币资金业务的不相容岗位必须分离，相关机构和人员应当相互制约，加强款项收付的稽核，确保货币资金的安全。

(2) 企业应当加强对筹资业务的管理，合理确定筹资规模和筹资结构，选择恰当的筹资方式，严格控制财务风险，降低资金成本，确保筹措资金的合理使用。

(3) 企业应当合理规划采购与付款业务的机构和岗位，建立和完善采购与付款的控制程序，强化对请购、审批、采购、验收、付款等环节的控制，做到比质比价采购、采购决策透明，堵塞采购环节的漏洞。

(4) 企业应当建立实物资产管理的岗位责任制度，对实物资产的验收入库、领用发出、保管及处置等关键环节进行控制，防止各种资产的被盗、偷拿、毁损和流失。

(5) 企业应当建立成本费用控制系统，做好成本费用管理的各项基础工作，制定成本费用标准，分解成本费用指标，控制成本费用差异，考核成本费用的完成情况，落实奖罚措施，降低成本费用，提高经济效益。

(6) 企业应当制定适当的销售政策，明确定价原则、信用标准和条件、收款方式以及涉及销售业务的机构和人员的职责权限等相关内容，强化对商品发出和账款回收的管理，避免或减少坏账损失。

(7) 企业应当建立科学的工程项目决策程序，明确相关机构和人员的职责权限，建立工程项目投资决策的责任制度，加强工程项目的预算、决算、招标、投标、评标、工程质量监督等环节的管理，防范工程发包、承包、施工、验收等过程中的舞弊行为。

(8) 企业应当建立科学的对外投资决策程序，实行重大投资决策的责任制度，加强投资项目立项、评估、决策、实施、投资处置等环节的管理，严格控制投资风险。

(9) 企业应当严格控制担保行为，建立担保决策程序和责任制度，明确担保原则、担保标准和条件、担保责任等相关内容，加强对担保合同订立的管理，及时了解和掌握被担保人的经营和财务状况，防范潜在风险，避免和减少可能发生的损失。

四、企业内部控制的方法

企业内部控制的方法主要包括：组织结构控制、授权批准控制、会计系统控制、预算控制、财产保全控制、人员素质控制、风险控制、内部报告控制、电子信息系统控制等。

(1) 组织结构控制要求贯彻不相容职务相分离的原则，合理设置内部机构，科学划分职责权限，形成相互制衡机制。不相容职务主要包括：授权批准与业务经办、业务经办与会计记录、会计记录与财产保管、业务经办与业务稽核、授权批准与监督检查等职务。

(2) 授权批准控制要求单位明确规定授权批准的范围、权限、程序、责任等相关内容，单位内部的各级管理层必须在授权范围内行使相应职权，经办人员也必须在授权范围内办理经济业务。

(3) 会计系统控制要求单位必须依据会计法和国家统一的会计制度等法律法规，制定适合本单位的会计制度，明确会计凭证、会计账簿和财务会计报告的处理程序，实行会计人员岗位责任制，建立严密的会计控制系统。

(4) 预算控制要求单位加强预算编制、预算执行、预算分析、预算考核等环节的管理，明确预算项目，建立预算标准，规范预算的编制、审定、下达和执行程序，及时分析和控制预算差异，采取改进措施，确保预算的执行，预算内资金实行责任人限额审批，限额以上资金实行集体审批。严格控制无预算的资金支出。

(5) 财产保全控制要求单位严格限制未经授权的人员对财产的直接接触，采取定期盘点、财产记录、账实核对、财产保险等措施，确保各种财产的安全完整。

(6) 职工素质控制要求单位建立和实施科学的聘用、培训、轮岗、考核、奖惩、晋升、淘汰等人事管理制度，保证职工具有相应的工作胜任能力。

(7) 风险控制要求单位树立风险意识，针对各个风险控制点，建立有效的风险管理系统，通过风险预警、风险识别、风险评估、风险报告等措施，对财务风险和经营风险进行全面防范和控制。

(8) 内部报告控制要求单位建立和完善内部管理报告制度，全面反映经济活动情况，及时提供业务活动中的重要信息，增强内部管理的时效性和针对性。

(9) 电子信息系统控制要求运用电子信息技术手段建立控制系统，减少和消除内部人为控制的影响，确保内部控制的有效实施，同时要加强对电子信息系统开发与维护、数据输入与输出、文件储存与保管、网络安全等方面的控制。

五、企业内部控制存在的问题

当前企业内部控制存在的问题很多，比较突出的问题，可以归纳为以下几个方面：

(1) 岗位责任没有分工或分工不明确。对企业有关职能部门和工作人员处理经济业务，不能进行有效监督和控制。一些企业没有建立总会计师责任制，财务收支多人管理，成本费用无法控制，花多少算多少。

(2) 不相容的职务没有分离，或分离后没有严格执行。一些企业长期以来会计兼采购，给一些不法分子进行贪污舞弊提供了机会和条件。

(3) 原材料采购、入库、领用，发料缺乏控制措施。有的企业不是凭生产计划组织采购，而是凭供应部门和采购员的关系，进行“人情购”，想买什么就买什么，结果不是质量不符合要求便是品种规格不对路，造成资金积压浪费；有的企业验收制度不健全或执行不严格，导致货物未入库就先付款或货物在途中就被盗卖。

(4) 生产过程控制不严，手续不清，责任不明，品种数量缺乏必要的控制。有的企业上下工序、各车间的半成品转移，既无手续也无验收，结果出现投入多、产出少，或者投入少、产出多，责任不明，互相扯皮推诿；有的企业由于生产上的“自由化”，产品品种不配套，多的多，少的少；有的企业产品质量缺乏有力的控制措施，合格品率下降，废品率上升，经济效益长期上不来。

(5) 产品销售无控制。对产品市场行情不调查预测，盲目生产、超常压库、占用资金；有的企业不从成品库销售产品，直接从成品包装车间出售产品；有的企业产品随意定价，不受价格政策的制约。

(6) 没有加强应收账款管理。有的企业发出商品长期挂账，应收销货款长期不清理、不催收，拒付货款原因不追查，甚至出现销售人员私自侵吞货款。

(7) 会计记录缺乏核对制度。有的企业长期不核对账目，财产长期不盘点，不核对凭证，造成账账不符，有的发生以少报多，或收入多，记录少；有的抽走原始凭证重报账。

(8) 凭证缺乏严格控制。有的企业财产转移没有严密的手续，凭一张领导批条或一张“白头单”就可以把企业的财产拿走；有的企业复印的发票、白条子都可以报销记账；有的企业不执行凭证管理制度，自印收据或在市场购买收据，不仅逃避税务监督，而且这些非法收据又没进行严格管理，领取使用无登记，收款不入账，成了胡花滥用、违反财经纪律的“小钱柜”。

(9) 现金缺乏严格控制。支票、印章一人保管；许多企业只图自身方便，不受金融政策的制约，该及时解缴的现金随意进行坐支，该通过银行转账的不通过转账，使用现金不受限额控制，想用多少就用多少，库存现金大量超限额，甚至屡屡出现保险柜被撬、现金被盗。

(10) 银行存款账户缺乏严格控制。有的企业在几家银行多处开户，竟然达十个以上，逃避银行监督；有的企业利用账户出租、出借收取手续费、代办费；甚至利用借用账户进行倒买倒卖。

【案例 12】

郑州亚细亚内部控制

亚细亚曾取得过几个“全国第一”：全国商场中第一个设立迎宾小姐、电梯小姐，第一个设立琴台，第一个创立自己的仪仗队，第一个在中央电视台做广告。当年的亚细亚以其在经营和管理上的创新创造了一个平凡而奇特的现象——“亚细亚现象”。来自全国30多个省市的近200个大中城市的党政领导、商界要员来到亚细亚参观学习。然而，1998年8月15日，亚细亚商场悄然关门！

亚细亚商场于1989年5月开业，之后仅用7个月时间就实现销售额9 000万元，1990年达1.86亿元，实现税利1 315万元，一年就跨入全国50家大型商场行列。到1995年，其销售额一直呈增长趋势，1995年达4.8亿。还有遍布全国各地的“仟村百货”以参股的形式投资10亿多元，先后在河南省内建立了四家亚细亚连锁店，在全国各地建立了很多参股公司。以下是郑州亚细亚的内部控制：

(1) 经营者品行、操守、价值观。1992年11月，亚细亚商场总经理王××就在海南注册了“海南亚细亚商联总公司”(简称“海南商联”)。郑亚集团没有投资，法人代表是王××本人。郑亚集团公司董事会作出决定，委托海南商联管理和经营郑亚集团股份公司；并在郑亚集团董事会1995年6月28目的会议纪要中，明确规定“董事会同意公司经营者(海南商联)按销售额1%的比例提取管理费”。于是就形成了海南商联受托经营郑亚集团的运作模式，并与郑亚集团一套人马，两块牌子，总部设在广州。从此总经理在外地遥控实施对郑亚集团和商场的管理。

王××既是海南商联的法人代表，又是郑亚集团的总经理，可以随意抽调人员与资金。这种制度安排的结果是亚细亚的信誉和人员被海南商联利用，亚细亚的经营利润被海南商联占有，而这一切都是无偿的。又如，南阳亚细亚商场借到贷款2 000万元，股东高××却要了600万元，调拨到成都给其一位朋友做房地产生意，结果全亏，以两栋楼房抵债。抵债手续尚未办妥，高××却对欠债人说，你不要向南阳还债了，你把两栋楼房给我，南阳的钱由我还。最终，南阳亚细亚分文未得。

(2) 董事会。企业治理结构环境的一个重要因素是董事会，企业应该建立一个强有力的董事会，董事会要能对企业的经营管理决策起到真正监督引导的作用。在郑亚集团公司内部，董事会一直处于瘫痪状态。郑亚集团公司的注册日期是1993年10月，但直到1995年6月才最后确立。在近两年的时间里，集团公司决策层一直处于不断演变的状态之中，没有按章程规范化运作，董事会从未召集董事们就重大决策进行过表决，凡事都由总经理王××一人拍板。1995年初，亚细亚的主要股东中原不动产公司董事长易人，新任董事长认为前任批准的股权转让造成公司资产流失，不予承认，表示股权纠纷问题不解决就不参加董事会。从此，郑亚集团最高决策机构、监督机构陷于瘫痪。比如，冠名权属于无形资产，其转让照理应该经董事会讨论通过，但实际上是王××一个人说了算，只要他签字同意，别人就可建个"亚细亚"，如许昌、安阳、洛阳、商丘的亚细亚都是他签字同意的。在郑亚集团，总经理成了国王，董事会如同虚设。

(3) 人事政策与员工素质。人是企业最重要的资源，亦是重要的治理结构环境因素。那么，郑亚集团的人事政策与员工素质如何呢？① 以貌取人。1995年底，广州、上海、北京三地大型商场相继开业，管理人员严重不足。亚细亚从西安招聘了几百名青年，经过短期培训后，准备派往三地。由于不了解个人情况，只好对名观相，五官端正、口齿清楚的派往广州、上海或北京的商场当经理或处长，其他人员则当营业员。② 随意用人。亚细亚商场艺术团的报幕员周××，不懂管理、不会看账，被任命为开封亚细亚商场的总经理。③ 任人唯亲。亚细亚某领导的一位表弟，原郑州市郊的农民，被任命为北京一家大型商场总经理；某领导的两位妻弟，山东农民，也被委以重任；就连他家的小保姆也被任命为亚细亚集团配送中心的财务总监。④ 排斥异己。亚细亚曾有四位年轻的副总，因他们不附和总经理的意见，在1990年借故被派往外地办事处。1991年夏，亚细亚驻外办事处撤销，四位副总返回商场时，他们的位置已被别人取代，接着半年闲置，后被调离商场。

(4) 企业产权关系及组织结构。郑亚商场是由河南省建行租赁公司和中原不动产公司共同出资200万元设立的股份制企业，其中，租赁公司102万元，占51%的股份，中原不动产公司98万元，占49%的股份。由于郑亚商场计划在1992年改组成股份有限公司，面向社会公众发行股票。按照有关规定，上市公司的股东必须在5家以上才具备上市资格。由于种种原因，改建的郑州亚细亚股份有限公司上市未获成功。1993年9月，经河南省体改委批准，仅仅有过渡意义的郑州亚细亚股份有限公司正式更名为郑州亚细亚集团股份有限公司。于是，亚细亚上市未能做成，但虚拟的股权转让已被河南省体改委等政府职能部门认定，即河南建行租赁公司51%的股权转让给海南大昌实业发展公司18%，转让给广西北海巨龙房地产公司10%；中原不动产公司49%的股权转让给海南三联企业发展公司18%，转让给海南汇通信托投资公司18%。由于股权受让方未按协议及时把购股资金兑付，从此埋下了一个巨大的资金隐患。特别是后来中原不动产公司新任董事长认为前任批准的股权转让造成了公司资产流失，不予承认。郑亚集团产权关系混乱局面就此形成。

郑亚集团设有一个"货物配送中心"，其职能是为郑亚商场本店和四家直接连锁店配货，该中心负责向厂家直接订货，目的是降低进货成本并防止各商场自行进货时吃回扣。但该中心配送给各大商场的所有商品，价格不但比批发市场上的批发价高出许多，甚至高于自由市场上的零售价！"货物配送中心"实际上成了一个大黑洞。

(5) 企业的控制活动。控制活动是确保管理层的指令得以实现的政策和程序，旨在帮助企业保证其针对使企业目标不能达成的风险采取必要行动。郑亚集团运作中几乎不存在控制活动，或者即使存在所谓的政策和程序，也是名存实亡，未实际发生作用。且看一组数据：亚细亚一年一度的场庆花费都超70万元；集团某股东从郑亚商场借800万元，连借条也没有，后来归还300万元，剩余500万元商场账面和收据显示是"工程款"；集团另一个股东1993年借走商场57万元，也无人催要。到1997年，郑亚商场管理费用就高达18.6亿元。郑亚集团的控制活动若此，何以确保管理层的指令得以实现？

(6) 企业的信息沟通。一个良好的信息与沟通系统有助于提高治理结构的效率和效果。企业须按某种形式在某个时间之内，辨别、取得适当的信息，并加以沟通，使员工顺利且行其职责。在郑亚集团内部，信息沟通系统几乎不存在。据称，集团内部一不需要成本信息；二不计算投资回收期及投资回报率；三不收集市场方面的信息。会计信息系统由管理层随意控制，资金被大量挪用，却不知去向何方。在郑亚集团，信息系统已经不再是一个管理和控制的工具，而是上层管理人员的话筒，信息随其意愿而变。

(7) 企业内部监督。企业治理结构是一个过程，这个过程是通过纳入管理过程的大量制度及活动实现的。要确保治理结构制度切实执行且执行的效果良好、治理结构能够随时适应新情况等，治理结构必须被监督。在亚细亚，自开业以来，没有进行过一次全面彻底的审计。偶尔的局部的内部审计中曾发现几笔几百万元资金被转移出去的事，后来也不了了之。任何事情都是总经理说了算，下属当然包括内部审计人员在内，全无发言权。

（吴水澎，陈汉文，邵贤弟．论改进我国企业内部控制：由“亚细亚”失败引发的思考[J]．会计学，2000(9)．）

练习题

1．设某企业12月份发生经济业务如下：

(1) 以银行存款600元支付下一季度报纸杂志费。

(2) 收到购买单位前欠销货款400元，存入银行。

(3) 以银行存款200元支付办公费。

(4) 收到销售产品货款1 500元，存入银行。

(5) 计提本月折旧费300元。

要求：按权责发生制和现金收付制分别计算12月份利润。

2．某注册会计师对淮河公司2003年度的销售收入进行分析性复核，发现本年度的销售收入比上年明显减少，对照在前期调查了解到的淮河公司本年度生产销售情况是历史上最好的实际情况，对企业9月份、12月份相关的会计凭证进行抽查。发现原始凭证中有销货发票的记账联，而记账凭证中反映的是“应付账款”，共计120万元。即企业将正常的销售收入反映在“应付账款”中，作为其他企业的暂存款处理。请问该企业这么做，对自身有什么好处？

3．国外的一家牛奶公司与中国企业合资生产一种市场上很有潜力的奶产品。中方提出要占股份51%，外方占49%，外方没有异议，但提出要由外方经营。经营的第一年，企业投入大量资金开拓市场，年底出现亏损，亏损由双方负担。中方由于拿不出钱，只得把一部分股份让给外方，连续三年如此。到第四年，企业开始盈利，但是中方的股份已经下降到15%。这样企业前三年亏损时，中方按高比例承担，而当盈利时，却按低比例分成。这样做合理吗？

4．“恒泰芒果”于1997年上市，主营业务是芒果和西番莲鲜果、原浆、饮料及制品的生产与销售，“圆之梦”是该公司主要产品的品牌，1998年间公司投入了大量的资金进行宣传，当年支付广告费12 175.63万元，按有关合约规定，其中的5 751.08万元由母公司承担。1998年受市场及环境的影响，“恒泰芒果”经营业绩大幅度下滑。于是，公司将其承担的6 424.55万元的巨额广告费列为长期待摊费用，从1999年开始分5年采用“递增方法”摊销。你认为“恒泰芒果”的做法有哪些不妥之处？

（范其辉，王楠，木子.收入费用配比还是盈余管理：关于恒泰芒果股份有限公司巨额广告费摊销的会计思考[J].财务与会计，1999(10).）

5. MS剧场的出纳员在距剧场入口处50米的售票室负责售票收款工作。他通过售票机售票并且自动连续编号。顾客买票后须将入场券交给守门员才能进入剧场。守门员将入场券撕成两半，正券交还顾客，副券则投入加锁的票箱中。请问：

(1) 本例中在现金收入方面采取了哪些内部控制措施？

(2) 假设售票员与守门员串通窃取现金收入，他们将采取哪些行动？

(3) 在(2)中所述售票员与守门员串通舞弊的情况下，何种控制程序可以揭发这种舞弊行为？

(4) 剧场经理可采取哪些措施使MS剧场的现金内部控制达到最佳效果？

案例分析

王成和王芳是一对好兄妹，他们二人大学毕业后决定开一家公司。经过深入调查后，二人一致决定搞礼品制作，送货上门，并给公司起了一个名字为“礼品之家”。于是二人紧锣密鼓，筹备公司开办事宜。首先要解决资金问题，父亲为企业投资32 000元，王成出资20 000元，王芳出资10 000元。此外，二人又从好朋友小李处借款23 000元，并承诺三年后一次还本付息，所有资金均存入企业开立的银行账户。

款项到位后，二人决定由王成去购进三辆货运车，每辆4 000元，王芳去江淮公司赊购一台设备，价格12 000元，又从长江公司购入一批原材料，价款1 000元，此时，企业开始显得人手不足，王成去人才市场招聘了一名员工，第二天上班。同时，把暂时闲置的一辆货运车赊销给长江公司。这样，经过紧张的准备后，企业正式挂牌营业。

根据以上资料回答下列问题：

(1) 本案例中涉及资产、负债、所有者权益的项目各包括哪些？

(2) 推断可能对你编制的资产负债表特别感兴趣的两种人，列出他们感兴趣的原因和内容。

(3) 编制开业时的资产负债表。

第二章　会 计 循 环

在每个会计期间按照会计准则的规定法则对经济信息进行确认、计量、记录、分类汇总、加工处理，使其成为有效的会计信息的过程，称为会计循环。

在西方国家，会计循环包括入账、过账、试算、调整、结账、编表等程序。在我国，会计循环包括设置账户、复试记账、填制和审核会计凭证、登记账簿、成本计算、财产清查、编制报表等程序。

第一节　设置会计科目和账户

一、会计科目(Accounting Courses)

1. 会计科目的概念

会计科目是对会计要素进行分类的项目。设置会计科目就是对会计对象的具体内容加以科学分类，进行分类核算和监督的一种方法。对会计要素的具体内容进行核算和监督，需要根据其各自的特点，分门别类地取得项目。由于会计要素反映的经济内容不同，在经营管理中也会有不同的要求，在对会计要素进一步分类时，除了考虑会计要素组成部分的特点外，还需要考虑经营管理的要求。如货币资金的管理，对库存现金要求按照现金管理的规定进行管理，对存放银行的款项则要求按照银行结算办法进行管理，为此应分别设置“现金”和“银行存款”会计科目进行核算。

一般情况下，资产反映企业的营运能力，但各种资产在生产经营过程中所起的作用不同,其周转速度不同,价值转移方式不同,因此按照资产的具体形态对其分类,分为现金、银行存款、材料、应收账款、固定资产、无形资产等。负债反映企业应偿还的债务金额、偿还对象等,应按照偿还的具体对象进行分类,分为银行借款、应付账款、应付工资、应交税费等。所有者权益主要反映所有者对企业的要求权,包括原始的要求权和追加的要求权,应按照要求权的种类分类,分为实收资本、公积金、未分配利润等。收入主要反映企业生产经营过程中经济利益的总流入,生产经营收入应是企业的主要收入,但除此之外可能会有营业外收入。由于取得收入的来源不同,有必要按照生产经营活动的性质对其形成的收入进行分类,分为营业收入、营业外收入等。费用主要反映企业生产经营过程中的各项耗费,但费用需与收入配比确认,因此费用的分类与收入基本相同,分为营业成本、营业费用、管理费用、营业外支出等。

2．设置会计科目应遵循的原则

会计科目必须根据会计准则,并按照企业会计制度的规定设置和使用。企业在不影响会计核算的要求和会计报表指标的汇总,以及对外提供统一的会计报表的前提下,可以根据实际情况自行增减或合并某些会计科目。设置会计科目应遵循以下原则:

(1) 必须结合会计对象的特点,全面反映会计对象的内容。

(2) 既要满足对外报告的要求,又要符合内部经营管理的要求。

(3) 既要适应经济业务发展的需要,又要保持相对稳定。

(4) 既要统一,又要灵活。

(5) 既要简明适用,又要便于分类编号。

3．会计科目的分类

会计科目按其反映的经济内容不同,分为资产类、负债类、所有者权益类、损益类和工业企业的成本类;按其隶属关系和提供指标详细程度的不同,可分为总账科目(一级科目)和明细科目。为了满足对外报告的要求,保证信息的可比性,国家一般颁布会计制度统一规定一级会计科目。企业在不违反会计准则中确认、计量和报告规定的前提下,可以根据本单位的实际情况自行增设、分拆、合并会计科目。企业不存在的交易或者事项,可不设置相关会计科目。对于明细科目,企业可以比照本附录中的规定自行设置。会计科目编号供企业填制会计凭证、登记会计账簿、查阅会计账目、采用会计软件系统参考,企业可结合实际情况自行确定会计科目编号。工商企业常用的会计科目如表 2.1 所示。

表 2.1 会计科目表

编 号	会计科目名称	编 号	会计科目名称
	一、资产类		二、负债类
1001	库存现金	2001	短期借款
1002	银行存款	2101	交易性金融负债
1012	其他货币资金	2201	应付票据
1101	交易性金融资产	2202	应付账款
1111	买入返售金融资产	2203	预收账款
1121	应收票据	2211	应付职工薪酬
1122	应收账款	2221	应交税费
1123	预付账款	2231	应付利息
1131	应收股利	2232	应付股利
1132	应收利息	2241	其他应付款
1221	其他应收款	2401	递延收益
1231	坏账准备	2501	长期借款
1401	材料采购	2502	应付债券
1402	在途物资	2701	长期应付款
1403	原材料	2702	未确认融资费用
1404	材料成本差异	2711	专项应付款
1405	库存商品	2801	预计负债
1406	发出商品	2901	递延所得税负债
1407	商品进销差价		三、所有者权益类
1408	委托加工物资	4001	实收资本
1411	周转材料	4002	资本公积
1461	融资租赁资产	4101	盈余公积
1471	存货跌价准备	4103	本年利润
1501	持有至到期投资	4104	利润分配
1502	持有至到期投资减值准备	4201	库存股

续表

编 号	会计科目名称	编 号	会计科目名称
1503	可供出售金融资产		四、成本类
1511	长期股权投资	5001	生产成本
1512	长期股权投资减值准备	5101	制造费用
1521	投资性房地产	5201	劳务成本
1531	长期应收款	5301	研发支出
1532	未实现融资收益		五、损益类
1601	固定资产	6001	主营业务收入
1602	累计折旧	6051	其他业务收入
1603	固定资产减值准备	6101	公允价值变动损益
1604	在建工程	6111	投资收益
1605	工程物资	6301	营业外收入
1606	固定资产清理	6401	主营业务成本
		6402	其他业务成本
		6403	营业税金及附加
1701	无形资产	6601	销售费用
1702	累计摊销	6602	管理费用
1703	无形资产减值准备	6603	财务费用
1711	商誉	6701	资产减值损失
1801	长期待摊费用	6711	营业外支出
1811	递延所得税资产	6801	所得税费用
1901	待处理财产损溢	6901	以前年度损益调整

二、会计账户(Accounts)

1．会计账户的概念

会计科目只是对会计对象具体内容进行分类的类目，但单位发生的各种经济业务是十分频繁复杂的，为了系统、连续地把各种经济业务发生情况和由此而引起的各项资金变化情况分门别类地进行反映和监督，还必须根据规定的会计科目在账簿中开设账户,以便提供日常管理上的核算资料。

会计账户是根据会计科目开设的,具有一定的格式和结构,用来系统、连续地记载各项经济业务增减变动情况及其结果的载体。每一个账户都有一个简明的名称,用以说明该账户的经济内容。会计科目就是账户的名称。

2. 会计账户的分类

会计账户按经济内容分类,分为资产、负债、所有者权益、收入、费用、利润类账户;按提供指标的详细程度及其统驭关系分为总账账户和明细账户(如根据会计制度规定的一级科目设置的账户为总账账户);按期末有无余额分为实账户和虚账户(如收入、费用类账户为虚账户)。

3. 会计科目与会计账户的关系

会计科目与会计账户既有联系,又有区别。它们的联系在于会计科目是设置账户的依据,是账户的名称,账户是会计科目的具体运用,会计科目所反映的经济内容,就是账户所要登记的内容;它们之间的区别在于会计科目只是对会计对象具体内容的分类,本身没有什么结构,账户则有相应的结构,具体反映资金运动状况,因此账户比会计科目分户更为明细,内容更为丰富。此外,会计科目由会计制度统一规定,账户除规定的外,则可根据单位实际情况自行确定。

4. 账户的结构

账户的结构就是指账户的格式。为了全面、清晰地记录各项经济业务,每一个账户既要有明确的经济内容,又必须有一定的结构。各项经济业务引起的资金变动,尽管错综复杂,但从数量上看,不外是增加和减少这两种情况,因此账户的结构也应相应地划为两个基本部分:一部分反映数额的增加,另一部分反映数额的减少。通常在账户上划分为左右两方,分别记录增加额和减少额,增减相抵后的差额,称为账户的余额。作为一个账户要提供期初余额、本期增加额、本期减少额和期末余额等指标。各指标之间关系是:

$$期末余额 = 期初余额 + 本期增加额 - 本期减少额$$

$$本期期末余额 = 下一期期初余额$$

账户的余额一般在增加方。

账户的格式,尽管各种各样,但一般说来应包括以下内容:

(1) 账户的名称(即会计科目)。

(2) 日期和凭证号数(用以说明账户记录的日期及来源)。

(3) 摘要(概括说明经济业务的内容)。

(4) 增加和减少的金额。

(5) 余额。

常用的“借”、“贷”、“余”三栏式账户格式如表 2.2 所示。

表 2.2 三栏式账户格式

年		凭证		摘要	对应科目	借方	贷方	余额
月	日	种类	号数					

会计账户在结构上按左右划为两方，一方登记会计要素具体内容的增加，另一方登记会计要素具体内容的减少。可形象地用“T”或“丁”字形描述，如图 2.1 所示。会计账户的左右两方分别用来记录增加额和减少额。也就是说，如果账户在左方记录增加额，则右方就记录减少额。反之，如果账户在右方记录增加额，则左方就记录减少额。会计账户的左右两方，究竟哪一方记录增加额，哪一方记录减少额，取决于所采用的记账方法和账户性质。

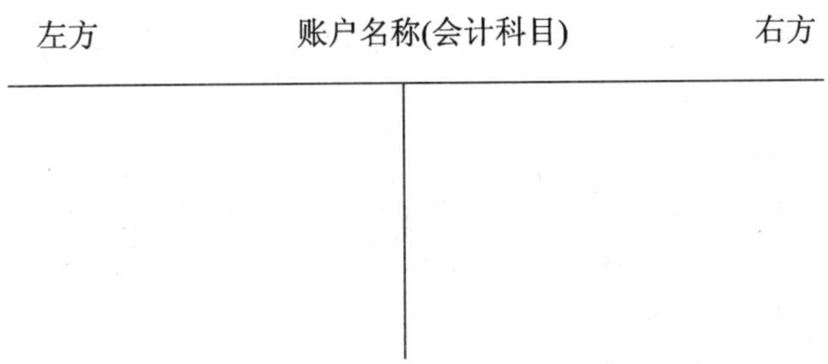

图 2.1 会计账户的基本结构

第二节 复式记账

一、记账方法(Bookkeeping System)和分类

记账方法就是根据一定的原理、记账符号、记账规则，采用一定的计量单位，利用文字和数字记录经济业务活动的一种专门方法。记账方法按记录方式的不同，可分为单式记账法和复式记账法。当前，我国企业、事业和行政单位采用复式记账法。

复式记账(Double-entry)法就是对每项经济业务都要以相等金额在两个或两个以上相互联系的账户中进行登记,借以全面反映资金运动的来龙去脉的一种科学的记账方法。复式记账法又分为借贷记账法、收付记账法、增减记账法。如图 2.2 所示。我国《企业基本会计准则》和《企业会计制度》规定,所有企业一律采用借贷记账法。

- 记账方法
  - 单式记账法
  - 复式记账法
    - 借贷记账法
    - 收付记账法
    - 增减记账法

图 2.2 记账方法

二、借贷记账法(Debit and Credit Double-entry System)

借贷记账法是用"借"和"贷"作为记账符号的一种复式记账方法。产生于公元 15 世纪意大利。

1. 记账符号的含义

在借贷记账法下,借表示资产和费用增加,负债、所有者权益和收入减少;贷表示负债、所有者权益和收入增加,资产和费用减少。

2. 账户的结构(The Structures of Account)

在借贷记账法下,账户的左方称为"借方",右方称为"贷方"。借贷是记账符号,分别反映资产、负债、所有者权益的增减变化。凡是属于资产账户,增加数记入借方,减少数记入贷方,余额在借方;凡是属于负债及所有者权益账户,减少数记入借方,增加数记入贷方,余额在贷方。每个账户在一定时期内(月、年)借方金额合计称为借方发生额,贷方金额合计称为贷方发生额,两个发生额相抵后的余额称为期末余额。其计算公式如下。

资产账户:

期末余额 = 期初余额 + 借方本期发生额 − 贷方本期发生额

负债及所有者权益账户:

期末余额 = 期初余额 + 贷方本期发生额 − 借方本期发生额

费用类账户在记账方向上与资产类账户相同;收入类账户在记账方向上与负债类账户相同。

3. 记账规则:有借必有贷,借贷必相等

为了保证账户对应关系的正确性,登账前应先根据经济业务所涉及账户及其借贷方向和金额,编制会计分录,据以登账。会计分录,就是标明某项经济业务应借、应贷账户及其金额的记录。

编制会计分录,应按以下步骤进行:

(1) 一项业务发生后,首先分析这项业务涉及的资金是占用(资产、费用)还是来源(负债、所有者权益、收入、利润),是增加还是减少。

(2) 根据第(1)步来确定应记账户的方向,是应借还是应贷。

(3) 根据会计科目表,确定记入哪个账户的借方或贷方。

(4) 检查分录中应借、应贷科目是否正确;借贷方金额是否相符,有无错误。

以用银行存款 10 000 元偿还长期借款为例。按上述步骤,经分析该项业务涉及的是资产和负债。资产减少记贷方,负债减少记借方。反映银行存款和长期借款增减变动的账户是“银行存款”和“长期借款”。编制如下会计分录。

借:长期借款　　10 000

　贷:银行存款　　10 000

会计分录有两种:

(1) 简单会计分录。指一个账户借方同另一账户贷方发生对应关系的会计分录,即一借一贷的会计分录。

例　企业收到国家投入资本金 100 万元存入银行。

借:银行存款　　1 000 000

　贷:实收资本　　1 000 000

例　销售商品一批,价款 200 000 元收到存入银行。

借:银行存款　　200 000

　贷:主营业务收入　　200 000

(2) 复合会计分录。指一个账户借方同几个账户贷方发生对应关系,或一个账户贷方同几个账户借方发生对应关系的会计分录。

例　企业购买材料一批,价款 20 万元,10 万元用银行存款支付,另 10 万元暂欠,材料验收入库。编制如下复合会计分录。

借:原材料　　200 000

　贷:银行存款　　100 000

　　应付账款　　100 000

4. 试算平衡(Trial Balance)

试算平衡分为发生额试算平衡和余额试算平衡两种。

发生额试算平衡:

$$本期借方发生额合计 = 本期贷方发生额合计$$

余额试算平衡：

期末借方余额合计 = 期末贷方余额合计

期初借方余额合计 = 期初贷方余额合计

试算平衡，说明记账基本正确，不能确定一定正确；试算不平衡，记账一定有错。

5. 借贷记账法的应用

某企业2008年初总账各账户余额如表2.3所示。

表2.3 企业2008年初总账各账户余额

会计科目	余 额	会计科目	余 额
库存现金	500	短期借款	33 000
银行存款	20 000	应付账款	10 000
应收账款	1 500	实收资本	120 000
原材料	71 000		
固定资产	70 000		
总 计	163 000	总 计	163 000

2008年1月份发生下列业务。

(1) 上级主管部门投入资本金2万元，存入银行。

这项经济业务，使企业所有者权益账户"实收资本"增加了2万元。同时，使资产账户"银行存款"也增加了2万元，两类账户同时增加，编制会计分录如下。

借：银行存款　　　　20 000

　　贷：实收资本　　　　20 000

(2) 企业以银行存款10 000元偿还短期借款。

这笔经济业务，使企业负债账户"短期借款"减少10 000元。同时，使资产账户"银行存款"也减少10 000元。两类账户同时减少。根据记账规则，编制会计分录。

借：短期借款　　　　10 000

　　贷：银行存款　　　　10 000

(3) 企业以应付票据1 000元，偿还应付账款。

这项经济业务，只涉及负债类账户。使"应付票据"账户增加，同时，使"应付账款"账户减少；根据记账规则，负债类账户有增有减，增减金额相等。编制会计分录如下。

借：应付账款　　　　1 000

　　贷：应付票据　　　　1 000

(4) 企业开转账支票一张,以银行存款5 000元购买原材料,材料入库。

这项经济业务,使企业资产类账户“原材料”增加5 000元。同时,使资产类账户“银行存款”减少5 000元,根据记账规则,资产类账户有增有减,增减金额相等。编制会计分录如下。

借:原材料　　5 000

　贷:银行存款　　5 000

各项经济业务编制会计分录以后,即应记入有关账户。这个记账步骤通常称为“过账”。过账以后,一般要在月终进行结账。即结算出各账户的本期发生额合计和期末余额。

根据以上资料编制试算平衡表如表2.4所示。

表2.4 试算平衡表

会计科目	期初余额		本期发生额		期末余额	
	借方	贷方	借方	贷方	借方	贷方
库存现金	500				500	
银行存款	20 000		20 000	15 000	25 000	
应收账款	1 500				1 500	
原材料	71 000		5 000		76 000	
固定资产	70 000				70 000	
短期借款		33 000	10 000			23 000
应付票据				1 000		1 000
应付账款		10 000	1 000			9 000
实收资本		120 000		20 000		140 000
合　计	163 000	163 000	36 000	36 000	173 000	173 000

第三节　会计凭证

一、会计凭证的概念

会计凭证(Accounting Document)是记录经济业务、明确经济责任、作为记账依据的书面证明。

为了保证会计记录能如实反映企业的经济活动情况，保证账户记录的真实性、准确性，记账必须严格以会计凭证为依据。

一切单位，经济业务活动一旦发生，都必须取得或填制凭证，由执行、完成该项经济业务的有关人员从外部取得或自行填制，以书面形式反映证明经济业务的发生或完成情况。会计凭证须载明经济业务的内容、数量、金额并签名或盖章，以明确对该项经济业务的真实性、准确性所负的责任。一切会计凭证都应经过专人进行严格的审核，只有经过审核无误的凭证，才能作为记账的依据。

二、会计凭证的意义

填制和审核会计凭证是会计核算工作的起点，是会计核算的基础工作，也是对经济业务活动进行反映、核算和监督的基本环节，是会计核算的基本方法之一。因此，准确填制和严格审核会计凭证，对完成会计工作的任务，实现会计的职能，充分发挥会计的作用，具有以下三方面的意义：

(1) 认真填制和严格审核会计凭证，可以为记账、算账提供真实、可靠的数据资料，从而保证会计核算的准确性。

任何一笔经济业务的发生，都必须填制会计凭证。在会计凭证上记录着经济业务活动发生的时间、内容(包括数量、金额及完成情况)。通过认真填制和严格审核，保证经济业务如实地反映在会计凭证上，并为账簿记录提供真实、可靠的依据，使账簿记录与实际情况相符。这样就保证了会计核算资料的真实性与准确性，并为分析、检查经济活动和财务收支情况，提供确切可靠的原始资料。

(2) 认真填制和严格审核会计凭证，可以检查和监督经济业务活动的合理性、合法性，充分发挥会计的监督作用。

会计凭证记录和反映了经济业务活动的发生、进程和完成情况等具体内容，通过对会计凭证的严格审核，可以检查每笔经济业务是否合理、合规和合法。由于一切经济活动都必须认真填制凭证，不论是现金收支、财产增减还是商品进出、款项结算及费用开支都在凭证上进行了记载，对其内容的严格审核，可以查明每笔经济业务活动是否执行了计划、预算，是否符合有关政策、法令、制度的规定，有无违法乱纪和铺张浪费行为，从而可以严肃财经纪律，限制和防止各种违法行为，充分发挥会计的监督作用。

(3) 认真填制和审核凭证，可以明确有关部门、有关人员在办理经济业务中的责任，从而加强经济责任制。

由于会计凭证记录了每笔经济业务的内容，并由有关部门和有关人员签章，这就要求有关部门和有关人员对经济活动的真实性、准确性、合法性负责。这样，就能加强有关部门和有关人员的责任感，促使他们严格按照政策、法令、制度、计划和预算办事。如有发生违法乱纪和铺张浪费行为也易于分清经济责任，从而加强经济责任制。

三、会计凭证的种类

会计凭证按其编制程序和用途的不同，可以分为原始凭证和记账凭证两大类。

1．原始凭证

原始凭证是在经济业务发生或完成时取得或填制的，用以记录、证明经济业务已经发生或完成的原始证据。

原始凭证按取得的来源不同分为外来原始凭证和自制原始凭证；按填制手续不同分为一次凭证、累计凭证、汇总凭证。

2．记账凭证

记账凭证是根据审核后的原始凭证或汇总原始凭证编制的，用以记账的书面依据。

记账凭证按反映的经济业务是否与货币资金有关，分为收款凭证、付款凭证和转账凭证；按填制方式不同，分为单式凭证和复式凭证。

原始凭证与记账凭证的区别如表 2.5 所示。

表 2.5　原始凭证与记账凭证的区别

会计凭证	填制依据	主要作用	来　源
原始凭证	经济业务	编制记账凭证	自制、外来
记账凭证	原始凭证	登记账簿	自制

四、会计凭证的内容

1．原始凭证的基本内容

经济业务的内容是多种多样的，记录经济业务的原始凭证所包括的具体内容也各不相同，各有其不同的要求和特点。但每一种原始凭证都必须客观地、真实地记录和反映经济业务的发生、完成情况，都必须明确有关单位、部门及人员的经济责任。这些共同的要求，决定了每种原始凭证都必须具备以下几方面的基本内容：

(1) 原始凭证的名称。

(2) 填制凭证的日期和凭证的号码。

(3) 填制凭证单位的名称及公章(或专用章)。

(4) 经济业务的内容。

(5) 经济业务的数量、计量单位、单价和金额。

(6) 接受凭证单位的名称。

(7) 原始凭证的附件(如与业务有关的经济合同、费用预算等)。

2. 记账凭证的基本内容

由于记账凭证反映的经济业务的内容不同,因而在具体格式上也有一些差异。但所有的记账凭证,都必须满足记账的要求,必须具备下列一些共同的基本内容:

(1) 记账凭证的名称。

(2) 填制凭证的日期和凭证的编号。

(3) 会计科目(包括子目、细目)、借贷方向和金额(即会计分录)。

(4) 经济业务的内容摘要。

(5) 所附原始凭证的张数。

(6) 填制、审核、记账、会计主管等有关人员的签名或盖章。此外,收款和付款凭证还需有出纳人员的签章。

五、会计凭证的审核

会计凭证的审核分为原始凭证审核和记账凭证审核。对原始凭证审核要从真实性、完整性、合法性、合规性几个方面进行。对不真实、不合法的原始凭证拒绝受理;对不完整、不合规的原始凭证退回更正。对记账凭证的审核只需从真实性、完整性方面进行审核。

第四节　会 计 账 簿

一、会计账簿的概念

会计账簿(Accounts)是以会计凭证为依据,对全部经济业务进行全面、系统、连续、分类地记录和核算的簿籍,是由专门格式并以一定形式联结在一起的账页所组成的。

各单位通过会计凭证的填制和审核,可将每日发生的经济业务记录和反映在会计凭证上。但会计凭证数量多、资料分散,每张凭证只能记载个别的经济业务,所提供的资料是零星的。为了全面、系统、连续地反映企、事业单位的经济活动和财务收支情况,需要把会计凭证所记载的大量分散的资料加以分类、整理。这一任务是通过设置和登记会计账簿来实现的。通过账簿记录,既能对经济活动进行序时核算,又能进行分类核算;既可提供各项总括的核算资料,又可提供明细核算资料;这样,就可全面、系统地记录和反映企业的资产、负债、所有者权益的增减变动情况和资金运动的过程及其成果。

二、会计账簿的作用

合理的设置和登记账簿,能系统地记录和提供企业经济活动的各种数据。设置和登记会计账簿是会计工作的重要环节,它对加强经济核算,改善和提高经营管理方面的作用,主要表现在三个方面:

(1) 通过设置和登记账簿,可以系统地归纳和积累会计核算资料,为改善企业经营管理,合理使用资金提供资料。通过账簿的序时核算和分类核算,把企业经营活动情况,收入的构成和支出的情况,财物的购置、使用、保管情况,全面、系统地反映出来,用于监督计划、预算的执行情况和资金的合理有效使用,促使企业改善经营管理。

(2) 通过设置和登记账簿,可以为计算财务成果编制会计报表提供依据。根据账簿记录的费用、成本和收入、成果资料,可以计算一定时期的财务成果,检查费用、成本、利润计划的完成情况。经核对无误的账簿资料,及其加工的数据为编制会计报表提供总括和具体的资料,是编制会计报表的主要依据。

(3) 通过设置和登记账簿,利用账簿的核算资料,为开展财务分析和会计检查提供依据。通过对账簿资料的检查、分析,可以了解企业贯彻有关方针、政策、制度的情况,可以考核各项计划的完成情况。另外,对资金使用是否合理,费用开支是否符合标准,经济效益有无提高,利润的形成与分配是否符合规定等作出分析、评价,从而找出差距,挖掘潜力,提出改进措施。

三、会计账簿的分类

一个会计单位应该设置哪些账簿?这要根据会计制度、管理需要和实际经济业务来决定,同时也要受这个单位的会计核算形式影响。一般情况下,每个会计单位都应设置总分类账、明细分类账、日记账和备查账。

总分类账，也叫总账，是指按一级科目设置账户，根据一级会计科目的发生额登记的账簿，它反映的是一级科目的借方发生额、贷方发生额和期末余额，提供的是某一类经济业务增减变化的总括资料。

明细分类账，也叫明细账，是指按明细会计科目设置账户，根据明细科目的发生额登记的账簿，它反映的是明细科目的借方发生额、贷方发生额和期末余额，提供的是按照明细类划分的某一类经济业务增减变化的较为详细的资料。

序时账簿，也称日记账，是按经济业务发生的先后顺序逐日、逐笔登记并逐日结出余额的账簿。日记账一般都根据一级会计科目设置(如现金和银行存款)，根据一级会计科目的借方发生额、贷方发生额逐日、逐笔登记，它提供的是某类经济业务每日的动态及静态资料。

备查账，也称辅助登记簿。它是一种非正式账，是为备忘备查而设置的，前面几种账上不能登记的，一般登记在其账上。如经营租入设备，需设租入固定资产登记簿备查账。

会计账簿的种类多种多样，为了更好地了解和正确地运用会计账簿，有必要对会计账簿进行分类。

(1) 会计账簿按用途不同分为序时账簿(日记账)、分类账、备查账。

(2) 会计账簿按外表格式不同分为订本式、活页式、卡片式。

(3) 会计账簿按账页格式不同分为三栏式、多栏式、数量金额式。

各种分类关系如表 2.6 所示。

表 2.6　账簿各种分类关系表(适用大多数企业)

账簿按经济用途分类	账簿按账页格式分类	账簿按外表格式分类
现金日记账 银行存款日记账	三栏式	订本式
总分类账	三栏式	订本式
明细分类账	三栏式、多栏式、数量金额式	活页式、卡片式
备查账	格式不定	格式不定

四、登记账簿

1. 登记账簿的依据和人员

见表 2.7。

表 2.7 不同类型账簿登记依据和人员

账簿类型	登记依据	登记人员
现金日记账 银行存款日记账	收、付款凭证	出纳员
总分类账	记账凭证、汇总记账凭证、科目汇总表、多栏式日记账	不从事出纳的会计人员
明细分类账	原始凭证、记账凭证	不登记总账的会计人员
备查账	非会计凭证	会计人员

2. 总分类账和明细分类账的平行登记

总分类账是明细分类账的统驭账户，它对明细分类账起着控制作用；明细分类账则是总分类账的从属账户，它对总分类账起着辅助和补充作用。两者结合起来就能概括而详细地反映同一经济业务的核算内容，所以在记账时，总分类账和明细分类账总是平行登记的。

总分类账和明细分类账的平行登记可以概括为以下三点：

(1) 对发生的每项经济业务，要根据会计凭证，一方面在有关的总分类账中进行总括登记，另一方面要在有关的明细分类账中进行明细登记。

(2) 登记总分类账户及其所属的明细分类账户时，借贷记账方向必须一致。

(3) 登记总分类账户及其所属的明细分类账户时，总分类账户的金额必须与记入其所属的一个或几个明细分类账户的金额合计数相等。

例如，原材料账户是总分类账户，各种原材料是明细分类账户。某工厂月初有原材料 100 万元，其中甲材料 300 千克，计 60 万元；乙材料 100 立方米，计 30 万元；丙材料 200 米，计 10 万元。则该工厂应该设置和登记原材料总分类账户，以金额综合反映甲、乙、丙三种原材料的期初结存、本期购入、生产领用和期末结存等总金额，同时还应分别设置和登记甲、乙、丙三种原材料的明细分类账户，具体反映各种材料的期初结存、本期购入、生产领用和期末结存等的数量和金额。这样三个明细账户的金额总和应等于原材料总分类账户的金额。如果通过核对发现总分类账户的金额与其所属三个明细账户合计数金额不等，表明总分类账或明细分类账的登记有误，可以及时查明更正。

3. 登记账簿要求

根据审核无误的会计凭证登记；用蓝色、黑色墨水钢笔登记，不得用铅笔、圆珠笔登记；不得跳行、隔页；记账有错，不得挖、补、刮、擦和随意涂改或用退色药水更改字迹，必须根据错误的情况按规定更正方法更正。

五、账项调整(Adjusting Entries)

企业主体的大多数事件都是在发生的时候记录的。此外，还有些交易是隐含的，不是明显的，因此在一个会计期间结束的时候，会计需要对一些账户进行调整。

明显交易是指像收入和支出现金及赊购、赊销一类的事件。这类事件几乎导致所有日常分录。明显交易的记录很简单，这些交易都有明显的凭证，通常是各种原始凭证(例如销货发票、购货发票、雇员工资发票等)。

注意 这些明显交易并不包含经济主体间货物和服务的实际交换。例如由于失火、失窃等原因所造成的财产损失也属于明显交易，但却没有市场交换的发生。

另一方面，导致隐含交易的事件并不那么明显。隐含交易是指那些在日常记录中常常忽略，而仅仅在会计期间的期末才进行调整的事件(如时光的流逝)。例如，确认折旧费用及预付租金到期的分录只在期末才编制，并不是因为明显事件发生，而是根据特定的时间表和备忘录。

在每一个会计期间之末，会计都要用调整账户来记录隐含事件。调整(也称调整分录、调整账簿、调整账户)可以定义为将隐含交易的财务影响归入其各自发生时期的最后最关键的步骤(但它是在计算期末余额之前)。这样，调整是定期进行的，通常是在编制财务报表之前。

调整分录是权责发生制会计的核心部分。例如，一家企业签订了 2001 年销售广告 500 万元的年度合同。如果 500 万元都在 2001 年支付，那显然这是一笔明显交易。但是，假设 2001 年只支付了 200 万，剩下的 300 万延迟到 2002 年才支付。当支付现金时，这 200 万的付款是明显交易，记录为费用。因在本期没有有关 300 万元的明显交易发生，日常账户不会记录这 300 万。但是，因为整个 500 万元的费用是为 2001 年负担的，所以 300 万的延迟付款也应记作 2001 年的费用，这是一笔隐含交易。这样，在 2001 年末，编制财务报表之前，就需要有一个将 300 万元延迟付款记为费用，并记入负债的调整分录。

企业在生产经营过程中发生的各种收入和费用，按其收支期间与归属期间的不同可分为以下三种情况：

(1) 收入、费用的收支期间与归属期间一致。即本期内收到的收入就是本期应获得的收入，本期内已支付的费用就是本期应当负担的费用，如本期销售商品并收回货款、本期以现金支付应由本期负担的水电费等。大部分收入和费用均属于这种情况。

(2) 本期内已收到但不属于或不完全属于本期的收入,本期内支付不应由本期负担的费用。如本期预收货款、本期预付应由下期负担的房租等。

(3) 应属于本期但尚未收到的收入,应由本期负担但尚未支付的费用。如本期销售商品但款项尚未收回、本期应负担但下期实际支付的借款利息等。

这就提出一个问题:应该如何将上述各种收入和费用在各个会计期间正确地划分以计算企业盈亏呢?对此,会计上有两种记账基础,即权责发生制和收付实现制。权责发生制和收付实现制的区别在第一章已阐述。我国企业会计要求采用权责发生制。按照这一原则的要求,日常账簿记录中反映的收入和费用是不完整的,仅是应归属于本期的收入和费用中的一部分,也就是说有些收入或费用虽在本期收付但不属于本期,有些收入和费用没有在本期收付但应属于本期。因此,为了合理地反映相互连接的各个会计期间应取得的收入和应负担的费用,使各期的收入和费用在相关的基础上进行配比,以正确计算该期间的经营成果,就需要在期末结账前,按权责发生制的要求对日常的账簿记录进行调整,在调整收入和费用的同时,必然引起资产、负债和所有者权益各项目发生相应的变动。

账项调整的主要内容如下。

(1) 属于本期收入,尚未收到款项的账项调整。

企业在本期已向其他单位或个人提供商品或劳务,或财产物资使用权,理应获得属于本期的收入,但由于尚未完成结算过程,或延期付款的原因,致使本期的收入尚未收到。按权责发生制原则,凡属于本期的收入,不管其款项是否收到,都应作为本期收入,期末是将尚未收到的款项调整入账。

例　本月应收房屋租金 2 000 元。

借:其他应收款　　2 000

　　贷:其他业务收入　　2 000

(2) 属于本期费用,尚未支付款项的账项调整。

企业在本期已耗用,或本期已受益的支出,理应归属为本期发生的费用。由于这些费用尚未支付,故在日常的账簿记录中尚未登记入账。按权责发生制的规定,凡属于本期的费用,不管其款项是否支付,都应作为本期费用处理。期末应将那些属于本期费用,而尚未支付的费用调整入账。

例　本月应承担的短期借款利息费 8 000 元。

借:财务费用　　8 000

　　贷:应付利息　　8 000

(3) 本期已收款,而不属于或不完全属于本期收入款项的账项调整。

本期已收款入账,因尚未向付款单位提供商品或劳务,或财产物资使用权,不属于本期收入的预收款项,是一种负债性质的预收收入。在计算本期收入时,应该将这部分预收收入进行账项调整,记入“预收账款”科目,待确认为本期收入后,再从“预收账款”科目转入有关收入科目。

例 预收某企业预付货款 8 000 元,本月产品发出。

借:预收账款　　　　8 000

　贷:主营业务收入　　　　8 000

(4) 本期已付款,而不属于或不完全属于本期费用的账项调整。

本期已付款入账,但应由本期和以后各期分别负担的费用,在计算本期费用时,应该将这部分费用进行调整。预付的各项支出既不属于或不完全属于本期费用,就不能直接全部记入本期有关费用账户,应先记入资产类“预付账款”账户。

例 预交全年杂志费 1 200 元,每月应分摊 100 元。

借:管理费用　　　　100

　贷:预付账款　　　　100

六、对账和结账(Reconciliation and Closing Entries)

(一) 对账

为了保证账簿记录的真实可靠,对账簿和账户所记录的有关数据加以检查和核对,这种核对工作,在会计上叫对账。它是会计核算的一项重要内容。账簿记录的准确与否、是否真实可靠,不仅取决于账簿的本身,还涉及账簿与凭证的关系,账簿记录与实际情况是否相符的问题等。所以,对账应包括账簿与凭证的核对、账簿与账簿的核对、账簿与实物的核对、账簿与款项的核对。这种核对要建立定期的对账制度,在结账前和结账过程中,把账簿记录的数字核对清楚,做到账证相符、账账相符、账物相符和账款相符。

1. 账证核对

将账簿记录与会计凭证相核对,是保证账账相符、账实相符的基础。账证核对工作,平常是通过编制凭证和记账中的“复核”环节进行的,在结账时,对主要内容有疑问之处,应进行重点抽查与核对。

2. 账账核对

指各种账簿之间有关数字应核对相符,主要有:

(1) 总分类账中,全部账户的借方余额合计数应同贷方余额合计数相符。

(2) 总分类账中,“现金”、“银行存款”账户的余额数应同相对应的日记账余额数核对相符。

(3) 总分类账中,各账户的月末余额,与所属明细分类账户月末余额之和核对相符。

(4) 会计部门有关财产物资的明细分类账的余额,与财产物资保管部门或使用部门相应的明细账(卡)核对相符。

以上各种账簿间的核对,可以直接进行核对,内容较多的可以通过编表进行核对。

3. 账物核对

指有关财产物资明细账的结存量应定期同实存量核对相符。

4. 账款相符

指各种货币资金结算款项的账面余额与实存数核对相符。

主要包括:

(1) 现金日记账的账面余额应同现金的实际库存数每日核对相符。

(2) 银行存款日记账的账面余额应同银行对账单核对相符,每月至少核对一次。

(3) 各种应收、应付款项等明细分类账各账户的余额,应定期与有关单位或个人核对相符;已上交的税金及其他预交款应按规定时间与有关监交部门核对相符。

上述账实(包括账物、账款)核对工作中,结算款项一般是利用对账单的形式进行核对,各种财产物资一般通过财产清查来进行核对。

(二) 结账

为了总结某一会计期间(如月度和年度)的经营活动情况,必须定期进行结账。结账就是把一定时期内发生的经济业务在全部登记入账的基础上,将各种账簿记录结出“本期发生额”和“期末余额”,从而根据账簿记录,编制会计报表。

结账的标志是划线。具体的做法是:

在结账前,应先检查本期所发生的各类经济业务是否都已填制会计凭证、登记入账。对已经发生的债权、债务、所有者权益、费用,已实现的收入,已完工的产品成本,已查明的财产物资的盘盈、盘亏等,都应在结账前全部登记入账。为了准确计算当期的经营成果和成本,企业应当采取权责发生制原则进行处理。

按会计制度规定和成本计算要求,结转各收入、成果账户和费用、成本账户,计算本期的产品成本、销售成本、营业成本和期间成本,并确定本期的财务成果。

按国家税法和有关规定，结转本年利润及利润分配账户。

经过上述账务处理后，分别结出各种日记账、总分类账、明细分类账的本期发生额和期末余额，并按规定在账簿上作出结账的手续。

月度结账时，在各账户的最后一笔数字下，结出本月借方发生额、贷方发生额和期末余额，在摘要栏内注明“本月发生额及期末余额”字样，并在数字的上端和下端各划一根红线。对需要逐月结转累计发生额的账户，在计算本月发生额及期末余额后，应在下一行增加“本年累计发生额”，然后再在数字下端划一红线。年度结账时，应将全年发生额的合计数填制于12月份结账记录的下面，并在摘要栏内注明“全年发生额及年末余额”字样，并在数字下端划双线。

第五节 成本计算

一、成本的概念

一般地说，成本是指为特定目的而发生的资金耗费。成本是一个用货币形式反映企业经营耗费的概念。成本概念有它特定的内容。

支出是指企业发生的各种现金流出，而不管流出的现金的性质，也就是说，一切现金流出都是支出。可见，支出的范围是很广的。在会计中，一般是以整个企业为主体来反映企业发生的各项支出的。

费用是指企业在一定的经济活动中发生的支出。每一种经营活动都要发生一定的费用，每一种费用的发生一般也都有其特定的目的。如在生产中要发生生产费用，在管理中要发生管理费用，在理财中要发生财务费用，在教育中要发生教育费用，在科研中要发生科研费用等等。在会计中，一般是以一定的经济活动为主体来反映企业发生的各种费用的。

在会计中，对成本的核算不仅要以一定的经营活动为主体，而且要明确其具体的对象。例如，一个工厂，经常要发生各种各样的支出，其中在生产中要发生生产费用，其余的则是非生产费用，不计入生产费用。而在计算生产成本时，则不仅要判断其支出是否发生在生产领域，而且还必须明确属于生产中产品的哪一个期间、哪一类、哪一批、哪一件。可见，支出侧重于反映整个企业的消耗；费用侧重于反映某项营业活动的消耗，以便于反映和控制消耗水平，并为成本计算打下基础；成本则侧重于反映某个特定的具体的对象(产品、劳务或某种活动)发生的消耗,以便于反映和评价"制造"这个对象的价值及经济效益。

二、成本的内容和作用

(一)成本的内容

"制造"某个对象需要发生哪些耗费呢?马克思说:"按照资本主义生产方式生产的每一个商品 W 的价值,用公式来表示是 $W=C+V+M$,如果我们从这个商品价值中减出 M,那么,剩下来的只是一个在生产要素上耗费的资本价值 $C+V$ 的等价物或补偿价值。"按照马克思的观点,成本就是 $C+V$,即消耗的物化劳动和活劳动消耗中的必要劳动部分(工资性支出)。一般来说,一个单位要有效开展经营活动并维持其正常运转,至少需要劳动资料、劳动对象、劳动力、管理活动、财务活动、销售活动等要素,并消耗相应的成本($C+V$)。

(1) 劳动资料上的消耗:折旧、机器修理费等。

(2) 劳动对象上的消耗:原材料、在产品、配件等。

(3) 劳动力的消耗:工资、福利、其他形式的劳动报酬。

(4) 管理活动中的消耗:办公费、业务招待费、差旅费等。

(5) 财务活动中的消耗:利息支出、筹资支出等。

(6) 销售活动中的消耗:运杂费、包装费、销售佣金等。

但这只是一个抽象的"理论成本"。在会计中,主要是从投入产出和经济效益的角度来反映和分析成本的。同时,会计中的成本概念还要便于进行成本计算和账务处理。因此,会计成本和理论成本是有差异的。以产品为例,在会计中,一般把产品成本的内容分成三个项目:

(1) 直接材料:指生产中与产品形成直接相关的各种材料、燃料的消耗。

(2) 直接人工:指支付给直接生产工人的各种工资福利性支出。

(3) 间接费用:指产品生产中发生的、除上述直接项目以外的各种间接性的生产消耗以及车间和分厂一级的管理费用(不包括总厂和公司的管理费用)。

(二)成本核算的作用

1. 综合反映企业的经济效益

企业经营的目的是获得盈利,会计的主要任务是反映经济效益,并帮助企业提高经济效益。经济效益取决于投入和产出的配合情况。成本反映了投入的情况,从而直接决定了经济效益的水平。而且,企业的每一个部门、每一项活动都要消耗一定的资金，都存在着一个成本的反映和控制问题。因此，成本核算不仅关系到企业整体经济效益的评价，而且也关系到对每一个部门、每一项活动的工作质量、工作效率及其费用控制情况的考核评价。

2. 制定产品价格的依据

在市场经济条件下，尽管商品的价格取决于市场，而与企业的个别成本关系不大，但是成本仍然是决定商品价格的重要因素。

(1) 虽然市场价格与个别成本无直接关系，但从整个社会来看，价格往往是由各个部门的平均成本加上社会平均利润形成的。

(2) 企业在制定价格时，一般都要以成本为基础。如成本加成法、毛利率法、边际分析等，都是以成本为基础的。

3. 企业竞争的主要手段

在市场经济条件下，企业的竞争主要是价格、质量和服务的竞争，而归根到底三者的竞争又可归结为成本的竞争。只有降低了产品生产成本，才能降低价格；只有降低了产品质量成本，提高质量才有效；只有降低了产品服务成本，提高服务水平才有条件。

4. 为企业经营决策提供数据

在市场经济条件下，企业随时面临着各种机遇和挑战。因而在各种可能的方案中，作出科学的决策，选择最优的方案，就是企业管理中最重要的一项任务。不管是长期决策还是短期决策，选择方案的标准就是能否为企业带来最大的收益。影响决策的一个最重要的和最基本的因素就是成本，因为成本直接决定了收益的水平。

三、产品成本计算的基本要求

企业的生产经营过程，同时也是费用发生、成本形成的过程。成本计算，就是对实际各种费用的信息进行处理。我们计算成本，总是计算某个具体对象的成本。而企业规模有大有小，经营性质和项目各不相同，因而如何组织成本的计算，如何确定成本计算对象，只能具体问题具体分析，依实际情况而定。而一个企业发生的费用种类繁多，制造某个对象的过程又是由各个部门、各项生产要素密切配合，经过很多环节才最终形成的。所以，记录归类汇集和分配企业发生的各种生产费用，是一项比较复杂的工作。但是，不管是哪一种类型的企业，也不论计算什么成本，成本计算的基本原理、一般原则和基本程序却是共同的。总的来看，成本计算都要遵守以下要求。

1. 合理确定成本计算对象

所谓成本计算对象,就是费用归集的对象,或者说是成本归属的对象。进行成本计算,必须首先确定成本计算对象。如果成本计算对象确定得不准确或不恰当,就会大大增加成本计算的难度,计算出来的成本不能满足企业管理的需要,甚至不能完成成本计算的任务。

如何确定成本计算的对象呢?一般来说,成本计算的对象就是各种耗费的受益物,也就是耗费各种投入品后形成的产出物,是“制造”活动取得的直接成果,即“产品”。如工厂生产的工业品、农场生产的粮食、学校培养的学生、文艺组织摄制的电影、电视剧、演出的剧目等,都是一种“产品”,都是成本的计算对象。

2. 恰当确定成本计算期

所谓成本计算期,就是多长时间计算一次成本。从理论上说,产品成本计算期应该与产品的生产周期相一致。但这种情况只适合于企业的生产过程为一批(件)接一批(件),即第一批(件)完工了再生产第二批(件)的情况。而事实上现代企业的生产大都采用流水线的形式,不是一批接一批地生产,而是不断投产,不断完工,绵延不断,无法分清前后批次。在这种情况下,按批计算成本显然是很困难的。只有人为地划分成本计算期(一般是以一个月作为一个成本计算期),成本计算才有可行性。

3. 正确选择成本计算的方法

由于企业的情况千差万别,成本的具体计算方式也不可能有一个统一的模式。经过人们的长期实践,形成了几种常用的成本计算方法。即品种法、分批法和分步法等。

恰当地确定成本计算的对象,不是一件容易的事。因为企业的规模、生产组织形式和技术特点不同,成本计算的对象也会不一样。例如,有的企业只生产最终的产成品,而有的企业除生产最终的产成品外,还生产各种各样的半成品;有的企业是采用大批量生产,而有的企业是采用小批量生产,甚至是单件生产等。

如果企业的产品不是成批生产,且只有一个步骤,一般可以直接以产品品种为成本计算对象,这种方法称为品种法。

如果产品生产是以按批生产为主,则以批次作为成本的计算对象,这种方法称为分批法。

如果产品生产要分成若干个步骤,中间有半成品,并且产品是连续不断的大量生产或大批量的生产,则以每个步骤的半成品和最终产品为成本的计算对象,这种方法称为分步法。

4. 合理设置成本项目

为了比较全面、系统地反映产品的成本耗费情况，使成本计算能提供比较丰富的信息，在计算产品成本时，不仅要计算产品的总成本和单位成本，而且要对总成本按用途分类，以反映产品成本的组成和结构；这样，便于我们对成本进行控制，也便于我们分析产品生产中的经济效益问题和对生产部门进行考核评价。

在计算产品成本时，一般把成本分成三个项目，即：① 直接材料；② 直接人工；③ 制造费用。有的企业规模比较大，生产过程比较复杂，成本项目分得比较细。如果单位的规模很小，生产过程也很简单，可以只划分为两个项目，即：① 材料费用；② 其他费用。

5. 合理选定费用分配标准

生产过程往往是比较复杂的，一项费用发生后，其用途往往不止一个，生产的产品不止一种，成本计算的对象也不止一个。这样，一项费用发生后，往往不能直接地、全部地记入反映某一个对象的明细账户，而需要把这项费用在几个对象之间进行分配。

那么，哪个对象负担的费用应该多一点，哪个对象负担的费用应该少一点呢？其分配的原则是："谁耗费，谁负担"，或者是"谁受益，谁负担"。但是，要对费用进行精确的分配是比较困难的，要对一定对象所发生的成本消耗（受益）情况进行准确的计量，同样是比较困难的。在对费用进行具体分配时，一般是选择一定的标准来进行分配。例如，材料费用一般可以按产品的重量、体积或定额消耗量进行分配，人工费用可以按工时进行分配等等。选择分配标准存在一定的主观性，但应该选择比较客观、科学的标准来对费用进行分配，这样就能够比较真实地反映一定对象实际发生的消耗情况。另外，某一种标准一旦被选定，不要轻易变更，否则就违反了一致性原则。因为分配标准的不同，也会人为地造成计算出来的成本不一样。

四、产品成本计算方法

我们知道，不同的企业，其生产过程有不同的特点，其成本管理的要求也是不一样的。这对成本计算的具体方法带来了很大的影响。也就是说，只有根据企业生产的特点和成本管理的不同要求，选择不同的成本计算方法，才能正确地计算产品成本。

（一）生产的主要类型和成本管理要求

不同的企业，按生产工艺过程和生产组织的不同，可以分为不同的类型。

1. 按生产工艺过程的特点来分

按生产工艺过程的特点来分可分为:

(1) 单步骤生产,也叫简单生产,是指生产技术上不间断、不分步骤的生产。如发电、熔铸、采掘工业等。

(2) 多步骤生产,也叫复杂生产,是指技术上可以间断、由若干步骤组成的生产。如果这些步骤按顺序进行,不能并存,不能颠倒,要到最后一个步骤完成才能生产出产成品,这种生产就叫连续式复杂生产。如纺织、冶金、造纸等。如果这些步骤不存在时间上的继起性,可以同时进行,每个步骤生产出不同的零配件,然后再经过组装成为产成品,这种生产就叫装配式复杂生产。如机械、电器、船舶等。

2. 按生产组织的特点来分

按生产组织的特点来分可分为:

(1) 大量生产。它是指连续不断重复地生产同一品种和规格产品的生产。这种生产一般品种比较少,生产比较稳定。如发电、采煤、冶金等。大量生产的产品需求一般单一稳定,需求数量大。

(2) 成批生产。它是指预先确定批别和有限数量进行的生产。这类生产的特点是品种或规格比较多,而且是成批轮番地组织生产,这种生产组织是现代企业生产的主要形式。

(3) 单件生产。它是根据订单,按每一件产品来组织生产,这种生产组织形式并不多见。主要适用于一些大型而复杂的产品。如重型机械、造船、专用设备等。

不同的企业,成本管理的要求也不完全一样。例如,有的企业只要求计算产成品的成本,而有的企业不仅要计算产成品的成本,而且还要计算各个步骤半成品的成本。有的企业要求按月计算成本,而有的企业可能只要求在一批产品完工后才计算成本等。成本管理要求的不同也是影响选择成本计算方法的一个因素。

(二) 产品成本计算方法的确定

不同的企业,由于生产的工艺过程、生产组织,以及成本管理要求不同,成本计算的方法也不一样。不同成本计算方法的区别主要表现在三个方面:一是成本计算对象不同;二是成本计算期不同;三是生产费用在产成品和半成品之间的分配情况不同。常用的成本计算方法主要有品种法、分批法和分步法。

1. 品种法

品种法是以产品品种作为成本计算对象来归集生产费用、计算产品成本的一种方法。由于品种法不需要按批计算成本,也不需要按步骤来计算半成品成本,因而这种成本计算方法比较简单。品种法主要适用于大批量单步骤生产的企业,如发电、采掘等。或者虽属于多步骤生产,但不要求计算半成品成本的小型企业,如小水泥、制砖等。品种法一般按月定期计算产品成本,也不需要把生产费用在产成品和半成品之间进行分配。

2. 分批法

分批法也称定单法。是以产品的批次或定单作为成本计算对象来归集生产费用、计算产品成本的一种方法。分批法主要适用于单件和小批的多步骤生产。如重型机床、船舶、精密仪器和专用设备等。分批法的成本计算期是不固定的,一般把一个生产周期(即从投产到完工的整个时期)作为成本计算期定期计算产品成本。由于在未完工时没有产成品,完工后又没有在产品,产成品和在产品不会同时并存,因而也不需要把生产费用在产成品和半成品之间进行分配。

3. 分步法

分步法是按产品的生产步骤归集生产费用、计算产品成本的一种方法。分步法适用于大量或大批的多步骤生产。如机械、纺织、造纸等。分步法由于生产的数量大,在某一时间上往往既有已完工的产成品,又有未完工的在产品和半成品,不可能等全部产品完工后再计算成本。因而分步法一般是按月定期计算成本,并且要把生产费用在产成品和半成品之间进行分配。

五、正确划分各项费用的界限

1. 正确划分计入产品成本与不计入产品成本的界限,确定成本费用的范围

企业发生的费用有很多项目,根据谁受益(或谁消耗)、谁负担的原则,凡生产过程中消耗的各种材料、人工和其他费用都应计入生产成本。否则,就不能计入生产成本。如支付的各种滞纳金、赔款、捐赠、赞助款等应计入营业外支出。支付股利应计入利润分配。管理费用、财务费用等均不应计入生产成本,而应计入期间费用。

2. 正确划分各个月份的费用界限

根据分期原则,为了及时反映和考核费用开支情况,需要定期分月进行成本计算。根据权责发生制原则,发生的费用应该按受益原则分配到有关的月份中去。

3. 正确划分产品成本和期间费用的界限

在企业发生的各种费用支出中,凡应该计入本月由当月负担的费用,应进一步区分产品成本和期间费用的界限。凡在产品生产中发生的费用,属于产品成本,应该记入"生产成本"账户,产品完工后转入"库存商品"账户。销售后再转入"主营业务成本"账户,期末结转本年利润。凡在非生产领域中发生的管理费用、销售费用和财务费用都属于期间费用,其处理方法比较简单,在期末一次全部转入"本年利润”账户，一次冲减当期损益。

4. 正确划分不同产品的成本界限

如果企业只是生产一种产品，那么全部生产成本就是这种产品的成本。但一般的企业都不止生产一种产品，这就需要把全部生产成本在几种产品之间进行分配。凡能分清应由哪种产品负担的费用，应直接计入该种产品的成本；凡由几种产品共同负担的费用，则要采用恰当的标准（根据谁受益、谁负担的原则）进行分配。最终把各种产品的成本计算出来。

5. 正确划分完工产品与在产品成本的界限

通过前一步骤我们已经计算出了每一种产品的总成本。如果这种产品已经全部完工，则其成本全部为产成品成本；如果这种产品全部未完工，则其成本全部为在产品成本。但通常情况下，往往是既有产成品，又有在产品，这就需要把总的产品成本在产成品和在产品之间进行分配。有关数据之间有下列关系：

期初在产品成本＋本期发生的全部生产成本＝期末在产品成本＋产成品成本

一般来说，一件在产品应该比一件产成品负担的成本要少，因为在产品尚未完工，消耗的资源比产成品要少，完工产品与在产品之间的成本分配要考虑完工程度。分配的方法有约当产量法、定额法、定额比例法等。产成品成本计算出来后，用产成品总成本除以总产量，求得单位成本。

六、成本计算品种法举例

例　某厂生产 A、B 两种产品，成本计算采用品种法。在产品采用月当产量法计算，材料系生产开工时一次投入，在产品完工程度 70%，有关资料如下。

1. 月初在产品成本

见表 2.8。

表 2.8　月初在产品成本

产品名称	直接材料	直接工资	制造费用	合　计
A	200	160	140	500
B	180	120	100	400

2. 本月发生费用

(1) 辅助生产成本 2 400 元，按生产工时分配。为基本生产车间服务 500 小时，为管理部门服务 100 小时，总共 600 小时。

(2) 基本生产领用材料 5 600 元，其中 A 产品领用 3 000 元，B 产品领用 2 600 元。

(3) 基本生产工人工资 4 200 元，按工时比例分配，A 产品工时 800 小时，B 产品工时 600 小时。

(4) 制造费用 3 600 元(不包括辅助生产成本)，按工时比例分配。

(5) 本月完工产品和月末在产品数量资料如表 2.9 所示。

表 2.9 完工产品和月末在产品数量资料

产品名称	单 位	完工数量	月末在产品数量
A	台	100	20
B	台	200	50

(1) 分配辅助生产成本：

分配率 = 2 400/(500 + 100) = 4

基本生产分配辅助生产成本费用 = 500 × 4 = 2 000(元)

管理部门分配辅助生产成本费用 = 100 × 4 = 400(元)

(2) 分配工资费用：

分配率 = 4 200/(800 + 600) = 3

A 产品负担的工资费用 = 800 × 3 = 2 400(元)

B 产品负担的工资费用 = 600 × 3 = 1 800(元)

(3) 分配制造费用：

分配率 = (3 600 + 2 000)/(800 + 600) = 4

A 产品负担的制造费用 = 800 × 4 = 3 200(元)

B 产品负担的制造费用 = 600 × 4 = 2 400(元)

(4) 计算完工产品成本和在产品成本如表 2.10 和表 2.11 所示。

表 2.10 A 产品成本计算单

成本项目	直接材料	直接工资	制造费用	合 计
月初在产品成本	200	160	140	400
本月发生费用	3 000	2 400	3 200	8 600
合计	3 200	2 560	3 340	9 100
约当产量	120	114	114	
单位成本	26.67	22.46	29.30	78.43
完工产品成本	2 667	2 246	2 930	7 843
月末在产品成本	533	314	410	1 257

表 2.11 B产品成本计算单

成本项目	直接材料	直接工资	制造费用	合 计
月初在产品成本	180	120	100	400
本月发生费用	2 600	1 800	2 400	6 800
合计	2 780	1 920	2 500	7 200
约当产量	250	235	235	
单位成本	11.12	8.17	10.64	29.93
完工产品成本	2 224	1 634	2 128	5 986
月末在产品成本	556	286	372	1 214

第六节 财 产 清 查

一、财产清查的概念

财产清查(Assets Inventory)是指通过对实物、现金的实地盘点和对银行存款、往来账户的核对,来查明各项财产物资、货币资金、往来款项的实有数和账面数是否相符的一种会计核算方法。

企业、事业和机关等单位的财产、物资、货币资金等,由于在管理过程及业务经营中收发商品数量、金额的错误,检验计量不准或保管、运输、销售过程中的自然升溢、损耗等原因,而发生账实不符的现象,这不仅影响会计核算质量,也会给单位带来不应有的损失。因此,为了正确掌握各项财产的真实情况,做到家底清楚,心中有数,保证会计资料的准确性,必须在账簿记录的基础上运用财产清查这一方法,对本单位各项财产、物资和货币资金等进行定期或不定期的清查,使账簿资料与实存数额相一致,保证会计核算资料的真实性。

二、确定财产物资账面结存的方法

确定财产物资账面结存的方法,即财产物资的盘存制度有两种——“永续盘存制”和“实地盘存制”。单位可根据经营管理的需要和财产物资品种的不同,分别采用不同的方法。以达到弄清账实,查明原因,提高经营管理水平的目的。

1. 永续盘存制(Perpetual Inventory)

永续盘存制,亦称"账面盘存制"。是平时对企业单位各项财产物资分别设立明细账,根据会计凭证连续记载其增减变化并随时结出余额的一种管理制度。这种盘存制,能从账簿资料中及时反映出企业各项财产、物资的结存数额。为及时掌握企业单位财产增减变动情况和余额提供可靠依据,以便加强单位财产物资的管理。

2. 实地盘存制(Taking a Physical/Periodic Inventory)

平时根据有关会计凭证,只登记财产、物资的增加数,不登记减少数,月末或一定时期,可根据期末盘点资料,弄清各种财物的实有数额。然后再根据"期初结存+本期增加数-本期实存数=本期减少数"的公式,倒算出本期减少数额,即:"以存计耗","以存计销",并记入有关明细账中的一种物资盘存管理制度。这种方法,工作比较简单,虽然看起来账是平衡的,但手续不够严密,对于管理中存在的问题不易发现。

三、财产清查的意义

(一) 造成账实不符的原因

财产清查的关键是要解决账实不符的问题。造成账存数与实存数发生差异,其原因是多方面的,一般有以下几种情况:

(1) 在收发物资中,由于计量、检验不准确而造成品种、数量或质量上的差错。

(2) 财产物资在运输、保管、收发过程中,在数量上发生自然增减变化。

(3) 在财产增减变动中,由于手续不齐或计算、登记上发生错误。

(4) 由于管理不善或工作人员失职,造成的财产损失、变质或短缺等。

(5) 贪污盗窃、营私舞弊造成的损失。

(6) 自然灾害造成的非常损失。

(7) 未达账项引起的账账、账实不符等。

上述种种原因都会影响账实的一致性。因此,运用财产清查手段,对各种财产物资进行定期或不定期的核对或盘点具有十分重要的意义。

(二) 财产清查的意义

1. 保护财产的安全完整

通过财产清查,可以查明企业单位的财产、商品、物资是否完整,有无缺损、霉变现象,以便堵塞漏洞,改进工作,建立和健全各种责任制,切实保证财产的安全和完整。

2. 保证会计资料的真实性

通过财产清查,可以查明各项财产物资的实有数,确定实有数额和账面数额的差异,以便分析原因,采取措施,改进工作,进一步加强财产物资的管理,确保会计核算资料的真实可靠。

3. 加速资金周转,挖掘企业潜力

通过财产清查,可以查明各项财产物资的储备和利用情况,以便分类排队,采取不同措施,积极利用和处理,提高物资使用效率。对储备不足的,应予以补充,确保生产需要;对超储、积压、呆滞的财产物资,应及时处理,防止盲目采购和不合理的积压,充分挖掘物资潜力,加速资金周转,提高资金使用效果,提高经济效益。

4. 维护财经纪律

通过对财产、物资、货币资金及往来账款的清查,可以查明单位有关业务人员是否遵守财经纪律和结算制度,有无贪污盗窃、挪用公款的情况;查明各项资金使用是否合理,是否符合党和国家的方针政策和法规,从而使工作人员更加自觉地遵纪守法,自觉维护和遵守财经纪律。

四、财产清查的分类

1. 财产清查按清查范围分为全面清查和局部清查

全面清查,是指对所有的财产和资金进行全面盘点与核对。其清查对象主要包括:原材料、在产品、半成品、产成品或库存商品、现金、短期存(借)款、有价证券及外币、在途物资、委托加工物资、往来款项、固定资产等。全面清查范围广,工作量大,一般在年终决算或企业撤销、合并或改变隶属关系时进行。

局部清查,也称重点清查。是指根据需要只对财产中某些重点部分进行的清查。如流动资产中变化较频繁的原材料、产成品(或库存商品)等,除年度全面清查外,还应根据需要随时轮流盘点或重点抽查。各种贵重物资要每月至少清查一次,库存现金要每天盘点核对,银行存(借)款要与银行对账单逐笔核对。

2. 财产清查按清查的时间分为定期清查和不定期清查

定期清查,是指在规定的时间内所进行的财产清查。一般是在年、季、月度终了后进行。

不定期清查,也称临时清查,是指根据实际需要临时进行的财产清查。一般是在更换财产物资保管人员,企业撤销或合并或发生财产损失等情况下所进行的清查。

定期清查和不定期清查的范围应视具体情况而定，可全面清查也可局部清查。如企业仓库被盗，为查明损失，决定立即清查，按清查的时间分类，属于不定期清查；按清查的范围分类，属于局部清查。

五、财产清查的结果处理

财产清查的结果：账面数大于实存数，为盘亏；账面数小于实存数，为盘盈。为了反映和监督企业在财产清查中的盘盈、盘亏和毁损情况，应当设置和运用“待处理财产损溢”账户，并在其下设“待处理流动资产损溢”、“待处理固定资产损溢”两个二级账。“待处理财产损溢”账户，用来核算在财产清查中所发现的各项财产物资的盘盈、盘亏及其处理情况。该账户的贷方登记待处理财产物资的盘盈数，及经批准后的转销数；借方登记待处理财产物资的盘亏和毁损数，及经批准后的转销数。

主要账务处理如下。

1. 存货清查结果的账务处理

(1) 存货盘盈时

借：原材料（库存商品）等科目

　　贷：待处理财产损溢——待处理流动资产损溢

经批准后，一般作冲减管理费用处理。

借：待处理财产损溢——待处理流动资产损溢

　　贷：管理费用

(2) 存货盘亏时

借：待处理财产损溢——待处理流动资产损溢

　　贷：原材料（库存商品）等科目

经批准后，一般按不同原因处理。

借：管理费用（定额内损耗、管理不善造成的）

　　其他应收款（由责任人、责任单位或保险公司赔偿的）

　　营业外支出（自然灾害、意外事故造成的）

　　贷：待处理财产损溢——待处理流动资产损溢

2. 固定资产清查结果的账务处理

(1) 固定资产盘盈时

借：固定资产

　　贷：以前年度损益调整

期末结转。

借:以前年度损益调整

　　贷:利润分配——未分配利润

注:固定资产盘盈不通过“待处理财产损溢”账户处理,结转为营业外收入,主要是避免企业利用固定资产盘亏、盘盈来调节利润。

例 某企业通过财产清查,盘盈八成新的机器设备一台,重置完全价值为20 000元。其会计分录如下。

① 当盘盈固定资产时

借:固定资产——××机器设备　　16 000

　　贷:以前年度损益调整　　16 000

② 按批准的结果入账时

借:以前年度损益调整　　16 000

　　贷:利润分配——未分配利润　　16 000

(2) 固定资产盘亏时

借:待处理财产损溢——待处理固定资产损溢

　　累计折旧

　　贷:固定资产

经批准后,一般按不同原因处理。

借:其他应收款(由责任人、责任单位或保险公司赔偿的)

　　营业外支出(其他原因形成的)

　　贷:待处理财产损溢——待处理固定资产损溢

例 某企业通过财产清查,盘亏生产用仪器设备一台,原值为8 000元,已提折旧2 000元,后经有关部门批准列作营业外支出处理。其会计分录如下。

① 当盘亏固定资产时

借:待处理财产损溢——待处理固定资产损溢　　6 000

　　累计折旧　　2 000

　　贷:固定资产　　8 000

② 按批准的结果入账时

借:营业外支出——固定资产盘亏　　6 000

　　贷:待处理财产损溢——待处理固定资产损溢　　6 000

3. 现金清查结果的账务处理

现金的清查,是通过实地盘点的方法,确定库存现金的实存数,再与现金日记账的账面余额核对,以查明盈亏情况。现金清查的结果,也即现金长短款,通过“待处理财产损溢——待处理流动资产损溢”账户处理。现金长款,结转后分别作为

“其他应付款”、“营业外收入”；现金短款，结转后分别作为“其他应收款”、“管理费用”。

4．银行存款清查结果的账务处理

银行存款的清查，是采用与开户银行核对账目的方法进行的。即将本单位的银行存款账与开户银行转来的银行对账单进行逐笔核对，核对结果余额相符或余额不相符。余额不相符原因可能有两种，一是记账错误，另一是存在未达账项。所谓未达账项是指由于企业与银行取得凭证的时间不同，导致一方入账另一方未入账的账项。未达账项包括以下四个方面：① 企业已收，银行未收；② 企业已付，银行未付；③ 银行已收，企业未收；④ 银行已付，企业未付。查出上面所说的未达账项，然后编制银行存款余额调节表进行调节。

例 某企业 2007 年 12 月 31 日银行存款余额为 535 000 元，银行对账单余额为 508 000 元。经核对，发现有下列未达账项：

12 月 30 日，委托银行收款 50 000 元，银行已收入企业账户，收款通知尚未送达企业。

12 月 30 日，企业开出现金支票一张，计 12 000 元，持票人尚未到银行提现。

12 月 31 日，银行扣除借款利息 25 000 元，企业尚未接到通知。

12 月 31 日，企业收到外单位转账支票一张，计 64 000 元，企业尚未到银行办理手续。

试根据以上资料编制银行存款余额调节表。编制的银行存款余额调节表如表 2.12 所示。

表 2.12 银行存款余额调节表

项 目	金 额	项 目	金 额
银行对账单余额	508 000	银行存款余额	535 000
加：企业已收，银行未收	64 000	加：银行已收，企业未收	50 000
减：企业已付，银行未付	12 000	减：银行已付，企业未付	25 000
调整后的存款余额	560 000	调整后的存款余额	560 000

另外，企业应定期对银行存款进行检查，如有确凿证据表明存在银行或其他金融机构的款项已经部分不能收回，或全部不能收回，作为当期损失，计入营业外支出。

借：营业外支出

　　贷：银行存款

5. 应收应付款清查结果的账务处理

应收应付款清查结果的账务处理不通过“待处理财产损溢”账户核算。应收款项清查后，若发现有收不回的坏账，应冲减计提的坏账准备金，借记“坏账准备”，贷记“应收账款”。对于应付账款中的无法支付部分，应转为营业外收入处理，借记“应付账款”，贷记“营业外收入”。对于长期悬挂的应收应付款项，应及时进行清理。

《企业会计制度》规定：对于待处理财产损溢科目，不论是否经过有关部门批准，均应冲减资产并在年末计入当期损益，不得列示于资产方，避免企业以待处理财产损溢的处置方案未获有关部门批准为由，长期挂账。

练习题

1. 假定某公司会计主管已侵吞现金 10 万元，并通过漏记一笔业务的方式加以掩盖。试问：该笔漏记业务是资产增加业务，还是负债增加业务？为什么？

2. 某林场在 2008 年末，栽种的一批花树已经生长 4 年，林场为每棵树投入了 30 元的成本。一位批发商提出了每棵树 40 元的报价，并且由他自己负责包括砍伐、捆扎、运输在内的所有费用。而林场的经理认为，让这批树再生长一年，可以卖到每棵 100 元的价格，而需要支付成本仅仅为每棵 5 元，所以他拒绝了该批发商的报价。试问：2008 年末，在资产负债表中应该按照什么价值列报这批花树的价值？为什么？

第三章 企业基本业务核算

会计的一般对象是资金运动，从价值的角度看，企业所有的会计事项将统一构成经营资金运动。企业的资金运动包括资金筹集、资金运用、资金耗费和资金回收几个阶段。制造型企业的业务一般比较完整，本章将以制造型企业为例对企业基本业务进行核算。在制造型企业，资金运用和资金耗费阶段，与企业的生产经营过程相适应，经过生产准备、产品生产和产品销售三个过程。资金筹集和资金回收两个阶段与生产准备、产品生产和产品销售三个过程的首尾相连接。作为独立进行生产经营活动的必要条件，企业必须采取灵活的方式，从一定的来源筹集资金；产品销售过程结束，收回货币资金后，依法向国家交纳税金，并计算盈亏，确定经营成果，对实现的利润进行分配。

综上所述，企业的主要业务包括资金筹集业务、生产准备业务、产品生产业务、产品销售业务和利润计算及利润分配业务。

第一节 资金筹集业务

资金筹集是企业生产经营的首要条件，是资金运动全过程的起点。从企业资本来源看，主要包括两部分：一是投资者投入的资本金，二是借入资金。投资者投入的资金有：货币投资、实物投资、证券投资、无形资产投资等。借入资金主要是向金融机构和其他单位借入的资金。这部分资金就形成了负债，包括长期负债和流动负债。

一、投资人投入资本金核算

我国有关法律规定，投资者设立企业首先必须投入资本。投资人投入资本金是企业设立开业的基本条件之一。我国《公司法》规定，股东可以用货币出资，也可以用实物、知识产权、土地使用权等用货币估价并可依法转让的非货币财产作价出资；但是，法律、行政法规规定不得作为出资的财产除外。对作为出资的非货币财产应当评估作价，核实财产，不得高估或者低估作价。全体股东的货币出资金额不得低于有限责任公司注册资本的30%。

为了总括反映投资人投入资本的变动情况，除股份有限公司对股东投入资本应当设置"股本"账户外，有限责任公司对投资者投入的资本，设置"实收资本"账户，以核算企业实际收到的投资人投入的资本。该账户贷方登记企业收到投资人投入企业的各种实际资产的价值以及资本公积和盈余公积转入数；借方登记按规定程序减少注册资本的数额，期末余额在贷方，表示实际收到的资本数，即投资者实际投入的资金。同时，该账户应按投资人设置明细分类账户进行明细分类核算。主要账务处理如下。

(1) 接受现金投资时，公司对货币投资要按银行开出的收款通知单日期和金额入账。

例　企业收到投资人投入资本金100万元存入银行。

这项业务作如下会计分录。

借：银行存款　　　　　　　　1 000 000

　　贷：实收资本　　　　　　　　1 000 000

(2) 接受非现金资产投资时，公司应按合同或协议约定价值确定非现金资产价值（合同或协议约定价值不公允的除外）和在注册资本中应享有的份额。入账时以双方签字的实物清单为依据。

例　企业收到投资人投入旧设备一台，合同约定价100万元。这项业务应作如下的会计分录。

借：固定资产　　　　　　　　1 000 000

　　贷：实收资本　　　　　　　　1 000 000

股份公司收到股东投资股本时，应设置"股本"账户进行核算。该账户为股东权益类账户，用来核算股份公司中按照公司章程中投资协议的规定由投资者投入的股本。"股本"账户贷方登记投资者投入的股本金额数；借方登记按法定程序批准减少注册资本时，实际注销股本金额或收购股票金额数；贷方余额反映股份公司股本实有金额数。按照《公司法》规定，股票发行可以按面值发行，也可超过面值溢价发行,但不得低于面值折价发行。当股份公司采用溢价发行股票时,超过股票面额发行所得的溢价额,在扣除发行手续费、佣金后的余额,不能记入“股本”账户,要记入“资本公积”账户。

例 2002 年 8 月 21 日,科大创新向社会公众公开发行人民币普通股 2 500 万股,股票面值 1 元,发行价格为 4.00 元/股,共募集资金 10 000 万元,扣除相关发行费用 672 万元后,实际募集资金净额为 9 328 万元。该募集资金已于 2002 年 8 月 27 日全部到位存入银行。

借:银行存款　　　　93 280 000

　贷:股本　　　　25 000 000

　　资本公积　　　　68 280 000

二、银行借款的核算

企业在生产经营过程中,为补充生产周转资金的不足,或购建固定资产等,经常需要向金融机构借入归还期限长短不同的借款。

1. 短期借款的核算

短期借款是指企业向银行或其他金融机构借入的期限在一年以下的各种借款。在我国,企业从银行借入的短期借款所应支付的利息一般采用按季结算的办法。借款利息支出较大的企业也可采用按月预提的方式计入各月费用中,于季末一次支付。利息费用单独在“财务费用”账户中核算。

为了全面反映短期借款借入、归还的情况,应设置“短期借款”科目,其贷方登记借入短期借款的本金,借方登记偿还的短期借款本金。期末余额在贷方,表示期末尚未归还的短期借款。本账户按借款单位和借款种类设置明细账户,进行明细核算。主要账务处理如下:

(1) 借入短期借款本金

借:银行存款

　贷:短期借款

(2) 归还短期借款本金

借:短期借款

　贷:银行存款

(3) 发生的短期借款利息

借:财务费用

　贷:银行存款、应付利息等科目

例 某公司 8 月 1 日自交通银行借入 2 个月到期、年息为 15%的借款 200 000

元，到期一次偿本付息。则应编制如下会计分录。

借：银行存款　　200 000

　　贷：短期借款　　200 000

在8月31日、9月30日，摊入各月的利息费用应编制的会计分录如下。

8月31日

借：财务费用——利息支出　　2 500

　　贷：应付利息　　2 500

9月30日

借：财务费用——利息支出　　2 500

　　贷：应付利息　　2 500

10月1日，借款到期，企业按期偿还本息时的会计分录如下。

借：短期借款　　200 000

　　应付利息　　5 000

　　贷：银行存款　　205 000

2. 长期借款的核算

长期借款是指企业向银行等金融机构或其他单位借入的，偿还期在一年以上的各种借款。它一般用于固定资产的购建和更新改造，以及企业生产经营过程中流动资产运转的需要等方面。为了全面反映长期借款的借入、应计利息和归还本息的情况，应设置“长期借款”科目，其贷方登记借入长期借款的本金及其应计利息，借方登记偿还的长期借款本息。本账户按借款单位和借款种类设置明细账户，进行明细核算。

主要账务处理如下。

(1) 借入长期借款

借：银行存款

　　贷：长期借款

(2) 归还长期借款本息

借：长期借款

　　贷：银行存款

例　某企业为购建厂房一座，采用分期付息到期还本的借款方式，向建设银行借入3年期的长期借款1 200 000元存入银行账户，按借款合同规定，年利率为10%，以单利计算，每年末付息一次，3年到期还本。该厂房工程如期动工共支付工程价款1 120 000元。第2年年末厂房竣工并验收交付使用。

会计处理如下。

(1) 借入人民币长期借款 1 200 000 元

借:银行存款　　　　　　　　　　　1 200 000

　　贷:长期借款——建行　　　　　　　　　1 200 000

(2) 第 1、2 年每年确认应付利息 120 000 元(1 200 000×10%)

借:在建工程　　　　　　　　　　　120 000

　　贷:应付利息　　　　　　　　　　　　120 000

(3) 第 1、2 年年末每次支付利息 120 000 元

借:应付利息　　　　　　　　　　　120 000

　　贷:银行存款　　　　　　　　　　　　120 000

(4) 第 3 年年末确认应付利息 120 000 元(1 200 000×10%)

借:财务费用　　　　　　　　　　　120 000

　　贷:应付利息　　　　　　　　　　　　120 000

(5) 第 3 年末支付本金 1 200 000 元

借:长期借款——建行　　　　　　　1 200 000

　　贷:银行存款　　　　　　　　　　　　1 200 000

第二节　生产准备业务

生产准备业务涉及材料采购和固定资产的购置业务,因此,生产准备业务的核算主要包括材料采购业务的核算和固定资产购置业务的核算。

一、材料采购业务的核算

材料采购业务的主要内容是企业在采购材料时,必须按经济合同和结算制度规定支付货款。此外,还要支付因购买材料而发生的其他各种采购费用。另外,材料的买价连同有关采购费用,按一定种类的材料进行归集,就构成了该种材料的采购成本。主要经济业务有:购买材料,货款已付;购买材料,货款尚未支付;归还前欠的购货款;支付购买材料发生的采购费用;材料已验收入库,结转材料的采购成本。

1. 材料采购业务核算设置的账户

为了加强对材料采购业务的管理,组织材料采购核算,确定材料的采购成本,

需要设置以下账户：

(1)“材料采购”账户，用来核算企业所有各种购入材料的买价和采购费用，据以确定材料采购成本。该账户属于资产类账户，其借方反映购入材料的买价和采购费用，贷方反映已办理完规定手续而转入原材料账户的实际成本，余额反映已购入尚未到达或尚未验收入库的在途材料。

(2)“原材料”账户，该账户用来核算各种库存材料收入、发出及结存情况账户。该账户也属于资产类账户，其借方反映已验收入库材料的实际成本，贷方反映发出材料的实际成本，余额反映库存材料的实际成本。该账户可按材料品种、规格开设明细账户。

(3)“应付账款”账户，该账户用来核算供应单位的结算债务的发生、偿还和结欠情况。该账户属于负债类账户，其贷方反映已发生的应付供应单位的购货款，借方反映已偿还的应付购货款，余额表示尚未偿还供应单位的购货款。该账户可按供应单位的名称开设明细账户。

2. 材料采购业务核算举例

例　某企业1月10日进货，支付材料货款15 000元，运费500元，货款进项税额2 550元(货款增值税率为17%)，运杂费的增值税进项税额为50元(运杂费500×10%，假设运杂费增值税率为10%)，进项税额合计2 600元。应计入材料采购成本的运杂费为450元(500元－50元)。

借:材料采购　　15 450

　　应交税费——应交增值税(进项税额)　　2 600

　　贷:银行存款　　18 050

1月11日材料验收入库。

借:原材料　　18 000

　　贷:材料采购　　18 000

例　某企业购买材料一批，价款100 000元，增值税17 000元，材料收到入库，款未付。

会计分录如下。

借:原材料　　100 000

　　应交税费——应交增值税(进项税额)　　17 000

　　贷:应付账款　　117 000

二、固定资产购置核算

固定资产作为劳动资料，是构成生产力的主要要素，企业拥有一定数量的固定资产,才可以顺利地进行产品的生产。

1. 固定资产购置核算设置的账户

进行固定资产购置核算应当设置的主要账户有:"固定资产"账户和"在建工程"账户。

(1) "固定资产"账户。"固定资产"账户是用来核算企业固定资产的增加和减少的账户。该账户属于资产类账户,其借方登记增加的固定资产原值,贷方登记减少的固定资产原值;期末余额在借方,反映企业现有固定资产的原值。

为了反映固定资产的明细资料,企业应设置"固定资产登记簿"和"固定资产卡片",按固定资产的类别、使用部门和每项固定资产进行明细核算。

(2) "在建工程"账户。"在建工程"账户是用来核算企业进行的各项工程建设,包括固定资产新建工程、改扩建工程、大修理工程等发生的实际支出。该账户属于资产类账户,其借方发生额反映各项工程实际支出的增加,贷方发生额反映完工工程转出的实际成本,期末借方余额反映尚未完工的在建工程的实际支出成本。

2. 固定资产购置核算实例

例 某企业购入一台不需安装的设备,发票价格 100 000 元,增值税 17 000 元,发生运费 2 000 元,款项用银行存款全部付清。有关会计处理如下。

借:固定资产　　102 000
　应交税费——应交增值税(进项税额)　　17 000
　贷:银行存款　　119 000

例 某企业购入一台需要安装的设备,取得的增值税专用发票上注明的设备买价为 50 000 元,增值税额为 8 500 元,支付的运输费为 1 000 元,安装设备时,领用材料物资价值 1 500 元,购进该批材料时支付的增值税额为 255 元,支付工资 2 500 元。有关会计处理如下。

(1) 支付设备价款、税金、运输费合计 59 500 元

借:在建工程　　51 000
　应交税费——应交增值税(进项税额)　　8 500
　贷:银行存款　　59 500

(2) 领用安装材料,支付工资等费用

借:在建工程　　4 255
　贷:原材料　　1 500
　　应交税费——应交增值税(进项税额转出)　　255
　　应付职工薪酬　　2 500

(3) 设备安装完毕交付使用，确定固定资产的入账价值：51 000 + 4 255 = 55 255(元)

借：固定资产　　　　　　　　　　　　　55 255

　贷：在建工程　　　　　　　　　　　　　　55 255

第三节　产品生产业务

制造业的基本经济活动是生产满足社会需要的产品，因此，产品生产业务是企业主要经营过程的中心环节。企业的生产过程既是企业劳动产品的制造过程，也是物化劳动和活劳动的耗费过程。

企业在生产过程中的主要经济业务是人们借助于劳动资料对劳动对象进行加工、把劳动对象加工成劳动产品。因此企业在生产过程中要发生各种生产费用。主要包括：劳动对象耗费的费用(如各种材料)；劳动资料耗费的费用(如固定资产的折旧)；活劳动耗费的费用(如职工工资)；其他费用(如办公费、水电费)。发生的所有生产费用，最终都要按一定种类的产品进行归集和分配到各种产品成本中去。因此，生产费用的发生、归集和分配，以及产成品成本的形成，是产品生产业务核算的主要内容。主要业务有：消耗材料；结算支付职工工资和提取福利费；计提固定资产折旧；支付各项管理费用；结转制造费用；结转完工入库产品的生产成本等。

一、材料费用的核算

材料费用又称直接材料，是构成产品成本的一个重要项目。在生产过程中领用的各种材料，凡能分清成本对象的，都应作为材料费用直接计入该种产品的成本中去。

1. 材料费用核算设置的账户

(1) “生产成本”账户。“生产成本”账户用来核算企业在产品生产过程中所发生的各种生产费用。该账户属于成本类账户，该账户的借方反映企业产品生产过程中所发生的全部生产费用，贷方反映完工产品已转出的实际成本，如有余额在借方，表示尚未完工的在产品的生产费用。该账户可按产品或产品种类分别设置明细账户。

(2) “制造费用”账户。“制造费用”账户用来核算企业在产品生产过程中不能直接记入“生产成本”的各种间接费用，也就是企业制造部门为管理和组织生产而发生的各项费用，包括车间管理辅助人员的工资和福利费、机器设备和车间厂房的折旧费、修理费、车间办公费、水电费、机物料消耗、劳动保护费以及季节性、修理期间的停工损失等。该账户属于成本类账户，该账户借方反映企业为生产产品和提供劳务而发生的各项间接费用，贷方反映结转记入产品生产成本的费用，该账户期末一般无余额。该账户应按不同的成本项目或车间以及部门设置明细账户。

2. 材料费用核算举例

例 某企业本月内仓库发出材料一批，用于产品生产的材料费用 8 万元，用于车间一般耗用 1 万元，用于管理部门耗用 1 万元。会计分录如下。

借：生产成本	80 000	
制造费用	10 000	
管理费用	10 000	
贷：原材料		100 000

二、直接人工的核算

直接人工是指企业为获得职工提供的服务而给予的各种形式报酬以及相关支出。这些支出一般也称作职工薪酬。职工薪酬包括：① 职工工资、奖金、津贴和补贴；② 职工福利费；③ 医疗保险费、养老保险费、失业保险费、工伤保险费和生育保险费等社会保险费；④ 住房公积金；⑤ 工会经费和职工教育经费；⑥ 非货币性福利；⑦ 因解除与职工的劳动关系给予的补偿；⑧ 其他与获得职工提供的服务相关的支出。

工资费用的计算是企业归集和分配直接人工费用的基础工作，是进行工资结算和分配的前提。主要包括计时工资的计算、计件工资的计算等。

1. 计时工资的计算

计时工资是根据考勤记录登记的实际出勤日数和职工的工资标准计算的。目前大多数企业计时工资的计算都采用月薪制。在月薪制下，虽然每位职工各自的月工资标准相同，但由于每位职工的月出勤和缺勤情况不同，每月的应得计时工资也就不尽相同。在职工有缺勤的情况下，计算有缺勤情况的职工应得计时工资有两种基本方法：其一，按月标准工资扣除缺勤天数应扣工资额计算；其二，直接根据职工的出勤天数计算。具体计算公式如下。

月标准工资扣除缺勤工资方法下的计时工资计算公式：

应得计时工资 = 月标准工资 −（事假、旷工天数 + 病假天数 × 病假扣款率）× 日标准工资按出勤天数直接计算方法下的计时工资计算公式：

应得计时工资＝[出勤天数＋病假天数×(1－病假扣款率)]×日标准工资

从上述公式可见，不论采用哪种基本方法，都应首先计算出职工的日标准工资。日标准工资也称为日工资率，它是根据职工月标准工资和各月的天数相除求得的。实际工作中，为了简化工资计算，日标准工资可按下列两种方法之一计算。

(1) 月标准工资除以 30 天的方法，即

日工资＝月标准工资÷30

(2) 每月固定按年日历天数 365 日减去 104 个双休日和 11 个法定节假日，再除以 12 个月算出月平均工作天数的方法，即

日工资＝月标准工资÷20.83

例　假定某工业企业某工人的月工资标准为 840 元。12 月份，该工人病假 3 日，事假两日，周末休假 9 日，出勤 17 日。根据该工人的工龄，其病假工资按工资标准的 90%计算。该工人的病假和事假期间没有节假日，按上述方法分别计算如下。

(1) 按 30 日计算日工资率，日工资率＝840/30＝28(元)。

按月标准工资扣除缺勤工资额计算：

应扣缺勤病假工资＝28×3×(100%－90%)＝8.4(元)

应扣缺勤事假工资＝28×2＝56(元)

应付工资＝840－8.4－56＝775.6(元)

(2) 按 30 日计算日工资率，按出勤日数计算月工资：

应付出勤工资＝28×(17＋9)＝728(元)

应付病假工资＝28×3×90%＝75.6(元)

应付工资＝728＋75.6＝803.60(元)

(3) 按 20.83 日计算日工资率，日工资率＝840/20.83＝40.33(元)。

按月标准工资扣除缺勤工资额计算：

应扣缺勤病假工资＝40.33×3×(100%－90%)＝12.10(元)

应扣缺勤事假工资＝40.33×2＝80.66(元)

应付工资＝840－12.10－80.66＝747.24(元)

(4) 按 20.83 日计算日工资率，按出勤日数计算月工资：

应付出勤工资＝40.33×17＝685.61(元)

应付病假工资＝40.33×3×90%＝108.89(元)

应付工资＝685.61＋108.89＝794.50(元)

计算工资采用哪一种方法，由企业自行确定，确定以后，不应任意变动。

2. 计件工资的计算

计件工资是根据产量记录登记的合格品实际数量，乘以规定的计件单价计算求得。生产过程中出现的废品要分清原因，工废品不付工资，料废品照付工资。计算公式如下：

应付计件工资=(合格品数量+料废品数量)×计件单价

例 职工李宏伟10月份加工甲、乙两种产品，甲产品100件，乙产品85件。验收时发现甲产品料废品5个，工废品4个。该职工小时工资率为4.2元，制造甲产品定额工时为1小时，乙产品为2小时。要求计算李宏伟本月份应得计件工资。

李宏伟本月份应得计件工资=(96×1+85×2)×4.2=1 117.2(元)。

3. 其他工资的计算

奖金、津贴、补贴、加班加点工资及特殊情况下工资的计算，应严格遵守国家的有关规定。

在职工为企业提供服务的会计期间，企业应根据职工提供服务的受益对象，将应确认的职工薪酬(包括货币性薪酬和非货币性福利)计入相关资产成本或当期损益，同时确认为应付职工薪酬，但解除劳动关系补偿(下称“辞退福利”)除外。计量应付职工薪酬时，国家规定了计提基础和计提比例的，应当按照国家规定的标准计提。比如，应向社会保险经办机构等缴纳的医疗保险费、养老保险费(包括根据企业年金计划向企业年金基金相关管理人缴纳的补充养老保险费)、失业保险费、工伤保险费、生育保险费等社会保险费，应向住房公积金管理机构缴存的住房公积金，以及工会经费和职工教育经费等。没有规定计提基础和计提比例的，企业应当根据历史经验数据和实际情况，合理预计当期应付职工薪酬。当期实际发生金额大于预计金额的，应当补提应付职工薪酬；当期实际发生金额小于预计金额的，应当冲回多提的应付职工薪酬。对于在职工提供服务的会计期末以后一年以上到期的应付职工薪酬，企业应当选择恰当的折现率，以应付职工薪酬折现后的金额计入相关资产成本或当期损益；应付职工薪酬金额与其折现后金额相差不大的，也可按照未折现金额计入相关资产成本或当期损益。企业以其自产产品作为非货币性福利发放给职工的，应当根据受益对象，按照该产品的公允价值，计入相关资产成本或当期损益，同时确认应付职工薪酬。将企业拥有的房屋等资产无偿提供给职工使用的，应当根据受益对象，将该住房每期应计提的折旧计入相关资产成本或当期损益，同时确认应付职工薪酬。租赁住房等资产供职工无偿使用的，应当根据受益对象，将每期应付的租金计入相关资产成本或当期损益，并确认应付职工薪酬。难以认定受益对象的非货币性福利，直接计入当期损益和应付职工薪酬。

企业应当在职工为其提供服务的会计期间，将应付的职工薪酬确认为负债，除

因解除与职工的劳动关系给予的补偿外,应当根据职工提供服务的受益对象,分别按下列情况处理:

(1) 应由生产产品、提供劳务负担的职工薪酬,计入产品成本或劳务成本。

(2) 应由在建工程、无形资产负担的职工薪酬,计入建造固定资产或无形资产成本。

(3) 上述(1)和(2)之外的其他职工薪酬,计入当期损益。

应付职工薪酬核算应设置"应付职工薪酬"科目,该科目核算企业根据有关规定应付给职工的各种薪酬。该科目应当按照"工资"、"职工福利"、"社会保险费"、"住房公积金"、"工会经费"、"职工教育经费"、"解除职工劳动关系补偿"等应付职工薪酬项目进行明细核算。本科目期末贷方余额,反映企业应付职工薪酬的结余。

应付职工薪酬的主要账务处理如下:

(1) 企业按照有关规定向职工支付工资、奖金、津贴等,借记本科目,贷记"银行存款"、"库存现金"等科目;企业从应付职工薪酬中扣还的各种款项(代垫的家属药费、个人所得税等),借记本科目,贷记"其他应收款"、"应交税费——应交个人所得税"等科目;企业向职工支付职工福利费,借记本科目,贷记"银行存款"、"库存现金"科目;企业支付工会经费和职工教育经费用于工会运作和职工培训,借记本科目,贷记"银行存款"等科目;企业按照国家有关规定缴纳社会保险费和住房公积金,借记本科目,贷记"银行存款"科目;企业因解除与职工的劳动关系向职工给予的补偿,借记本科目,贷记"银行存款"、"库存现金"等科目。

(2) 企业应当根据职工提供服务的受益对象,对发生的职工薪酬分别按以下情况进行处理。

生产部门人员的职工薪酬,借记"生产成本"、"制造费用"、"劳务成本"科目,贷记本科目;管理部门人员的职工薪酬,借记"管理费用"科目,贷记本科目;销售人员的职工薪酬,借记"销售费用"科目,贷记本科目;应由在建工程、研发支出负担的职工薪酬,借记"在建工程"、"研发支出"科目,贷记本科目;因解除与职工的劳动关系给予的补偿,借记"管理费用"科目,贷记本科目;外商投资企业按规定从净利润中提取的职工奖励及福利基金,借记"利润分配——提取的职工奖励及福利基金"科目,贷记本科目。

例　某企业3月末计算的本月应付工资额为94 300元,其中,直接生产工人负担55%,制造费用负担15%,管理费用负担21%,销售费用负担5%,在建工程负担4%。在4月中旬发放工资时,代扣房租1 500元,实发工资92 800元。会计分录如下。

3月末进行工资分配

借:生产成本　　51 865

　制造费用　　14 145

　管理费用　　19 803

　销售费用　　4 715

　在建工程　　3 772

　贷:应付职工薪酬　　94 300

例　企业开出现金支票,从银行提取现金 94 300 元用于支付工资。编制的会计分录如下。

借:库存现金　　94 300

　贷:银行存款　　94 300

借:应付职工薪酬　　94 300

　贷:库存现金　　94 300

三、制造费用的核算

制造费用是指企业为生产产品和提供劳务而发生的各项间接费用,是产品成本的一个组成部分。其构成内容比较复杂,包括间接的工资费、福利费、折旧费、办公费、水电费、机物料消耗、季节性停工损失等,如车间管理人员的工资及提取的福利费、办公费、水电费,用于车间一般耗用而非生产产品实体的材料费等。在生产多种产品的企业,制造费用在发生时一般无法直接判定其应归属的成本核算对象,因而不能直接计入所生产的产品成本中,必须将上述各种费用按照发生的不同空间范围在"制造费用"账户中予以归集,然后选用一定的标准(如生产工人工资、生产工时等)分配计入各种产品的成本中。制造费用核算举例如下。

1. 一般性材料耗用

例　企业第二生产车间 2 月份领用一批材料,用于车间一般耗用,金额 3 000 元。

借:制造费用　　3 000

　贷:原材料　　3 000

2. 一般性人工费用

例　企业第二生产车间计算出 2 月份管理人员工资 20 000 元。

借:制造费用　　20 000

　贷:应付职工薪酬　　20 000

3. 计提固定资产折旧

例　某企业计提本月份固定资产折旧 60 000 元,其中生产用固定资产折旧

50 000 元,管理部门用固定资产折旧 10 000 元。会计分录如下。

借:制造费用　　　　　　　　　　　　50 000

　管理费用　　　　　　　　　　　　10 000

　贷:累计折旧　　　　　　　　　　　　　60 000

4. 其他杂费

企业支付第二生产车间 2 月份水电费 50 000 元,通过银行存款支付。

借:制造费用　　　　　　　　　　　　50 000

　贷:银行存款　　　　　　　　　　　　　50 000

四、产品生产成本计算

1. 制造费用的分配

企业为生产一定种类、一定数量的产品所耗费和支出的各种生产费用的总和,就是这些产品的生产成本。产品的生产成本包括直接材料费、直接人工费和制造费用。其中,直接材料费、直接人工费是直接费用,这些费用发生时,直接计入产品成本。制造费用是间接费用,需要按一定的标准分配计入产品成本。制造费用的分配方法有:生产工人工资比例法,生产工人工时比例法;产品生产机器工时比例法;生产产品产量比例法,年度计划分配率法。

例　生产 A、B 两种产品共发生制造费用 12 000 元,其中生产 A 产品工人工资 40 000 元,生产 B 产品工人工资 20 000 元,试按产品工人工资分配制造费用。

制造费用分配率 = 制造费用总额/产品工人工资总和 = 12 000/60 000 = 0.2

A 产品分配制造费用 = 40 000 × 0.2 = 8 000(元)

B 产品分配制造费用 = 20 000 × 0.2 = 4 000(元)

会计分录如下。

借:生产成本——A 产品　　　　　　　8 000

　　　　　——B 产品　　　　　　　4 000

　贷:制造费用　　　　　　　　　　　　　12 000

2. 成本计算设置的账户

计算出每一种产品的总成本。如果这种产品已经全部完工,则其成本全部为产成品成本;如果这种产品全部未完工,则其成本全部为在产品成本。但通常情况下,往往是既有产成品,又有在产品,这就需要把总的产品成本在产成品和在产品之间进行分配。有关数据之间有下列关系:

期初在产品成本 + 本期发生的全部生产成本 = 期末在产品成本 + 产成品成本

对于完工的产成品,需设置“库存商品”账户核算企业库存的各种产成品的实际成本。"库存商品"账户属于资产类账户，该账户借方反映已验收入库的产成品的实际成本，贷方反映发出的产成品的实际成本，余额表示库存产成品的实际成本。该账户应按各种产成品的品种和规格等分别开设明细账户。

3. 完工产品核算举例

例 某企业本月份投产的A产品1 000件，当月全部完工验收入库，共发生直接材料费、直接人工费和制造费用计50 000元，产品完工入库，结转完工产品成本50 000元。会计分录如下。

借:库存商品　　　　50 000

　贷:生产成本　　　　50 000

第四节　产品销售业务

销售过程是企业生产经营的最后阶段。在销售过程中，企业要将制造完成的产成品及时地销售给购买单位，收回销货款，即取得销售收入，一方面满足社会需求，一方面实现自己的经营目标，保证再生产的正常进行。在销售过程中，企业要确认销售收入的实现，办理结算，收回货款，按配比原则结转销售成本，计算和收回销售税额等。

一、销售收入的核算

收入是指企业在日常活动中形成的、会导致所有者权益增加的、与所有者投入资本无关的经济利益的总流入。包括销售商品收入、劳务收入、使用费收入、租金收入等。根据我国现行的会计准则，主营业务收入和其他业务收入合称为营业收入。

1. 主营业务收入核算设置的账户

(1)"主营业务收入"账户。"主营业务收入"账户用来核算企业销售产品所取得的收入。该账户属于损益类账户，其贷方反映企业发出产品而确认的产品销售收入，借方反映销售折让、折扣、销售退回及期末结转到"本年利润"账户的数额，期末结转后一般无余额。该账户可按销售产品的种类设置明细账户。

(2)"主营业务成本"账户。"主营业务成本"账户是用来核算企业销售产成品成本的账户。该账户属于损益类账户，借方反映按配比原则结转已销产品的生产成本，贷方反映期末转入“本年利润”账户的数额，期末结转后无余额。该账户应按产品类别设置明细账户。

(3)“营业税金及附加”账户。“营业税金及附加”账户是用来核算销售商品、提供劳务等按规定计算交纳的消费税、营业税、资源税、城建税及教育费附加等。该账户属于损益类账户，借方反映已销售商品应交纳的税金，贷方反映期末转入“本年利润”账户的余额，期末无余额。

2. 销售收入核算举例

例 7月31日，企业出售A产品60件给大华商场，每件售价450元，销售金额27 000元和销项税额4 590元已通过银行存款收讫。

编制的会计分录如下。

借:银行存款　　31 590

　　贷:主营业务收入　　27 000

　　　　应交税费——应交增值税(销项税额)　　4 590

例 7月31日，企业结转已出售A产品60件的生产成本18 000元。编制的会计分录如下。

借:主营业务成本　　18 000

　　贷:库存商品　　18 000

例 假设企业上述销售的为应税消费税产品，按税法规定应交纳消费税，消费税率为10%，计算应交消费税2 700元。

编制的会计分录如下。

借:营业税金及附加　　2 700

　　贷:应交税费——应交消费税　　2 700

二、其他业务收入的核算

其他业务收入是指主营业务以外的营业收入，在制造业，主要包括企业多余材料的出售，资产出租以及提供非工业性劳务等。

1. 其他业务收入核算设置的账户

(1)“其他业务收入”账户。“其他业务收入”账户用来核算企业确认的除主营业务活动以外的其他经营活动实现的收入，包括出租固定资产、出租无形资产、出租包装物和商品、销售材料、用材料进行非货币性交换(非货币性资产交换具有商业实质且公允价值能够可靠计量)或债务重组等实现的收入。本账户可按其他业务收入种类进行明细核算。该账户属于损益类账户，其贷方反映企业确认的其他业务收入，借方反映期末结转到“本年利润”账户的数额，期末结转后一般无余额。

(2)“其他业务成本”账户。“其他业务成本”账户用来核算企业确认的除主营业务活动以外的其他经营活动所发生的支出,包括销售材料的成本、出租固定资产的折旧额、出租无形资产的摊销额、出租包装物的成本或摊销额等。采用成本模式计量投资性房地产的,其投资性房地产计提的折旧额或摊销额,也通过本科目核算。本科目可按其他业务成本的种类进行明细核算。“其他业务成本”账户属于损益类账户,借方反映按配比原则结转实现其他业务收入而发生的成本及相关税费,贷方反映期末转入“本年利润”账户的数额,期末结转后无余额。

2. 其他业务收支核算举例

例 企业将购入多余的一批材料出售,原购入价 100 万,增值税率 17%,现售价 120 万,增值税率 17%,价税款收到存入银行。会计分录如下。

(1) 借:银行存款 1 404 000
　　贷:其他业务收入 1 200 000
　　　　应交税费——应交增值税(销项税额) 204 000
(2) 借:其他业务成本 1 000 000
　　贷:原材料 1 000 000

例 企业出租设备一台,每月收取租金 10 000 元,每月计提折旧 4 000 元。会计分录如下。

(1) 借:银行存款 10 000
　　贷:其他业务收入 10 000
(2) 借:其他业务成本 4 000
　　贷:累计折旧 4 000

第五节　利润形成与分配业务

一、利润的计算

利润,是指企业在一定会计期间的经营成果,包括营业利润、利润总额和净利润。利润计算公式如下:

营业利润=营业收入-营业成本-营业税金及附加-管理费用-财务费用
　　　　-销售费用-资产减值损失+公允价值变动收益+投资收益

利润总额 = 营业利润 + 营业外收入 − 营业外支出

净利润 = 利润总额 − 所得税费用

1. 营业利润

指营业收入减去营业成本、营业税金及附加，销售费用、管理费用、财务费用、资产减值损失加上公允价值变动收益和投资收益后的金额。其中：

营业收入是指企业经营业务所确认的收入总额，包括主营业务收入和其他业务收入。

营业成本是指企业经营业务所发生的实际成本总额，包括主营业务成本和其他业务成本。

营业税金及附加是指企业经营活动发生的营业税、消费税、城市维护建设税、资源税和教育费附加等相关税费。

销售费用是指企业在销售商品和材料、提供劳务过程中而发生的各项费用，包括企业在销售商品过程中而发生的运输费、装卸费、包装费、保险费、展览费、广告费，以及为销售本企业商品而专设的销售机构（含销售网点、售后服务网点）的职工薪酬、折旧费、业务费、固定资产修理费等费用。

管理费用是指企业为组织和管理企业生产经营而发生的管理费用，包括企业在筹建期间发生的开办费、董事会和行政管理部门在企业的经营管理中发生的，或者应由企业统一负担的公司经费（包括行政管理部门职工薪酬、折旧费、修理费、办公费、水电费、机物料消耗、差旅费、低值易耗品摊销等）、董事会费（包括董事会成员津贴、会议费和差旅费等）、聘请中介机构费、咨询费（含顾问费）、诉讼费、业务招待费、房产税、车船使用税、印花税、土地使用税、技术转让费、矿产资源补偿费、研究费用、排污费、存货盘盈或盘亏以及企业生产车间（部门）和行政管理部门的固定资产修理费等。

财务费用是指企业为筹集生产经营所需资金而发生的筹资费用，包括利息支出（减利息收入）、汇兑损失（减汇兑收益）以及相关的手续费、企业发生或收到的现金折扣等。

资产减值损失是指企业计提各项资产减值准备所形成的损失，包括应收账款坏账损失、存货跌价损失、固定资产减值损失、无形资产减值损失、投资减值损失等。

公允价值变动收益（或损失）是指企业交易性金融资产等公允价值变动形成的应计入当期损益的利得（或损失），包括交易性金融资产、交易性金融负债以及采用公允价值模式计量的投资性房地产等公允价值变动形成的应计入当期损益的利得或损失。

投资收益(或损失)是指企业以各种方式对外投资所取得的收益(或发生的损失),包括企业持有的交易性金融资产、持有至到期投资、可供出售金融资产、长期股权投资而实现的投资收益或投资损失。

2. 利润总额

指营业利润加上营业外收入减去营业外支出后的金额。

营业外收入是指企业发生的与其日常活动无直接联系的各项利得。营业外收入并不是企业经营资金耗费所产生的,不需要企业付出代价,实际上是经济利益的净流入,不可能也不需要与有关的费用进行配比。主要包括固定资产盘盈利得、处置非流动资产利得、罚没利得、捐赠利得、确实无法支付而按规定程序经批准后转作营业外收入的应付款项等。

营业外支出是指企业发生的与其日常活动无直接联系的各项损失。主要包括非流动资产处置损失、盘亏损失、罚款支出、公益性捐赠支出、非常损失等。

营业外收入和营业外支出应当分别核算,并在利润表中分列项目反映。营业外收入和营业外支出还应当按照具体收入和支出设置明细科目进行明细核算。

3. 净利润

指利润总额减去所得税费用后的金额。

所得税费用是指企业应计入当期损益的所得税费用。所得税是根据企业应纳税所得额的一定比例上交的一种税金。企业在计算确定当期所得税以及递延所得税基础上,应将两者之和确认为利润表中的所得税费用。

$$所得税费用 = 当期所得税 + 递延所得税$$

二、利润核算设置的账户

应设置的主要账户有:"本年利润"、"管理费用"、"销售费用"、"财务费用"、"资产减值损失"、"公允价值变动损益"、"投资收益"、"营业外收入"、"营业外支出"、"所得税费用"等。

(1) "本年利润"账户。"本年利润"账户主要用来核算企业在本年度实现的利润(或亏损)总额。贷方登记企业本期转入的各项收入金额,借方登记与收入相配比的成本、费用及税金等。该账户若余额在贷方则反映的是企业本期实现的净利润总额;若余额在借方则反映的是企业本期发生的亏损总额。企业在期末应将各有关损益账户的余额或本期发生额结转"本年利润"账户。年度终了,该账户无论是借方余额还是贷方余额,都应当全部转入"利润分配"账户,年度决算后,账户就无余额。

(2) "管理费用"账户。该账户属于损益类账户,借方登记发生的各种管理费用，贷方登记期末将本账户转入“本年利润”账户的余额，结转后本账户应无余额。本账户应按费用项目设置明细账，进行明细核算。

(3)“销售费用”账户。该账户属于损益类账户，借方登记发生的各种营业费用，贷方登记期末将本账户转入“本年利润”账户的余额，结转后本账户应无余额。本账户应按费用项目设置明细账，进行明细核算。

(4)“财务费用”账户。该账户属于损益类账户，借方登记发生的各种财务费用，贷方登记期末将本账户转入“本年利润”账户的余额，结转后本账户应无余额。本账户应按费用项目设置明细账，进行明细核算。

(5)“资产减值损失”账户。该账户核算企业计提各项资产减值准备所形成的损失。该账户属于损益类账户，借方登记发生的各种计提各项资产减值准备所形成的损失，贷方登记期末将本账户转入“本年利润”账户的余额，结转后本账户应无余额。可按资产减值损失的项目进行明细核算。

(6)“公允价值变动损益”账户。该账户核算企业交易性金融资产、交易性金融负债，以及采用公允价值模式计量的投资性房地产、衍生工具、套期保值业务等公允价值变动形成的应计入当期损益的利得或损失。可按交易性金融资产、交易性金融负债、投资性房地产等进行明细核算。该账户属于损益类账户，贷方登记发生的各种计入当期损益的利得，借方登记计入当期损益的损失及期末将本账户转入“本年利润”账户的余额，结转后本账户应无余额。本账户可按交易性金融资产、交易性金融负债、投资性房地产等进行明细核算。

(7)“投资收益”账户。本科日核算企业确认的投资收益或投资损失，该账户属于损益类账户，贷方登记发生的各种投资收益，借方登记期末将本账户转入“本年利润”账户的余额，结转后本账户应无余额。本账户可按投资项目进行明细核算。

(8)“营业外收入”账户。该账户属于损益类账户，贷方登记发生的各种营业外收入，借方登记期末将本账户转入“本年利润”账户的余额，结转后本账户应无余额。本账户可按营业外收入项目进行明细核算。

(9)“营业外支出”账户。该账户属于损益类账户，借方登记发生的各种营业外支出，贷方登记期末将本账户转入“本年利润”账户的余额，结转后本账户应无余额。本账户可按支出项目进行明细核算。

(10)“所得税费用”账户。该账户属于损益类账户，借方登记发生的所得税费用，贷方登记期末将本账户转入“本年利润”账户的余额，结转后本账户应无余额。

三、利润核算的主要会计处理

1. 销售费用主要会计处理

例 红海公司2008年5月份发生部分销售费用如下。

(1) 在销售商品过程中发生的运输费、装卸费、包装费、保险费合计200 000元,款项均通过银行支付,编制会计分录如下。

借:销售费用 200 000

　贷:银行存款 200 000

(2) 在销售商品过程中发生的展览费和广告费合计100 000元,款项均通过银行支付,会计分录如下。

借:销售费用 100 000

　贷:银行存款 100 000

(3) 发生的为销售商品而专设的销售机构的职工工资30 000元,会计分录如下。

借:销售费用 30 000

　贷:应付职工薪酬 30 000

(4) 月末将"销售费用"账户的余额354 200元转入"本年利润"账户,会计分录如下。

借:本年利润 354 200

　贷:销售费用 354 200

2. 管理费用主要会计处理

例 某企业筹建期间发生办公费、差旅费等开办费30 000元,均用银行存款支付。会计分录如下。

借:管理费用 30 000

　贷:银行存款 30 000

例 某企业为拓展产品销售市场发生业务招待费80 000元,均用银行存款支付。会计分录如下。

借:管理费用 80 000

　贷:银行存款 80 000

例 某企业就一项产品的设计方案向有关专家进行咨询,以现金支付咨询费50 000元。会计分录如下。

借:管理费用 50 000

　贷:库存现金 50 000

例　某企业行政部8月份共发生费用224 000元，其中，行政人员薪酬150 000元，行政部专用办公设备折旧费45 000元，报销行政人员差旅费21 000元（假定报销人均未预借差旅费），其他办公、水电费8 000元（均用银行存款支付）。会计分录如下。

借：管理费用　　224 000
　贷：应付职工薪酬　　150 000
　　累计折旧　　45 000
　　库存现金　　21 000
　　银行存款　　8 000

例　某企业当月按规定计算确定的应交房产税为3 000元，应交车船使用税为2 600元，应交土地使用税为4 300元。会计分录如下。

借：管理费用　　9 900
　贷：应交税费——应交房产税　　3 000
　　　　　——应交车船使用税　　2 600
　　　　　——应交土地使用税　　4 300

例　某企业8月份生产车间发生设备大修理费用45 000元（均用银行存款支付），行政部门发生日常设备修理费用1 000元（用现金支付），均不满足固定资产确认条件。会计分录如下。

借：管理费用　　46 000
　贷：银行存款　　45 000
　　库存现金　　1 000

例　期末，将"管理费用"账户的余额680 000元转入"本年利润"账户。会计分录如下。

借：本年利润　　680 000
　贷：管理费用　　680 000

3. 财务费用主要会计处理

例　预提短期借款利息1 000元，应编制的会计分录如下。

借：财务费用　　1 000
　贷：应付利息　　1 000

例　收到银行转来的利息收入通知单，收到本月存款利息200元，会计分录如下。

借：银行存款　　200
　贷：财务费用　　200

例 通过转账支付银行的手续费100元,会计分录如下。

借:财务费用　　　　　　　　　　　　100

　　贷:银行存款　　　　　　　　　　　　100

例 期末,将"财务费用"账户的余额转入"本年利润"账户,会计分录如下。

借:本年利润　　　　　　　　　　　　900

　　贷:财务费用　　　　　　　　　　　　900

4. 资产减值损失的主要会计处理

(1) 企业的应收款项、存货、长期股权投资、持有至到期投资、固定资产、无形资产、贷款等资产发生减值的,按应减记的金额,借记本科目,贷记"坏账准备"、"存货跌价准备"、"长期股权投资减值准备"、"持有至到期投资减值准备"、"固定资产减值准备"、"无形资产减值准备"、"贷款损失准备"等科目。

(2) 在建工程、工程物资、生产性生物资产、商誉、抵债资产、损余物资、采用成本模式计量的投资性房地产等资产发生减值的,应当设置相应的减值准备科目,比照上述规定进行处理。

(3) 企业计提坏账准备、存货跌价准备、持有至到期投资减值准备、贷款损失准备等,相关资产的价值又得以恢复的,应在原已计提的减值准备金额内,按恢复增加的金额,借记"坏账准备"、"存货跌价准备"、"持有至到期投资减值准备"、"贷款损失准备"等科目,贷记本科目。

(4) 期末,应将本科目余额转入"本年利润"科目,结转后本科目无余额。

5. 投资收益主要会计处理

(1) 长期股权投资采用成本法核算的,企业应按被投资单位宣告发放的现金股利或利润中属于本企业的部分,借记"应收股利"科目,贷记本科目;属于被投资单位在取得本企业投资前实现净利润的分配额,应作为投资成本的收回,借记"应收股利"等科目,贷记"长期股权投资"科目。

长期股权投资采用权益法核算的,应按根据被投资单位实现的净利润或经调整的净利润计算应享有的份额,借记"长期股权投资——损益调整"科目,贷记本科目。被投资单位发生净亏损的,比照"长期股权投资"科目的相关规定进行处理。

处置长期股权投资时,应按实际收到的金额,借记"银行存款"等科目,按其账面余额,贷记"长期股权投资"科目,按尚未领取的现金股利或利润,贷记"应收股利"科目,按其差额,贷记或借记本科目。已计提减值准备的,还应同时结转减值准备。

处置采用权益法核算的长期股权投资,除上述规定外,还应结转原记入资本公积的相关金额,借记或贷记"资本公积——其他资本公积"科目,贷记或借记本科目。

(2) 企业持有交易性金融资产、持有至到期投资、可供出售金融资产期间取得的投资收益以及处置交易性金融资产、交易性金融负债、指定为以公允价值计量且其变动计入当期损益的金融资产或金融负债、持有至到期投资、可供出售金融资产实现的损益，比照“交易性金融资产”、“持有至到期投资”、“可供出售金融资产”、“交易性金融负债”等科目的相关规定进行处理。

(3) 期末，应将本科目余额转入“本年利润”科目，本科目结转后应无余额。

6. 公允价值变动损益的主要会计处理

(1) 资产负债表日，企业应按交易性金融资产的公允价值高于其账面余额的差额，借记“交易性金融资产——公允价值变动”科目，贷记本科目；公允价值低于其账面余额的差额作相反的会计分录。

出售交易性金融资产时，应按实际收到的金额，借记“银行存款”、“存放中央银行款项”等科目，按该金融资产的账面余额，贷记“交易性金融资产”科目，按其差额，借记或贷记“投资收益”科目。同时，将原计入该金融资产的公允价值变动转出，借记或贷记本科目，贷记或借记“投资收益”科目。

(2) 资产负债表日，交易性金融负债的公允价值高于其账面余额的差额，借记本科目，贷记“交易性金融负债”等科目；公允价值低于其账面余额的差额作相反的会计分录。

处置交易性金融负债，应按该金融负债的账面余额，借记“交易性金融负债”科目，按实际支付的金额，贷记“银行存款”、“存放中央银行款项”、“结算备付金”等科目，按其差额，贷记或借记“投资收益”科目。同时，按该金融负债的公允价值变动，贷记或借记本科目，借记或贷记“投资收益”科目。

(3) 采用公允价值模式计量的投资性房地产、衍生工具、套期工具、被套期项目等形成的公允价值变动，按照“投资性房地产”、“衍生工具”、“套期工具”、“被套期项目”等科目的相关规定进行处理。

(4) 期末，应将本科目余额转入“本年利润”科目，结转后本科目无余额。

7. 营业外收入主要会计处理

例　某企业出售一座建筑物，原价 2 000 000 元，已使用 6 年，计提折旧 300 000 元，支付清理费用 10 000 元，出售的价格为 1 900 000 元，营业税率 5%(应计提的城建税和教育费附加略，假定该企业对固定资产未计提减值准备)。编制会计分录如下。

(1) 固定资产转入清理

借:固定资产清理　　1 700 000

　累计折旧　　300 000

　贷:固定资产　　2 000 000

(2) 支付清理费用

借:固定资产清理　　10 000

　贷:银行存款　　10 000

(3) 收到价款时

借:银行存款　　1 900 000

　贷:固定资产清理　　1 900 000

(4) 计算应交纳的营业税(1 900 000×5%＝95 000 元)

借:固定资产清理　　95 000

　贷:应交税费——应交营业税　　95 000

(5) 上交营业税

借:应交税费——应交营业税　　95 000

　贷:银行存款　　95 000

(6) 结转固定资产清理后的净收益

借:固定资产清理　　95 000

　贷:营业外收入　　95 000

例　企业将购入的一项专利权出售,原购入价 100 万元,有效使用年限 10 年,已使用 3 年,累计摊销额为 300 000 元,未计提减值准备,售价 80 万元,营业税税率 5%。编制会计分录如下。

借:银行存款　　800 000

　累计摊销　　300 000

　贷:无形资产　　1 000 000

　　应交税费——应交营业税　　40 000

　　营业外收入　　60 000

例　企业将经确认欠某工厂应付账款 1 000 元的确无法支付,报经批准,作营业外收入处理。会计分录如下。

借:应付账款　　1 000

　贷:营业外收入　　1 000

例　企业将本期发生的营业外收入总额 960 000 元,期末结转本年利润。会计分录如下。

借:营业外收入　　960 000

　贷:本年利润　　960 000

8. 营业外支出主要会计处理

例 企业将已发生的原材料意外损失 300 000 元转作为营业外支出。会计分录如下。

借:营业外支出 300 000
  贷:待处理财产损溢 300 000

例 企业用银行存款 20 000 元支付税款滞纳金。会计分录如下。

借:营业外支出 20 000
  贷:银行存款 20 000

例 企业将拥有的一项非专利技术出售,取得价款 900 000 元,应交营业税为 45 000 元。该非专利技术的账面余额为 1 000 000 元,累计摊销额为 100 000 元,未计提减值准备。会计分录如下。

借:银行存款 900 000
  累计摊销 100 000
  营业外支出 45 000
  贷:无形资产 1 000 000
    应交税费——应交营业税 45 000

例 企业将本期发生的营业外支出总额 860 000 元,期末结转本年利润。会计分录如下。

借:本年利润 860 000
  贷:营业外支出 860 000

9. 所得税费用主要会计处理

例 企业实现应纳税所得额 2 000 万元,按规定计算应交纳的所得税 = 2 000 × 25% = 500(万元),另外该企业递延所得税负债年初数为 400 000 元,年末数为 500 000 元,递延所得税资产年初数 250 000 元,年末数为 200 000 元。则会计分录如下。

递延所得税 = (500 000 − 400 000) + (250 000 − 200 000) = 150 000(元)

所得税费用 = 当期所得税 + 递延所得税 = 5 000 000 + 150 000 = 5 150 000(元)

借:所得税费用 5 150 000
  贷:应交税费——应交所得税 5 000 000
    递延所得税负债 100 000
    递延所得税资产 50 000

例 以银行存款 500 万元缴纳本期的所得税。会计分录如下。

借:应交税费——应交所得税　　　　5 000 000

　贷:银行存款　　　　5 000 000

例　将本期的"所得税费用"500 万元结转到"本年利润"账户。会计分录如下。

借:本年利润　　　　5 000 000

　贷:所得税费用　　　　5 000 000

10. 本年利润的核算

会计分录如下。

(1) 各项收入的结转

借:主营业务收入

　其他业务收入

　营业外收入

　公允价值变动损益

　投资收益

　贷:本年利润

(2) 各项费用的结转

借:本年利润

　贷:主营业务成本

　　其他业务成本

　　营业税金及附加

　　销售费用

　　管理费用

　　财务费用

　　资产减值损失

　　营业外支出

　　所得税费用

年度终了,企业应将本年收入和费用相抵后结出的本年实现的净利润总额或发生的亏损总额全部转入"利润分配"账户。结转后,"本年利润"账户应无余额。

(1) 当年终"本年利润"账户为贷方余额时

借:本年利润

　贷:利润分配——未分配利润

(2) 当年终"本年利润"账户为借方余额时

借:利润分配——未分配利润

　贷:本年利润

例　某企业2008年12月底采用账结法计算利润，结账前各收入和费用账户的余额如表3.1所示。

表3.1　结账前各收入和费用账户的余额

单位：元

收入账户	金　额	费用账户	金　额
主营业务收入	560 000	主营业务成本	250 000
其他业务收入	39 000	销售费用	12 000
投资收益	80 000	营业税金及附加	890
营业外收入	64 000	其他业务成本	18 000
		管理费用	24 000
		财务费用	2 000
		营业外支出	2 200
		所得税费用	143 190

假定1～11月份“本年利润”账户累计余额为868 990元，月末结账时，将构成利润净额的各收支账户余额转入“本年利润”账户，应作下列会计分录。

(1) 借：本年利润　452 280
　　贷：主营业务成本　250 000
　　　　销售费用　12 000
　　　　营业税金及附加　890
　　　　其他业务成本　18 000
　　　　管理费用　24 000
　　　　财务费用　2 000
　　　　营业外支出　2 200
　　　　所得税费用　143 190

同时：

(2) 借：主营业务收入　560 000
　　　　其他业务收入　39 000
　　　　投资收益　80 000
　　　　营业外收入　64 000
　　贷：本年利润　743 000

根据上述结账分录，将12月份全部收支账户的余额结转“本年利润”账户以后，即可确定12月份利润是290 720元(当月全部收入减去当月全部支出后的差额,即743 000元－452 280元)。将上述收支登记入账。如图3.1所示。

借方		本年利润	贷方
(1)	452 280	(1～11月末)累计利润	868 990
		(2)	743 000
		12月末累计利润	1 159 710

图3.1 收支登记入账

从账上可以看出,全年12个月累计利润为1 159 710元。

以上两种利润结算方法,企业无论采用哪种,待年度终了时都应当将“本年利润”账户结平,转入“利润分配”账户,结转后,“本年利润”账户无余额。

【案例】

中储股份点土成金

中储股份(60087)在1999年上演了一出“点土成金”的好戏。以下是该公司的两则公告。

公告(一)

根据有关规定,现将有关土地平移情况公告如下:

(1) 1999年1月18日,本公司与中国物资储运天津有限责任公司签署土地平移协议,将津搪四98～80号宗地按每平方米5元的价格平移给本公司,总交易金额为1 074 936元,平移后本公司享有该土地出让合同所规定的一切权利,本次平移转让期限为50年,协议生效日期为1999年1月18日。

(2) 1999年5月7日本公司与中国物资储运天津有限责任公司签署土地平移协议,将津红团98～103号宗地按每平方米5元的价格平移给本公司。交易金额为1 850 388元,付款日期为1999年6月31日前。平移后本公司享有该宗土地转让合同所规定的一切权利,本次平移转让期限为50年,合同生效日期为1999年5月7日。

时间:1999.05.11 出处:上海证券报

(中储发展股份有限公司董事会公告[N].上海证券报,1999-05-11.)

公告(二)

公司于1999年5月24日召开首届十一次董事会,审议通过:

(1) 关于转让津红团98～103号宗地的议案及协议:经与天津乐康置业有限公司友好协议,公司决定将津红团98～103号宗地整体出让给天津乐康置业有限公司进行住宅建设，面积 370 077.7 平方米，转让单价为每平方米 525 元，总价款为 19 429.08 万元。

(2) 决定于 1999 年 6 月 28 日召开公司临时三次股东大会。

时间：1999.05.26 出处：上海证券报

（中储发展股份有限公司董事会公告[N].上海证券报，1999-05-26.）

虽然这项交易未指明是关联交易，但是明眼人一看就知道这宗交易有问题。短短半个月的时间，中储股份就把以 5 元/米^2 的价格购入的土地以 525 元/米^2 的价格转让了出去，收益是 105 倍，世上哪有这种美事！

四、利润分配

（一）利润分配的内容和程序

企业当年取得的净利润加上年初未分配利润为可供分配的利润。企业应当严格按照会计法规和国家及企业的有关规定进行分配，其分配的程序如下。

1. 弥补以前年度亏损

指以前年度用所得税前利润弥补亏损后，仍未能补平的部分。企业如果发生亏损，可以用以后年度实现的利润弥补；也可以经董事会或相应的机构决定用以前年度提取的盈余公积弥补。

2. 提取法定盈余公积和任意盈余公积

我国《公司法》规定，企业必须按其当年税后利润（减弥补亏损）的 10%提取法定盈余公积金，当法定盈余公积金已达到企业注册资本的 50%时，可以不再提取。

3. 向投资者分配利润

企业本年实现的净利润，在进行以上分配后，加上以前年度未分配利润，可并入本年度向投资者分配。股份有限公司向股东分配股利的顺序如下：

(1) 支付优先股股利。按照国际惯例和我们国家有关规定，可供分配股利的利润，首先必须支付优先股股利。优先股股利须按照约定的股利率支付。

(2) 提取任意盈余公积金。股份制企业，经过股东大会决议，可以提取任意盈余公积金。

(3) 支付普通股股利。分配普通股股利的具体分配标准应由董事会作出决定后按各股东持有股份比例进行分配。若企业当年无利润，或无可供分配股利的利润，或可供分配股利的利润在支付优先股股利后并无剩余，原则上不得分配普通股股利，在这种情况下，企业为了维护其股票信誉，可通过股东大会特别决议，按不超过股票面值 6%的比率，用盈余公积金分配股利，但分配股利后，企业留存的盈余公积金不得低于其注册资本的25%。可供投资者分配的利润在扣除已分配给投资者的利润和股利,以及提取任意盈余公积后的余额,即为企业当年未分配利润。

我国有关法规政策指出:"企业以前年度亏损未弥补完,不得提取法定盈余公积金。在提取法定盈余公积金前,不可以向投资者分配利润。"

(二)利润分配的核算

1. 设置"利润分配"账户

企业设置"利润分配"账户,用来核算企业利润的分配(或亏损的弥补)和历年分配(或亏损)后的结余数。"利润分配"账户,借方登记利润分配数;贷方登记年终从"本年利润"账户转入的净利润数。年末若为贷方余额,则反映的是年末未分配利润的余额;若为借方余额,则反映的是未弥补亏损的数额。该账户按利润分配的内容分设:其他转入;提取法定盈余公积;提取任意盈余公积;应付普通股股利;未分配利润等明细账户,进行利润分配的明细分类核算。

2. 利润分配主要账务处理

企业在年度终了时,要分别按以下情况处理。

(1) 若年终"本年利润"账户的余额在贷方,则为企业实现的净利润。

借:本年利润

　　贷:利润分配——未分配利润

借:利润分配——未分配利润

　　贷:利润分配——提取法定盈余公积

　　　　　　　　——应付优先股股利

　　　　　　　　——应付普通股股利

(2) 若年终"本年利润"账户的余额在借方,则为企业发生的亏损数。

借:利润分配——未分配利润

　　贷:本年利润

借:利润分配——盈余公积补亏

　　贷:利润分配——未分配利润

年终,经过以上的结转,对"利润分配——未分配利润"明细账进行结账,该账户余额若为贷方余额,则为企业未分配的利润数;若为借方余额,则为未弥补的亏损数。企业的未分配利润,可并入以后年度实现的利润,在以后年度继续进行分配;企业发生的亏损,可用企业以前年度的积累或以后年度的利润弥补。当"利润分配——未分配利润"账户余额反映的是企业累计的亏损时,企业用以后年度实现的利润弥补亏损时就不需作专门的会计处理。

例 某企业年终“本年利润”和“利润分配”账户的有关资料如下：

“本年利润”账户贷方余额 15 000 000 元。

“利润分配”账户所属的各明细分类账户均为借方余额。

利润分配——未分配利润 3 000 000 元(年初余额)

——提取法定盈余公积 19 200 000 元

——应付优先股股利 2 000 000 元

——提取任意盈余公积 727 200 元

——应付普通股股利 6 000 000 元

根据上述资料,年终进行结转。

(1) 结转本年利润

借:本年利润　　15 000 000

　贷:利润分配——未分配利润　　15 000 000

(2) “利润分配”账户结转

借:利润分配——未分配利润　　10 647 200

　贷:利润分配——提取法定盈余公积　　1 920 000

　　　　——应付优先股股利　　2 000 000

　　　　——提取任意盈余公积　　727 200

　　　　——应付普通股股利　　6 000 000

(3) 结算年终未分配利润

如图 3.2 所示。

借方	利润分配——	未分配利润	贷方
年初余额	3 000 000	本年利润	15 000 000
法定盈余公积	1 920 000		
优先股股利	2 000 000		
任意盈余公积	727 200		
普通股股利	6 000 000		
本年度发生额	10 647 200	本年度发生额	15 000 000
		年末余额	1 352 800

图 3.2 利润分配

练习题

1. 江淮工厂2007年11月30日各总分类账户余额及有关账户明细资料如表3.2所示。

表3.2 江淮工厂2007年11月30日各总分类账户余额

账户名称	借方余额	账户名称	贷方余额
库存现金	1 300	短期借款	42 900
银行存款	139 200	应付账款	1 000
应收账款	3 000	其他应付款	300
原材料	125 000	应交税费	1 000
产成品	150 000	预计负债	500
固定资产	14 000	实收资本	1 000 000
利润分配	882 000	盈余公积	14 000
其他资产	312 800	本年利润	413 000
		累计折旧	154 600
合 计	1 627 300	合 计	1 627 300

"产成品"账户余额150 000元,其中:A产成品4 000件,单价20元,计80 000元;B产成品7 000件,单价10元,计70 000元;"应收账款"账户余额3 000元系新华工厂欠款。"应付账款"账户余额1 000元系欠八一工厂货款。

2001年12月份内发生下列经济业务。

(1) 仓库发出材料40 000元,用于生产A产品21 900元,B产品18 100元。

(2) 仓库发出辅助材料2 000元,供车间使用。

(3) 从银行存款中提取现金30 000元。

(4) 以现金支付职工工资24 000元。

(5) 向光明厂购入甲材料14 000元,增值税率17%,该厂垫付运杂费1 000元,货款以银行存款支付。材料已验收入库,按其实际采购成本转账(不考虑运费的增值税)。

(6) 向八一购入乙材料40 000元,增值税率17%。价税款以商业承兑汇票结算,材料已到达并验收入库。

(7) 现金支付上述购入材料的搬运费600元,并按其实际采购成本转账。

(8) 收到新华工厂还来欠款3 000元,存入银行。

(9) 以银行存款支付上月应交税费1 000元。

(10) 本月份职工工资分配如下：

A产品生产工人工资	10 000元
B产品生产工人工资	10 000元
车间职工工资	3 000元
管理部门职工工资	1 000元
合计	24 000元

(11) 计提本月固定资产折旧3 160元，其中：车间使用固定资产折旧2 380元；管理部门用固定资产折旧780元。

(12) 将制造费用按生产工人工资比例摊配到A、B两种产品成本中。

(13) A产品已全部完成共2 000件，按其实际生产成本转账。

(14) 出售产成品给新华工厂。计A产品1 800件，每件售价28元，B产品4 400件，每件售价14元，共计售价112 000元，增值税率17%，货款尚未收到。

(15) 结转上述出售产成品生产成本。计A产品每件20元，B产品每件10元，共计80 000元。

(16) 用现金支付销售产品包装费、装卸费等销售费用1 100元。

(17) 以银行存款支付临时借款利息5 000元。

(18) 由于自然灾害使辅助材料损坏300公斤，价值1 120元，经上级批准，作非常损失处理。

(19) 没收包装物逾期未还的加收押金300元。

(20) 出售多余材料2 000元，增值税率17%，价款存入银行。同时结转该材料的实际成本1 500元。

(21) 将12月份各损益账户余额转至本年利润账户，结算出12月份利润。

(22) 按12月份利润总额的25%计算应交所得税。

(23) 按12月份净利润10%提取盈余公积金。

根据以上资料编制会计分录，并编试算平衡表。

2. 大华有限责任公司由甲、乙两位股东2001年1月1日各自出资50万元设立，设立时的注册资本为100万元，经过3年的经营，截至2003年12月31日，该公司所有者权益的总额合计为200万元，这时丙投资人愿意出120万元的资本而只占有该公司1/3的表决权。在对丙投资人的投资进行会计处理时，公司会计王某认为丙投资人的120万元出资额应全部作为实收资本登记入账，而甲、乙投资者认为丙投资人享有该公司1/3的表决权，与甲、乙投资者的表决权一样，因此也将50万元的金额计入实收资本，而将多于实收资本的余额作为对公司的捐赠，计入

"营业外收入"进行会计处理。要求:根据以上资料,回答下列问题。

(1) 公司会计王某的说法是否正确?为什么?

(2) 甲、乙投资者的说法是否正确?为什么?

(3) 分析说明为什么丙投资人愿意出资 120 万元而只享有 1/3 的表决权。

案例分析

1. 海德公司是一家高新技术企业,享受正局级待遇。公司注册资金 1.2 亿元,是向有关科技研究所定向募集筹建的。由于公司有科技开发人员,除投资部分资金搞房地产、期货、餐饮外,就是对外进行投资,把资金注入现有效益好、有高附加值的技术成长公司,通过联营和参股,分享对方的利润,获取投资收益。该公司的总经理江龙看好了某校办产业——光华农技开发公司,该公司的年投资报酬率平均 40%,只是没有足够资金扩大再生产。若生产力扩大后,销售收入和净利润都会显著增长。以下是光华科技开发公司 1994 年末的资产负债表摘要(金额单位:万元):

货币资金	10	流动负债	540
应收账款	90	长期负债	180
存货	150	实收资本	135
固定资产原价	1 200	未分配利润	45
累计折旧	(550)	负债与所有者权益合计	900
资产总额	900		

某校校长夏华新与江龙总经理是多年的老朋友,夏校长告诉江总,光华公司最近又获得了一项国家技术发明专利,若海德公司能投入资金扩大光华公司的生产能力,定会有丰厚的回报。江总欣然接受,当即便签订了投资协议,决定组织成联营企业——光华海德公司,某校占 60%的股份,海德公司占 40%的股份,公司注册资本为 1 000 万元。光华公司原有资产和负债一并注入新的联营公司。新公司的投资总额为 3 000 万元。双方还同意,光华公司获得的专利权作为一项高新技术、按投资总额 3 000 万元的 30%,作价 900 万元入股,资产按原账面价值 900 万元入股,该校总出资共计 1 800 万元。海德公司汇款 500 万元后,因资金积压在房地产项目,未再汇款。联营企业经过一年的经营,实现利润 600 万元,但在实施年终利润分配时,某校不肯分给海德公司任何利润,理由是海德公司的投资不到位,违反了投资协议所规定的出资额和出资期限的约定。为此,海德公司的经理伤透了脑筋,因为按当时的存款利息 10.98%计算的话,投出的 500 万元至少可稳获 54.9 万

元利息，这种投资失误如何向股东大会交代？

海德公司监事会在审阅年度财务报告并听取了总经理的工作报告后，仔细阅读了上述的投资协议，发现该投资协议未经董事会批准，又未经过科学的论证，稍有经济法知识的人都会发现该合同漏洞百出。最后，江总找到夏校长，陈述了签订合同时未考虑到的因素，要求终止该项投资合同。由于光华海德公司货币资金有限，当年的销售货款绝大部分部是应收账款，双方友好协商后，决定由某校分三年归还500万元投资本金，不计利息，今后海德公司的全部股权转让给某校，自此意向书签订之日起，海德公司不再过问光华海德公司的生产经营情况。事隔半年，海德公司仍未收到本金退款，夏校长答应下周一定归还三分之一本金。

根据本案例，要求回答下列问题：

(1) 按有关经济法律，海德公司的出资额应是多少？

(2) 某校按原光华农技开发公司资产的账面价值作价入股是否合适？为什么？

(3) 对技术专利应如何作价？法律有何规定？

(4) 假设以后某校能如期退还本金，海德公司的这项对外投资损失有多少？

2. Ronson公司和消失的成品。

Ronson公司对于打火机和丁烷燃器具的消费者来说大概是最有名的。然而，欺诈性财务报表产生于Ronson宇宙航天部门，它是位于加利福尼亚的一加工厂。

尽管没有达到破产的边缘，但是Ronson公司在欺诈时期面临着相当严重的财务困难。Ronson公司不断地与其债权人反复谈判，以对到期的债务本金进行重组和延期。然而，发生欺诈的宇宙航天部门看起来却很成功。Ronson公司一边骄傲地指出其宇宙航天分公司年度报表的成功，一边对其施加压力以使其业绩更好。尽管公司整体在最好的年度里也只能勉强维持保本经营，而且在欺诈前后的年度里已经亏损，Duarte工厂的税前利润率仍定为9%～12%。

Duarte工厂的管理部门在年终前总要开一个短暂的会议，以决定哪些产品接近完工，并将在新年开始后的几个星期内装船。那些成品被确认为当年的销售收入，而且用一个与以下分录相似的分录将它们从存货中除去(XX是指销售的数量，YY指产品成本)。

借:应收账款　　XX

　　贷:销售收入　　XX

借:销货成本　　YY

　　贷:存货　　YY

尽管这些产品在财务记录中被确认为销售收入，但实际上到年底时它们并未完工,仍在生产车间里。这是一种两难境地,如果在年终存货检查期间,这些产品没有从生产车间移出,则独立审计人员会注意到财务记录与实际存货之间的差异。依据账目已经销售出去的一些产品实际上正在生产,为了躲避独立审计人员的检查,工厂职工将它们从生产车间转移到审计人员发现不了的建筑物中。

同时,工厂的职工还准备了假的运输凭证以表明这些产品已经运送给客户。这些假的运输凭证包括日期早于实际运输日期的提货单。现在,工厂有两套账目。根据后来证监会的调查,"一名管理人员被指派保管所有与确认为销售收入但未运输的产品有关的提货单。财务经理被指派每星期检查这些文件,而且累加"未运输产品的价值",过期的应收账款分类账也要每星期检查一次,并用一系列的记号表明应收账款的情况。"

在某一时点,记为销售但没有运输的成品超过 300 万美元,公司销售收入 2 800 万美元,而且未运输存货的价值大约占工厂总年终存货的 20%~25%。

3. 一个朋友受雇于一家大公司,她向你吐露了她老板的问题,说她老板要求客户在年度结束前签署一销售合同,这表明销售已经实现。然后,老板告诉客户他将给他们 30 天来改变主意,而此时已到了下年度。如果他们没有改变主意,他就向他们发出商品,如果他们改变了主意,老板就同意取消订货单,收回商品,并作废发货单。老板将销售合同拿给会计部门,由会计部门准备发货单和记录销售。一名会计人员一直将这些发货单和运输凭证锁在抽屉里,或者直到客户改变主意(这样就取消销售),或者直到 30 天的等待期结束后发出这些商品。你的朋友非常喜欢这家公司,而且她还想保住这份工作,你会建议她做些什么?

第四章 企业税务会计

第一节 企业税务概述

一、我国税收制度

税收在历史上又称为赋税、租税或捐税，是国家为了实现其职能，凭借政治上的权力，按照税法规定的标准，对单位及个人无偿地、强制地取得财政收入的一种特殊分配活动，也是调节经济和监督管理的手段。税金是企业经营决策中的一项重要内容，也是企业的一项重要支出。企业的经营者——经理，必须认真学习税法、熟悉税法、依法纳税。

税法是国家制定颁布的各种税收法律规范的总称。税收法律的制定必须按照立法程序进行。在我国，各税的基本法规，一般由全国人民代表大会或其常务委员会审议通过并公布实施；其实施细则及系统解释，通常授权财政部、国家税务总局根据各种税的立法精神加以制定，并公布实施；有关地方各税的实施细则和征收管理办法，一般由省级人大或人民政府作出规定。税法一经确定，便形成了国家与企业、单位、个人之间的税收法律关系，即以征税和纳税为内容的权利和义务关系。未经立法机关授权，任何地区、部门和单位都无权改变。征收机关必须依法征税，纳税人必须依法纳税。

税收制度简称税制，是国家各种税收法规、税收制度的总称。包括税收法律、法令、条例、实施细则、征收管理制度、税收管理体制等。它是税收征纳双方共同遵守的法律规范，税法执行机关必须依法办事、依率计征；一切纳税单位和个人必须依法自觉履行纳税义务，依法纳税。违反税法规定的，要受税收法律以至国家刑法的制裁。

税收政策是指导制定税收制度法令和进行征收工作的基本原则，是国家经济政策的重要组成部分。它是依据党和国家在一定历史时期的路线、政策、政治经济形势和所要完成的税收任务而确定的。如为了鼓励企业扩大出口，对某产品免征消费税及增值税，而且部分进项税还可抵扣；对急需的进口生产设备，可以适当减免关税；对某些支农产品可以适当减税；对某些高消费品可以高税率等等，都是为了促进国民经济发展。

二、税制构成要素

税收制度是由一个个具体的税种及其征管制度所组成的。构成税种的基本要素是课税对象、纳税人和税率。

1. 课税对象

课税对象是税法规定的要对什么进行征税的具体标志，也叫课税客体。它反映了一个税种征税的基本范围和界限。一般说来，凡列为某一税种征收范围的课税对象均要征税，否则就不征税，也就是说，课税对象是区分对某种事物征税与不征税的基本界限。在整个国民经济运行过程中，课税对象的选择可以是多方面的。概括起来有以下几类：

(1) 商品或劳务。即以生产或销售的商品或提供的劳务为课税对象，一般按其流转额课征，所以也称为流转额课税。

(2) 收益额。即对经营的总收益或纯收益课税。总收益指经营收入，从中不扣除成本、费用。纯收益是经营总收入扣除成本、费用之后的余额，一般称为所得额。

(3) 财产。即对财产的价值或收益课税。按财产的性质，财产可分为动产或不动产。前者指可以移动的财产，如股票、债券、银行存款等，后者指不能移动的财产，如土地、房屋或建筑物等。按财产是否静止或流动划分，财产可分为静态财产或动态财产。前者指在一定时期内静止的财产，如没有买卖、赠与、继承的土地、房屋等；后者指转移、变动的财产，如赠与、继承财产等。

(4) 行为。即对经济行为或社会行为课税。它包括生产行为、销售行为、使用行为、消费行为等，目前各国选择较多的是消费行为和使用行为。

(5) 资源。即对自然资源的使用行为课税。资源包括国家拥有的各种矿藏、森林、土地、水流等。

(6) 人身。即以人为课税对象。

(7) 受益。即对享受的利益进行课税。课税对象是一种税区别于另一种税的主要标志。一般来说,税种的名称主要取决于课税对象,以产品为课税对象的税称为产品税,以所得为课税对象的税称为所得税,以财产为课税对象的税称为财产税,等等。

2. 纳税义务人

纳税义务人是税法规定直接负有纳税义务的单位和个人,简称纳税人,亦即纳税主体。纳税人是履行纳税义务的法律承担者,明确规定纳税人,才能确定向谁征税或由谁来纳税。每一税都必须明确规定纳税人,因此它也是税种的基本构成要素之一。纳税人分为自然人和法人两大类。

(1) 自然人。自然人是指在法律上独立享有一定权利、承担纳税义务的公民或居民。从税收角度看,公民或居民的确定主要有以下三个标准:一是以公民身份作为确定纳税人的标准。也就是说,凡是本国公民,都要向本国政府承担纳税义务,而非公民则不承担纳税义务。二是以居民身份作为确定纳税人的标准。凡是本国居民,都要承担纳税义务,而非居民一般则不承担纳税义务。三是以公民与居民相结合的身份作为确定纳税人的标准。它要求自然人必须同时满足两个条件:① 本国公民;② 同时又是本国居民。否则将不承担纳税义务。

(2) 法人。法人是按照有关的法律规定,在国家的有关机关登记,经国家批准建立,享有法定权利,独立承担法律义务的社会组织。如各种企业、公司、团体等。法人一般应该有独立取得财产、支配财产的资格,有独立承担偿还债务的义务,能够以自己的名义在法院起诉和应诉以及进行民事活动,等等。法人在税收上是否成为纳税人主要有如下几个标准:一是常设机构标准,即法人在某国境内是否设有固定的常设机构;二是注册标准,即法人在某国是否办理了注册登记;三是经营活动地标准,即法人在某国是否有经营活动场所。

3. 税率

税率是税额占计税标准的比率或数额,即单位计税标准所包含的税额,它是计算税额的尺度,决定着课税的深度和负担程度。

从税率的历史发展来看,主要有三种类型:

(1) 定额税率(或固定税额)。定额税率是对单位计税标准直接规定一定数量的税额。这种税率不受价格和收入多少的影响,有利于促进企业提高产品质量、改进包装和装潢,也有利于税务机关稽征管理。

(2) 比例税率。比例税率是按计税标准规定一个征税比率,它是在定额税率的基础上发展演变而成的。比例税率具有计算简便,有利于鼓励先进、鞭策落后等优点,但不能体现出对负担能力大者多征、负担能力小者少征的原则,即在税收负担上具有一定的累退性，收入越高负担越轻，税收负担不尽合理。它一般适用于商品劳务课税，即流转课税。

(3) 累进税率。累进税率是根据与课税对象相联系的某一标志的数量的多少，分别规定若干个等级并相应规定税率，其税率水平是随着这一标志的数量的增加而递增的。这种税率形式是为了避免比例税率的累退性而产生的，体现了纳税负担能力大者多纳税、负担能力小者少纳税的原则。它一般适用于所得课税和财产课税。累进税率有按额累进、按率累进、按倍累进等形式。

4. 纳税环节与课税制度

除上述三个基本构成要素外，还有纳税环节、纳税期限、减税免税和违章处理等构成要素：

(1) 纳税环节。作为课税对象的目的物，一般都是不断运动的，都存在着许多运动环节，如工业产品一般要经过工业生产、商业批发、商业零售等环节。社会产品或国民收入在不同流转环节上分布是不均衡的。因此，对征税目的物在什么环节纳税就构成了税种的要素，即纳税环节。根据纳税环节的多少，在一个环节上征税称为一次课征制，在两个环节上征税称为两次课征制，在多个环节上征税称为多次课征制。

(2) 纳税期限。是指纳税人发生纳税义务后，在什么时间纳税，它是税收强制性和固定性在时间上的体制。按照纳税义务是否具有连续性，纳税期限可以分为按期纳税和按次纳税两种。前者是对连续性的纳税义务，根据纳税人收入的多少，国民经济各部门生产经营的不同特点等确定纳税时间的一种方法。后者是对那些不经常发生的纳税义务，每发生一次就应确定为一个纳税期，按次缴纳。

(3) 减税免税。每一个税种的征收制度都是根据国民经济的一般情况制定的，具有普遍性。而国民经济又会有一些个别的、特殊的或临时的情况（如自然灾害等），因此必须对纳税人的特殊情况给予照顾，即减税免税。

(4) 违章处理。纳税是纳税人应尽的义务，违反税法规定就要给予惩罚或制裁，以体现税收的强制性。这种对纳税人违反税法行为的惩罚措施就是违章处理，它也是税种构成要素之一。违章处理形式一般为加收滞纳金、处以罚款和依法追究刑事责任三种。

三、税种分类

一个国家的税收制度，在复合税制条件下总是由许多税种构成的，各税种之间既有共同性，又有差异性。为了全面体现税收的性质和发挥税收的作用，不仅要科学地确定某一税种的各个要素，更要研究各税种之间的区别与联系，以便组成合理的税收体系。因此，进行税种分类是税收制度建设的一个重要问题。

我国对税种分类有多种不同的方式，目前现行税制的分类以课税对象性质为标准，分为流转课税、所得课税、财产课税和其他课税。

1. 流转课税

流转课税又称为商品课税，是对商品或劳务的流转额课征的一类税收。它主要包括增值税、消费税、营业税、资源税、关税等。商品课税的商品、劳务不仅品种、项目多，而且流转过程也比较复杂。如何确定商品课税的征税范围，对各种商品税如何确定纳税环节等等，是商品课税中的重要问题。对商品课税并不是所有的商品、劳务流转额都是实际的课税对象，而要根据取得收入和调节经济的需要合理确定征税范围。从各国情况看，有的国家只选择少数消费品课税，有的选择全部消费品课税，有的则对全部消费品和有关的生产资料课税。流转过程中的商品要经过或多或少的生产、流通环节，合理确定纳税环节是非常必要的。从各国情况看，有的国家只选择产制环节征税，有的选择产制、商业零售两道环节征税，也有的选择所有流转环节征税。纳税环节的选择是根据商品或劳务在各个流转环节上的国民收入分布状况和国家调节经济的需要确定的。商品课税是以交换商品或提供劳务为前提的，它一般在实现商品交换或劳务完成时缴纳，一旦实现了商品交换或完成劳务服务，不管是盈是亏，均要按规定纳税。

2. 所得课税

所得课税是对单位和个人取得的所得征收的一类税收。它主要包括企业所得税、外商投资企业和外国企业所得税、个人所得税等。所得税是各国普遍征收的一种税。所得课税的税额大小取决于所得的有无或多少，一般是有所得的才征税，无所得的不征税，所得多的多征，少的少征。所得课税一般是在国民收入初次分配的基础上课征的，属于对国民收入的再分配，一般不会造成税收收入的虚假现象，有利于保证国家财政收入的真实、可靠，但要受成本、费用影响，收入不够均衡、稳定。因此，一般采用分期预缴、年终汇算清缴的征收办法，防止收入不均衡现象。为了体现公平合理的原则，所得课税多数采用累进税率。

3. 财产课税

财产课税是对单位和个人拥有或支配的财产课征的一类税收。它主要包括房产税、车船使用税、契税等。财产课税与财产的有无与多少有着密切联系，其目的是为了调节财产所有者的收入水平，限制财产的不必要占有量，提高财产的使用效果，以及有利于国家对财产的监督与管理。财产的种类很多，分类方法也各有不同。从课税对象的属性差别上分，财产税一般可以分为一般财产税、财产收益税、财产转移税和财产增值税等。

4. 其他课税

其他课税主要包括农(牧)业税、印花税、屠宰税、筵席税、土地增值税等。

第二节 增 值 税

一、增值税的计算

增值税是对销售货物或提供加工、修配以及进口货物的单位和个人，就其销售货物或提供应税劳务的销售额征税，以及进口货物金额，并实行税款抵扣制的一种流转税。

增值税的纳税人为我国境内销售货物或者提供加工、修理修配劳务以及进口货物的单位和个人。增值税纳税人可以分为一般纳税人和小规模纳税人两种。小规模纳税人指：

(1) 从事货物生产或者提供应税劳务的纳税人，以及以从事货物生产或者提供应税劳务为主，并兼营货物批发或者零售的纳税人，年应征增值税销售额(以下简称应税销售额)在50万元以下(含本数，下同)的；

(2) 除第(1)项规定以外的纳税人，年应税销售额在80万元以下的。

营业税改征增值税后，应税服务的年应征增值税销售额超过500万元(含本数)的纳税人应认定为一般纳税人，未超过500万元的纳税人为小规模纳税人。应税服务年销售额超过500万元的其他个人不属于一般纳税人；不经常提供应税服务的非企业性单位、企业和个体工商户可选择按照小规模纳税人纳税。纳税人虽然年销售额未超过500万元，但纳税人有固定生产经营场所，会计核算健全，能够提供准确税务资料的，也可以向主管税务机关申请一般纳税人资格认定。

1. 一般纳税人增值税应纳税额计算

对于一般纳税人来讲，其应纳税额为当期销项税额抵扣当期进项税额后的余额。其应纳税额计算公式为：

$$应纳税额 = 当期销项税额 - 当期进项税额$$

其中：销项税额是指纳税人销售货物或者提供应税劳务，按照销售额和规定的税率计算并向购买方收取的增值税税额。销售税额的计算公式为：

$$销项税额 = 销售额 \times 税率$$

增值税的基本税率是17%，低税率13%，出口零税率。在2013年全国范围营业税改增值税情况下，新增11%和6%两档低税率。租赁有形动产等适用17%税率，交通运输业、建筑业等适用11%税率，部分现代服务业适用6%税率。

进项税额是纳税人购进货物或者应税劳务所支付或应负担的增值税。准予从销项税额中抵扣的进项税额，限于增值税扣税凭证上注明的增值税额，包括从销售方取得的增值税专用发票上注明的增值税额和从海关取得的完税凭证上注明的增值税额。

例　某商场以400元的价格出售给李某一台空气加湿器，假定其进项税额为43.60元，商场应纳的增值税率为17%，则该商场因此项销售行为应缴纳的增值税额为：

不含税销售额

$$400 \div (1+17\%)=341.88(\text{元})$$

销项税额

$$341.88\times 17\%=58.12(\text{元})$$

应纳增值税额

$$58.12-43.60=14.52(\text{元})$$

2．小规模纳税人增值税应纳税额计算

小规模纳税人销售货物或提供应税劳务，实行简易办法计算应纳税额，即按销售额和规定的征收率计算应纳税额，其计算公式为：

$$\text{应纳税额}=\text{销售额}\times\text{征收率}$$

小规模纳税人销售货物或提供应税劳务的征收率为3%。

纳税人进口货物，按照组成计税价格和规定的税率计算应纳税额，不得抵扣进项税额，其计算公式为：

$$\text{组成计税价格}=\text{关税完税价格}+\text{关税}+\text{消费税}$$

$$\text{应纳税额}=\text{组成计税价格}\times\text{税率}$$

二、增值税的账务处理

1．一般纳税人的账务处理

一般纳税人可以使用增值税专用发票，企业在销售货物或提供劳务时可以开具增值税专用发票，并且在购进货物或劳务时取得的增值税专用发票上注明的增值税额可以用来抵扣销项税额。因此，一般纳税人在账务处理时要注意：

(1) 购进货物阶段，会计处理要实行价税分离，属价款的部分记入所购货物的成本；属增值税的部分，记入进项税额。

(2) 销售货物阶段，销售收入为不含税数额，而向购买方收取的增值税作为销项税额。

为了反映应交增值税的计算和交纳情况，一般应设置“应交税费——应交增值税”账户，并设置“进项税额”、“已交税额”、“销项税额”、“出口退税”、“进项税额转出”、“转出未交增值税”等专栏。格式如表 4.1 和图 4.1 所示。

表 4.1　“应交税费——应交增值税”明细账户

<table>
<tr><th rowspan="2">略</th><th colspan="6">借　方</th><th colspan="5">贷　方</th><th rowspan="2">借或贷</th><th rowspan="2">余额</th></tr>
<tr><th>合计</th><th>进项税额</th><th>已交税金</th><th>减免税款</th><th>出口抵消内销产品应纳税额</th><th>转出未交增值税</th><th>合计</th><th>销项税额</th><th>出口退税</th><th>进项税额转出</th><th>转出多交增值税</th></tr>
<tr><td></td><td></td><td></td><td></td><td></td><td></td><td></td><td></td><td></td><td></td><td></td><td></td><td></td><td></td></tr>
<tr><td></td><td></td><td></td><td></td><td></td><td></td><td></td><td></td><td></td><td></td><td></td><td></td><td></td><td></td></tr>
</table>

借方　　　　未交增值税明细账	贷方
发生额 (1) 上交上月应交未交的增值税额 (2) 月终转入的当月多交增值税额	发生额 (1) 月终转入的当月应交未交增值税额
借方余额：多交增值税	贷方余额：未交增值税额

图 4.1　未交增值税明细账

主要账务处理如下。

(1) 采购材料物资

借：材料采购科目

　　应交税费——应交增值税(进项税额)

　　贷：应付账款、银行存款等科目

(2) 采购物资退回

借：应付账款、银行存款等科目

　　贷：材料采购等科目

　　　　应交税费——应交增值税(进项税额)

(3) 接受投资转入材料物资

借：原材料等科目

　　应交税费——应交增值税(进项税额)

贷:实收资本(或股本)

资本公积

(4) 接受应税劳务

借:生产成本、管理费用等科目

应交税费——应交增值税(进项税额)

贷:银行存款、应付账款等科目

(5) 销售物资或提供劳务

借:应收账款、银行存款等科目

贷:主营业务收入等科目

应交税费——应交增值税(销项税额)

(6) 出口货物退税

借:其他应收款

贷:应交税费——应交增值税(出口退税)

借:银行存款

贷:其他应收款

(7) 将资产或委托加工物资用于对外投资、捐赠、专项工程、集体福利耗用等视同销售行为应交的增值税

借:在建工程、长期股权投资、应付职工薪酬等科目

贷:应交税费——应交增值税(销项税额)

(8) 随同产品出售、单独计价的包装物按规定应交的增值税

借:应收账款

贷:应交税费——应交增值税(销项税额)

(9) 出借包装物逾期未收回而没收的押金应交的增值税

借:其他应付款

贷:应交税费——应交增值税(销项税额)

(10) 购入的物资、在产品、产成品发生非正常损失,购入物资改变用途等应将进项税额转出的业务

借:待处理财产损溢、在建工程科目

贷:应交税费——应交增值税(进项税额转出)

(11) 申报上交增值税

借:应交税费——应交增值税(已交税金)

贷:银行存款

(12) 月末结转未交增值税

借:应交税费——应交增值税(转出未交增值税)

贷:应交税费——应交增值税(未交增值税)

(13) 月末结转多交增值税

借:应交税费——应交增值税(未交增值税)

贷:应交税费——应交增值税(转出多交增值税)

(14) 上交前期应交未交的增值税

借:应交税费——应交增值税(未交增值税)

贷:银行存款

例 A公司为一般纳税人,适用的增值税税率为17%,2006年6月份购进原材料价款1 000 000元,支付增值税额为170 000元;对外销售产品收入为2 000 000元,均以银行存款结清。公司作如下会计处理。

(1) 购进材料

借:原材料　　1 000 000

应交税费——应交增值税(进项税额)　　170 000

贷:银行存款　　1 170 000

(2) 销售产品

借:银行存款　　2 340 000

贷:主营业务收入　　2 000 000

应交税费——应交增值税(销项税额)　　340 000

例 某商场购入免税农产品一批,价款100 000元,规定的扣除率为13%,货物尚未到达。编制会计分录如下。

借:材料采购　　87 000

应交税费——应交增值税(进项税额)　　13 000

贷:银行存款　　100 000

进项税额 = 购买价格 × 扣除率 = 100 000 × 13% = 13 000(元)

例 某企业库存材料因意外火灾毁损一批,有关增值税专用发票确认的成本为10 000元,增值税额1 700元。会计分录如下。

借:待处理财产损溢　　11 700

贷:原材料　　10 000

应交税费——应交增值税(进项税额转出)　　1 700

视同销售的账务处理。我国增值税暂行条例实施细则规定:企业将货物委托他人代销;销售代销货物;将自产、委托加工的货物用于非应税项目;将自产、委托加工或购买的货物对外投资,提供给其他单位或个体经营者;将自产、委托加工的货物用于集体福利或个人消费等行为，视同销售货物，计算交纳增值税。在进行会计处理时应注意：虽然该类行为不会增加企业的货币量，也可能未被相应地列入销售额中，但是根据增值税暂行条例，该类行为应纳增值税。按照条例规定，与“被视同货物销售的行为”有关的应纳税额作为“销项税额”处理。

例　上述A公司2006年6月将一批价值100 000元人民币的产成品用于浴室改造。此外，A公司还将价值50 000元的产成品无偿赠送其他公司。按照税法规定，产品在移交时视同销售，应计算增值税的销项税额。月份终了，A公司计算并交纳2006年6月份的增值税，公司应作如下会计分录。

(1) 浴室改造用产成品

借：在建工程　　117 000

　贷：库存商品　　100 000

　　应交税费——应交增值税（销项税额）　　17 000

(2) 赠送转出产成品

借：营业外支出　　58 500

　贷：库存商品　　50 000

　　应交税费——应交增值税（销项税额）　　8 500

(3) 缴纳增值税

借：应交税费——应交增值税（已交税金）　　195 500

　贷：银行存款　　195 500

2. 小规模纳税人的账务处理

小规模纳税人的“应交税费——应交增值税”科目，一般采用三栏式账户。

例　B企业为小规模纳税人，适用的征收率为3%，本期购入原材料价款100 000元，支付的增值税额为17 000元。材料已验收入库，款项已付。该企业本期销售产品，含税销售额为120 000元，货款尚未收到。期末，企业根据所述经济业务缴纳当期增值税。企业作如下会计处理。

(1) 购进原材料

借：原材料　　117 000

　贷：银行存款　　117 000

(2) 销售产品

$$不含税销售额=120\,000\div(1+3\%)=113\,207.55(元)$$

$$应交增值税=113\,207.55\times3\%=6\,792.45(元)$$

借：应收账款　　120 000

　贷：主营业务收入　　113 207.56

　　应交税费——应交增值税　　6 792.45

例 甲企业2010年4月份有关增值税的数额如表4.2所示。

表4.2 应交增值税数额

科 目	金额(元)
应交税费——应交增值税(销项税额)	50 000
应交税费——应交增值税(进项税额)	40 000
应交税费——应交增值税(进项税额转出)	6 000

假定该企业2010年4月初不存在未交、多交或未抵扣的增值税,4月份交纳了10 000元的增值税,要求作出甲企业交纳、结转增值税的会计处理,并编制"应交增值税明细表"。

会计处理如下。

(1) 交纳当月应交的增值税

借:应交税费——应交增值税(已交税金)　　10 000

　贷:银行存款　　10 000

(2) 结转尚未交纳的增值税

借:应交税费——应交增值税(转出未交增值税)　　6 000

　贷:应交税费——未交增值税　　6 000

编制2010年4月份的"应交增值税明细表"如表4.3所示。

表4.3 应交增值税明细表

编制单位:甲企业　　2010年4月　　单位:元

项 目	本月数(4月份)
一、应交增值税	
1. 年初未抵扣数(以"-"号填列)	
2. 销项税额	50 000
出口退税	
进项税额转出	6 000
转出多交增值税	
3. 进项税额	40 000
已交税金	10 000
减免税金	

续表

项　目	本月数(4 月份)
出口抵减内销产品应纳税额	
转出未交增值税	6 000
4. 期末未抵扣数(以“-”号填列)	
二、未交增值税	
1. 年初未交数(多交以“-”号填列)	
2. 本期转入数(多交以“-”号填列)	6 000
3. 本期已交数	10 000
4. 期末未交数(多交以“-”号填列)	6 000

第三节　消　费　税

一、消费税的意义

消费税是指在我国境内从事生产和进口应税消费品的单位和个人就从事生产和进口应税消费品征收的一种税。中国现行消费税是在 1994 年税收制度改革中设置的一个新税种。征税对象为烟、酒及酒精、化妆品、护肤护发品、贵重首饰及珠宝玉石、鞭炮和焰火、汽油、柴油、汽车轮胎、摩托车、小汽车等 11 种消费品。纳税环节为生产环节。2006 年 4 月 1 日进行了调整,调整的主要内容是:新增高尔夫球及球具、高档手表、游艇、木制一次性筷子、实木地板等税目。增列成品油税目,原汽油、柴油税目作为此税目的两个子目,同时新增石脑油、溶剂油、润滑油、燃料油、航空煤油五个子目。取消“护肤护发品”税目。调整部分税目税率,如白酒、小汽车、摩托车、汽车轮胎几个税目。除黄酒、啤酒和成品油实行从量定额征收外,其他各种应税消费品均以含税价格为税基,按照差别比例税率,实行从价定率征收。

中国之所以在普遍征收增值税的基础上选择部分商品征收消费税,主要有以下几方面原因:

(1) 在实现增值税税率结构规范化的条件下保证政府的税收收入。规范化的增值税要求实行一档税率或税率档次尽可能少。实行规范化的增值税，一些价高利大的商品的税率明显降低，税收收入明显减少。为保证政府的财政收入，必须在对所有商品普遍征收增值税的基础上，对一些价高利大的商品征收一道消费税。

(2) 调节商品的生产结构和消费结构，实现资源的有效配置。对于劣质品，消费者的价值判断高于社会的价值判断，容易造成过度消费，诱发过度生产。对于产生外部成本的商品，生产者会过低地核算其生产成本，消费者会过低地核算其消费费用，出现生产过多或消费过多。为了实现资源的有效配置，需要对劣质品和产生外部成本的商品征收矫正性的税收。

(3) 调节收入分配，实现社会分配。收入分配的差距不仅表现在收入方面，而且表现在支出方面。低收入者的消费支出主要用于购买生活必需品，高收入者的消费支出包括购买较大比例的奢侈品。对奢侈品征收消费税，可以起到调节收入分配，缩小收入差距的作用。

二、消费税的计算

消费税的征税对象主要包括两个方面：一方面是特殊消费品、奢侈品、高能耗消费品、不可再生的稀缺资源消费品；另一方面是税基宽广、消费普遍、征一点税不会影响人民群众的生活水平，但具有一定的财政意义的普通消费品。征收消费税的各种产品，大体上可分5种类型：第一类是一些过度消费会对人类健康、社会秩序、生态等方面造成危害的特殊消费品，如烟、酒、鞭炮、烟火等；第二类是奢侈品和非生活必需品，如贵重首饰、高尔夫球及球具、高档手表、游艇等；第三类是高能耗及高档消费品，如摩托车、小汽车等；第四类是不可再生和替代的石油类消费品，如汽油、柴油等；第五类是具有一定财政意义的产品，如汽车轮胎等。消费税率如表4.4所示。

表4.4 消费税税目税率表

税 目	税 率
一、烟	
1. 卷烟	
(1) 甲类卷烟	56%加0.003元/支(生产环节)
(2) 乙类卷烟	36%加0.003元/支(生产环节)
(3) 批发环节	5%
2. 雪茄烟	36%
3. 烟丝	30%

续表

税 目	税 率
二、酒及酒精	
1. 白酒	20%加0.5元/500克(或者500毫升)
2. 黄酒	240元/吨
3. 啤酒	
(1) 甲类啤酒	250元/吨
(2) 乙类啤酒	220元/吨
4. 其他酒	10%
5. 酒精	5%
三、化妆品	30%
四、贵重首饰及珠宝玉石	
1. 金银首饰、铂金首饰和钻石及钻石饰品	5%
2. 其他贵重首饰和珠宝玉石	10%
五、鞭炮、焰火	15%
六、成品油	
1. 汽油	
(1) 含铅汽油	1.40元/升
(2) 无铅汽油	1.00元/升
2. 柴油	0.80元/升
3. 航空煤油	0.80元/升
4. 石脑油	1.00元/升
5. 溶剂油	1.00元/升
6. 润滑油	1.00元/升
7. 燃料油	0.80元/升
七、汽车轮胎	3%
八、摩托车	
1. 气缸容量(排气量,下同)在250毫升(含250毫升)以下的	3%
2. 气缸容量在250毫升以上的	10%

续表

税 目	税 率
九、小汽车	
1. 乘用车	
(1) 气缸容量(排气量,下同)在1.0升(含1.0升)以下的	1%
(2) 气缸容量在1.0升以上至1.5升(含1.5升)的	3%
(3) 气缸容量在1.5升以上至2.0升(含2.0升)的	5%
(4) 气缸容量在2.0升以上至2.5升(含2.5升)的	9%
(5) 气缸容量在2.5升以上至3.0升(含3.0升)的	12%
(6) 气缸容量在3.0升以上至4.0升(含4.0升)的	25%
(7) 气缸容量在4.0升以上的	40%
2. 中轻型商用客车	5%
十、高尔夫球及球具	10%
十一、高档手表	20%
十二、游艇	10%
十三、木制一次性筷子	5%
十四、实木地板	5%

消费税应纳税额的计算,按照规定:

(1) 对于实行从价定率方法计算应纳税额时,其计算公式为:

$$应纳税额=应税消费品的销售额\times消费税税率$$

(2) 对于实行从量定额方法计算应纳税额时,其计算公式为:

$$应纳税额=应税消费品的数量\times消费税单位税额$$

例 某卷烟厂(一般纳税人)本月销售甲类卷烟1 000箱(每箱5万支),每箱售价1 500元,对外投资200箱。企业本月份应交纳消费税及发生的增值税销项税额计算如下。

本月销售卷烟发生的销项增值税 = 1 000 × 1 500 × 17% = 255 000(元)

对外投资视同销售交纳增值税 = 200 × 1 500 × 17% = 51 000(元)

本月应交消费税 = (1 000 + 200) × 1 500 × 56% + (1 000 + 200) × 50 000 × 0.003
= 1 008 000 + 180 000 = 1 188 000(元)

三、消费税的账务处理

消费税的核算,通过"应交税费——应交消费税"账户进行。企业生产的应税消费品，在销售时，应按照应交消费税额借记“营业税金及附加”账户，贷记“应交税费——应交消费税”账户。上交消费税时，借记“应交税费——应交消费税”账户，贷记“银行存款”账户。发生销货退回及退税时，应作相反的会计分录。企业在对外投资、物品委托加工等业务中涉及应交消费税时，参照以上处理进行核算。

例 甲企业是一个汽车制造企业，2010 年 5 月 6 日销售 10 辆汽车，每辆销售价格 10 万元(为不含增值税价格)，增值税率为 17%，消费税率为 12%，款项未收。2010 年 5 月 15 日，甲企业将其所生产的一批汽车用于对外投资，产品成本 400 000 元，计税价格 500 000 元(不含增值税价格)。要求对上述业务作出会计处理。

2010 年 5 月 6 日销售汽车时，会计分录如下。

借：应收账款　　1 170 000

　贷：主营业务收入　　1 000 000

　　应交税费——应交增值税(销项税额)　　170 000

借：营业税金及附加　　120 000

　贷：应交税费——应交消费税　　120 000

2010 年 5 月 15 日对外投资时，会计分录如下。

借：长期股权投资　　545 000

　贷：库存商品　　400 000

　　应交税费——应交增值税(销项税额)　　85 000

　　应交税费——应交消费税　　60 000

例 甲企业委托乙企业加工材料，原材料成本 50 000 元，加工费 10 000 元，由受托方代收代交消费税，消费税率为 10%，材料加工完毕后验收入库，加工费已支付。要求作出以下两种不同情况下甲企业的会计处理。

(1) 如果甲企业收回委托加工物资后，用于继续生产应税消费品，其他条件不变。

(2) 如果甲企业收回委托加工物资后，直接对外销售，其他条件不变。

会计处理如下。

(1) 如果甲企业收回委托加工物资后，用于继续生产应税消费品，其他条件不变。

① 发出委托加工材料时

借：委托加工物资　　50 000

　贷：原材料　　50 000

② 支付加工费用时

借:委托加工物资　　10 000
　应交税费——应交消费税　　1 000
　贷:银行存款　　11 000

③ 委托加工物资收回入库

借:原材料　　60 000
　贷:委托加工物资　　60 000

(2) 如果甲企业收回委托加工物资后,直接对外销售,其他条件不变。

① 发出委托加工材料时

借:委托加工物资　　50 000
　贷:原材料　　50 000

② 支付加工费用时

借:委托加工物资　　11 000
　贷: 银行存款　　11 000

③ 委托加工物资收回入库

借:原材料　　61 000
　贷:委托加工物资　　61 000

第四节　营　业　税

一、营业税的计算

营业税是指在我国境内提供应税劳务、转让无形资产或者销售不动产的单位和个人对规定的提供商品或劳务的全部收入征收的一种税。

营业税的征税对象是纳税人在我国境内提供应税劳务、转让无形资产或者销售不动产的营业额。其中所称“应税劳务”是指居于交通运输业、建筑业、金融保险业、邮电通信业、文化体育业、娱乐业、服务业征税范围的劳务;其中所称“无形资产”是指土地使用权、商标权、专有技术权、著作权等;其中所称“不动产”指不能移动,移动后会引起性质、形状改变的财产,包括建筑物及其土地附着物。营业税税率表如表 4.5 所示。

表 4.5　营业税税率表

税　目	税　率
一、交通运输业	3%
二、建筑业	3%
三、金融保险业	5%
四、邮电通信业	3%
五、文化体育业	3%
六、娱乐业	5%～20%
七、服务业	5%
八、转让无形资产	5%
九、销售不动产	5%

2011 年 10 月 26 日，国务院常务会议决定，从 2012 年 1 月 1 日起，首先在上海市交通运输业和部分现代服务业开展深化增值税制度改革试点。2012 年 7 月 25 日，国务院常务会议决定扩大营业税改征增值税试点范围，由上海市分批扩大至北京、天津、江苏、浙江、安徽、福建、湖北、广东和厦门、深圳 10 个省(直辖市、计划单列市)。2013 年 5 月 24 日财政部、国家税务总局发布的《关于在全国开展交通运输业和部分现代服务营业税改征增值税试点税收政策的通知》规定，经国务院批准，自 2013 年 8 月 1 日起，在全国范围内开展交通运输业和部分现代服务业营业税改征增值税(以下简称“营改增”)试点。此次“营改增”试点对象是提供交通运输业和部分现代服务业服务的单位和个人。应税服务具体包括：交通运输业，即陆路运输服务、水路运输服务、航空运输服务和管道运输服务；部分现代服务业，即研发和技术服务、信息技术服务、文化创意服务、物流辅助服务、有形动产租赁服务、鉴证咨询服务和广播影视作品的制作、播映、发行。

营业税应纳税额的计算，按照规定，纳税人提供应税劳务、转让无形资产或者销售不动产，按营业额和规定的税率计算应纳税额。其计算公式为：

应纳税额＝营业额×营业税率

例　某卡拉 OK 歌舞厅月营业收入为 80 万元，当地政府规定适用的税率为 10%，该歌舞厅应纳税额为：

应纳税额＝营业额×营业税率＝80×10%＝8(万元)

二、营业税的账务处理

为了反映企业交纳营业税的情况，应设置“应交税费——应交营业税”账户进行核算。企业按其营业额和规定的税率，计算出应交纳的营业税，借记“营业税金及附加”或相应账户，贷记“应交税费——应交营业税”账户，实际交纳营业税时，借记“应交税费——应交营业税”账户，贷记“银行存款”账户。销售不动产，按销售额计算的营业税计入“固定资产清理”科目，借记“固定资产清理”，贷记“应交税费——应交营业税”。

例 某旅行社2013年7月共获得营业收入1 600 000元。经过审核有关账户，企业的营业收入中，包括：

(1) 支付给其他单位的房费、餐费、交通、门票等代付费用420 000元。

(2) 旅行社组织赴俄罗斯旅游团5个，共200人，每人收取费用2 000元，到俄罗斯后改由当地旅行社接团，共支付给接团社旅游费220 000元。

$$营业额=1\ 600\ 000-420\ 000-220\ 000=960\ 000(元)$$

则

$$应纳税额=960\ 000\times5\%=48\ 000(元)$$

企业应作如下会计分录。

借:营业税金及附加　　48 000
　贷:应交税费——应交营业税　　48 000

例 甲企业将其一栋办公楼对外出售，所得出售价款300 000元，该办公楼账面价值原值600 000元，已提取折旧350 000元，出售过程中支付清理费用1 000元，营业税率为5%。要求进行相应的会计处理。

(1) 将办公楼转入清理

借:固定资产清理　　250 000
　累计折旧　　350 000
　贷:固定资产　　600 000

(2) 支付清理费用

借:固定资产清理　　10 000
　贷:银行存款　　10 000

(3) 收到价款时

借:银行存款　　300 000
　贷:固定资产清理　　300 000

(4) 计算应交纳的营业税(300 000×5%=15 000元)

借:固定资产清理 15 000
　　贷:应交税费——应交营业税 15 000

(5) 上交营业税

借:应交税费——应交营业税 15 000
　　贷:银行存款 15 000

(6) 结转固定资产清理后的净收益

借:固定资产清理 34 000
　　贷:营业外收入 34 000

三、营改增背景

增值税与营业税并征的流转税制,我国从 1994 年施行至今,为奠定分税制财政体系、规范税收秩序、实现国家宏观调控目标作出了重要贡献。近年来,增值税的改革力度较大,扩大了抵扣范围、简化了税率档次、实行了凭增值税专用发票注明税额抵扣税款的机制,在税制和管理的科学化与国际化方面有了重大突破。然而,货物和劳务税制在增值税和营业税各自划定征收范围对货物和劳务分别课征的过程中,也出现了与经济发展不相适应的情况,增值税的优越性还没有充分发挥,营业税的弊端已经显现,引发了诸多的问题。

1. 重复征税

重复征税是指同一征税主体或不同征税主体对同一纳税人或不同纳税人的同一征税对象进行两次或两次以上的征税行为,营业税计税依据所引起的重复征税就是指对同一商品或劳务流转额的部分组成课征两次或两次以上的税收。我国实行的增值税和营业税并存的流转税体制,明确划分了两个税种各自的征税范围:生产销售货物和提供加工修理修配劳务属于增值税的征收范围,而其他的生产性服务和生活性服务属于营业税范围。表面上看,两者的征收范围并没有任何重合,不会产生重复征税的现象,但实际上,由于营业税纳税人和增值税纳税人之间的密切联系,使得重复征收的问题日益突出。营业税实行的是就营业额总额征税的原则,不允许扣除任何成本费用,当然也包括购进的原材料以及劳务中所含的增值税。因此对于这部分已缴纳增值税的购进仍然属于营业税的征收范围,需要交纳营业税。而对于增值税的纳税人来说,向营业税纳税人购买的不动产、无形资产等都不能取得抵扣凭证,导致生产成本中包含了对购进上述物品征收的营业税,也会造成重复征税的问题。

增值税具有“道道征税、税不重征”的特点,核心特征是它的抵扣机制能够有效地避免重复征税。营业税征管简单,征收成本较低,但“道道征收、全额征税”是营业税与生俱来的缺点。营业税属于价内税，它包含在产品的价格中，流转的环节越多，重复征税问题就会越严重，最终由购买者负担。

2．征收混乱

两个税种课税对象的交叉内容多为混合销售行为，所谓混合销售行为指的是一项销售行为既涉及增值税应税劳务又涉及营业税应税劳务，比如销售货物的同时负责运输货物，销售货物属于增值税的征收范围，而运输劳务应该缴纳营业税。增值税暂行条例和实施细则中已对此类问题作了明确的规定，即按照企业的主营收入来征收相应的税种，货物销售额占总销售额一半以上的征收增值税，反之应征收营业税。但是在实际操作过程中，混合销售中货物和劳务的销售额确定存在困难，加上增值税和营业税分属于国税和地税征管，两者之间的信息系统也没能实现信息共享，往往是纳税人先向国税机关进行了申报，就缴纳增值税，否则就缴纳营业税，文件规定缺乏可操作性在客观上造成了征收上的混乱现象。

3．制约第三产业发展

当前我国服务业发展滞后已是不争的事实，直到1988年，我国第三产业在国内生产总值中的比重才首次超过30%，2001年首次超过40%，2009年，我国三大产业比重约为第一产业：第二产业：第三产业＝10.3 ∶ 46.3 ∶ 43.4，同年，美国三大产业比重约为第一产业：第二产业：第三产业＝1.2 ∶ 21.9 ∶ 76.9，日本三大产业比重约为第一产业：第二产业：第三产业＝1.5 ∶ 23.1 ∶ 75.4。由此可见，我国第三产业所占的比重还很低，仍有较大的发展空间，并且，相比规模，我国第三产业的水平比较低，层次不均匀，多是处于初级发展阶段，与欧美成熟的第三产业相比，还有较大的差距。

纵观世界各国现代经济发展的历史，在三大产业结构之间，第一产业存在不断减少的趋势，第二产业先是迅速增加，然后趋于稳定，第三产业则呈不断上升的趋势。在20世纪70年代前后，西方发达国家产业结构的变化出现了新趋势——整个产业非农业、非工业倾向日益明显化，第三产业的地位越来越突出。直到今天，欧美发达国家第三产业的比重基本都达到70%以上。

4．不利于营造公平的外部环境

我国第三产业中，除了批发和零售业，其他行业均需要缴纳营业税。我国第三产业中，需要缴纳营业税的行业所占的比例已经稳定在80%左右，营业税的计税依据基本上都是纳税人的营业额，而税率多为3%或5%，由此可见，营业税的变化会对第三产业的发展产生重要的影响。

虽然同一行业的营业税税率相同，但是不同行业之间不同的营业税税率导致不同行业的营业税纳税额不均，许多盈利能力高的行业纳税额明显轻于盈利能力低的行业。尽管营业税作为价内税，税负最终由消费者承担，但是税负高导致消费者减少，税负不均会对行业的健康发展产生扭曲作用，破坏产业结构发展的均衡态势，不利于产业经济的发展。

第五节　企业所得税

一、企业所得税的计算

企业所得税是指国家对境内企业生产、经营所得和其他所得依法征收的一种税。它是国家参与企业利润分配的重要手段。

应纳税额是企业依照税法规定应向国家缴纳的税款。应纳税额的计算公式如下：

应纳税额＝应纳税所得额×所得税率－税收优惠的规定减免－抵免的税额

应纳税所得额＝收入总额－不征税收入－免税收入

－扣除额－允许弥补的以前年度亏损

＝利润总额＋(－)调整项目

其中：

(1) 收入总额是指企业以货币形式和非货币形式从各种来源取得的收入，包括：① 销售货物收入；② 提供劳务收入；③ 转让财产收入；④ 股息、红利等权益性投资收益；⑤ 利息收入；⑥ 租金收入；⑦ 特许权使用费收入；⑧ 接受捐赠收入；⑨ 其他收入。

(2) 不征税收入包括：① 财政拨款；② 依法收取并纳入财政管理的行政事业性收费、政府性基金；③ 国务院规定的其他不征税收入。

(3) 免税收入包括：① 国债利息收入；② 符合条件的居民企业之间的股息、红利等权益性投资收益；③ 在中国境内设立机构、场所的非居民企业从居民企业取得与该机构、场所有实际联系的股息、红利等权益性投资收益；④ 符合条件的非营利组织的收入。

(4) 扣除额是指企业实际发生的与取得收入有关的、合理的支出，包括成本、费用、税金、损失和其他支出，准予在计算应纳税所得额时扣除。

企业发生的公益性捐赠支出，在年度利润总额 12%以内的部分，准予在计算应纳税所得额时扣除。但在计算应纳税所得额时，下列支出不得扣除：① 向投资者支付的股息、红利等权益性投资收益款项；② 企业所得税税款；③ 税收滞纳金；④ 罚金、罚款和被没收财物的损失；⑤ 规定以外的捐赠支出；⑥ 赞助支出；⑦ 未经核定的准备金支出；⑧ 与取得收入无关的其他支出。

在计算应纳税所得额时，企业按照规定计算的固定资产折旧，准予扣除。但下列固定资产不得计算折旧扣除：① 房屋、建筑物以外未投入使用的固定资产；② 以经营租赁方式租入的固定资产；③ 以融资租赁方式租出的固定资产；④ 已足额提取折旧仍继续使用的固定资产；⑤ 与经营活动无关的固定资产；⑥ 单独估价作为固定资产入账的土地；⑦ 其他不得计算折旧扣除的固定资产。

在计算应纳税所得额时，企业按照规定计算的无形资产摊销费用，准予扣除。下列无形资产不得计算摊销费用扣除：① 自行开发的支出已在计算应纳税所得额时扣除的无形资产；② 自创商誉；③ 与经营活动无关的无形资产；④ 其他不得计算摊销费用扣除的无形资产。

在计算应纳税所得额时，企业发生的下列支出作为长期待摊费用，按照规定摊销的，准予扣除：① 已足额提取折旧的固定资产的改建支出；② 租入固定资产的改建支出；③ 固定资产的大修理支出；④ 其他应当作为长期待摊费用的支出。

企业对外投资期间，投资资产的成本在计算应纳税所得额时不得扣除。企业使用或者销售存货，按照规定计算的存货成本，准予在计算应纳税所得额时扣除。企业转让资产，该项资产的净值，准予在计算应纳税所得额时扣除。企业在汇总计算缴纳企业所得税时，其境外营业机构的亏损不得抵减境内营业机构的盈利。

(5) 允许弥补的以前年度亏损。企业纳税年度发生的亏损，准予向以后年度结转，用以后年度的所得弥补，但结转年限最长不得超过五年。

二、所得税会计核算的一般程序

所得税会计是从资产负债表出发，通过比较资产负债表上列示的资产、负债，按照企业会计准则规定确定的账面价值与按照税法规定确定的计税基础，对于二者之间的差额分别为应纳税暂时性差异和可抵扣暂时性差异，确定资产负债表日的相关递延所得税负债和递延所得税资产，并在此基础上确定每一个期间利润表中的所得税费用。企业会计准则规定，企业应采用资产负债表债务法核算所得税。

采用资产负债表债务法核算所得税的情况下，企业一般应于每一资产负债表日进行所得税的核算。企业进行所得税核算一般应遵循以下程序：

(1) 按照相关企业会计准则规定，确定资产负债表中除递延所得税负债和递延所得税资产以外的其他资产和负债的账面价值。其中，资产和负债的账面价值，是指企业按照相关会计准则的规定进行核算后在资产负债表中列示的金额。例如,企业持有的应收账款账面价值为3 000万元,企业对该应收账款计提了200万元的坏账准备,其账面价值为2 800万元,即为该应收账款在资产负债表中的列示金额。

(2) 按企业会计准则中对于资产和负债计税基础的确定方法,以适用的税收法规为基础,确定资产负债表中有关资产、负债项目的计税基础。

(3) 比较资产、负债的账面价值与其计税基础,对于两者之间存在差异的,分析其性质,除企业会计准则中规定的特殊情况外,分别应纳税暂时性差异和可抵扣暂时性差异,确定资产负债表日与应纳税暂时性差异及可抵扣暂时性差异相关的递延所得税负债和递延所得税资产的应有金额,并将该金额与期初递延所得税负债和递延所得税资产的余额相比,确定当期应予进一步确认的递延所得税负债和递延所得税资产的金额或应予转销的金额,作为构成利润表中所得税费用的递延所得税。

(4) 确定利润表中的所得税费用。利润表中的所得税费用包括当期所得税和递延所得税两个组成部分,其中,当期所得税是指当期发生的交易或事项按照适用的税法规定计算确定的当期应交所得税,递延所得税是当期确认的递延所得税负债和递延所得税资产的金额或应予转销的金额的综合结果。

按照适用的税法规定计算确定的当期应纳税所得额,将应纳税所得额与适用的所得税率计算的结果确认为当期应交所得税,同时,结合当期确认的递延所得税负债和递延所得税资产(即递延所得税),作为利润表中应予确认的所得税费用。

三、计税基础与暂时性差异

暂时性差异,是指资产或负债的账面价值与其计税基础之间的差额;未作为资产和负债确认的项目,按照税法规定可以确定其计税基础的,该计税基础与其账面价值之间的差额也属于暂时性差异。按照暂时性差异对未来期间应税金额的影响,分为应纳税暂时性差异和可抵扣暂时性差异。

过去,我们经常说税法与会计准则的差异包括暂时性差异和永久性差异。应予说明的是,在资产负债表债务法下,仅确认暂时性差异的所得税影响,原按照利润表下纳税影响会计法核算的永久性差异,因从资产负债表角度考虑,不会产生资产、负债的账面价值与其计税基础的差异,即不形成暂时性差异,对企业在未来期间计税没有影响,不产生递延所得税。

按照暂时性差异对未来期间应税金额的影响,分为应纳税暂时性差异和可抵扣暂时性差异。除因资产、负债的账面价值与其计税基础不同产生的暂时性差异以外,按照税法规定可以结转以后年度的未弥补亏损和税款抵减,也视同可抵扣暂时性差异处理。

1. 应纳税暂时性差异

应纳税暂时性差异，是指在确定未来收回资产或清偿负债期间的应纳税所得额时，将导致产生应税金额的暂时性差异。该差异在未来期间转回时，会增加转回期间的应纳税所得额，即在未来期间不考虑该事项影响的应纳税所得额的基础上，由于该暂时性差异的转回，会进一步增加转回期间的应纳税所得额和应缴所得税金额。在应纳税暂时性差异产生当期，应当确认相关的递延所得税负债。应纳税暂时性差异通常产生于以下情况：

(1) 资产的账面价值大于其计税基础。

一项资产的账面价值代表的是企业在持续使用或最终出售该项资产时将取得的经济利益的总额，而计税基础代表的是一项资产在未来期间可予税前扣除的金额。资产的账面价值大于其计税基础，该项资产未来期间产生的经济利益不能全部税前抵扣，两者之间的差额需要缴税，产生应纳税暂时性差异。

例如，一项无形资产账面价值为 200 万元，计税基础如果为 150 万元，两者之间的差额会造成未来期间应纳税所得额和应缴所得税的增加。在其产生当期，在符合确认条件的情况下，应确认相关的递延所得税负债。

(2) 负债的账面价值小于其计税基础。

一项负债的账面价值为企业预计在未来期间清偿该项负债时的经济利益流出，而其计税基础代表的是账面价值在扣除税法规定未来期间允许税前扣除的金额之后的差额。因负债的账面价值与其计税基础不同产生的暂时性差异，本质上是税法规定就该项负债在未来期间可以税前扣除的金额(即与该项负债相关的费用支出在未来期间可予税前扣除的金额)。负债的账面价值小于其计税基础，则意味着就该项负债在未来期间可以税前抵扣的金额为负数，即应在未来期间应纳税所得额的基础上调增，增加应纳税所得额和应缴所得税金额，产生应纳税暂时性差异，应确认相关的递延所得税负债。

2. 可抵扣暂时性差异

可抵扣暂时性差异，是指在确定未来收回资产或清偿负债期间的应纳税所得额时，将导致产生可抵扣金额的暂时性差异。该差异在未来期间转回时会减少转回期间的应纳税所得额，减少未来期间的应缴所得税。在可抵扣暂时性差异产生当期，应当确认相关的递延所得税资产。可抵扣暂时性差异一般产生于以下情况：

(1) 资产的账面价值小于其计税基础。

当资产的账面价值小于其计税基础时，从经济含义来看，资产在未来期间产生的经济利益少，按照税法规定允许税前扣除的金额多，则就账面价值与计税基础之间的差额，企业在未来期间可以减少应纳税所得额并减少应缴所得税，符合有关条件时，应当确认相关的递延所得税资产。

例如，一项资产的账面价值为200万元，计税基础为260万元，则企业在未来期间就该项资产可以在其自身取得经济利益的基础上多扣除60万元。从整体上来看，未来期间应纳税所得额会减少，应缴所得税也会减少，形成可抵扣暂时性差异，符合确认条件时，应确认相关的递延所得税资产。

(2) 负债的账面价值大于其计税基础。

当负债的账面价值大于其计税基础时，负债产生的暂时性差异实质上是税法规定就该项负债可以在未来期间税前扣除的金额。即：

负债产生的暂时性差异＝账面价值－计税基础

＝账面价值－(账面价值－未来期间计税时按照税法规定可予税前扣除的金额)

＝未来期间计税时按照税法规定可予税前扣除的金额

一项负债的账面价值大于其计税基础，意味着未来期间按照税法规定与该项负债相关的全部或部分支出可以从未来应税经济利益中扣除，减少未来期间的应纳税所得额和应缴所得税。

例如，企业对将发生的产品保修费用在销售当期确认预计负债200万元，但税法规定有关费用支出只有在实际发生时才能够税前扣除，其计税基础为0；企业确认预计负债的当期相关费用不允许税前扣除，但在以后期间有关费用实际发生时允许税前扣除，使得未来期间的应纳税所得额和应缴所得税减少，产生可抵扣暂时性差异，符合有关确认条件时，应确认相关的递延所得税资产。

特殊项日产生的暂时性差异如下。

(1) 未作为资产、负债确认的项目产生的暂时性差异。

某些交易或事项发生以后，因为不符合资产、负债的确认条件而未体现为资产负债表中的资产或负债，但按照税法规定能够确定其计税基础的，其账面价值与计税基础之间的差异也构成暂时性差异。

如企业在开始正常的生产经营活动以前发生的筹建等费用，会计准则规定应于发生时计入当期损益，不体现为资产负债表中的资产。按照税法规定，企业发生的该类费用可以在开始正常生产经营活动后的3年内分期摊销，可税前扣除。该类事项不形成资产负债表中的资产，但按照税法规定可以确定其计税基础，两者之间的差异也形成暂时性差异。

例如，A公司在开始正常生产经营活动之前发生了3 000万元的筹建费用，在发生时已计入当期损益。按照税法规定，企业在筹建期间发生的费用，允许在开始正常生产经营活动之后摊销年限不得少于3年分期税前扣除。

该项费用支出因按照会计准则规定在发生时已计入当期损益，不体现为资产负债表中的资产，即如果将其视为资产，其账面价值为0。

按照税法规定，该费用可以在开始正常的生产经营活动后3年分期税前扣除，假定企业在2008年开始正常生产经营活动，当期税前扣除了1 000万元，其于未来期间可税前扣除的金额为2 000万元，即其在2008年12月31日的计税基础为1 000万元。

该项资产的账面价值0与其计税基础1 000万元之间产生了1 000万元的暂时性差异，该暂时性差异在未来期间可减少企业的应纳税所得额，为可抵扣暂时性差异，符合确认条件时，应确认相关的递延所得税资产。

(2) 可抵扣亏损及税款抵减产生的暂时性差异。

对于按照税法规定可以结转以后年度的未弥补亏损及税款抵减，虽不是因资产、负债的账面价值与计税基础不同产生的，但本质上可抵扣亏损和税款抵减与可抵扣暂时性差异具有同样的作用，均能够减少未来期间的应纳税所得额和应缴所得税，视同可抵扣暂时性差异，在符合确认条件的情况下，应确认与其相关的递延所得税资产。

例如，甲公司于2008年发生经营亏损4 000万元，按照《企业所得税法》规定，企业纳税年度发生的亏损，可以向以后年度结转，用以后年度的所得弥补，但结转年限最长不得超过5年。该公司预计其于未来5年期间能够产生足够的应纳税所得额用以该经营亏损。

该经营亏损虽不是因比较资产、负债的账面价值与其计税基础产生的，但从其性质上来看可以减少未来期间的应纳税所得额和应缴所得税，视同可抵扣暂时性差异。在企业预计未来期间能够产生足够的应纳税所得额用以该可抵扣亏损时，应确认相关的递延所得税资产。

四、所得税费用的确认和计量

在按照资产负债表债务法核算所得税的情况下，利润表中的所得税费用包括当期所得税和递延所得税两个部分。

1. 当期所得税

当期所得税是指企业按照税法规定计算确定的针对当期发生的交易和事项，应交纳给税务部门的所得税金额，即当期应交所得税。企业在确定当期应交所得税时，对于当期发生的交易或事项，会计处理与税收处理不同的，应在会计利润的基础上，按照适用税收法规的规定进行调整，计算出当期应纳税所得额。一般情况下，应纳税所得额可在会计利润的基础上，考虑会计与税收之间的差异，按照以下公式计算确定：

会计利润＋按照会计准则规定计入利润表但计税时不允许税前扣除的费用＋（－）计入利润表的费用与按照税法规定可予税前抵扣的金额之间的差额＋（－）计入利润表的收入与按照税法规定应计入应纳税所得的收入之间的差额－税法规定的不征税收入＋（－）其他需要调整的因素＝应纳税所得额

2. 递延所得税

递延所得税是指按照所得税准则规定当期应予确认的递延所得税资产和递延所得税负债金额，即递延所得税资产及递延所得税负债当期发生额的综合结果，但不包括计入所有者权益的交易或事项的所得税影响。用公式表示即为

递延所得税＝（递延所得税负债的期末余额－递延所得税负债的期初余额）－（递延所得税资产的期末余额－递延所得税资产的期初余额）

应予说明的是，企业因确认递延所得税资产和递延所得税负债产生的递延所得税，一般应当记入所得税费用，但以下两种情况除外：

一是某项交易或事项按照会计准则规定应计入所有者权益的，由该交易或事项产生的递延所得税资产或递延所得税负债及其变化亦应计入所有者权益，不构成利润表中的递延所得税费用。

例 甲企业持有的某项可供出售金融资产，成本为500万元，会计期末，其公允价值为600万元，该企业适用的所得税税率为25%。除该事项外，该企业不存在其他会计与税收之间的差异，且递延所得税资产和递延所得税负债不存在期初余额。会计期末在确认100万元的公允价值变动时，账务处理如下。

借：可供出售金融资产　　1 000 000

　贷：资本公积——其他资本公积　　1 000 000

确认应纳税暂时性差异的所得税影响时，账务处理如下。

借：资本公积——其他资本公积　　250 000

　贷：递延所得税负债　　250 000

二是企业合并中取得的资产、负债，其账面价值与计税基础不同，应确认相关递延所得税的，该递延所得税的确认影响合并中产生的商誉或是记入当期损益的金额，不影响所得税费用。

3. 所得税费用

计算确定了当期所得税及递延所得税以后，利润表中应予确认的所得税费用为两者之和，即

所得税费用＝当期所得税＋递延所得税

例 A公司2010年度利润表中利润总额为3 000万元，该公司适用的所得税税率为25%。递延所得税资产及递延所得税负债不存在期初余额。与所得税核算有关的情况如下：2010年发生的有关交易和事项中，会计处理与税收处理存在差别的有：

(1) 2010年1月开始计提折旧的一项固定资产，成本为1 500万元，使用年限为10年，净残值为0，会计处理按双倍余额递减法计提折旧，税收处理按直线法计提折旧。假定税法规定的使用年限及净残值与会计规定相同。

(2) 向关联企业捐赠现金500万元。假定按照税法规定，企业向关联方的捐赠不允许税前扣除。

(3) 当期取得作为交易性金融资产核算的股票投资成本800万元，2010年12月31日的公允价值12 000万元。税法规定，公允价值计量的金融资产持有期间市价变动不计入应纳税所得额。

(4) 违反环保法规定应支付罚款250万元。

(5) 期末对持有的存货计提了75万元的存货跌价准备。

分析：

(1) 2010年度当期应交所得税

应纳税所得额 = 3 000 + 150 + 500 − 400 + 250 + 75 = 3 575(万元)

应交所得税 = 3 575 × 25% = 893.75(万元)

(2) 2010年度递延所得税

递延所得税资产 = 225 × 25% = 56.25(万元)

递延所得税负债 = 400 × 25% = 100(万元)

递延所得税 = 100 − 56.25 = 43.75(万元)

(3) 利润表中应确认的所得税费用

所得税费用 = 893.75 + 43.75 = 937.50(万元)

确认所得税费用的账务处理如下。

借：所得税费用	9 375 000	
递延所得税资产	562 500	
贷：应交税费——应交所得税		8 937 500
递延所得税负债		1 000 000

该公司20×7年资产负债表相关项目金额及其计税基础如表4.6所示。

表 4.6　资产负债表

单位:万元

项　目	账面价值	计税基础	差　异	
			应纳税暂时性差异	可抵扣暂时性差异
存货	2 000	2 075		75
固定资产:				
固定资产原价	1 500	1 500		
减:累计折旧	300	150		
减:固定资产减值准备	0	0		
固定资产账面价值	1 200	1 350		150
交易性金融资产	1 200	800	400	
其他应付款	250	250		
总　计			400	225

例　沿用上例中有关资料,假定 A 公司 2011 年当期应交所得税为 1 155 万元。资产负债表中有关资产、负债的账面价值与其计税基础相关资料如表 4.7 所示,除所列项目外,其他资产、负债项目不存在会计和税收的差异。分析:

(1) 当期所得税 = 当期应交所得税 = 1 155 万元

(2) 递延所得税

① 期末递延所得税负债 675×25% = 168.75(万元)

期初递延所得税负债 100 万元

递延所得税负债增加 68.75 万元

② 期末递延所得税资产 740×25% = 185(万元)

期初递延所得税资产 56.25 万元

递延所得税资产增加 128.75 万元

递延所得税 = 68.75 − 128.75 = −60(万元)(收益)

(3) 确认所得税费用

所得税费用 = 1 155 − 60 = 1 095(万元),确认所得税费用的账务处理如下。

借:所得税费用　　　　　　　　10 950 000
　　递延所得税资产　　　　　　1 287 500
　　贷:应交税费——应交所得税　　　　11 550 000
　　　　递延所得税负债　　　　　　　　　687 500

表 4.7 资产负债表

单位:万元

项 目	账面价值	计税基础	差 异	
			应纳税暂时性差异	可抵扣暂时性差异
存货	4 000	4 200		200
固定资产:				
固定资产原价	1 500	1 500		
减:累计折旧	540	300		
减:固定资产减值准备	50	0		
固定资产账面价值	910	1 200		290
交易性金融资产	1 675	1 000	675	
其他应付款	250	250		
总 计			675	740

第六节 其 他 税 费

一、资源税

资源税,是指国家对我国境内开采矿产品或者生产盐的单位和个人所征收的一个税种。目前,资源税征税方式为从量计征。计算公式如下:

$$应交的资源税 = 课税数量 \times 单位税额$$

其中:课税数量是指开采或生产的应税消费品的销售数量或自用数量。

2010 年 6 月 1 日,财政部和国家税务总局联合下发了《新疆原油、天然气资源税改革若干问题的规定》,对新疆原油、天然气资源税改革的纳税人、纳税方式、纳税额计算公式以及减免税情形等内容一一予以明确。此规定的发布标志着资源税改革正式启动。此次新疆资源税试点改革的一大亮点在于征税方式由从前的从量计征改为从价计征,税率为 5%。未来资源税征收方式将由从量计征改为从价计征。

具体的账务处理如下。

(1) 销售物资应交纳的资源税,借记:营业税金及附加;贷记:应交税费——应交资源税。

(2) 自产自用的物资应交纳的资源税,借记“生产成本”、“制造费用”等科目,贷记“应交税费——应交资源税”科目;上交资源税时,借记“应交税费——应交资源税”科目,贷记“银行存款”科目。

(3) 企业收购未税矿产品,按实际支付的收购款,借记“物资采购”等科目,贷记“银行存款”等科目;按代扣代交的资源税,借记“物资采购”等科目,贷记“应交税费——应交资源税”科目;上交资源税时,借记“应交税费——应交资源税”科目,贷记“银行存款”科目。

(4) 企业外购液体盐加工固体盐,在购入液体盐时,按所允许抵扣的资源税,借记“应交税费——应交资源税”科目;按外购价款扣除允许抵扣资源税后的数额,借记“材料采购”等科目;按应支付的全部价款,贷记“银行存款”、“应付账款”等科目。企业加工成固体盐后,在销售时,按计算出的销售固体盐应交的资源税,借记“营业税金及附加”科目,贷记“应交税费——应交资源税”科目。将销售固体盐应纳资源税扣抵液体盐已纳资源税后的差额上交时,借记“应交税费——应交资源税”科目,贷记“银行存款”科目。

例 某盐场2007年6月16日、28日分别购进液体盐20 000吨、30 000吨,每吨购进价格假定为200元。6月份对外销售南方海盐原盐80 000吨(包括自产和用液体盐加工而成的)。另外企业用原盐60 000吨加工成精盐出售。

企业6月16日购进液体盐20 000吨时,应作如下会计分录。

借:应交税费——应交资源税　　60 000(20 000×3)
　材料采购　　3 940 000
　贷:银行存款　　4 000 000(20 000×200)

6月28日,企业应作如下会计分录。

借:应交税费——应交资源税　　90 000
　材料采购　　5 910 000
　贷:银行存款　　6 000 000

月终,计算出企业对外销售原盐应缴纳的资源税,则

$$应纳税额 = 80\ 000 \times 12 = 960\ 000(元)$$

应作如下会计分录。

借:营业税金及附加　　960 000
　贷:应交税费——应交资源税　　960 000

月终,计算出企业用来加工精盐的原盐所应缴纳的资源税税额:

$$应纳税额 = 60\ 000 \times 12 = 720\ 000(元)$$

应作如下会计分录。

借:生产成本　　720 000

　贷:应交税费——应交资源税　　720 000

二、城建税和教育费附加

城市维护建设税是为了加强城市维护建设,扩大和稳定城市维护建设资金的来源,对凡在我国境内缴纳增值税、消费税、营业税的单位和个人征收的一种税。

教育费附加是对缴纳增值税、消费税、营业税的单位和个人,就其实际缴纳的三税税额征收的一种附加。它具有税收的性质,但不是一种税收。征集教育费附加,目的是为了贯彻落实《中共中央关于教育体制改革的决定》,扩大地方教育经费来源,加快地方教育事业发展,作为一种税收附加由地方税务机关征收专项用于发展教育事业。

按照国家有关规定,纳税人根据实际缴纳的增值税、消费税和营业税的税额计算缴纳城市维护建设税和教育费附加。涉及城市维护建设税的会计事项一般在"应交税费——应交城市维护建设税"账户核算;涉及教育费附加的,一般在"其他应交款——应交教育费附加"账户核算。

例 企业2月份销售商品一批,价款100万元,增值税率17%,消费税率10%,城建税率7%,教育费附加比率3%。该批产品成本60万元,产品运费4 000元,本月增值税的进项税为10万元。各款项均通过银行存款收讫。

本月应交增值税 = 1 000 000 × 17% − 100 000 = 70 000(元)

本月应交消费税 = 1 000 000 × 10% = 100 000(元)

本月应交城建税 = (100 000 + 70 000) × 7% = 11 900(元)

本月应交教育费附加 = (100 000 + 70 000) × 3% = 5 100(元)

(1) 借:银行存款　　1 170 000

　　贷:主营业务收入　　1 000 000

　　　　应交税费——应交增值税(销项税额)　　170 000

(2) 借:主营业务成本　　600 000

　　贷:库存商品　　600 000

(3) 借:营业税金及附加　　117 000

　　贷:应交税费——应交消费税　　100 000

　　　　　　　　——应交城建税　　11 900

　　　　　　　　——应交教育费附加　　5 100

(4) 借:销售费用　　　　4 000

　　贷:银行存款　　　　4 000

三、个人所得税

在我国,个人所得税在1994年开始实行,当年全国个人所得税收入为73亿元,占当年税收总收入的1.4%。到2012年,全国个人所得税收入已达5820亿元,占当年税收总收入的比例为5.8%,仍不到10%,与西方发达国家相比,比重较低。近年来个人所得税占税收的比重如表4.8所示(资料来源于《中国财政年鉴》)。

表4.8　个人所得税收入及占税收总收入比重表

年　份	2006	2007	2008	2009	2010	2011	2012
个人所得税收入(亿元)	2 453	3 185	3 722	3 949	4 837	6 054	5 820
总税收收入(亿元)	34 804	45 622	54 623	59 521	73 202	89 720	100 600
占总税收收入比重(%)	7.1	7.0	6.9	6.6	6.6	6.7	5.8

企业对职工的工资、薪金所得的个人所得税采取代扣代缴,所谓工资、薪金所得是指个人因任职或受雇而取得的工资、薪金、奖金、年终加薪、劳动分红、津贴、补贴以及与任职、受雇有关的其他所得。工资薪金,以每月收入额减除费用扣除标准后的余额为应纳税所得额(从2011年9月1日起,起征点为3 500元)。适用七级超额累进税率(3%至45%)计缴个人所得税。三费一金是指社保费、医保费、养老费和住房公积金。工资、薪金所得的个人所得税计算对应税率如表4.9所示。

表4.9　工资薪金所得个人所得税计算表

级　数	全月应纳税所得额	税率(%)	速算扣除数
1	不超过1 500元	3	0
2	超过1 500元至4 500元的部分	10	105
3	超过4 500元至9 000元的部分	20	555
4	超过9 000元至35 000元的部分	25	1 005
5	超过35 000元至55 000元的部分	30	2 755
6	超过55 000元至80 000元的部分	35	5 505
7	超过80 000元的部分	45	13 505

例 某人某月工资减去社保个人缴纳金额和住房公积金个人缴纳金额后为5 500元,个税计算:

(5 500－3 500)×10%－105＝95(元) 或 1 500×3%＋500×10%＝95(元)

企业计算出全部职工个人所得税代扣时,会计处理如下。

借:应付职工薪酬

贷:应交税费——应交个人所得税

四、房产税、土地使用税、车船使用税和印花税

房产税是以房屋为征税对象,按房屋的计税余值或租金收入为计税依据,向产权所有人征收的一种财产税。房产税采用从价计征。计税办法分为按计税余值计征和按租金收入计征两种形式。

(1) 对经营自用的房屋,以房产的计税余值作为计税依据。计税余值,指依照税法规定按房产原值一次减除10%～30%的损耗价值以后的余额。

(2) 对于出租的房屋,以租金收入为计税依据。房产的租金收入,是房屋产权所有人出租房产使用权所取得的报酬,包括货币收入和实物收入。对以劳务或其他形式作为报酬抵付房租收入的,应根据当地同类房产的租金水平,确定一个标准租金额,依率计征。房产税采用比例税率,根据房产税的计税依据分为两种:依据房产计税余值计税的,税率为1.2%;依据房产租金收入计税的,税率为12%;对个人按市场价格出租的居民住房,其应缴纳的房产税暂减按4%的税率征收。

房产税应纳税额的计算公式为:

应纳税额＝房产计税余值(或租金收入)×适用税率

房产计税余值＝房产原值×(1－原值减除率)

例 某国有企业,2012年度自有房屋6幢,其中4幢用于生产经营,房产原值800万元;不包括冷暖通风设备100万元;2幢房屋租给某公司作生产经营用房,年租金收入80万元。本省规定按房产原值一次扣除30%后的余值计税。计算该企业当年应纳的房产税。

(1) 自用房产应纳税＝[(500＋100)×(1－30%)]×1.2＝7.56(万元)。

(2) 租金收入应纳税额＝80×12%＝9.6(万元)。

(3) 全年应纳房产税额＝7.56＋9.6＝17.16(万元)。

土地使用税是国家为了合理利用城镇土地,调节土地级差收入,提高土地使用效益,加强土地管理,以国有土地为征税对象,以实际占用的土地单位面积为计税标准,按规定税额对拥有土地使用权的单位和个人征收的一种税。土地使用税由拥有土地使用权的单位或个人缴纳。拥有土地使用权的纳税人不在土地所在地

的，由代管人或实际使用人纳税；土地使用权未确定或权属纠纷未解决的，由实际使用人纳税；土地使用权共有的，由共有各方分别纳税。土地使用税实行分级幅度税额。土地使用税每平方米年税额如下：大城市 0.5～10 元；中等城市 0.4～8 元；小城市 0.3～6 元；县城、建制镇、工矿区 0.2～4 元。土地使用税以纳税人实际占用的土地面积为计税依据，依照规定税额计算征收。土地占用面积的组织测量工作，由省、自治区、直辖市人民政府根据实际情况确定。城镇土地使用税的应纳税额依据纳税人实际占用的土地面积和适用单位税额计算。计算公式如下：

应纳税额 = 计税土地面积（平方米）× 适用税额

例　本市某商场坐落在该市繁华地段，企业土地使用证书记载占用土地的面积为 10 000 平方米，经确定属一等地段；该商场另设两个统一核算的分店均坐落在市区三等地段，共占地 6 000 平方米；一座配送仓库位于市郊，属五等地段，占地面积为 20 000 平方米；另外，该商场自办托儿所占地面积 3 500 平方米，属三等地段。（**注**　*一等地段年税额 4 元/平方米；三等地段年税额 2 元/平方米；五等地段年税额 1 元/平方米。*）该商场全年应纳土地使用税税额为：

（1）商场占地应纳税额 = 10 000 × 4 = 40 000（元）。

（2）分店占地应纳税额 = 6 000 × 2 = 12 000（元）。

（3）仓库占地应纳税额 = 20 000 × 1 = 20 000（元）。

（4）商场自办托儿所按税法规定免税。

（5）全年应纳土地使用税额 = 40 000 + 12 000 + 20 000 = 72 000（元）。

车船使用税是以车船为征税对象，向拥有并使用车船的单位和个人征收的一种税。对拥有但不使用的车船不征税。车船使用税的征税对象是行驶于公共道路的车辆和航行于国内河流、湖泊或领海口岸的船舶，对不使用的车船或只在企业内部行驶，不领取行驶执照，不上公路行驶的车辆不征车船使用税。车船使用税采用定额税率，即对征税的车船规定单位固定税额。车船使用税实行从量计税的方法。根据车船的种类、性能、构造和使用情况不同，分别选择了三种单位的计税标准，即辆、净吨位和载重吨位。车船使用税根据不同类型的车船及其适用的计税标准分别计算应纳税额。计算公式为：

（1）机动车（载货汽车除外）和非机动车

应纳税额 = 应税车辆数量 × 单位税额

（2）载重汽车、机动船和非机动船

应纳税额 = 车船的载重或净吨位数量 × 单位税额

例　某运输公司拥有载货汽车 20 辆（其中 2 辆货车报停，货车载重净吨位全部为 5 吨）；乘人大客车 90 辆（其中 32 座以上车 50 辆，28 座车 25 辆）；小客车 15

辆(均为10座车)。(**注** 车船使用税年税额为:载货汽车每吨50元,乘人汽车31座位以上的每辆180元,12～30个座位的每辆150元,11座以下的每辆140元。)该公司应纳车船使用税如下:

(1) 货车应纳税额＝18×5×50＝4 500(元)。

(2) 乘人汽车应纳税额50×180＋25×150＋15×140＝14 850(元)。

全年应纳车船使用税额＝4 500＋14 850＝19 350(元)。

印花税是对经济活动和经济交往中书立、领受凭证征收的一种税,实行由纳税人根据规定自行计算应纳税额,自行购买并粘贴印花税票完成纳税义务的办法。应纳税凭证:购销、加工承揽、建设工程承包、财产租赁、货物运输、仓储保管、借款、财产保险、技术合同或者具有合同性质的凭证;产权转移书据;营业账簿;权利、许可证照等。印花税根据不同征税项目,分别实行从价计征和从量计征两种征收方式。

1. 从价计税情况下计税依据的确定

(1) 各类经济合同,以合同上记载的金额、收入或费用为计税依据。

(2) 产权转移书据以书据中所载的金额为计税依据。

(3) 记载资金的营业账簿,以实收资本和资本公积两项合计的金额为计税依据。

2. 从量计税情况下计税依据的确定

实行从量计税的其他营业账簿和权利、许可证照,以计税数量为计税依据。现行印花税采用比例税率和定额税率两种税率。比例税率有五档,即千分之一、千分之四、万分之五、万分之三和万分之零点五。适用定额税率的是权利许可证照和营业账簿税目中的其他账簿,单位税额均为每件五元。

按比例税率计算应纳税额的方法:

$$应纳税额＝计税金额×适用税率$$

按定额税率计算应纳税额的方法:

$$应纳税额＝凭证数量×单位税额$$

例 某企业2006年4月开业,领受房产证、工商营业执照、商标注册证、土地使用证各一件。企业营业账簿中,实收资本20 000 000元,其他账簿38本。当月企业与其他单位签订购销合同两份,购买有关设备,合同金额分别为200 000元和500 000元。建筑工程承包合同一份,工程承包金额为6 200 000元。

按规定,领取权利许可证照,应按件贴花5元。则企业对于领取的权利许可证照应纳税额为

$$应纳税额＝5×4＝20(元)$$

按照规定，对于企业营业账簿中的资金账簿，应按实收资本和资本公积金额的合计数计税贴花，税率为万分之五。则资金账簿应纳税额为

$$应纳税额=20\,000\,000\times0.5‰=10\,000(元)$$

按照规定，对于营业账簿中的其他营业账簿，应按件贴花5元。则其应纳税额为

$$应纳税额=38\times5=190(元)$$

按照规定，签订的购销合同，应以合同所载金额为计税依据计税贴花，税率为万分之三，则购销合同应纳税额为

$$应纳税额=(200\,000+500\,000)\times0.3‰=210(元)$$

按照规定，签订的工程承包合同，应以工程承包金额为计税依据计税贴花，税率为万分之三，则工程承包合同应纳税额为

$$应纳税额=6\,200\,000\times0.3‰=1\,860(元)$$

4月份企业应当缴纳印花税为

$$应纳税额=20+10\,000+190+210+1\,860=12\,280(元)$$

企业按规定计算应交的房产税、土地使用税、车船使用税，借记“管理费用”科目，贷记“应交税费——应交房产税、土地使用税、车船使用税”科目；上交时，借记“应交税费——应交房产税、土地使用税、车船使用税”科目，贷记：“银行存款”科目。由于企业交纳的印花税，是由纳税人根据规定自行计算应纳税额以购买并一次贴足印花税票的方法交纳的税款，故一般情况下，企业需要预先购买印花税票，待发生应税行为时，再根据凭证的性质和规定的比例税率或者按件计算应纳税额。将已购买的印花税票粘贴在应纳税凭证上，并在每枚税票的骑缝处盖戳注销或者划销，办理完税手续。企业交纳的印花税，不会发生应付未付税款的情况，不需要预计应纳税金额，同时也不存在与税务机关结算或清算的问题，因此，企业交纳的印花税不需要通过“应交税费”科目核算，于购买印花税票时，直接借记“管理费用”科目，贷记“银行存款”科目。

练习题

1. A企业为增值税一般纳税人，2008年4月1日“应交税费——应交增值税”账户有借方余额1 250元，2008年4月，该企业发生的有关业务如下(假设所有款项均通过银行存款支付)：

(1) 购进原材料一批，取得的增值税专用发票上注明的原材料价款为20 000元，增值税额为3 400元，款项已付，所购材料已验收入库。

(2) 销售商品一批，价款 95 000 元，增值税 16 150 元，款项已存入银行。

(3) 本月大修理工程领用库存商品成本 800 元，按计税价格 1 000 元计算增值税 170 元。

(4) 以库存商品向股东支付股利。该批库存商品成本 8 000 元，按计税价格 10 000 元计算的增值税为 1 700 元。

(5) 月末原材料盘亏 500 元，转出相应增值税 85 元；查明原因属于正常损失。

(6) 交纳本月增值税 12 000 元。

(7) 月末结转应交未交或多交的增值税。

要求：① 计算本月应交的增值税；② 计算本月应交未交或多交的增值税；③ 编制相关的会计分录。

2. 甲公司是增值税一般纳税人，适用税率为 17%，10 月份发生以下业务：

(1) 2 日，向乙公司赊购 A 产品 10 件，单价 2 000 元，单位销售成本 1 000 元。约定付款条件为：2/10、N/20。

(2) 8 日，乙公司收到 A 产品，发现有少数残次品，经协商，甲公司同意折让 5%，余额乙公司于当天偿还。假定计算现金折扣时不考虑增值税因素。

(3) 10 日，向丙企业销售 B 产品 10 件，单价 4 000 元，单位成本为 3 000 元。由于 B 产品是新产品，购销合同中附有 3 个月内可以退货的条件，且甲公司无法估计退货率。

(4) 15 日，丁企业退回 9 月购买的 10 件 A 产品，单价为 2 000 元，单位成本为 1 000 元。这笔款尚未收到，同意退货。

(5) 20 日，收到外单位租用本公司设备第四季度的租金 30 万元，款项存入银行。

(6) 30 日，甲企业收到丙企业 10 000 元的订货，合同价款的 30% 已经收取。但库存没有符合要求的存货，需要重新设计制造。

要求：根据以上资料编制必要的会计分录。

3. 甲上市公司于 2009 年 1 月设立，采用资产负债表债务法核算所得税费用，适用的所得税税率为 25%，该公司 2009 年利润总额为 6 000 万元，当年发生的交易或事项中，会计规定与税法规定存在差异的项目如下：

(1) 2009 年 12 月 31 日，甲公司应收账款余额为 5 000 万元，对该应收账款计提了 500 万元坏账准备。税法规定，企业按照应收账款期末余额的 5‰ 计提了坏账准备，允许税前扣除，除已税前扣除的坏账准备外，应收款项发生实质性损失时允许税前扣除。

(2) 按照销售合同规定，甲公司承诺对销售的X产品提供3年免费售后服务。甲公司2009年销售的X产品预计在售后服务期间将发生的费用为400万元，已计入当期损益。税法规定，与产品售后服务相关的支出在实际发生时允许税前扣除。甲公司2009年没有发生售后服务支出。

(3) 甲公司2009年以4 000万元取得一项到期还本付息的国债投资，作为持有至到期投资核算，该投资实际利率与票面利率相差较小，甲公司采用票面利率计算确定利息收入，当年确认国债利息收入200万元，计入持有至到期投资账面价值，该国债投资在持有期间未发生减值。税法规定，国债利息收入免征所得税。

(4) 2009年12月31日，甲公司Y产品的账面余额为2 600万元，根据市场情况对Y产品计提跌价准备400万元，计入当期损益。税法规定，该类资产在发生实质性损失时允许税前扣除。

(5) 2009年4月，甲公司自公开市场购入基金，作为交易性金融资产核算，取得成本为2 000万元，2009年12月31日该基金的公允价值为4 100万元，公允价值相对账面价值的变动已计入当期损益，持有期间基金未进行分配。税法规定，该类资产在持有期间公允价值变动不计入应纳税所得额，待处置时一并计算应计入应纳税所得额的金额。

其他相关资料：

(1) 假定预期未来期间甲公司适用的所得税税率不发生变化。

(2) 甲公司预计未来期间能够产生足够的应纳税所得额用以抵扣可抵扣暂时性差异。

要求：

(1) 确定甲公司上述交易或事项中资产、负债在2009年12月31日的计税基础，同时比较其账面价值与计税基础，计算所产生的应纳税暂时性差异或可抵扣暂时性差异的金额。

(2) 计算甲公司2009年应纳税所得额、应交所得税、递延所得税和所得税费用。

(3) 编制甲公司2009年确认所得税费用的会计分录。

4. 甲公司为上市公司，2010年有关资料如下：

(1) 甲公司2010年初的递延所得税资产借方余额为190万元，递延所得税负债贷方余额为10万元，具体构成项目如表4.10所示。

表 4.10 资产负债表具体构成项目

单位:万元

项 目	可抵扣暂时性差异	递延所得税资产	应纳税暂时性差异	递延所得税负债
应收账款	60	15		
交易性金融资产			40	10
可供出售金融资产	200	50		
预计负债	80	20		
可税前抵扣的经营亏损	420	105		
合 计	760	190	40	10

(2) 甲公司2010年度实现的利润总额为1 610万元。2010年度相关交易或事项资料如下:① 年末转回应收账款坏账准备20万元。根据税法规定,转回的坏账损失不计入应纳税所得额。② 年末根据交易性金融资产公允价值变动确认公允价值变动收益20万元。根据税法规定,交易性金融资产公允价值变动收益不计入应纳税所得额。③ 年末根据可供金融资产公允价值变动增加资本公积40万元。根据税法规定,可供金融资产公允价值变动金额不计入应纳税所得额。④ 当年实际支付产品保修费用50万元,冲减前期确认的相关预计负债;当年又确认产品保修费用10万元,增加相关预计负债。根据税法规定,实际支付的产品保修费用允许税前扣除。但预计的产品保修费用不允许税前扣除。⑤ 当年发生研究开发支出100万元,全部费用化计入当期损益。根据税法规定,计算应纳税所得额时,当年实际发生的费用化研究开发支出可以按50%加计扣除。

(3) 2010年末资产负债表相关项目金额及其计税基础如表4.11所示。

表 4.11 资产负债表相关项目金额及其计税基础

单位:万元

项 目	账面价值	计税基础
应收账款	360	400
交易性金融资产	420	360
可供出售金融资产	400	560
预计负债	40	0
可税前抵扣的经营亏损	0	0

(4) 甲公司适用的所得税税率为25%,预计未来期间适用的所得税税率不会发生变化,未来期间能够产生足够的应纳税所得额用以抵扣可抵扣暂时性差异;不考虑其他因素。

要求:

(1) 根据上述资料,计算甲公司2010年应纳税所得额和应交所得税金额。

(2) 根据上述资料,逐笔编制与递延所得税资产或递延所得税负债相关的会计分录。

(3) 根据上述资料,计算甲公司2010年所得税费用金额。

第五章　企业会计政策

第一节　企业会计政策概述

一、企业会计政策的概念

企业会计政策是指企业在会计核算时所遵循的具体原则以及企业所采纳的具体会计处理方法。这里所指的具体原则，是指企业按照国家统一的会计制度规定的原则所制定的、适合于本企业的会计原则，是指某一类会计业务所应遵循的特定原则（如借款费用是采用费用化还是资本化），而不是笼统地指所有的会计原则，如客观性原则、及时性原则等。一般会计核算原则不属于会计政策，它是为了满足会计信息质量要求而由国家制定的、统一的、不可选择的、企业必须遵循的原则。

具体会计处理方法是依据国家统一的会计制度，在其所允许的某一类会计业务的具体处理方法中作出的具体选择。例如，谨慎性原则是国家统一的会计制度所规定的会计核算一般原则之一，企业不可选择，但企业在具体运用谨慎性原则时，在对存货期末采用成本与市价孰低法的情况下，是按投资总体计提存货跌价准备，还是按存货类别或单项计提，属具体的会计处理方法，可由企业根据自身情况加以选择。会计政策的特征主要包括以下几个方面：

(1) 会计政策包括不同层次，涉及具体原则和会计处理方法。

(2) 会计政策是在允许的会计原则和会计方法中作出的具体选择。

(3) 会计政策是企业会计核算的直接依据。

会计政策产生的原因：一是利益的共享性。企业的财务会计应向其相关的利益各方充分披露其会计信息。而这些利益相关方与企业彼此之间都有其各自独立的利益,政府为了平衡各相关方利益,降低执行成本,就会放宽准则中对一些经济业务事项的会计处理限定,以提供一些可供选择的会计处理方法。二是企业会计实务的多样性与复杂性。由于企业所处的环境千差万别,企业的经营规模和状况各不相同,为了使企业会计信息的披露最恰当地反映企业的财务状况、经营成果和现金流量等情况,准则和制度就有必要留有一定的弹性空间。三是会计计量与报告中的主观性。会计计量与报告过程是人们主观地期望以货币计量为手段,采用一些特定的专门方法,对会计对象加以反映以提供相关可靠的会计信息的过程。

会计政策产生的客观必然:一是会计政策选择是企业会计信息揭示的基础。会计的核心问题是确认和计量,经济业务事项的初始确认和计量以及在此之后的再确认和计量,其本身就是对具体会计原则、方法和程序的选择运用。二是会计环境的变化要求企业的财会人员探索和选择适宜的会计政策,以保证会计信息的真实与公允。三是会计政策的选择是完成企业目标和贯彻经营思想的手段。每个企业都有其自身的发展目标,随着经济环境的变化和企业发展的阶段,企业往往会采用不同的经营战略,有时稳健经营,有时锐意开拓。

二、企业常用的会计政策

企业会计政策的具体内容,主要是综合性会计政策、资产、负债和其他项目,具体包括合并政策、应收款项、存货计价、应付项目、收入确认、财产处理损益、研究与开发、衍生金融工具、费用分配、成本计算方法等。

常见的会计政策包括:

(1) 发出存货成本的计量,是指企业确定发出存货成本所采用的会计处理。例如,发出存货成本的计量是采用先进先出法,还是采用其他方法。

(2) 长期股权投资的后续计量,是指企业取得长期股权投资后的会计处理。例如,企业对被投资单位的长期股权投资是采用成本法,还是采用权益法核算。

(3) 投资性房地产的后续计量,是指企业在资产负债表日对投资性房地产进行后续计量所采用的会计处理。例如,企业对投资性房地产的后续计量是采用成本模式,还是采用公允价值模式。

(4) 固定资产的初始计量,是指企业取得的固定资产初始成本的计量。例如,企业取得的固定资产初始成本是以购买价款,还是以购买价款的现值为基础进行计量。

(5) 无形资产的确认,是指对研究开发项目的支出是否确认为无形资产。例如企业内部研究开发项目开发阶段的支出是确认为无形资产,还是在发生时计入当期损益。

(6) 非货币性资产交换的计量,是指非货币性资产交换事项中对换入资产的计量。例如,非货币性资产交换是以换出资产的公允价值作为确定换入资产成本的基础,还是以换出资产的账面价值作为确定换入资产成本的基础。

(7) 收入的确认,是指收入确认所采用的会计原则。例如,企业确认收入时要同时满足已将商品所有权上的主要风险和报酬转移给购买方、收入的金额能够可靠地计量、相关经济利益很可能流入企业等条件。

(8) 借款费用的处理,是指借款费用的会计处理方法,即是采用资本化,还是采用费用化。

(9) 合并政策,是指编制合并会计报表所采纳的原则。例如,母公司与子公司的会计年度不一致的处理原则、合并范围的确定原则等。

三、企业会计政策的意义

企业经营者,一方面,他们需要通过了解企业大量、详尽的会计信息,掌握企业的财务状况、经营成果和现金流量情况,总结过去的经验、教训,为制定企业的经营管理决策提供依据。另一方面,也是他们很关心的一点,他们需要了解外部信息使用者怎样看待他们所经营的企业,所有者、债权人、政府会怎样评价他们所领导的企业,怎样评价他们的业绩。这将决定企业的命运,从而决定整个企业管理层的命运。这些一定会导致企业管理层努力工作,尽力去创造更辉煌的业绩——企业良好的财务状况、经营成果和现金流量。但由于主观的、客观的种种原因,那些业绩不那么好,或现在业绩很好但未来会有问题的企业,一定会在会计政策上寻找出路。

企业的持续生存和不断发展,与会计有密不可分的关系。企业的会计不是仅仅被动地执行会计政策,而应充分利用国家赋予企业的自主权,选择会计政策,实现企业既定的战略目标。很多企业的老总们没有去思考这个问题,在现有中国的背景下,很多企业关注的是谁和政府有关部门的关系好,考虑更多的是出事的时候,如何"灭火",而不是提前安排"防火材料",还没有筹划的概念。

【案例1】

××上市公司扭亏为盈

××上市公司由于经营不景气,早已沦为PT一族,只有进行企业重组后扭亏为盈才能恢复上市交易,保住这个可贵的"壳"资源。这时,保住"壳"资源、重新恢复上市交易、让公司在股票市场上价值最大化就是公司的近期目标和长远目标。

然而,该公司在2000年中期,其每股收益是-0.14元,每股净资产仅为0.017 6元,要实现这一目标谈何容易!但到2000年年末,仅仅用半年的时间,公司就扭亏为盈,其年报每股收益高达0.91元。净资产收益率81.18%,经证监会批准,重新恢复了上市交易:公司的目标居然实现了,并且业绩增长惊人。难道公司在经营上有什么魔法,在管理上创造了什么奇迹?通过有关资料可知,该公司只是成功地说服大债权人,让他们明白放弃债权会比拥有它具有更大的利益。于是,新的大股东入主后,有关债权人放弃部分债权,该公司一下获得债务重组收益16 999.62万元。可见,对公司作出巨大贡献的是会计,是会计创造的。是会计政策创造的!会计政策是当时财政部关于债务重组的准则和股份公司会计制度这些会计政策。

【案例2】

南方航空会计政策选择是否"合法"、"公允"?

厦门航空有限公司是由南方航空(600029)出资占60%的股份和厦门建发(600153)出资占40%的股份成立的。它们对外公开披露的信息,分别如下。

南方航空:厦门航空有限公司2002年净利润4.36亿元,净资产28.7亿元。

厦门建发:厦门航空有限公司2002年净利润0.78亿元,净资产12亿元。

(厦航净利润之争:南航、厦门建发算法谁对谁错[J].上海证券报,2004-05-21.)

为什么同样一个企业,两家会出现不同的结果?

另外厦门建发认为厦门航空有限公司盈利能力较差,就以5亿元的价格转让其持有的40%的股份,如果南方航空认为净资产28.7亿元,40%应为10亿元以上,南方航空有优先购买权,为什么不优先购买?

企业生存和发展的基础是具有获利能力和偿债能力。利润是评价企业业绩的重要指标,所以,企业追逐利润是很正常的事。一旦要完成一定的利润目标有困难,经理们自然就会想到会计。这些会计行为可分为两类:一类是通过合法的手段——会计政策的选择;另一类是通过非法的手段——会计作假账。作假账是违法的,显然是不可取的。随着政府管制的不断强化,社会经济秩序的不断优化,靠假账维持是短命的。这一点人们已经达成共识。因而,企业管理层自然会转向通过选择会计政策,让会计政策服务于企业的发展战略,服务于企业的整体利益,甚至服务于某一时需要的特殊目的。一般而言,企业的利润战略,主要有以下几种。

1. 利润最大化战略

在许多情况下,企业管理当局需采取利润最大化的战略。比如为了树立良好的企业形象,突出企业的经营业绩,以吸引更多的投资者,配股和发行新股筹集资金;存在红利计划的企业的经理人员为了获得最大的红利收入现值;为了减少债务契约条款的限制，降低违约的可能性，为了争取贷款或投资，等等。在上述的所有情况下，企业管理当局均有可能通过会计政策的选择最大化报告期的盈利。

2. 利润最小化战略

政治成本过高或政治敏锐性较强的企业一般将采取最小化会计利润的战略。这些企业所面临的经营风险往往大大低于政治风险，所以采取保守的盈余报告战略，避免成为公众关注的焦点，以避免或减少政府进行管制或采取不利于企业的措施的可能性。

3. 利润平滑战略

不仅仅是存在红利计划的企业的管理人员可能采取利润平滑的战略来最大化自己的收益，某些公司为了树立稳健经营的形象也可能采取收益平滑的战略，以使公司利润平衡增长。

4. 一次亏个够战略

它是充分利用会计政策的选择从多层次、多角度上利用各种减值准备等少计资产，从而多计损失和费用，让当期大亏一把，以求在后续年度内再将本期确认的损失和费用予以冲回，以实现较高的会计利润。在存在红利计划的企业中，当本期盈利低于目标盈利但又很难挽救时，管理人员便很可能以“巨额冲销”的方式把后期的费用和损失提前入账。此外，我国《公司法》和《证券法》规定，公司连续三年亏损将暂停或停止其上市资格，因此，上市公司往往通过会计政策的选择让某一年“大亏一把”，然后在后续年度连续盈利。

应该特别说明的是，尽管某个企业在某一特定的时期采取的是某一特定的战略，比如最大化利润，但并不意味着该企业将采取选择所有可能增加报告期利润的可选会计程序以最大化利润。一般而言，企业将权衡各种因素，通过不同的可选会计政策的组合和某些特定的盈余管理方法的综合运用，使报告期盈利达到可能的满意的水平。

企业采用不同的利润战略，主要服务于企业整体发展战略和企业的发展目标。可以概括为以下几个方面。

1. 实现企业整体发展战略

企业目前是要迅速发展还是要稳健经营？如果要迅速发展，必然会遇到一个问题：资金从哪儿来？为了筹措资金，必须让投资者（无论是债权投资者还是股权投资者）相信他们的投资是安全的，是会有很好回报的。于是你要向他们提供足够好的会计信息，让他们相信你。自然你必须在会计核算中选择能够使资产、利润最大化的会计政策。如增加固定资产、无形资产时，尽可能延长折旧、摊销年限等。相反，要稳健经营，从可持续发展的角度就要充分地预计未来的风险，选用稳健的会计政策，如多提资产减值准备，多计负债，少计资产或利润，让股东少分利润多留积累。

2. 筹资战略

无论是出于战略的考虑，还是出于眼前经营上的资金需求，企业在经营中一定会遇到向银行等金融机构或社会公众（发行债券）借款的问题，而贷款人一定会通过企业提供的财务信息，了解企业流动比率、资产负债率、资产周转率、利润率等一系列财务指标，判断企业的还本付息保障程度。因此，为让这些指标好看一些，从而多获得借款或保住现有借款，让债权人放心，企业一定会进行相应的会计政策选择。

3. 最小税负战略

企业的目标是实现企业价值最大化，减少税务支出，增加企业价值。在不违反税法的前提下，尽可能利用选择会计政策，合理避税。如目前，按我国会计制度规定，企业材料费用计入成本的计价方法有先进先出法、加权平均法、移动平均法、个别计价法。而不同的计价方法对企业成本、利润及纳税影响甚大。因此，采用何种计算方法成为企业会计战略的重要内容。当材料价格不断上涨时，后进的材料先出去，计入成本的费用就高；而先进先出法势必使计入成本的费用较低。企业可根据实际情况，灵活选择使用。如果企业正处在所得税的免税期，也就意味着企业获得的利润越多，其得到的免税额就越多，这样，企业就可以通过选择先进先出法计算材料费用，以减少材料费用的当期摊入，扩大当期利润；相反，如果企业正处于征税期，其实现利润越多，则缴纳所得税越多，那么，企业就可以选择后进先出法，将当期的材料费用尽量扩大，以达到减少当期利润，推迟纳税期的目的。不过，应注意到会计制度和税法相关规定，企业一旦选定了某一种计价方法，在一定时期内不得随意变更。又如企业对固定资产的折旧核算是企业成本分摊的过程，即将固定资产的取得成本按合理而系统的方法，在它的估计有效使用期间内进行摊配。从企业税负来看，在累进税率的情况下，采用直线摊销法使企业承担的税负最轻。而加速折旧法较差。这是因为直线摊销法使折旧平均摊入成本，有效地遏制某一年内利润过于集中，适用较高税率，而别的年份利润又骤减的情况。相反，加速折旧法把利润集中在后几年，必然导致后几年承担较高税率的税负。但在比例税率的情况下，采用加速折旧法，对企业更为有利。因为加速折旧法可使固定资产成本在使用期限内加快得到补偿，企业前期利润少，纳税少；后期利润多，纳税较多，从而起到延期纳税的作用。企业在生产经营中发生的主要费用包括财务费用、管理费用和营业费用。这些费用的多少将会直接影响成本的大小。同样，不同的费用分摊方式也会扩大或缩小企业成本，从而影响企业利润水平，因此，企业可以选择有利的方法来计算成本。

企业会计信息和企业产品一样都不能造假，但会计政策的选择性是企业经营权的重要内容。企业经营者可以在符合既定的相关法律法规和公司经营目标的前提下，作出明智的政策抉择，使会计政策的选择能均衡企业各方利益，最有利于企业价值的体现和增长。在会计准则的范围之内，企业经营者可以运用各种不同的选择和判断去影响或改变财务报告。首先，权责发生制原则在会计中的地位在今后较长时间内是不可动摇的，这就产生了很多待摊预提项目和应计项目，企业经营者可以通过提前确认收入和递延确认费用来调高利润，也可采用相反的方法来调低利润。其次，企业经营者对经济活动中存在的大量未来经济事项必须作出判断，例如长期资产的预计使用年限和预计残值，养老、退休金、递延税款以及坏账损失等，即使对于同类经济业务，也必须在公认的会计方法中选择其中一种处理方法，如折旧方法中的加速折旧法与直线折旧法，发出存货计价中的先进先出法、后进先出法和加权平均法等，这些不同的判断和方法都会导致不同的会计利润。另外企业经营者出于对盈余结果的考虑，可以对企业生产经营活动作出不同的安排，如存货水平及其采购和发出的时间安排、应收账款的管理、固定资产的购入等都会对会计收益产生较大的影响。

企业选用会计政策，主要涉及下列具体内容。

(1) 综合性会计政策：合并政策（包括企业合并和合并会计报表）、外币业务（包括外币业务处理及外币报表的折算）、估价政策、租赁、税收、利息、长期工程合同、结账后事项。

(2) 资产项目：应收款项、存货计价、投资、固定资产计价及折旧、无形资产计价及摊销、递延资产的处理。

(3) 负债项目：应付项目、或有事项和承诺事项、退休金。

(4) 损益项目：收入确认、修理和更新支出、财产处理损益、非常损益。

(5) 其他：人们认为，研究与开发、衍生金融工具、费用分配方法、成本计算方法等也是构成企业会计政策的重要方面。

当然，以上所列示的并非全部，亦非适用于任何企业。企业很可能仅有几项会计政策与以上项目有关，但如果相关的会计政策并非重大，也可以不予揭示。关于会计政策的披露，该征求意见稿规定：企业采用的全部重大会计政策，应当在会计报表附注中集中说明；特殊行业还应当说明该行业特有业务的会计政策；会计政策变更也应揭示；会计政策的披露，不得用于纠正会计报表本身的错误。我们认为，企业在财务情况说明书中披露会计政策，将是更有效的方法，因为它能克服会计报表附注零乱分散、拘于篇幅的缺陷，能够集中、系统、详细地揭示本企业的会计政策及其变更，便于增进对会计报表信息的理解和利用。

四、企业会计政策的选择

企业会计政策选择，是指在既定范围内根据本企业的生产经营目标和特点，对可供选用的会计原则、方法、程序进行分析、比较，进而拟订会计政策的过程。

会计政策的选择有两个显著特点：一是选择不是个别原则和方法的简单汇集，而是一种整体优化；二是选择是一个动态的过程，政策的最初确立需要作出选择，而已有的政策变更也是一种选择。

会计政策选择对于企业来说意义重大。一是它保证了会计法规的贯彻执行。会计政策是企业会计法规前提下的一种选择，是企业贯彻会计法规和进行会计处理的基本方针及具体应用。二是会计政策的选择可以规范企业的会计行为，决定企业财务信息的质量。要保证这些权利和义务或责任能够在管理活动中按照最高管理层的意图如期贯彻进行，就必须在分解职能后的管理主体之间，采用一个新的经济管理协调机制，而会计政策就是这种协调机制的主要组成部分。三是选择企业会计政策，可以确保企业收益的合理分配。会计信息是对企业经济活动的反映，选择不同的会计政策必然会形成不同的财务状况和经营结果。

会计政策选择的动机主要有以下几个方面。

1．出于企业自身物质利益和管理者政绩考虑

企业经营管理者取得的报酬和职位待遇均与其经营业绩挂钩，而企业经营业绩的评价考核标准则往往是反映当前利润完成情况的财务指标。同时，特别是国有企业跟当地政府有着千丝万缕的联系，地方政府经济目标都跟企业经营业绩紧密相连。出于自身利益和迎合政府的需要，企业管理当局都会选择增加当期利润的会计政策。

2．出于筹措资金和扩大生产能力考虑

随着我国金融体制的改革，银行等金融机构为了进行风险管理，把贷款的安全性放在第一位，在向企业提供贷款时，必须要考察企业的偿债能力。而银行确定企业资信能力的依据就是企业提供的会计报告，当企业为了扩大生产能力面临资金短缺急需贷款时，企业管理当局就会选择能够提高其资信能力的会计政策。

3．出于上市和配股考虑

为了从证券市场募集大量的资金，许多公司发行股票和股票上市的愿望十分强烈。但是根据我国证券法规规定，发行和上市股票的公司必须具有连续3年盈利的经营业绩。因此许多企业为了股票发行及上市，往往通过选择平滑利润的会计政策来确保企业连续3年盈利。同时一些上市公司为了扩大经营规模，希望在证券市场上进行再筹资，增发新股或配股。由于国家对上市公司的配股有严格要求，如上市公司配股在其申请配股的前3年，每年的净资产收益率不能低于10%。在这种监管措施的影响下，上市公司操纵利润就是为了获得或保持配股资格。

4. 出于避税和避免处罚考虑

在我国现行税收管理体制下，一些跨国企业为了国家和企业利益，往往采取抬高或降低交易价格和减少当期利润的会计政策，以确保所缴纳的税收能够进入地方政府的国库。同时中国证监会要求，凡年度报告的利润实现数低于预测数20%以上的，除公开作出解释和道歉外，也将停止上市公司两年内的配股资格。还将视情况实行事后审查，如发现公司有意出具虚假盈利预测报告误导投资者，将依据有关法规予以处罚。上市公司如果连续3年亏损，其股票将被终止在证券交易所挂牌交易。上市公司为保住上市资格，就会集中一个会计年度提前确认损失和费用，延期确认收入。

第二节　应收款项减值

一、应收款项

应收款项包括应收票据、应收账款、预付账款、其他应收款等。

1. 应收票据

在我国，除商业汇票外，大部分票据都是即期票据，可以即刻收款或存入银行成为货币资金，不需要作为应收票据核算。因此，我国的应收票据即指商业汇票。商业汇票是一种由出票人签发的，委托付款人在指定日期无条件支付确定金额给收款人或者持票人的票据。商业汇票按承兑人不同，分为商业承兑汇票和银行承兑汇票。

应收票据核算分总账核算和明细核算。设“应收票据”总账和根据票据种类设明细账。由于我国商业票据的期限一般较短（最长6个月），利息金额相对来说不大，用现值记账不但计算麻烦而且其折价还要逐期摊销，过于繁琐。因此，应收票据一般按其面值计价。即企业收到应收票据时，应按照票据的面值入账。

2．应收账款

应收账款是企业因为销售商品，提供劳务或其他行为而拥有的在未来期间向购货单位或接受劳务单位收取的款项。

应收账款核算分总账核算和明细核算。设“应收账款”总账，另根据客户设明细账。入账时间为收入确认时间，入账金额一般以可以实现价值为准，对于商业折扣（Trade Discount）和现金折扣（Cash Discount）的处理，商业折扣不影响入账金额，现金折扣有总价法和净价法两种处理方法，我国会计规定用总价法。

3．预付账款

预付账款是由于购进货物、接受劳务按合同而预付给供应方的款项。为了加强对预付账款的管理，一般应单独设置会计科目进行核算，预付账款不多的企业，也可以将预付的货款记入“应付账款”科目的借方。但在编制会计报表时，仍然要将“预付账款”和“应付账款”的金额分开报告。预付账款按实际付出的金额入账。

4．其他应收款

其他应收款是指企业除应收账款、应收票据、预付账款以外的各种应收、暂付给其他单位和个人的款项。包括应收的各种赔款、罚款、应收出租包装物租金、备用金、存出保证金、应向职工收取的各种垫付款项。将这些项目单独归类，以便会计报表的使用者把这些项目与由于购销业务而发生的应收项目识别清楚。

二、应收款项减值损失

（一）应收款项减值损失的确认

企业应当在资产负债表日对应收款项进行检查，有客观证据表明该应收款项发生减值的，应当确认减值损失，计提坏账准备。表明应收款项发生减值的客观证据，是指金融资产初始确认后实际发生的、对该应收款项的预计未来现金流量有影响，且企业能够对该影响进行可靠计量的事项。应收款项发生减值的客观证据，包括下列各项：① 债务人发生严重财务困难；② 债务人违反了合同条款，如偿付利息或本金发生违约或逾期等；③ 债权人出于经济或法律等方面因素的考虑，对发生财务困难的债务人作出让步；④ 债务人很可能倒闭或进行其他财务重组；⑤ 债务人经营所处的技术、市场、经济或法律环境等发生重大不利变化，使权益工具投资人可能无法收回投资成本；⑥ 其他表明应收款项发生减值的客观证据。

（二）应收款项减值损失的计量

应收款项发生减值时，应当将该应收款项的账面价值减记至预计未来现金流量(不包括尚未发生的未来信用损失)现值,减记的金额确认为资产减值损失,计入当期损益。短期应收款项的预计未来现金流量与其现值相差很小的,在确定相关减值损失时,可不对其预计未来现金流量进行折现。一般企业对应收款项进行减值测试,应根据本单位的实际情况分为单项金额重大和非重大的应收款项。

(1) 对单项金额重大的应收款项应当单独进行减值测试,如有客观证据表明其已发生减值,应当确认减值损失,计入当期损益。

(2) 对单项金额不重大的应收款项,可以单独进行减值测试,或包括在具有类似信用风险特征的应收款项组合中进行减值测试。

(三) 应收款项减值损失的会计处理

应收款项减值损失的会计处理采用备抵法。备抵法是采用一定的方法按期估计减值损失,计入资产减值,同时建立坏账准备,待坏账实际发生时,冲销已提的坏账准备和相应的应收款项。采用这种方法,坏账损失计入同一期间的损益,体现了配比原则的要求,避免了企业明盈实亏;在报表上列示应收款项净额,使报表使用者能够了解企业应收款项的可变现金额。

实务处理中,管理人员无需猜测哪些账款将成为坏账,而是依据收账经验估计出一定时期可能收不回来的应收账款,进而计算出坏账费用,借记"资产减值损失"账户,贷记"坏账准备"账户(应收账款的备抵账户)。这笔分录的财务结果是:① 通过借记费用账户,降低了销售企业的净利润;② 通过贷记备抵账户,减少了应收账款的总额。用应收账款账户余额减去坏账准备账户余额,就得出应收账款净额。

采用备抵法,首先要估计坏账损失。备抵法下,可能产生的坏账损失被视为经营活动中的一项正常支出。应收账款越多,可能的坏账损失(即坏账费用)越大,因而必须在配比基础上依据各期的应收账款来确认相对应的坏账费用。我国会计准则规定,估计坏账损失可使用单项估计法和账龄分析法。

1. 单项估计法

我国企业会计准则规定:对于单项金额较大的应收款项余额,应单独进行减值测试。有客观依据表明其发生减值的,应当根据其未来现金流量现值低于其账面价值的差额,确认减值损失,计提坏账准备。

例 2008 年 12 月 31 日,企业对甲公司的应收款项进行减值测试。应收账款余额合计为 1 000 000 元,企业根据甲公司的资信情况确定按 10%计提坏账准备。2008 年末计提坏账准备的会计分录如下。

借:资产减值损失　　　　　　　　　　100 000

　　贷:坏账准备　　　　　　　　　　　　100 000

2. 账龄分析法

对于金额较小的应收款项,在处理上可以根据企业的管理要求决定如何计量和记录可能发生坏账。我国企业会计准则规定:"对于单项金额重大的应收款项,应当单独进行减值测试。有客观证据表明其发生了减值的,应当根据其未来现金流量现值低于其账面价值的差额,确认减值损失,计提坏账准备。对于单项金额非重大的应收款项可以单独进行减值测试,确定减值损失,计提坏账准备;也可以与经单独测试后未减值的应收款项一起按类似信用风险特征划分为若干组合,再按这些应收款项组合在资产负债表日余额的一定比例计算确定减值损失,计提坏账准备。根据应收款项组合余额的一定比例计算确定的坏账准备,应当反映各项目实际发生的减值损失,即各项组合的账面价值超过其未来现金流量现值的金额。企业应当根据以前年度与之相同或相类似的、具有类似信用风险特征的应收款项组合的实际损失率为基础,结合现时情况确定本期各项组合计提坏账准备的比例,据此计算本期应计提的坏账准备。"这种按照信用风险分组测试坏账损失的方法被称为"账龄分析法"。

采用账龄分析法时,以各应收账款账龄的长短、特性及其收回的可能性概率为依据估计坏账。虽然应收账款能否收回以及能收回多少,不一定完全取决于时间的长短,但理论上讲,应收账款被拖欠的期限越长,发生坏账的可能性就越大。账龄分析法侧重于资产的计价,较准确地反映应收账款的可收回金额,较好地反映企业期末的财务状况,因此,确定坏账准备是其主要目的,而对各期坏账损失的确认是相对次要的。采用这种方法,一般要使用应收账款账龄及估计坏账损失分析表。

企业可以根据自己的选择确定坏账准备的提取方法,并根据以往的经验、债务单位的实际财务状况和现金流量情况,以及其他相关信息,合理估计会计期末根据预计的应收款项坏账比率以及坏账准备账面余额计算当年应提取的坏账准备额。计算公式如下:

当期应提取的坏账准备=当期按应收款项计算应提坏账准备金额-坏账准备科目的贷方余额

例　长江公司2008年12月31日应收账款账龄及估计坏账损失如表5.1所示。

表 5.1 长江公司 2008 年 12 月 31 日应收账款账龄及估计坏账损失

单位:元

应收账款账龄	应收账款金额	估计损失(%)	估计损失金额
未到期	30 000	0.5	150
过期 1 个月	20 000	1	200
过期 2 个月	15 000	2	300
过期 3 个月	10 000	3	300
过期 3 个月以上	5 000	5	250
合计	80 000		1 200

根据上述资料计算,企业 2008 年 12 月 31 日“坏账准备”科目的账面余额应为 1 200 元,企业需根据“坏账准备”有无余额确定本期计提数额。如果“坏账准备”科目的账面余额有贷方 300 元,则本期只需计提 900 元。编制的会计分录如下。

借:资产减值损失　　　　900

　贷:坏账准备　　　　　　900

例 某企业经营周期较短,各期应收账款余额较少且周转较快,因此将所有应收账款合并为一组,按照应收账款余额的 3%计提坏账准备。第一年年末应收账款的余额为 1 000 000 元,第二年发生了坏账损失 6 000 元,其中甲单位 1 000 元,乙单位 5 000 元,第二年年末应收账款为 1 200 000 元。

编制会计分录如下。

第一年提取坏账准备

借:资产减值损失　　　　30 000

　贷:坏账准备　　　　　　30 000

第二年冲销坏账

借:坏账准备　　　　6 000

　贷:应收账款　　　　　　6 000

第二年提取坏账准备

借:资产减值损失　　　　12 000

　贷:坏账准备　　　　　　12 000

三、坏账收回处理

坏账收回说明过去作为坏账处理是错误的,现在收回要作两笔处理,一是恢复账户，二是按正常应收款收回处理。会计分录如下。

借:应收账款　　　　　　　　　　　借:银行存款

　贷:坏账准备　　　　　　　　　　　贷:应收账款

企业对于不能收回的应收款项应当查明原因，追究责任。对有确凿证据表明确实无法收回的应收款项，如债务单位已撤销、破产、资不抵债、现金流量严重不足等，根据企业的管理权限，经股东大会、董事会，或经理(厂长)会议或类似机构批准作为坏账损失，冲销提取的坏账准备。

【案例 3】

ST 中川改变坏账处理方法

ST 中川(600852)1996 年起不再计提应收账款坏账准备，而改用直接转销法将坏账损失计入管理费用，没有披露会计方法变更对当期利润的影响。变更理由是:公司经营跨行业较多，各行业提取坏账准备的比例各不相同，已不能从汇总的资产负债表中体现应收账款与坏账准备的比例关系。众所周知，由于各行业经营性质不同，坏账风险亦不相同，故各行业提取坏账准备的比例各不相同本属正常。至于不能从合并资产负债表中体现应收账款与坏账准备的比例关系并不影响报表使用者对坏账风险的判断，所以变更理由不符合逻辑。在应收账款逾期的情况下，不计提坏账准备，反而使当期利润失去真实性和有用性。

【案例 4】

中科健改变坏账准备计提率

中科健 1997 年起所属于公司深圳安科高技术有限公司的坏账准备计提率由 3%改为 2%，由于年报中未披露该子公司的情况，也未揭示坏账准备计提率变更对当期利润的影响，我们只能根据坏账准备计提率的下降，判断会计估计变更具有增加当期利润的效果，但是增加的具体数额难以估计。不过中科健当期的净资产收益率为 10.19%，勉强超过 10%的配股资格线，至少说明坏账准备计提率的下调为当期的净资产收益率提升至 10%以上作出了贡献。

【案例 5】

四川长虹的应收票据

四川长虹(600839)1999 年业绩大幅滑坡，跌至配股资格都保不住的境地，衰变之大当时是出人意料的。其实，从报表对应关系也可以看出一些问题。

四川长虹常采用的主要销售方式之一就是通过开列巨额银行承兑汇票实现

“规模销售”，相应降低了销售成本，但同时也使资产负债表中“应收票据”居高不下。比如，公司1998年报披露应收票据期末余额高达60.66亿元，占总资产的32%，其中，有对重庆百货的应收票据6.66亿元。商业票据的收款人一方在资产负债表中将商业票据记为“应收票据”，付款人一方则将其列示为负债项下的“应付票据”，二者是同一会计事项的两个方面。那么再看重庆百货1998年报，其资产负债表中“应付票据”的总和也不过区区9 494万元，与四川长虹会计报表中所反映的6.66亿元相距甚远。两家上市公司年报相对应的应收票据和应付票据项目出现如此巨大的差异，的确不可思议。其间存在两种可能的解释：① 四川长虹在年底实现对重庆百货的销售，四川长虹已入账，而重庆百货未入账；② 四川长虹所记录的应收票据有疑点。

从年报中所反映的情况看重庆百货1998年报的资产负债表日后事项中披露：“截至1999年3月25日，公司无需披露资产负债表日后事项。”而重庆百货在1998年12月31日的总资产是9.53亿元，如果在1999年3月25日前该公司发生如此巨额的商品采购，在资产负债表日后事项中不会不披露。当然，也不排除重庆百货在3月25日后入账，但这种可能性在会计确认上微乎其微。

根据四川长虹1999年报，其应收票据已由1998年末的60.66亿元下降到1999年的6.37亿元，在大额应收票据的出票单位中已没有了重庆百货。此外，从四川长虹1999年报中也没有看到有关1998年销售收入确认的调整事项，看来重庆百货已兑付了该票据。但是，我们再来关注一下重庆百货的1999年报。重庆百货1999年度现金流量表中“购买商品、接受劳务支付的现金”是10.67亿元，而1998年度该项目发生额是8.86亿元。可见，重庆百货的现金流量并没有出现大幅增长，而且资产负债表中的应收应付项目没有出现明显变化。由此可以基本推测四川长虹对重庆百货的销售存在某种可疑之处，应收票据的出具恐不可靠。

（怎样从报表对应关系分析公司：从四川长虹6.66亿元应收票据说起[EB/OL]. 金融界(2006-10-08). http://www.jrj.com.cn/NewsRead/Detail.asp?NewsID=476295.）

【案例6】

我国商业银行的贷款损失准备金计提比例

贷款业务是我国商业银行的主要业务，贷款损失是商业银行资产损失的重要部分，然而，不同银行对贷款损失准备金计提可能有所不同。我国上市的16家商业银行的贷款损失准备金计提比例如表5.2所示。

表 5.2 我国上市的 16 家商业银行的 2010～2012 年贷款损失准备金计提比例

名 称	2010 年	2011 年	2012 年
平安银行	1.6%	1.7%	1.7%
宁波银行	1.3%	1.4%	1.8%
浦发银行	1.9%	2.2%	2.3%
华夏银行	2.5%	2.9%	2.8%
民生银行	1.9%	2.2%	2.3%
招商银行	2.1%	2.2%	2.1%
南京银行	2.1%	2.3%	2.6%
兴业银行	1.3%	1.4%	2.0%
北京银行	2.1%	2.4%	2.6%
农业银行	3.6%	4.2%	4.3%
交通银行	2.1%	2.2%	2.2%
工商银行	2.5%	2.5%	2.5%
光大银行	2.4%	2.4%	2.5%
建设银行	2.5%	2.7%	2.6%
中国银行	2.2%	2.2%	2.2%
中信银行	1.4%	1.6%	2.1%

第三节 存 货 计 价

一、存货概念

存货，是指企业在日常生产经营过程中持有以备出售的产成品或商品、处在生产过程中的在产品、在生产或提供劳务过程中将消耗的材料或物料等，包括各类材料、在产品、半产品、商品以及包装物、低值易耗品、委托代销商品等。

二、存货产生的原因

存货产生的原因主要有两点:① 生产经营需要;② 出于价格方面的考虑。

随着企业生产经营过程的不断进行,存货也在不断地耗用、销售或购入,经常处于增减变动当中。存货是变现能力较慢的实物性流动资产,其数额一般在流动资产中所占的比重较大,因而对企业的财务状况有很大影响。存货过多,就会过多占用资金,并会增加仓储费和保管费开支;存货不足,企业就有可能丧失交易成生产的机会,影响企业的效益。总之,存货数量是否合理会直接影响到一个企业能否正常生产、经营和流动资金周转的速度。因此要加强对存货的管理,使存货在品种、数量上既保证生产经营的需要,又合理占用资金。为了加强对库存的管理,必须对存货进行正确的分类、计价,合理地确定存货成本,以便确切地反映企业存货资产的价值和收益。

三、存货分类

为了反映企业存货的组成内容,正确地计算生产经营成本,会计核算上必须对存货进行科学的分类,按存货存放的不同地点,以及存货的不同类别组织核算。存货在不同的行业中包括的内容不同。

1. 按经济用途的不同分类

(1) 商品流通企业的存货。

商品流通企业的存货包括以下内容:

① 为销售而储备的商品;

② 为自产自销的生产与耗用而储备的材料物资、低值易耗品、包装物;

③ 委托其他企业代销的商品;

④ 委托其他企业加工的产品。

(2) 制造企业的存货。

制造企业的存货按经济用途分为原材料、燃料、包装物、低值易耗品、在产品、外购部件、自制半成品、产成品等。

2. 按存放地点不同分类

按存放地点的不同分为:在库的存货、在途的存货、加工中的存货。

在库的存货,包括库存生产用的原材料和产成品、半成品等。

在途的存货,是指企业从外部购进,货款已付,但尚在运输中或到达企业尚未验收入库的原材料和物品。

加工中的存货,是指企业正在自行加工或委托外单位加工中的原材料、在产品和半成品等。

四、存货范围确认

以企业对存货是否具有所有权为依据。凡盘存日所有权属于企业，不论存放何处，均为企业存货。具体在确认存货时，要同时满足两个条件：① 该存货包含的经济利益很可能流入企业；② 该存货的成本能够可靠地计量。

五、存货入账价值

存货是流动性较大的资产，为保证存货核算资料的真实性，一方面要合理确定存货数量，另一方面也要正确地计价。存货的计价包括存货入账价值、存货发出计价、存货期末计价。

存货入账价值的确定是否正确、科学、合理，直接影响着存货核算，从而影响着企业损益计算。因此，存货入账价值的确定是存货核算的一个重要内容。从理论上讲，凡与存货形成有关的支出均应计入存货的价值。按照《存货准则》规定，存货应当按照成本进行初始计量。存货成本包括采购成本、加工成本和其他成本。

1．存货的采购成本

包括购买价款、相关税费、运输费、装卸费、保险费以及其他可归属于存货采购成本的费用。

其中，存货的购买价款是指企业购入的材料或商品的发票账单上列明的价款，但不包括按规定可以抵扣的增值税额。存货的相关税费是指企业购买存货发生的进口关税、消费税、资源税和不能抵扣的增值进项税额以及相应的教育费附加等应计入存货采购成本的税费。其他可归属于存货采购成本的费用是指采购成本中除上述各项以外的可归属存货采购的费用，如在存货采购过程中发生的仓储费、包装费、运输途中的合理损耗、入库前的挑选整理费用等。

2．存货的加工成本

包括直接人工以及按照一定方法分配的制造费用。制造费用，是指企业为生产产品和提供劳务而发生的各项间接费用。企业应当根据制造费用的性质，合理地选择制造费用分配方法。在同一生产过程中，同时生产两种或两种以上的产品，并且每种产品的加工成本不能直接区分的，其加工成本应当按照合理的方法在各种产品之间进行分配。

3．存货的其他成本

指除采购成本、加工成本以外的，使存货达到目前场所和状态所发生的其他支出。企业设计产品发生的设计费用通常应计入当期损益，但为特定客户设计产品发生的、可直接确定的设计费用应计入存货成本。

存货来源不同,其成本的构成内容也不同。原材料、商品、低值易耗品等通过购买而取得的存货成本由采购成本构成;产成品、在产品、半成品等自制或需要委托外单位加工完成的存货成本由采购成本、加工成本以及使存货达到目前场所和状态所发生的其他支出构成。实务中具体按下列原则确定。

(1) 购入的存货,其成本包括:买价、运杂费(包括运输费、装卸费、保险费、包装费、存储费)、运输途中的合理损耗、入库前的挑选整理费用(包括挑选整理中发生的工、费支出和挑选整理过程中所发生的数量损耗,并扣除回收下脚料价值)以及按规定应计入成本的税费和其他费用。

(2) 自制的存货,包括自制原材料、自制包装物、自制低值易耗品、自制半成品及库存商品等,其成本包括直接材料、直接人工和制造费用等的各项实际支出。

(3) 委托外单位加工完成的存货,包括加工后的原材料、包装物、低值易耗品、半成品、产成品等,其成本包括实际耗用的原材料或者半成品、加工费、装卸费、保险费、委托加工的往返运输费用以及按规定计入成本的税费。

但是,下列费用应当在发生时确认为当期损益,不计入存货成本:

(1) 非正常消耗的直接材料、直接人工和制造费用。

(2) 仓储费用(不包括在生产过程中为达到下一个生产阶段所必需的费用)。

(3) 不能归属于使存货达到目前场所和状态的其他支出。

六、存货发出计价方法

存货发出的计价方法是指对发出的存货和每次发出后的存货价值的计算确定方法。发出存货价值的确定是否正确,直接影响到当期销售成本,影响到当期损益和有关税金的计算,也直接影响到各期期末存货价值的确定,从而影响到资产负债表和利润表中的相关项目。

企业的经营性质不同,经营规模不一,存货收发的频繁程度以及每次收发存货的数量等有所不同。因而,存货发出的计价方法的选用也有所不同,存货发出的计价方法有以下几种。

1. 先进先出(First-in, First-out)法

先进先出法是假定先购进的存货先发出,或先收到的存货先耗用,并根据这种假定的存货流转次序对发出存货和期末存货进行计价的一种方法。下举例说明计算,资料如表5.3所示。

表 5.3　某企业 2008 年 4 月份 A 存货收发资料

日期	摘要	收入			发出			结存		
		数量	单价	金额	数量	单价	金额	数量	单价	金额
31	余额							100	0.40	40
4	购入	300	0.42	126				400		
15	领用				200			200		
18	购入	400	0.43	172				600		
20	领用				300			300		
30	合计	700		298	500			300		

根据以上资料,先进先出法计算如下:

15 日领用 200 单位成本为

$$100 \times 0.4 + 100 \times 0.42 = 82(\text{元})$$

20 日领用 300 单位成本为

$$200 \times 0.42 + 100 \times 0.43 = 127(\text{元})$$

2. 加权平均(Weighted Average)法

加权平均法是根据本期期初存货的结存和本期收入存货的数量和进价成本,期末一次计算存货的月加权平均单价,作为计算本期发出存货和期末存货进行计价的一种方法。月加权平均单价计算公式如下:

$$\text{月加权平均单价} = \frac{\text{月初结存存货成本} + \text{本月入库存货成本}}{\text{月初结存存货数量} + \text{本月入库存货数量}}$$

本月发出存货的实际成本 = 本月发出存货数量 × 月加权平均单价

例如,在上例中:

月加权平均单价 = (40 + 126 + 172)/(100 + 400 + 300) = 0.422 5(元)

本月发出存货的实际成本 = 500 × 0.422 5 = 211.25(元)

3. 移动平均(Moving Average)法

移动平均法是指每次收到存货以后,立即根据库存存货的数量和总成本,计算出新的移动平均单位成本,发出存货按最新移动平均单位成本计算的一种方法。移动平均法与加权平均法的计算原理基本相同,只是要求在每次收入存货时重新计算移动平均单价。计算公式为:

$$\text{移动平均单价} = \frac{\text{本次购入前结存存货成本} + \text{本次购入存货成本}}{\text{本次购入前结存存货数量} + \text{本次购入存货数量}}$$

发出存货的实际成本 = 发出存货数量 × 最临近的移动平均单价

例如,在上例中:

4 日移动平均单价 = (40 + 126)/(100 + 300) = 0.415(元)

15 日领用成本 = 200 × 0.415 = 83(元)

18 日移动平均单价 = (40 + 126 − 83 + 172)/(100 + 300 − 200 + 400) = 0.425(元)

20 日领用成本 = 300 × 0.425 = 127.5(元)

4. 分批认定(Specific Identification)法

分批认定法也称个别计价法。是指领用时能具体辨认出属于哪一批存货，就按该批存货的实际成本计算发出存货和期末存货成本的一种方法。

如上例中，确知 15 日领用 200 为期初 100 单位和 4 日购入的 100 单位，20 日领用 300 为 18 日购入的 300 单位，则 15 日领用 200 成本为 100×0.4 + 100×0.42 = 82(元)；20 日领用 300 成本为 300×0.43 = 129(元)。

5. 计划成本(Plan Cost)法

计划成本法是指存货的购入、发出和结存均采用预先制定的计划成本计价的一种方法。存货按计划成本计价，发出存货的实际成本按下式计算：

发出存货的实际成本 = 发出存货的计划成本 + 发出存货应负担的存货成本差异额

发出存货应负担的存货成本差异额 = 发出存货的计划成本 × 存货成本差异率

$$\text{存货成本差异率} = \frac{\text{月初结存存货成本差异额} + \text{本月入库存货成本差异额}}{\text{月初结存存货的计划成本} + \text{本月入库存货的计划成本}}$$

例 某企业月初结存存货计划成本 30 000 元，实际成本 29 000 元，本月收入存货实际成本 277 000 元，计划成本 270 000 元。本月发出存货计划成本 200 000 元。计算本月发出存货的实际成本。则：

存货成本差异率 = [(29 000 − 30 000) + (277 000 − 270 000)]/(30 000 + 270 000) × 100% = 2%

本月发出存货的实际成本 = 200 000 + 200 000 × 2% = 204 000(元)

七、存货期末计价

我国《企业会计制度》规定，存货在会计期末应当按照成本与可变现净值孰低计价。所谓"成本与可变现净值孰低"，是指对期末存货按照成本与可变现净值两者之中较低者进行计价的方法，即当成本低于可变现净值时，存货按成本计价；当可变现净值低于成本时，存货按可变现净值计价。

企业在确定存货的可变现净值时，应当以取得的可靠证据为基础，并且考虑持有存货的目的、资产负债表日后事项的影响等因素。

用于生产而持有的材料等，如果用其生产的产成品的可变现净值高于成本，则该材料仍然应当按成本计量；如果材料价格的下降表明产成品的可变现净值低于成本，则应当将该材料按可变现净值计量。

为执行销售合同或者劳务合同而持有的存货，通常应当以合同价格作为其可变现净值的计量基础；如果企业持有存货的数量多于销售合同订购数量，超出部分的存货可变现净值应当以一般销售价格为计量基础。用于出售的材料等，应当以市场价格作为其可变现净值的计量基础。存货可变现净值低于成本时，需计提存货跌价准备金。

存货跌价准备应当按单个存货项目计提。在某些情况下，比如，与具有类似目的或最终用途并在同一地区生产和销售的产品系列相关，且难以将其与该产品系列的其他项目区别开来进行估价的存货，可以合并计提；对于数量繁多、单价较低的存货，也可以按存货类别计提。

存货有以下一项或若干项情形的，应当将存货账面价值全部转入当期损益：

(1) 已霉烂变质的存货。

(2) 已过期且无转让价值的存货。

(3) 生产中已不再需要，并且已无使用价值和转让价值的存货。

(4) 其他足以证明已无使用价值和转让价值的存货。

存在下列情况之一时，应当计提存货跌价准备：

(1) 市价持续下跌，并且在可预见的未来无回升的希望。

(2) 企业使用该项原材料生产的产品的成本大于产品的销售价格。

(3) 企业因产品更新换代，原有库存原材料已不适应新产品的需要，而该原材料的市场价格又低于其账面成本。

(4) 因企业所提供的商品或劳务过时或消费者偏好改变而使市场的需求发生变化，导致市场价格逐渐下跌。

(5) 其他足以证明该项存货实质上已经发生减值的情形。

企业每期都应当重新确定存货的可变现净值。如果以前减记存货价值的影响因素已经消失，则减记的金额应当予以恢复，并在原已计提的存货跌价准备的金额内转回，转回的金额应当减少计提的存货跌价准备。

计提存货跌价准备金的会计分录如下。

借：资产减值损失

　　贷：存货跌价准备

八、存货计价的重要性

存货计价方法不同，对企业财务状况，盈亏情况会产生不同影响，主要表现在以下三个方面。

(1) 存货计价对企业损益的计算有直接影响。表现在:① 期末存货计价(估价)如果过低,当期的收益可能因此而相应减少;② 期末存货计价(估价)如果过高,当期的收益可能因此而相应增加;③ 期初存货计价如果过低,当期的收益可能因此而相应增加;④ 期初存货计价如果过高,当期的收益可能因此而相应减少。

(2) 存货计价对于资产负债表有关项目数额计算有直接影响,包括流动资产总额、所有者权益等项目,都会因存货计价的不同而有不同的数值。

(3) 存货发出计价方法的选择对计算交纳所得税的数额有一定的影响。因为不同存货发出的计价方法,对结转当期销售成本的数额会有所不同,从而影响企业当期应纳税数额的确定。

九、存货的估价方法

存货的估价方法,是指运用估计的方法对存货进行估价。在企业的生产经营活动中,如果商品缺少完整的数量资料(如存货的盗窃、毁损等),或者采取财产的实地盘存制的企业平时没有掌握存货的数量等资料,那就只能运用估计的方法。存货估价方法主要有两种,一是毛利率法,二是零售价格法。

1. 毛利率法(Gross Margin Method)

用毛利率估计存货价值,就是用估计毛利率先确定估计的销售成本,再在可供销售的商品成本(即期初存货成本加本期购货成本)中减去估计的销货成本,就确定出估计的期末存货成本。

毛利率法是根据下列公式推导的:

$$销售成本 = 期初存货 + 本期进货 - 期末存货$$

则:

$$期末存货 = 期初存货 + 本期进货 - 销售成本$$

$$销售成本 = 销售金额 - 销售毛利 = 销售金额 \times (1 - 毛利率)$$

例 假定平安公司在 2012 年 3 月 7 日不幸遭受火灾,有一仓库存货全部烧毁,只在火灾现场找到以下一些残存资料:期初存货 2012 年 1 月 1 日 20 000 元,1 月 1 日至 3 月 7 日进货 80 000 元,1 月 1 日至 3 月 7 日销货 100 000 元。公司上一年销货毛利率 30%,则 2002 年 3 月 7 日烧毁的存货价值为:

$$\begin{aligned}销售成本 &= 销售金额 - 销售毛利 = 销售金额 \times (1 - 毛利率)\\ &= 100\,000 \times (1 - 30\%) = 70\,000(元)\end{aligned}$$

$$\begin{aligned}期末存货 &= 期初存货 + 本期进货 - 销售成本 = 20\,000 + 80\,000 - 70\,000\\ &= 30\,000(元)\end{aligned}$$

用毛利率法计算本期销售成本和期末存货成本,在商业企业较为常见,特别是商业批发企业,若按每种商品计算并结转销售成本,工作量较为繁重,而且商业企业的同类商品毛利率大致相同,采用这种存货计价方法也比较接近于实际。

采用这种方法,商品销售成本按商品大类销售额计算,在大类商品账上结转成本,计算手续简便。商品明细账平时只记数量,不记金额,每季末的最后一个月再根据月末结存数量,按照最后进价法等计价方法,先计算月末存货成本,然后再计算该季度的商品销售成本,用该季度的商品销售成本减去前两个月已结转的成本,计算第三个月应结转的销售成本,从而对前两个月用毛利率计算的成本进行调整。

2. 零售价格法(Retail Method)

零售价格法是指用成本占零售价的百分比计算期末存货成本的一种方法。采用这种方法的基本内容如下:

(1) 期初存货和本期购货同时按成本和零售价记录,以便计算可供销售的存货成本和售价总额。

(2) 本期销货只按售价记录,从本期可供销售的存货售价总额中减去本期销售的售价总额,计算出期末存货的售价总额。

(3) 计算存货成本占零售价的百分比,即成本率,公式如下:

$$\text{成本率}=\frac{\text{期初存货成本}+\text{本期购货成本}}{\text{期初存货售价}+\text{本期购货售价}}$$

(4) 计算期末存货成本,公式如下:

$$\text{期末存货成本}=\text{期末存货售价总额}\times\text{成本率}$$

(5) 计算本期销售成本,公式如下:

$$\text{本期销售成本}=\text{期初存货成本}+\text{本期购货成本}-\text{期末存货成本}$$

例 某商店2012年3月份的期初存货成本100 000元,售价总额125 000元;本期购货成本450 000元,售价总额675 000元,本期销售收入640 000元。计算期末存货成本和本期销货成本。

$$\text{成本率}=\frac{\text{期初存货成本}+\text{本期购货成本}}{\text{期初存货售价}+\text{本期购货售价}}=\frac{100\,000+450\,000}{125\,000+675\,000}=68.75\%$$

$$\text{本期销售成本}=100\,000+450\,000-640\,000\times 68.75\%=440\,000(\text{元})$$

零售价格法主要适用于商业零售企业,如百货商店或超级市场等,由于这类企业的商品都要标明零售价格,而且商品的型号、品种、款式繁多,难于采用其他方法计价。

在我国的会计实务中,商业零售企业广泛采用售价金额核算法。这种方法是通过设置"商品进销差价"科目进行处理的,平时商品存货的进、销、存均按售价记账，售价与进价的差额记入“商品进销差价”科目，期末通过计算进销差价率的办法计算本期已销商品应分摊的进销差价，并据以调整本期销售成本。进销差价率的计算公式如下：

$$进销差价率=\frac{期初库存商品进销差价+本期购入商品进销差价}{期初库存商品售价+本期购入商品售价}$$

$$本期已销售商品应分摊的进销差价=本期商品销售收入\times 进销差价率$$

【案例 7】

大洋公司虚增期末存货增加利润

大洋公司的一位高级主管对下属长江分公司提交的财务报告中的大量存货感到诧异，根据长江分公司的采购成本（转入）和销货成本（转出），该分公司的期末存货成本似乎要比该公司的其他分公司存货成本要高。当问及大量存货成本的原因时，该分公司经理承认，为了使其利润比实际数据看起来更好，他虚增了存货成本。虚增期末存货余额，则虚减了销货成本，也虚增了毛利和利润。用公式表示如下：

$$本期销货成本=期初存货余额+本期转入-期末存货余额$$

【案例 8】

南洋实业改变存货计价方法

南洋实业(600661)1996 年年报披露存货发出的核算使用加权平均法，1997 年报披露存货发出的核算使用先进先出法。众所周知，物价持续上涨的情况下，存货发出的核算由加权平均法改为先进先出法有高估本期利润的效果。据南洋实业 1997 年报称：1997 年末存货数比 1996 年末下降 39.15%，主要是转出 1997 年竣工销售的往年房地产开发项目的成本。据分析：1997 年末存货比 1996 年末减少 5 263 万元，其中房地产开发项目减少 4 884 万元，减幅达 47.43%。如此巨额的存货发出成本的核算由加权平均法改为先进先出法，对利润总额的影响程度可想而知（当期利润总额仅 1 237 万元）。南洋实业于会计政策变更的当期实现扭亏。

【案例 9】

广州冷机 2000 年度巨额亏损

广州冷机在股市上有“怪股”之称。最明显的莫过于该公司在 2000 年年报报出每股 0.42 元巨亏的当日，该股不仅不跌反而放量上涨，令人刮目相看。

那么，又是什么原因造成广州冷机 2000 年度的 9 200 万元的巨额亏损呢？根据该公司董事会报告，压缩机售价下降、退货损失以及计提存货跌价损失，是 2000

年度巨亏的三座大山。压缩机价格下跌，主要是因为 R－12 型有氟压缩机属于淘汰产品，因此价格一直在市场上呈下跌趋势。而对于 R－134A 无氟压缩机而言，价格下跌的可能性不大。据了解，该公司在 2000 年度报告中，在主营业务这一块尚有 362 万元的微利。也就是说，压缩机价格下跌，尚不足以对公司亏损形成真正的威胁。真正对公司亏损造成致命打击的是 1 839 万元的退货损失和 3 200 万元的存货跌价损失。

一位注册会计师分析，广州冷机在会计处理上打了一个擦边球。首先，在 2000 年度一次性处理的历年退货损失达 1 839 万元，公司为什么选在 2000 年度而不是 1999 年度确认这笔损失，此举本身就耐人寻味。其奥妙之处在于：该公司 1999 年度的净利润仅为 1 423 万元。也就是说，若在 1999 年确认这笔退货损失的话，公司业绩将会很难看。其次，广州冷机也很好地运用了存货跌价准备这个"调节阀"。该公司在 2000 年度计提了存货跌价损失 3 200 万元。

"让 2000 年一次亏个够。"这位会计师幽默地调侃，"推迟确认这两项损失有两个好处，一是使 1999 年度的业绩不至于太难看，也躲过了 ST 大劫，二是把该亏的都集中在 2000 年亏，可以消除退货所带来的历史余毒和压缩机降价造成的潜在隐患。这样可以使公司在 2001 年度及以后年度，甩掉包袱、轻装上阵。"

（广州冷机(0893)的会计游戏和关联游戏[EB/OL].21 世纪经济报道(2001-07-17).http://www.21cbh.com/HTML/2001-7-9/2818.html.）

第四节　固定资产计量

一、固定资产概念

固定资产，是指同时具有下列特征的有形资产：① 为生产商品、提供劳务、出租或经营管理而持有的；② 使用寿命超过一个会计年度。使用寿命，是指企业使用固定资产的预计期间，或者该固定资产所能生产产品或提供劳务的数量。

二、固定资产确认

固定资产同时满足下列条件的，才能予以确认：① 与该固定资产有关的经济利益很可能流入企业；② 该固定资产的成本能够可靠地计量。

三、固定资产的初始计量

固定资产应当按照成本进行初始计量。固定资产的成本，是指企业购建某项固定资产达到预定可使用状态前所发生的一切合理、必要的支出，这些支出包括直接发生的价款、运杂费、包装费和安装成本等；也包括间接发生的：如应承担的借款利息，外币借款折算差额以及应分摊的其他间接费用；对于特殊行业的特定固定资产，确定其初始入账成本时还应考虑弃置费用。弃置费用通常是指根据国家法律和行政法规、国际公约等规定，企业承担的环境保护和生态恢复等义务所确定的支出。

(1) 如核电站核设施等的弃置和恢复环境等义务，对于这些特殊行业的特定固定资产，企业应当按照弃置费用的现值计入相关固定资产成本。

(2) 石油天然气开采企业应当按照油气资产的弃置费用现值计入相关油气资产成本，在固定资产或油气资产的使用寿命内，按照预计负债的摊余成本和实际利率计算确定的利息费用，应当在发生时计入财务费用。

(3) 一般工商企业的固定资产发生的报废清理费用不属于弃置费用，应当在发生时作为固定资产处置费用处理。

不同方式取得固定资产的初始计量如下。

(1) 外购固定资产的成本，包括购买价款、相关税费、使固定资产达到预定可使用状态前所发生的可归属于该项资产的运输费、装卸费、安装费和专业人员服务费等。以一笔款项购入多项没有单独标价的固定资产，应当按照各项固定资产公允价值比例对总成本进行分配，分别确定各项固定资产的成本。

购买固定资产的价款超过正常信用条件延期支付，实质上具有融资性质的，固定资产的成本以购买价款的现值为基础确定。实际支付的价款与购买价款的现值之间的差额，除应予资本化的以外，应当在信用期间内计入当期损益。

(2) 自行建造固定资产的成本，由建造该项资产达到预定可使用状态前所发生的必要支出构成。建造该项资产达到预定可使用状态前所发生的必要支出，包括工程用物资成本、人工成本、交纳的相关税费、应予资本化的借款费用以及应分摊的间接费用等，企业为在建工程准备的各种物资，应按实际支付的购买价款、增值税税额、运输费、保险费等相关税费，作为实际成本，并按各种专项物资的种类进行明细核算，应计入固定资产成本的借款费用。

(3) 投资者投入固定资产的成本，应当按照投资合同或协议约定的价值确定，但合同或协议约定价值不公允的除外。

确定固定资产成本时，应当考虑预计弃置费用因素。固定资产的各组成部分，如果各自具有不同的使用寿命或者以不同的方式为企业提供经济利益，从而适用不同的折旧率或折旧方法的，应当单独确认为固定资产。与固定资产有关的后续支出，如果使可能流入企业的经济利益超过了原先的估计，如延长了固定资产的使用寿命，或者使产品质量实质性提高，或者使产品成本实质性降低，则应当计入固定资产账面价值，其增计金额不应超过该固定资产的可收回金额。应计入固定资产账面价值以外的后续支出，应当确认为费用。

四、固定资产折旧

固定资产的后续计量包括固定资产折旧和固定资产减值。

（一）固定资产折旧的概念

折旧，指在固定资产的使用寿命内，按照确定的方法对应计折旧额进行的系统分摊。其中，应计折旧额，是指应当计提折旧的固定资产的原价扣除其预计净残值后的金额。已计提减值准备的固定资产，还应当扣除已计提的固定资产减值准备累计金额。预计净残值，是指假定固定资产预计使用寿命已满并处于使用寿命终了时的预期状态，企业目前从该项资产处置中获得的扣除预计处置费用后的金额。

（二）影响固定资产折旧因素

企业应当根据固定资产的性质和使用情况，合理确定固定资产的使用寿命和预计净残值。固定资产的使用寿命、预计净残值一经选定，不得随意调整。企业在确定固定资产的使用寿命时，主要应当考虑下列因素：① 该资产的预计生产能力或实物产量；② 该资产的有形损耗，如设备使用中发生磨损、房屋建筑物受到自然侵蚀等；③ 该资产的无形损耗，如因新技术的出现而使现有的资产技术水平相对陈旧、市场需求变化使产品过时等；④ 有关资产使用的法律或者类似的限制。

企业至少应当于每年年度终了，对固定资产的使用寿命、预计净残值和折旧方法进行复核。使用寿命预计数与原先估计数有差异的，应当调整固定资产使用寿命。预计净残值预计数与原先估计数有差异的，应当调整预计净残值。与固定资产有关的经济利益预期实现方式有重大改变的，应当改变固定资产折旧方法。固定资产使用寿命、预计净残值和折旧方法的改变应当作为会计估计变更。

（三）固定资产折旧方法

在固定资产的使用期内，将其价值（取得成本）按消逝服务能力的比例，逐期分配于各受益期间的价值，称为折旧费用。固定资产折旧的计算和核算方法，实际上是寻找一合理的方法将固定资产的取得成本适当地分配于各受益期的方法。不论采用何种方法，它只能是近似的估计方法，不可能是精确的成本分配，因为，企业的营业收入是全部生产经营活动产生的结果，而不是某一特殊固定资产产生的。企业应当根据固定资产所含经济利益预期实现方式选择折旧方法。折旧方法一经选定，不得随意调整。

关于计算折旧的方法，这里重点介绍以下四种。

1. 使用年限法（Useful Life Method）

将固定资产价值按其使用年限平均计入各个时期产品成本的方法，称为直线法。用这种方法计算出来的每个使用年份的折旧额是相等的。如果以时间为横坐标，折旧额为纵坐标，则各年的折旧额在直角坐标图上表现为一条直线。因此，这种方法称为直线法。其计算公式如下：

固定资产年折旧额＝(固定资产原值－预计净残值)/预计可使用年限

固定资产月折旧额＝固定资产年折旧额/12

公式中，预计使用年限是指固定资产预计可使用年限；预计净残值是指企业预计在固定资产使用年限到期并对其进行清理时，预计可收回的残余价值。

2. 工作量法（Units-of-production Method）

工作量法又叫产量法。该种方法是按照固定资产能提供的工作量分摊计提折旧的一种方法，其计算公式如下。

(1) 工作量以行驶里程表示：

单位里程折旧额＝(固定资产原值－预计净残值)/预计的总行驶里程

某项固定资产当期折旧额＝单位里程折旧额×当期行驶里程

该种方法适用于客、货运汽车等固定资产的计提折旧。

例 某企业汽车一辆原始价值 253 000 元，该汽车预计行驶 500 000 公里，预计残值 3 000 元，本月行驶 25 000 公里。则

单位里程折旧额＝(253 000－3 000)/500 000＝0.5(元)

本月该汽车应提折旧额＝0.5×25 000＝12 500(元)

(2) 工作量以工作时数表示：

每工作小时折旧额＝(固定资产原值－预计净残值)/预计的总工作时数

某项固定资产当期折旧额＝每工作小时折旧额×当期工作小时

该种方法适用于不定期使用的高、精、尖设备的计提折旧。

3. 双倍余额递减法(Double-declining Balance Method)

双倍余额递减法，是根据各期期初固定资产账面净值和不考虑残值的双倍的直线法折旧率计算折旧额的一种方法。这种折旧方法是加速折旧的一种，其计算

公式如下：

年折旧率＝2/预计使用年限×100%

年折旧额＝年初固定资产账面净值×年折旧率

月折旧额＝年折旧额/12

值得注意的是，采用该种方法的目的是为了加速折旧，那么后一期计提的折旧额至少不应该比其前期多。同时不能把固定资产的账面净值降低到其预计残值以下，也不能把应该提折旧额提不完而使得残值大于预计残值。

如果在某一折旧年度，按双倍余额递减法计算的折旧额小于按剩余年限平均法计算的折旧额时，应改为用直线法计提折旧，一般采用下列公式进行判断：

当年按双倍余额递减法计算的折旧额<(账面净值－预计净残值)/剩余使用年限

4．年数总和法（Sum-the-years-digits Method）

年数总和法，是将尚可使用年限与使用年序积数之比当作“折旧率”，根据折旧的总额乘以折旧的比率，确定年度折旧额。年数总和法也是一种加速折旧方法。折旧总额是固定资产原始价值减去净残值后的余额。

折旧比率的分母，为固定资产使用年数的逐年数字之和，即年数合计。

折旧比率的分子，为固定资产尚可使用的年数。

例如，某项固定资产可使用5年，则使用年限合计为15＝5＋4＋3＋2＋1。第一年时，尚可使用年限为5，则折旧率为5/15；第二年时，尚可使用年限为4，则折旧率为4/15，依次类推。将此“折旧率”乘以固定资产原值减净残值的全部折旧额，用于计算每期的折旧额。其计算公式如下：

年折旧率＝预计尚可使用年限/[预计使用年限×(1＋预计使用年限)]÷2×100%

月折旧率＝年折旧率÷12

月折旧额＝(固定资产原值－预计净残值)×月折旧率

以上四种折旧计算方法，是使用最普遍的方法，由企业根据具体情况选用，一经选用不得任意变动。前两种方法都是平均计算或按实际用量计算各期折旧费用的。后两种方法都是前期折旧大，后期折旧小，它使固定资产的资金回收较快，属于加速折旧的方法。

采用加速折旧的理论依据是：首先，固定资产的使用效能与经济价值损失是递减的。新资产的生产能力和精确度在早期是较大的，早期的经济价值损失也较大，创造的营业收入也较多，即随着固定资产使用期的推移，它的服务潜力也就下降，它所能提供的收益也随之降低，根据会计核算的配比原则，固定资产的使用早期多提折旧，而在晚期则少提折旧。其次，固定资产因使用而发生的总费用应当包括折旧费和修理费两部分，二者各年应大体相同。固定资产开始投入使用时，因磨损程度小而修理支出较少，随着使用时间的延续，磨损程度逐渐增大，修理费用必将逐年递增，如果折旧费用不变，修理费用逐年递增，那么因使用固定资产而发生的总费用也就逐年递增；如果折旧费用逐年递减，修理费用逐年递增，两者合计就可以使固定资产因使用而发生的总费用在各年保持均衡。再者，固定资产所能提供的未来收益是难以预计的，早期收益要比晚期收益有把握些，同时由于无形磨损、货币时间价值等的客观存在，从会计核算的稳健性原则出发，早期多提而后期少提的方法是合理的。总之，采用加速折旧法，可以较快收回购建固定资产的投资，以便及时更新固定资产，不断提高企业的设备水平。

例 有一台设备，原价 100 000 元，预计净残值 10 000 元，预计使用 5 年，要求分别按使用年限法、双倍余额递减法、年数总和法计算每一年折旧额。不同的折旧结果如表 5.4～5.6 所示。

表 5.4 使用年限法下各年折旧

单位：元

年 限	折旧基数	年折旧率	年折旧额	累计年折旧额	账面净值
1	100 000	18%	18 000	18 000	82 000
2	100 000	18%	18 000	36 000	64 000
3	100 000	18%	18 000	54 000	46 000
4	100 000	18%	18 000	72 000	28 000
5	100 000	18%	18 000	90 000	10 000

表 5.5 双倍余额递减法下各年折旧

单位：元

年 限	折旧基数	年折旧率	年折旧额	累计年折旧额	账面净值
1	100 000	40%	40 000	40 000	60 000
2	60 000	40%	24 000	64 000	36 000
3	36 000	40%	14 400	78 400	21 600
4	21 600		5 800	84 200	15 800
5	15 800		5 800	90 000	10 000

表 5.6　年数总和法下各年折旧

单位:元

年　限	折旧基数	年折旧率	年折旧额	累计年折旧额	账面净值
1	90 000	5/15	30 000	30 000	70 000
2	90 000	4/15	24 000	54 000	46 000
3	90 000	3/15	18 000	72 000	28 000
4	90 000	2/15	12 000	84 000	16 000
5	90 000	1/15	6 000	90 000	10 000

企业应当定期对固定资产的折旧方法进行复核。如果固定资产包含的经济利益的预期实现方式有重大改变,则应当相应改变固定资产折旧方法。

固定资产应当按月计提折旧,并根据用途分别计入相关资产的成本或当期费用。企业在实际计提固定资产折旧时,当月增加的固定资产,当月不提折旧,从下月起计提折旧;当月减少的固定资产,当月仍提折旧,从下月起停止计提折旧。逾期使用已提足折旧的固定资产不再计提折旧,提前报废未提足折旧固定资产不再计提折旧。另外企业会计制度规定,未使用、不需用的固定资产也应计提折旧,目的是促进企业更加充分利用固定资产并及时处置不需用固定资产。

(四) 不同折旧方法对利润和所得税的影响

以一价值为 1 000 万元、预计使用 5 年、净残值为 0 的固定资产为例,采用不同折旧方法,计算出不同利润及所得税结果如表 5.7 所示。

表 5.7　折旧方法对利润和所得税影响

单位:万元

年　份	1	2	3	4	5	合　计
营业收入	1 000	1 000	1 000	1 000	1 000	5 000
付现成本	700	700	700	700	700	3 500
直线法折旧	200	200	200	200	200	1 000
利润	100	100	100	100	100	500
所得税	33	33	33	33	33	165
净利润	67	67	67	67	67	335
加速折旧法折旧	300	250	200	150	100	1 000
利润	0	50	100	150	200	500
所得税	0	16.5	33	49.5	66	500
净利润	0	33.5	67	100.5	134	335

从以上折旧、税收与利润的计算可以看出，不同折旧方法影响利润，采用加速折旧法推迟了所得税交纳时间，相当于企业从国家财政获得长期无息贷款。

【案例 10】

我国商业银行固定资产折旧政策

我国商业银行对各自的固定资产按不同折旧年限及净残值率计算折旧，具体资料如表 5.8 所示。

表 5.8 我国上市商业银行固定资产折旧政策

银行名称	固定资产类别	折旧年限	预计净残值率	年折旧率
招商银行	房屋建筑物	20 年	3%	4.85%
	办公设备	3 年	0%	33%
	运输工具	3～5 年	0%～3%	20%～33%
南京银行	房屋建筑物	20 年	3%	4.85%
	办公设备	3～10 年	3%	9.7%～32.3%
	运输工具	4～5 年	3%	19.4%～24.3%
兴业银行	房屋建筑物	20～30 年	0%～3%	3.23%～5%
	办公设备	3～10 年	0%～3%	10%～33%
	运输工具	5～8 年	0%～3%	12.5%～20%
北京银行	房屋建筑物	20～30 年	5%	3.17%～4.75%
	办公设备	5～10 年	5%	9.5%～19%
	运输工具	5 年	5%	19%
农业银行	房屋建筑物	10～35 年	3%	2.77%～6.47%
	办公设备	3～11 年	3%	8.82%～42.23%
	运输工具	5 年	3%	19.40%
交通银行	房屋建筑物	25～50 年	3%	1.94%～3.88%
	办公设备	3 年	3%	32.33%
	运输工具	4～8 年	3%	12.13%～24.25%
工商银行	房屋建筑物	5～35 年	3%	2.77%～19.40%
	办公设备	3～6 年	0%	16.67%～33.33%
	运输工具	3～6 年	0%	16.67%～33.33%

续表

银行名称	固定资产类别	折旧年限	预计净残值率	年折旧率
光大银行	房屋建筑物	30～35年	3%	2.8%～3.2%
	办公设备	3～5年	3%～5%	19.0%～32.3%
	运输工具	5～10年	3%～5%	9.5%～19.4%
建设银行	房屋建筑物	30～35年	3%	2.8%～3.2%
	办公设备	3～8年	3%	12.1%～32.3%
	运输工具	4～11年	3%	8.8%～24.3%
中国银行	房屋建筑物	15～50年	3%	1.9%～6.5%
	办公设备	3～15年	3%	6.4%～32.4%
	运输工具	4～6年	3%	8.8%～24.3%
中信银行	房屋建筑物	30～35年	0%	3.33%～28.57%
	办公设备	3～10年	0%	33.33%～10%
	运输工具	3～10年	0%	33.33%～10%
平安银行	房屋建筑物	15～35年	1%～5%	2.7%～6.6%
	办公设备	3～6年	0%	16.67%～33.33%
	运输工具	3～6年	0%	16.67%～33.33%
宁波银行	房屋建筑物	20年	3%	4.85%
	办公设备	5年	3%	19.4%
	运输工具	5年	3%	19.4%
浦发银行	房屋建筑物	30年	3%～5%	3.17%～3.23%
	办公设备	5年	3%～5%	19.0%～19.4%
	运输工具	5年	3%～5%	19.0%～19.4%
华夏银行	房屋建筑物	5～40年	5%	2.38%～19.0%
	办公设备	5～12年	5%	7.92%～19.0%
	运输工具	5～10年	5%	9.50%～19.0%
民生银行	房屋建筑物	15～40年	5%	2.38%～6.33%
	办公设备	5～10年	5%	9.5%～19.0%
	运输工具	5～24年	5%	3.96%～19.0%

五、固定资产的减值

固定资产对在资产负债表日可能存在发生减值的迹象时，其可收回金额低于账面价值的，应当将该固定资产账面价值减至可收回金额，减记的金额确认为减值损失，计入当期损益，同时计提相应的资产减值准备。企业计提固定资产减值准备，应当设置“固定资产减值准备”科目核算。按照应减记金额，借记资产减值损失，贷记固定资产减值准备。固定资产减值损失一经确认，在以后会计期间均不得转回。

六、固定资产后续支出

固定资产后续支出是指固定资产在使用过程中发生的更新改造支出、修理费用等。

（1）与固定资产有关的更新改造等后续支出，符合固定资产确认条件的，应当计入固定资产成本，同时将被替换部分的账面价值扣除，固定资产发生的可资本化的后续支出，通过“在建工程”科目核算，待固定资产发生的后续支出完工并达到预定可使用状态时，再从在建工程转为固定资产，并按重新确定的使用寿命，预计净残值和折旧方法计提折旧。

（2）与固定资产有关的修理费用等后续支出，不符合固定资产确认条件的，应当根据不同情况分别在发生时计入当期管理费用或销售费用。

七、固定资产处置

固定资产处置包括固定资产的出售、转让、报废和毁损、对外投资、非货币性资产交易、债务重组等。

1. 固定资产终止确认的条件

（1）该固定资产处于处置状态。

（2）该固定资产预期通过使用或处置不能产生经济利益。

2. 固定资产处置的处理

（1）企业持有待售的固定资产，应当对其预计净残值进行调整。

（2）企业出售、转让、报废固定资产或发生固定资产毁损，应当将处置收入扣除账面价值和相关税费后的金额计入当期损益；固定资产的账面价值是固定资产成本扣减累计折旧和累计减值准备后的金额。

（3）企业将发生的固定资产后续支出计入固定资产成本的，应当终止确认被替换部分的账面价值。

第五节 无形资产计量

一、无形资产概念和特征

无形资产，是指企业拥有或者控制的没有实物形态的可辨认非货币性资产。包括：专利权（Patents）、非专利技术（Non-patented Technology）、商标权（Trademarks）、著作权（Copyrights）、土地使用权（Right to Use Site）、特许权（Franchises）。无形资产具有三个特征。

1. 不具有实物形态

无形资产是没有实物形态的非货币性资产，它不像固定资产、存货等有实物形态。

2. 具有可辨认性

资产满足下列条件之一的，符合无形资产定义中的可辨认性标准：

(1) 能够从企业中分离或者划分出来，并能单独或者与相关合同、资产或负债一起，用于出售、转移、授予许可、租赁或者交换。

(2) 源自合同性权利或其他法定权利，无论这些权利是否可以从企业或其他权利和义务中转移或者分离。

商誉的存在无法与企业分离，不具有可辨认性，不属于无形资产。

3. 属于非货币性长期资产

无形资产属于非货币性资产且能够在多个会计期间为企业带来经济利益。无形资产的使用年限在一年以上，其价值将在各个受益期间逐渐摊销。

二、无形资产确认

无形资产同时满足下列条件的，才能予以确认：

(1) 与该无形资产有关的经济利益很可能流入企业。

(2) 该无形资产的成本能够可靠地计量。企业在判断无形资产产生的经济利益是否很可能流入时，应当对无形资产在预计使用寿命内可能存在的各种经济因素作出合理估计，并且应当有明确证据支持。

企业无形项目的支出，除下列情形外，均应于发生时计入当期损益：

(1) 符合本准则规定的确认条件、构成无形资产成本的部分。

(2) 非同一控制下企业合并中取得的、不能单独确认为无形资产、构成购买日确认的商誉的部分。

企业内部研究开发项目的支出，应当区分研究阶段支出与开发阶段支出。研究是指为获取并理解新的科学或技术知识而进行的独创性的有计划调查。开发是指在进行商业性生产或使用前，将研究成果或其他知识应用于某项计划或设计，以生产出新的或具有实质性改进的材料、装置、产品等。企业内部研究开发项目研究阶段的支出，应当于发生时计入当期损益。企业内部研究开发项目开发阶段的支出，同时满足下列条件的，才能确认为无形资产：

(1) 完成该无形资产以使其能够使用或出售在技术上具有可行性。

(2) 具有完成该无形资产并使用或出售的意图。

(3) 无形资产产生经济利益的方式，包括能够证明运用该无形资产生产的产品存在市场或无形资产自身存在市场，无形资产将在内部使用的，应当证明其有用性。

(4) 有足够的技术、财务资源和其他资源支持，以完成该无形资产的开发，并有能力使用或出售该无形资产。

(5) 归属于该无形资产开发阶段的支出能够可靠地计量。

企业自创商誉以及内部产生的品牌、报刊名等，不应确认为无形资产。

三、无形资产初始计量

无形资产应当按照成本进行初始计量。

(1) 外购无形资产的成本，包括购买价款、相关税费以及直接归属于使该项资产达到预定用途所发生的其他支出。购买无形资产的价款超过正常信用条件延期支付，实质上具有融资性质的，无形资产的成本以购买价款的现值为基础确定。实际支付的价款与购买价款的现值之间的差额，除应予资本化的以外，应当在信用期间内计入当期损益。

(2) 自行开发的无形资产，其成本包括自满足本准则第四条和第九条规定后至达到预定用途前所发生的支出总额，但是对于以前期间已经费用化的支出不再调整。

(3) 投资者投入无形资产的成本，应当按照投资合同或协议约定的价值确定，但合同或协议约定价值不公允的除外。

四、无形资产摊销

企业应当于取得无形资产时分析判断其使用寿命。使用寿命有限的无形资产应进行摊销,使用寿命不确定的无形资产不应摊销。无形资产的应摊销金额为其成本扣除预计残值后的金额,已计提减值准备的无形资产,还应扣除已计提的无形资产减值准备累计金额,使用寿命有限的无形资产,其残值应当视为零,但下列情况除外:

(1) 有第三方承诺在无形资产使用寿命结束时购买该无形资产。

(2) 可以根据活跃市场得到预计残值信息,并且该市场在无形资产使用寿命结束时很可能存在。

企业摊销无形资产,应当自无形资产可供使用时起,至不再作为无形资产确认时止。无形资产的摊销方法包括直线法、生产总量法。企业选择的无形资产摊销方法,应当反映与该项无形资产有关的经济利益的预期实现方式,无法可靠确定预期实现方式的,应当采用直线法摊销。无形资产的摊销金额一般应当计入当期损益,企业自用无形资产,其摊销金额计入管理费用;出租的无形资产,其摊销金额计入其他业务成本,某项无形资产所包含的经济利益通过所生产的产品或其他资产实现的,其摊销金额应当计入相关资产的成本。

企业至少应当于每年年度终了,对使用寿命有限的无形资产的使用寿命及摊销方法进行复核,无形资产的使用寿命及摊销方法与以前估计不同的,应当改变摊销期限和摊销方法。企业应当在每个会计期间对使用寿命不确定的无形资产的使用寿命进行复核,如果有证据表明无形资产的使用寿命是有限的,应当估计其使用寿命,按使用寿命有限的无形资产的有关规定处理。

例　A公司购买了一项特许权,成本为4 800 000元,合同规定受益年限为10年,A公司每月应摊销40 000(4 800 000÷10÷12)元。每月摊销时,A公司应作如下会计处理。

借:管理费用　　40 000

　贷:累计摊销　　40 000

五、无形资产使用寿命的确定

无形资产的使用寿命是有限的,应当估计该使用寿命的年限或者构成使用寿命的产量等类似计量单位数量,无法预见无形资产为企业带来经济利益期限的,应当视为使用寿命不确定的无形资产。

(1) 企业持有的无形资产,通常来源于合同性权利或是其他法定权利,而且合同或法律规定有明确的使用年限。来源于合同性权利或其他法定权利的无形资产,其使用寿命不应超过合同性权利或其他法定权利的期限,合同性权利或其他法定权利能够在到期时因续约等延续,且有证据表明企业续约不需要付出大额成本的,续约期应当计入使用寿命。

(2) 合同或法律没有规定使用寿命的,企业应当综合各方面因素判断,以确定无形资产能为企业带来经济利益的期限。经过上述方法仍无法合理确定无形资产为企业带来经济利益的期限的才能将其作为使用寿命不确定的无形资产。

确定无形资产使用寿命应考虑的因素:

(1) 运用该资产生产的产品通常的寿命周期,可获得的类似资产使用寿命的信息。

(2) 技术、工艺等方面的现阶段情况及对未来发展趋势的估计。

(3) 以该资产生产的产品或提供的服务的市场需求情况。

(4) 现在或潜在的竞争者预期将采取的行动。

(5) 为维持该资产带来经济利益能力的预期维护支出,以及企业预计支付有关支出的能力。

(6) 对该资产控制期限的相关法律规定或类似限制,如特许使用期、租赁期等。

(7) 与企业持有的其他资产使用寿命的关联性等。

六、无形资产处置和报废

(1) 企业让渡无形资产使用权形成的租金收入和发生的相关费用,分别确认为其他业务收入和其他业务成本。

(2) 企业出售无形资产,应当将取得的价款与该无形资产账面价值的差额计入当期损益(营业外收入或营业外支出)。

(3) 无形资产预期不能为企业带来经济利益的,应当将该无形资产的账面价值予以转销,其账面价值转作当期损益(营业外支出)。

七、无形资产的减值

无形资产对在资产负债表日可能存在发生减值的迹象时,其可收回金额低于账面价值的,应当将该无形资产账面价值减至可收回金额,减记的金额确认为减值损失,计入当期损益,同时计提相应的资产减值准备。企业计提无形资产减值准备,应当设置“无形资产减值准备”科目核算。按照应减记金额,借:“资产减值损失”科目,贷:“无形资产减值准备”科目。无形资产减值损失一经确认,在以后会计期间均不得转回。

例　2008年12月31日，市场上某项技术生产的产品销售势头良好，已对甲公司的销售产生重大不利影响。甲公司外购的类似专利技术的账面价值为800 000元，剩余摊销年限为4年，经减值测试，该专利技术的可收回金额为750 000元。可收回金额低于账面价值，应按其差额50 000元计提减值准备。甲公司的会计处理如下。

借：资产减值损失　　　　　　　　　　50 000

　　贷：无形资产减值准备　　　　　　　　50 000

【案例11】

神奇的“奇圣胶囊”

通化金马1999年至2002年的经营业绩经历了翻天覆地的变化，如表5.9所示。2000年营业收入和净利润分别达到50 419万元和24 191万元，与1999年相比，增幅分别为177%和297%，然而，2001年通化金马的经营业绩发生了“变脸”，营业收入减至10 043万元，净利润跌至－58 412万元。2002年，通化金马“起死回生”，营业收入增至16 099万元，实现净利润1 642万元。2001年公司亏损的主要原因是：一是“奇圣胶囊”在2000年的销售在2001年有近一半发生了退货，二是该公司2001年对“奇圣胶囊”无形资产的摊余价值28 090万元全额计提了减值准备。到了2002年，公司成功扭亏为盈，实现净利润1 642万元。

表5.9　通化金马1999～2002年经营业绩

项　目	1999年	2000年	2001年	2002年
营业收入	28 485	50 419	10 043	16 099
净利润	8 145	24 191	－58 412	1 642

2000年通化金马以3.18亿元的巨资收购了“奇圣胶囊”的全部技术和生产经销权。由于“奇圣胶囊”的加盟，通化金马2000年主营业务收入50 419万元，但主营业务成本仅7 048万元，主营业务利润率高达84.4%，这么高的利润率是怎么来的呢？神奇的“奇圣胶囊”，2000年共计卖了2.77亿元，营业利润高达2.3亿元，利润率高达83%。由此可见“奇圣胶囊”的确有奇效。那么，“奇圣胶囊”价值几何？根据该公司的年报，“奇圣胶囊”转让之前所在公司账面价值为1 245万元，2000年6月通化金马和转让前公司共同请一家知名评估事务所对“奇圣胶囊”的评估结果为44 300万元，2000年9月转让价3.18亿元，相当于评估价的72%，2000年和

2001年这项无形资产的摊余价值分别为31 270万元和0,不到两年时间,“奇圣胶囊”的价值发生如此天翻地覆的变化,足见无形资产的“魔力”,通化金马公司“善用”无形资产会计政策实在是令人观止。

(通化金马(0766):又一个陷阱?[EB/OL].证券之星(2001-08-14).http://stock.stockstar.com/SS2001081400232136.shtml.)

第六节　长期股权投资计量

一、长期股权投资的概念

长期股权投资是指企业投出的期限在1年以上(不含1年)的各种股权性质投资,包括企业持有的对其子公司、合营企业及联营企业的权益性投资,企业持有的对被投资单位不具有控制、共同控制或重大影响,且在活跃市场上没有报价、公允价值不能可靠计量的权益性投资,以及购入股票和其他股权投资等。

二、长期股权投资的分类

长期股权投资依据被投资单位产生的影响,分为以下三种类型。

1. 控制

指有权决定一个企业的财务和经营政策,并能据以从该企业的经营活动中获取利益。具体包括:

(1) 投资企业直接拥有被投资单位50%以上的表决权资本。

(2) 投资企业虽然拥有被投资单位50%或以下的表决权资本,但具有实质控制权。

具体可通过情况判断:① 通过与其他投资者的协议,投资企业拥有被投资单位50%以上表决权资本的控制权。如A公司拥有B公司40%的表决权资本,C公司拥有B公司30%的表决权资本。A公司与C公司达成协议,C公司在B公司的权益由A公司代表。在这种情况下,A公司实质上拥有B公司70%表决权资本的控制权,表明A公司实质上控制B公司。② 根据章程或协议,投资企业有权控制被投资单位的财务和经营政策。如A公司拥有B公司45%的表决权资本,同时根据协议,B公司的董事长和总经理由A公司派出,总经理有权负责B公司的经营管理。在这种情况下，A公司虽然只拥有B公司45%的表决权资本，但由于B公司的董事长和总经理均由A公司派出，A公司可以通过其派出的董事长和总经理进行经营管理，达到对B公司的财务和经营政策实施控制的权力，则表明A公司实质上控制B公司。③ 有权任免被投资单位董事会等类似权力机构的多数成员。如投资企业虽然拥有被投资企业50%或以下的表决权资本，但根据章程、协议等有权任免董事会的董事，以达到实质上控制的目的。④ 在董事会或类似的权力机构会议上有半数以上的投票权。

2．共同控制

指按照合同约定对某项经济活动所共有的控制，仅在与该项经济活动相关的重要财务和经营决策需要分享控制权的投资方一致同意时存在。投资企业与其他方对被投资单位实施共同控制的，被投资单位为其合营企业。

3．重大影响

指对一个企业的财务和经营政策有参与决策的权力，但并不能够控制或者与其他方一起共同控制这些政策的制定。投资企业能够对被投资单位施加重大影响的，被投资单位为其联营企业。

三、长期股权投资核算设置的账户

为了核算企业的长期股权投资，企业应当设置“长期股权投资”科目，该科目核算企业持有的采用成本法和权益法核算的长期股权投资，借方登记长期股权投资取得时的成本以及采用权益法核算时按被投资单位实现净利润计算的应享份额，贷方登记收回长期股权投资的价值或采用权益法核算时被投资单位宣告分派现金股利或利润时企业按持股比例计算的应享份额，以及按被投资单位实现净亏损计算的应分担的份额，期末借方余额反映企业持有的长期股权投资的价值。

四、长期股权投资初始计量

长期股权投资初始计量按初始投资成本计量，由于长期股权投资取得方式的不同，初始投资成本的确定也不同。

1．企业合并形成的长期股权投资

应当按照下列规定确定其初始投资成本：

(1) 同一控制下的企业合并，合并方以支付现金、转让非现金资产或承担债务方式作为合并对价的，应当在合并日按照取得被合并方所有者权益账面价值的份额作为长期股权投资的初始投资成本。长期股权投资初始投资成本与支付的现金、转让的非现金资产以及所承担债务账面价值之间的差额，应当调整资本公积；

资本公积不足冲减的，调整留存收益。

合并方以发行权益性证券作为合并对价的，应当在合并日按照取得被合并方所有者权益账面价值的份额作为长期股权投资的初始投资成本。按照发行股份的面值总额作为股本，长期股权投资初始投资成本与所发行股份面值总额之间的差额，应当调整资本公积；资本公积不足冲减的，调整留存收益。

(2) 非同一控制下的企业合并，投资方与被投资单位的最终控制者不是同一家企业，其经济利益相互独立，需要在公开交易的产权市场上根据交易涉及的资产、负债、权益的公允价值确定合并对价。在此情况下投资方一般以完成合并而付出的资产、发生的负债以及发行的权益性证券在购买日的公允价值作为长期股权投资的初始投资成本，公允价值与账面价值差额计入当期损益（营业外收支）。

2. 其他方式取得的长期股权投资

除企业合并形成的长期股权投资以外，其他方式取得的长期股权投资，应当按照下列规定确定其初始投资成本：

(1) 以支付现金取得的长期股权投资，应当按照实际支付的购买价款作为初始投资成本。初始投资成本包括与取得长期股权投资直接相关的费用、税金及其他必要支出。

(2) 以发行权益性证券取得的长期股权投资，应当按照发行权益性证券的公允价值作为初始投资成本。

(3) 投资者投入的长期股权投资，应当按照投资合同或协议约定的价值作为初始投资成本，但合同或协议约定价值不公允的除外。

(4) 通过非货币性资产交换取得的长期股权投资，其初始投资成本应当按照《企业会计准则第7号——非货币性资产交换》确定。

(5) 通过债务重组取得的长期股权投资，其初始投资成本应当按照《企业会计准则第12号——债务重组》确定。

例 ABC公司于2000年12月28日以每股15元价格购入W企业普通股股票100万股，另付交易税手续费11.25万元。ABC公司对该股票准备长期持有。W企业于2000年12月20日宣告每10股派3元的现金股利，除权日为2000年12月31日。并定于2001年1月10日按2000年12月31日股东名册支付。ABC公司于购入股票时作会计处理如下。

股票的初始投资成本 = 15×100 + 11.25 − 100 + 10×3 = 1 481.25(万元)

借：长期股权投资——W公司股票　　14 812 500
　　应收股利——W公司　　　　　　300 000
　　贷：银行存款　　　　　　　　　15 112 500

五、长期股权投资的后续计量

长期股权投资按能否控制、共同控制、对被投资单位施加重大影响分为成本法和权益法。

（一）长期股权投资成本法

1. 长期股权投资成本法概念

长期股权投资成本法（The Cost Method），是指长期股权投资按投资成本计价的一种方法。

2. 成本法适用范围

通常情况下，持股比例是确定成本法还是权益法核算的主要依据。但在下列情况下，企业应采用成本法核算：

（1）投资企业能够对被投资单位实施控制的长期股权投资。

（2）投资企业对被投资单位不具有共同控制或重大影响，并且在活跃市场中没有报价、公允价值不能可靠计量的长期股权投资。

3. 成本法核算的一般程序

采用成本法核算的长期股权投资应当按照初始投资成本计价。追加或收回投资应当调整长期股权投资的成本。被投资单位宣告分派的现金股利或利润，确认为当期投资收益。

（1）初始投资或追加投资时，按照初始投资或追加投资时的投资成本增加长期股权投资的账面价值。

（2）被投资单位宣告分派的利润或现金股利，投资企业按应享有的部分，确认为当期投资收益。

4. 成本法下投资当年利润或现金股利的处理

例　ABC公司于2001年1月20日购入B公司股票10万股，每股成交价格15.20元，另支付相关税费11 400元。ABC公司购入B公司股份占B公司有表决权资本的4%，并准备长期持有。B公司于2001年2月5日宣告分派2000年度的现金股利，每10股2元，并定于当日为除权日。ABC公司的会计处理如下。

（1）计算股票投资成本

投资成本＝成交价＋税费＝1 520 000＋11 400＝1 531 400（元）

（2）购入股票时

借：长期股权投资——B公司　　　　1 531 400

　贷：银行存款　　　　　　　　　　　1 531 400

(3) 公司宣告分派现金股利时

借:应收股利　　　　　　　　　　　　20 000

　贷:投资收益　　　　　　　　　　　　20 000

5. 成本法的评价

成本法的优点主要表现在以下方面:

(1) 成本法是将投资企业与被投资单位视为两个独立的法人,两个会计主体,这与法律上企业法人的概念相符,即投资企业与被投资单位是两个法人实体,被投资单位实现的净利润或发生的净亏损,不会自动成为投资企业的利润或亏损。虽然投资企业拥有被投资单位的股份,是被投资单位的股东,但只有被投资单位宣告分派利润或股利时,这种权力才得以实现,投资收益才能实现。

(2) 投资账户只能反映投资成本,核算比较稳健,而投资收益只反映实际获得的利润或现金股利,核算简便。

(3) 能反映企业实际获得的利润或现金股利的情况,而且获得的利润或现金股利与其流入的现金在时间上基本吻合。

(4) 成本法确认的投资收益,与我国税法上确认应纳税所得额时对投资收益的确认时间是一致的,不存在会计核算时间上与税法不一致的问题。

成本法的缺点表现在:

(1) 长期股权投资账户只停留在初始或追加投资时的投资成本上,不能反映投资企业在被投资单位中的真正权益。

(2) 当投资企业能够控制被投资单位,或对被投资单位施加重大影响的情况下,投资企业能够支配被投资单位的利润分配政策,或对被投资单位的利润分配政策施加重大影响,投资企业可以凭借其控制和影响力,操纵被投资单位的利润或股利分配,为操纵利润提供了条件,其投资收益不能真正反映应当获得的投资收益。

(二) 长期股权投资的权益法

1. 长期股权投资权益法概念

长期股权投资权益法是指最初以初始投资成本计价,以后根据投资企业享有被投资单位所有者权益份额的变动对投资账面价值进行调整的方法。

2. 权益法的适用范围

投资企业对被投资单位具有共同控制或重大影响的长期股权投资,应当采用权益法核算。

3. 权益法的核算程序

初始投资或追加投资时,按照初始投资或投资时的投资成本增加长期股权投资的账面价值。长期股权投资的初始投资成本大于投资时应享有被投资单位可辨认净资产公允价值份额的，不调整长期股权投资的初始投资成本；长期股权投资的初始投资成本小于投资时应享有被投资单位可辨认净资产公允价值份额的，其差额应当计入当期损益，同时调整长期股权投资的成本。

例　2008年1月1日，甲公司以银行存款400万元向乙公司投资，占乙公司有表决权股份的25%，采用权益法核算。当日，乙公司可辨认净资产公允价值为1 700万元。假定不考虑其他因素。甲公司的会计处理如下。

借:长期股权投资——投资成本　　4 000 000

　贷:银行存款　　4 000 000

借:长期股权投资——投资成本　　250 000

　贷:投资收益　　250 000

例　2008年1月1日，A公司以银行存款300万元向B公司投资，占B公司有表决权股份的30%，采用权益法核算。当日，B公司可辨认净资产公允价值为900万元。假定不考虑其他因素。A公司的会计处理如下。

借:长期股权投资——投资成本　　3 000 000

　贷:银行存款　　3 000 000

投资后，随着被投资单位所有权益的变化而调整增加或减少长期股权投资的账面价值。具体会计处理如下：

(1) 被投资单位实现净收益时，投资企业按享有的股份增加账面价值和投资收益。

(2) 被投资单位亏损时，投资企业按享有的股份减少账面价值和投资收益。

(3) 被投资单位因增资扩股、资产评估增值、拨款转入时，投资企业按享有的股份增加账面价值和资本公积。

(4) 被投资单位外币资本折算差额时，投资企业按享有的股份增加或减少账面价值和资本公积。

(5) 被投资单位宣告分配利润或现金股利时，投资企业按享有的股份减少账面价值。

(6) 被投资单位发生会计差错等规定而调整前期留存收益时，按享有的股份调整长期股权投资的账面价值和留存收益。

具体会计处理如下。

(1) 被投资单位实现净收益时，按享有的股份

借:长期股权投资——损益调整

　贷:投资收益

(2) 被投资单位亏损时，按享有的股份

借：投资收益

　　贷：长期股权投资——损益调整（减至账面价值零为限）

(3) 被投资单位因增资扩股等，按享有的股份

借：长期股权投资（股权投资准备）

　　贷：资本公积（股权投资准备）

(4) 被投资单位宣告分配利润或现金股利时

借：应收股利

　　贷：长期股权投资——损益调整

例 M企业2005年1月1日在公开的证券市场上购买N公司的普通股股票，获得N公司表决权资本的70%，M企业实际支付970 000元，2005年1月1日N公司所有者权益额1 385 714.29元。2005年N公司全年实现净利润550 000元；2006年2月宣告分派现金股利350 000元；2006年N公司全年净亏损2 100 000元；2007年N公司全年实现净利润850 000元。假设两家企业所得税率均为33%。假定2005年1月1日N公司可辨认净资产的公允价值等于其账面价值；除长期股权投资外，M企业在N公司中没有其他长期权益。

M企业的会计分录如下。

(1) 购入股票，取得投资时

借：长期股权投资——N公司（投资成本）　　9 700 000

　　贷：银行存款　　9 700 000

(2) 2005年12月31日

借：长期股权投资——N公司（损益调整）　　385 000

　　贷：投资收益——股权投资收益　　385 000

此时，"长期股权投资——N公司"科目的账面价值为1 355 000（970 000 + 385 000）元。

(3) 2006年宣告分派股利

借：应收股利——N公司　　245 000（350 000×70% = 245 000）

　　贷：长期股权投资——N公司（损益调整）　　245 000

宣告分派股利后，"长期股权投资——N公司"科目的账面余额为1 355 000 − 245 000 = 1 110 000（元）。

(4) 2006年12月31日，发生亏损时

应负担的亏损金额为2 100 000×70% = 1 470 000元，但可减少"长期股权投资——N公司"账面的金额为1 110 000元。按规定，长期股权投资的账面价值减

记至零为限，本年度尚未减记的长期股权投资金额为360 000元(2 100 000×70% −1 110 000)。

借：投资收益——股权投资损失　　　　1 110 000

　贷：长期股权投资——N公司(损益调整)　　　　1 110 000

(5) 2006年12月31日

“长期股权投资——N公司”科目的账面余额为零。

(6) 2007年12月31日

可恢复“长期股权投资——N公司”科目账面价值＝850 000×70%−360 000＝235 000(元)。

借：长期股权投资——N公司(损益调整)　　　　235 000

　贷：投资收益——股权投资收益　　　　235 000

4. 权益法的评价

权益法的优点表现在：

(1) 投资账户能够反映投资企业在被投资单位中的权益，反映投资企业拥有被投资单位所有者权益的实际份额这一经济现实。

(2) 投资收益反映了投资企业经济意义上的投资利益，无论被投资单位分配多少利润或现金股利，什么时间分配利润或现金股利，投资企业享有的被投资单位净利润的份额或应承担亏损的份额，才是真正实现的投资收益，而不受利润分配政策的影响。体现了实质重于形式的原则。

权益法的缺点表现在：

(1) 权益法与法律上的企业法人概念相悖。投资企业与被投资企业虽然从经济意义上看是一个整体，但从法律意义上看，仍是两个分别独立的法人实体。被投资单位实现的利润，不可能成为投资企业的利润；被投资单位发生的亏损，也不可能形成投资企业的亏损。投资企业在被投资单位宣告发放利润或现金股利前，是不可能分回利润或现金股利的。

(2) 在权益法下，投资收益的实现与现金流入的时间不相吻合。即确认投资收益在先，实际获得利润或现金股利在后。

(3) 权益法下会计核算也比较复杂。

5. 成本法和权益法下投资企业确认投资收益的区别

成本法和权益法下投资企业确认投资收益的区别如表5.10所示。

表 5.10 成本法和权益法下投资企业确认投资收益的区别

核算方法	被投资单位盈利时	被投资单位亏损时	被投资单位发放股利或分配现金利润时
成本法	不作处理	不作处理	作为投资收益
权益法	确认为投资收益	确认为投资损失	冲减投资成本

六、长期股权投资减值

1. 长期股权投资减值金额的确定

(1) 企业对子公司、合营企业及联营企业的长期股权投资。

企业对子公司、合营企业及联营企业的长期股权投资在资产负债表日可能存在发生减值的迹象时，其可收回金额低于账面价值的，应当将该长期股权投资的账面价值减至可收回金额，减记的金额确认为减值损失，计入当期损益，同时计提相应的资产减值准备。

(2) 企业对被投资单位不具有控制、共同控制或重大影响，且在活跃市场中没有报价、公允价值不能可靠计量的长期股权投资。

企业对被投资单位不具有控制、共同控制或重大影响，且在活跃市场中没有报价、公允价值不能可靠计量的长期股权投资，应当将该长期股权投资在资产负债表日的账面价值，与按照类似金融资产当时市场收益率对未来现金流量折现确定的现值之间的差额，确定为减值损失，计入当期收益。

2. 长期股权投资减值的会计处理

企业计提长期股权投资减值准备，应当设置“长期股权投资减值准备”科目核算。按照应减记金额，借记资产减值损失，贷记长期股权投资减值准备。长期股权投资减值损失一经确认，在以后会计期间均不得转回。

第七节　借款费用资本化

一、借款费用的概念

借款费用，是指企业因借款而发生的利息及其相关成本。包括借款利息、折价或者溢价的摊销、辅助费用以及因外币借款而发生的汇兑差额等。

二、借款费用确认与计量

企业发生的借款费用，可直接归属于符合资本化条件的资产的购建或者生产的，应当予以资本化，计入相关资产成本；其他借款费用，应当在发生时根据其发生额确认为费用，计入当期损益。符合资本化条件的资产，是指需要经过相当长时间的购建或者生产活动才能达到可使用或者可销售状态的资产，包括固定资产和需要经过相当长时间的购建或者生产活动才能达到可使用或可销售状态的存货、投资性房产等。借款费用只有同时满足以下三个条件时，才应当开始资本化：

(1) 资产支出已经发生。

(2) 借款费用已经发生。

(3) 为使资产达到预定可使用或者可销售状态所必要的购建或者生产活动已经开始。

资产支出只包括为购建或者生产符合资本化条件的资产而以支付现金、转移非现金资产或者承担带息债务形式发生的支出。

三、利息资本化金额计算

在资本化期间内，每一会计期间的利息(包括折价或者溢价的摊销)资本化金额应当按照下列步骤和方法计算。

1. 计算截止资产负债日的累计资产支出加权平均数

累计资产支出加权平均数应当按照每笔资产支出的金额乘以该资产支出实际占用天数占整个会计期间天数的权数加总计算。

2. 计算资本化率和利息资本化金额

(1) 为购建或者生产符合资本化条件的资产而借入一项专门借款的，该专门借款的利率即为资本化率。企业应当将累计资产支出加权平均数乘以资本化率，计算确定当期应予以资本化的利息金额。为购建或者生产符合资本化条件的资产而借入多项专门借款的，资本化率应当根据这些专门借款加权平均利率计算确定。专门借款加权平均利率应当根据这些专门借款当期实际发生的利息之和除以这些专门借款加权平均数计算确定，其中，专门借款加权平均数应当根据每项专门借款乘以专门借款实际占用天数占整个会计期间天数的权数加总计算。专门借款，是指为购建或者生产符合资本化条件的资产而专门借入的款项。

(2) 为购建或者生产符合资本化条件的资产而占用了一般借款的，企业应当根据累计资产支出加权平均数超过专门借款的部分乘以所占用一般借款的资本化率，计算确定一般借款利息中应予资本化的金额。一般借款的资本化率应当根据一般借款加权平均利率确定,其计算方法与专门借款加权平均利率计算方法相同。资本化期间,是指从借款费用开始资本化的时点到停止资本化的时点的期间,借款费用暂停资本化的期间不包括在内。

(3) 借款存在折价或溢价的,应当按照实际利率法确定每一会计期间应摊销的折价或者溢价金额,调整每期利息金额。

(4) 在资本化期间,每一会计期间的利息资本化金额,不应当超过当期相关借款实际发生的利息金额。

(5) 在资本化期间内,属于借款费用资本化范围的外币借款本金及利息的汇总差额,应当予以资本化,计入符合资本化条件的资产的成本。

四、借款费用资本化的会计处理

专门借款发生的辅助费用,在所购建或者生产的符合资本化条件的资产达到预定可使用或者可销售状态之前发生的,应当在发生时根据其发生额予以资本化,计入符合资本化条件的资产成本;在所购建或者生产的符合资本化条件的资产达到预定可使用或者可销售状态之后发生的,应当在发生时根据其发生额确认为费用,计入当期损益。一般借款发生的辅助费用,应当在发生时根据其发生额确认为费用,计入当期损益。

符合资本化条件的资产在购建或者生产过程中发生的非正常中断,且中断时间连续超过 3 个月的,应当暂停借款费用的资本化。在中断期间发生的借款费用应当确认为费用,计入当期损益,直至资产的购建或者生产活动重新开始。如果中断是所购建或者生产的符合资本化条件的资产达到预定可使用或者可销售状态必要的程序,借款费用的资本化应当继续进行。

购建或者生产符合资本化条件的资产达到预定可使用或者可销售状态时,借款费用应当停止资本化。在符合资本化条件的资产达到预定可使用或者可销售状态之后所发生的借款费用,应当在发生时根据其发生额确认为费用,计入当期损益。购建或者生产符合资本化条件的资产达到预定可使用或者可销售状态,可从下列几个方面进行判断:

(1) 符合资本化条件的资产的实体建造(包括安装)或者生产工作已经全部完成或者实质上已经完成。

(2) 所购建或者生产的符合资本化条件的资产与设计要求、合同规定或者生产要求相符或者基本相符,即使有极个别与设计、合同或者生产要求不相符的地方,也不影响其正常使用或者销售。

(3) 继续发生在所购建或生产的符合资本化条件的资产上的支出金额很少或

者几乎不再发生。

购建或者生产符合资本化条件的资产需要试生产或者试运行的，在试生产结果表明资产能够正常生产出合格产品或者试运行结果表明资产能够正常运转或者营业时，应当认为该资产已经达到预定可使用或者可销售状态。购建或者生产的符合资本化条件的资产的各部分分别完工，且每部分在其他部分继续建造过程中可供使用或者可对外销售，且为使该部分资产达到预定可使用或可销售状态所必要的购建或者生产活动实质上已经完成的，应当停止与该部分资产相关的借款费用的资本化。购建或者生产的资产的各部分分别完工，但必须等到整体完工后才可使用或者可对外销售的，应当在该资产整体完工时停止借款费用的资本化。

对于应予资本化的借款费用，企业应视具体情况进行会计处理。

(1) 对于发生在固定资产购建过程中应予资本化的借款费用

借:在建工程

　　贷:银行存款(辅助费用)

　　　　预提费用(一般借款费用)

　　　　长期借款(专门借款利息、外汇借款利息及汇兑差额)

　　　　应付债券(应付债券利息及溢价折价的摊销)

在固定资产达到预定可使用状态后

借:固定资产

　　贷:在建工程

(2) 对于发生在存货生产过程中应予资本化的借款费用

借:生产成本

　　贷:银行存款(辅助费用)

　　　　预提费用(一般借款费用)

　　　　长期借款(专门借款利息、外汇借款利息及汇兑差额)

　　　　应付债券(应付债券利息及溢价折价的摊销)

在存货达到预定可使用状态后

借:存货等科目

　　贷:生产成本

【案例 12】

新中国第一份否定审计意见报告

1997 年，在沪深上市公司年度报告披露中，“渝汰白”引人注目。该公司 1997 年年报中披露，重庆会计师事务所对其财务报表出具了否定意见的审计报告。随后，这份审计报告以其新中国第一的身份备受关注，重庆会计师事务所也因此名声大振。

导致出具这份审计报告的原因已不仅仅是披露是否充分的问题，而是“渝汰白”是否能继续经营的问题。重庆会计师事务所认为“渝汰白”的 1997 年财务报表中一笔高达 8 064 万元应计入财务费用的借款及应付债券利息被资本化，计入了工程成本，另有 743 万元的外币借款利息未计提入账，两项合计 8 807 万元，占“渝汰白”1997 年末资产的 32.8%，调整后，“渝汰白”1997 年将亏损 11 943.12 万元，每股净资产为 0.25 元左右。且公司正承受着沉重的债务负担和巨额固定资产折旧压力，面临严峻的生产和财务形势。

一份看似平常的审计报告之所以备受关注，不只因为它的罕见，还因为它来之不易。据悉，重庆会计师事务所在出具报告过程中受到了来自各方的压力和干扰，但他们实事求是，顶住压力，排除干扰，坚持了自己的意见。

（边辑. 一份否定意见的审计报告的启示[J]. 注册会计师通讯，1998(6).）

第八节 收 入 确 认

一、收入概念

收入是指企业在日常活动中形成的、会导致所有者权益增加的、与所有者投入资本无关的经济利益的总流入。企业代第三方收取的款项，应当作为负债处理，不应当确认为收入。

二、商品销售收入的确认

销售商品收入同时满足下列条件的，才能予以确认。

(1) 企业已将商品所有权上的主要风险和报酬转移给购货方。

风险→商品贬值、损失、报废等损失。

报酬→未来的经济利益，商品升值。

如何判断主要风险和报酬是否转移，需要视不同情况而定：

① 同时转移。大多数情况下，所有权上的风险和报酬的转移，随所有权凭证的转移或实物的交付而转移。如大多数零售商品交易。

② 实物在先，转移风险报酬在后。有些情况下，企业已将所有权凭证或实物支付给买方，但所有权上的主要风险和报酬并未转移。企业可能在以下几种情况下保留商品所有权上的主要风险和报酬。

ⅰ. 企业销售商品在质量、品种、规格等方面不符合合同规定的要求，又未根据正当的保证条款予以弥补，因而仍负有责任。

如：销售产品，部分贷款预收、部分贷款收到商业汇票，因质量不符合合同规定要求，对方要求折让，否则退货。双方未能达到一致协议，即企业不同意折让。如果此时不采取任何补救措施，企业商业汇票可能收不到款。所以此时不能确认为收入，因为主要风险和报酬仍留在企业，未转移。

ⅱ. 企业销售商品的收入是否能够取得取决于买方（代销方或受托方）销售其商品的收入是否能够取得。

如：委托代销，只有受托方将商品销售后，所有权上风险和报酬才转移。所以在代销方式下，收到代销清单收入成立。

ⅲ. 企业尚未完成售出商品的安装或检验工作，且只有在安装完毕并检验合格后才能确认收入（如：电梯销售、安装很重要）。

ⅳ. 销售合同中规定了由于特定原因，买方有权退货的条款，而企业又不能确定退货的可能性。只有在买主正式接受商品时，或退货期满时确认收入。

如：推销新产品，一个月试用期，不满意退货，由于新产品不知有多少退货量，无法确认退货的可能性。

注　对于大多数零售企业，一般也承诺，不满意就退货，但可以根据过去的经验及其相关因素，合理估计退货量，则零售企业可以在转移所有权时，确认收入成立。

③ 风险报酬在先，实物在后。有些情况下，企业已将商品所有权上的主要风险和报酬转移给买方，但实物尚未支付，如交款提货就是在交款后，将提货单交给买方，不论实物有无转移，应确认为收入。

(2) 企业既没有保留通常与所有权相联系的继续管理权，也没有对已售出的商品实施有效控制。

如：某生产厂将产品低于成本价格卖给销售公司，如果规定销售公司销售后，赚取的利润按一定比例再分配生产厂，这种情况，生产厂在销售时不能确认为收入。因为生产厂保留了该商品所有权上继续管理权。

又如：某厂在销售商品时，协议规定多少日以后必须回购。分两种情况：

① 回购按回购当日市价回购，虽然商品涨价收益归买方所有，降价损失也归买方所有，即风险和报酬都归买方所有，但卖方仍有继续控制权。故不能确认收

入。(因为买方不能随便处置)

② 回购价格在原合同上已作规定,此时买方没有风险和报酬(即风险和报酬均无转移),另外不能自行处理(卖方要回购),所以卖方仍保留控制,因此整个过程中收入不成立。

这种现象属于融资协议,相当于典当。

(3) 收入的金额能够可靠计量。

收入的金额必须能可靠地计量,否则不能确认为收入。一般情况下,企业在销售商品时,售价通常已经确定,但销售过程中由于某种不确定因素,也有可能出现售价变动的情况,则新的售价未确定前不应当确认为收入。

(4) 相关经济利益很可能流入企业。

经济利益,是指直接或间接流入企业的现金或现金价款。在商品销售中,经济利益即为销售商品的价款。

如:托收承付结算方式,办妥了托收手续后,如果确知对方财务困难,收款可能性不大,不能确认为收入。

(5) 相关的、已发生的或将发生的成本能够可靠计量。

成本必须能可靠地计量。

如:订货销售,虽然货款已收,但无存货,产品还在制造过程中,或他人手中,成本无法确认计量,这时不能确认为收入,收取的货款只能作为负债。

三、商品销售收入计量

企业应当按照从购货方已收或应收的合同或协议价款确定商品销售收入金额,已收或应收的合同或协议价款显失公允的除外。应收的合同或协议价款与其公允价值相差较大的,应按照应收的合同或协议价款的公允价值确定销售商品收入金额,应收的合同或协议价款与其公允价值之间的差额,应当在合同或协议期间内采用实际利率法进行摊销,计入当期损益。销售商品涉及现金折扣的,应当按照扣除现金折扣前的金额来确认销售商品收入金额。现金折扣在实际发生时计入当期损益。销售商品涉及商业折扣的,应当按照扣除商业折扣后的金额来确认销售商品收入金额。商业折扣是指企业为促进商品销售而在商品标价上给予的价格扣除。企业已经确认销售商品收入的售出商品发生销售折让的,应当在发生时冲减当期销售商品收入。

四、提供劳务收入的确认和计量

企业提供的劳务种类很多,如旅游、运输、饮食、广告、咨询、代理、培训、产品安装等。有的劳务一次就能完成，且一般为现金交易。如饮食、理发、照相等；有的劳务需要花费一段较长的时间才能完成，如安装、旅游、培训、远洋运输等。企业提供劳务收入的确认原则因劳务完成时间的不同而不同。

1. 在同一会计期间内开始并完成的劳务

对于一次性完成的劳务，或劳务的开始和完成在同一会计期间，应当在提供劳务完成时确认收入。确认的金额通常为从接受劳务方已收或应收的合同或协议价款，确认原则可参照商品收入的确认原则。

企业对外提供劳务，如果属于企业主营业务，所实现的收入应作为主营业务收入处理，结转的相关成本应作为主营业务成本处理；如属于主营业务以外的其他经济活动，所实现的收入应作为其他业务收入，结转的相关成本作为其他业务成本处理。企业对外提供劳务的支出一般先通过"劳务成本"科目予以归集，待确认为费用时，再由"劳务成本"科目转入"主营业务成本"或"其他业务成本"科目。

对于一次性完成的劳务，企业应在劳务完成时确认收入及相关成本。对于持续一段时间但在同一会计期间内开始并完成的劳务，企业应在为提供劳务发生相关支出时确认劳务成本，劳务完成时再确认为劳务收入，并结转相关劳务成本。

2. 劳务的开始和完成分属不同的会计期间

(1) 提供劳务交易的结果能够可靠估计。

如劳务的开始和完成分属不同的会计期间，且企业在资产负债表日提供劳务交易的结果能够可靠估计的，应当采用完工百分比法确认提供劳务收入。完工百分比法，是指按照提供劳务交易的完工进度确认收入与费用的方法。提供劳务的交易结果能否可靠估计，依据以下条件进行判断。如同时满足下列条件，则表明提供劳务交易的结果能够可靠地估计：① 收入的金额能够可靠地计量。② 相关的经济利益很可能流入企业。③ 交易的完工进度能够可靠地确定。企业确定提供劳务交易的完工进度，通常可以选用下列方法：已完工作的测量、已经提供的劳务占应提供劳务总量的比例，以及已经发生的成本占估计总成本的比例。④ 交易中已发生和将要发生的成本能够可靠地计量。

(2) 提供劳务交易的结果不能可靠估计。

如劳务的开始和完成分属不同的会计期间，且企业在资产负债表日提供劳务交易的结果不能够可靠估计的，应当分别按下列情况处理：

① 已经发生的劳务成本预计能够得到补偿的，应当按照已经发生的劳务成本金额确认提供劳务收入，并按相同金额结转劳务成本。② 已经发生的劳务成本预计只能部分得到补偿的，应当按照能够得到补偿的劳务成本金额确认收入，并按已经发生的劳务成本结转劳务成本。③ 已经发生的劳务成本预计全部不能得到补

偿的，应当将已经发生的劳务成本计入当期损益，不确认提供劳务收入。

(3) 提供劳务收入确认条件的具体运用。

下列提供劳务满足收入确认条件的，应按规定确认收入：

① 安装费，在资产负债表日根据安装的完工进度确认收入。安装工作是销售商品附带条件的，安装费在确认销售商品实现时确认收入。② 宣传媒介的收费，在相关的广告或商业行为开始出现于公众面前时确认收入。广告的制作费，在资产负债表日根据制作广告的完工进度确认收入。③ 为特定客户开发软件的收费，在资产负债表日根据开发的完工进度确认收入。④ 包括在商品售价内可区分的服务费，在提供服务的期间内分期确认收入。⑤ 艺术表演、招待宴会和其他特殊活动的收费，在相关活动发生时确认收入。收费涉及几项活动的，预收的款项应合理分配给每项活动，分别确认收入。⑥ 申请入会费和会员费只允许取得会籍，所有其他服务或商品都要另行收费的，在款项收回不存在重大不确定性时确认收入。申请入会费和会员费能使会员在会员期内得到各种服务或商品，或者以低于非会员的价格销售商品或提供服务的，在整个受益期内分期确认收入。⑦ 属于提供设备和其他有形资产的特许权费，在交付资产或转移资产所有权时确认收入；属于提供初始及后续服务的特许权费，在提供服务时确认收入。⑧ 长期为客户提供重复的劳务收取的劳务费，在相关劳务活动发生时确认收入。

3. 提供劳务收入的计量

企业应当按照从接受劳务方已收或应收的合同或协议价款确定提供劳务收入总额，但已收或应收的合同或协议价款不公允的除外。在采用完工百分比法确认提供劳务收入时，收入和相关成本应按以下公式计算：

本期确认的劳务收入＝完工进度×提供劳务的收入总额
－以前会计期间累计已确认提供劳务收入

本期确认劳务成本＝完工进度×提供劳务的预计成本总额
－以前会计期间累计已确认提供劳务成本

4. 销售商品和提供劳务的区分

企业与其他企业签订的合同或协议包括销售商品和提供劳务时，销售商品部分和提供劳务部分能够区分且能够单独计量的，应当将销售商品的部分作为销售商品处理，将提供劳务的部分作为提供劳务处理。销售商品部分和提供劳务部分不能够区分，或虽然能够区分但不能够单独计量的，应当将销售商品部分和提供劳务部分全部作为销售商品处理。

五、让渡资产使用权收入的确认和计量

让渡资产使用权收入包括利息收入、使用费收入等。使用费收入主要指让渡无形资产等资产使用权的使用费收入。出租固定资产取得的租金、进行债权投资收取的利息、进行股权投资取得的现金股利等，也构成让渡资产使用权收入。这里主要介绍让渡无形资产等资产使用权的使用费收入的核算。

1．让渡资产使用权的使用费收入的确认

让渡资产使用权的使用费收入，应在同时满足下列条件时，才能予以确认：

(1) 相关的经济利益很可能流入企业；企业在确定让渡使用权的使用费收入金额是否很可能收回时，应当根据对方企业的信誉和生产经营情况、双方就结算方式和期限等达成的合同或协议条款等因素，综合进行判断。如果企业估计使用费收入金额收回的可能性不大，就不应确认为收入。

(2) 收入的金额能够可靠地计量。当让渡资产使用权的收入金额能够可靠估计时，企业才能确认收入。

2．让渡资产使用权的使用费收入的计量

企业应当分别按下列情况确定让渡资产使用权收入金额：

(1) 利息收入金额，按照他人使用本企业货币资金的时间和实际利率计算确定。

(2) 使用费收入金额，按照有关合同或协议约定的收费时间和方法计算确定。

3．让渡资产使用权的使用费收入的账务处理

企业让渡资产使用权的使用费收入，一般作为其他业务收入处理；让渡资产所计提的摊销额等，一般作为其他业务成本处理。

例　A公司向B公司转让某软件的使用权，一次性收取使用费60 000元，不提供后续服务，款项已经收回。A公司确认使用费收入的会计分录如下。

借：银行存款　　　　　　　　　　60 000

　　贷：其他业务收入　　　　　　　　60 000

六、合同收入的确认和计量

1．造价合同的类型

建造合同，是指为建造一项或数项在设计、技术、功能、最终用途等方面密切相关的资产而订立的合同。其中，所建造的资产主要包括房屋、道路、桥梁、水坝等建筑物，以及船舶、飞机、大型机械设备等。建造合同分为固定造价合同和成本加成合同。固定造价合同，指按照固定的合同价或固定单价确定工程价款的建造合同。

成本加成合同，是指以合同允许或其他方式议定的成本为基础，加上该成本的一定比例或定额费用确定工程价款的建造合同。固定造价合同与成本加成合同的主要区别在于风险的承担者不同。前者的风险主要有建造承包者承担，后者的主要风险主要由发包者承担。

2. 合同收入的内容

合同收入包括合同规定的初始收入以及因合同变更、索赔、奖励等形成的收入两部分。

(1) 合同的初始收入，即建造承包商与客户在双方签订的合同中最初商定的合同总金额，它构成合同收入的基本内容。

(2) 因合同变更、索赔、奖励等形成的收入。这部分收入并不构成合同双方在签订合同时已在合同中商定的合同总金额，而是在执行合同过程中由于合同变更、索赔、奖励等原因而形成的收入。建造承包商不能随意确认这些收入，只有在符合收入确认条件时才能构成合同总收入。

3. 建造合同成本

建造合同成本包括从合同签订开始至合同完成止所发生的、与执行合同有关的直接费用和间接费用。

(1) 直接费用是指为完成合同所发生的、可以直接计入合同成本核算对象的各项费用支出。直接费用包括四项费用：耗用的人工费用、耗用的材料费用、耗用的机械使用费和其他直接费用(指可直接计入合同成本的费用)。

(2) 间接费用是企业下属的施工单位或生产单位为组织生产和管理施工生产活动所发生的费用，包括临时设施摊销费用和施工、生产单位管理人员薪酬、固定资产折旧费及修理费、物料消耗、低值易耗品摊销、水电费、办公费、差旅费、财产保险费、工程保修费、排污费等。

直接费用在发生时直接计入合同成本；间接费用应在期末按系统、合理的方法分摊计入合同成本。常见的用于间接费用分摊的方法有人工费用比例法和直接费用比例法。合同完成后处置残余物资取得的收益等与合同有关的零星收益，应当冲减合同成本。合同成本不包括应当计入当期损益的管理费用、销售费用和财务费用。因订立合同而发生的有关费用，应当直接计入当期损益。

4. 合同收入和合同费用的确认和计量

在确认和计量建造合同的收入和费用时，首先应当判断建造合同的结果能否可靠地估计。

(1) 在资产负债表日，建造合同的结果能够可靠地估计。

在资产负债表日，建造合同的结果能够可靠地估计的，应当根据完工百分比法确认合同收入和合同费用。根据完工百分比法确认建造合同收入和费用的公式如下：

当期合同收入＝合同总收入×完工进度－以前会计期间累计已确认收入

当期合同费用＝合同预计总成本×完工进度－以前会计期间累计已确认费用

当期确认的毛利＝(合同总收入－合同预计总成本)×完工进度

－以前会计期间累计已确认毛利

其中,完工进度是指累计完工进度。企业确定合同完工进度可以选用下列方法：

① 累计实际发生的合同成本占合同预计总成本的比例;② 已经完成的合同工作量占合同预计总工作量的比例;③ 实际测定的完工进度。

在采用方法①的情况下,累计实际发生的合同成本不包括施工中尚未安装或使用的材料成本等与合同未来活动相关的合同成本,以及在分包工程的工作量完成之前预付给分包单位的款项。

(2) 在资产负债表日,建造合同的结果不能可靠地估计。

在资产负债表日,建造合同的结果不能可靠估计的,应当分别按下列情况处理：

① 合同成本能够收回的,合同收入根据能够收回的实际合同成本予以确认,合同成本在其发生的当期确认为合同费用。② 合同成本不可能收回的,在发生时立即确认为合同费用,不确认合同收入。需要指出的是,使建造合同的结果不能可靠估计的不确定因素不复存在时,应当改按完工百分比法确认合同收入和合同费用。③ 如果合同预计总成本超过合同预计总收入,应将预计损失确认为当期费用。

七、收入确认的主要账务处理

1. 银行本票、支票、汇票结算方式下

在发出商品并收到票据情况下确认为收入,账务处理如下。

借:银行存款

　　贷:主营业务收入

　　　　应交税费——应交增值税(销项税额)

2. 商业汇票结算方式下

在发出商品并收到票据情况下确认为收入,账务处理如下。

借:应收票据

　　贷:主营业务收入

　　　　应交税费——应交增值税(销项税额)

3. 委托收款、托收承付结算方式下(分对方财务无困难、对方财务困难两种情况)

例 某工业企业A于4月20日以托收承付方式向B企业销售一批商品,成本为60 000元,增值税发票上注明:售价100 000元,增值税17 000元。该批商品已经发出,并已向银行办妥托收手续。此时得知B企业在另一项交易中发生巨额损失,资金周转十分困难。经与购货方交涉,确定此项收入目前收回的可能性不大,决定不确认收入。因此应将已发出的商品成本转入"发出商品"科目,应作分录如下。

借:发出商品　　60 000
　　贷:库存商品　　60 000

同时将增值税发票上注明的增值税额作如下处理。

借:应收账款——应收销项税额　　17 000
　　贷:应交税费——应交增值税(销项税额)　　17 000

假定11月5日A企业得知B企业经营情况逐渐好转,B企业承诺近期付款,A企业可以确认收入。

借:应收账款——B企业　　100 000
　　贷:主营业务收入　　100 000

同时结转成本

借:主营业务成本　　60 000
　　贷:发出商品　　60 000

12月28日收到款项时

借:银行存款　　117 000
　　贷:应收账款——B企业　　100 000
　　　　　　　——应收销项税额　　17 000

4. 预收货款结算方式下

收到预收款时

借:银行存款
　　贷:预收账款

发出产品时

借:预收账款
　　贷:主营业务收入
　　　　应交税费——应交增值税(销项税额)

借:主营业务成本
　　贷:库存商品

5. 委托代销结算方式下(分视同买断、支付手续费两种情况)

(1) 在视同买断情况下,一般由委托方和受托方签订协议,委托方按照协议价收取委托代销商品的货款,实际销售价可由受托方自定,实际售价与协议价格之间的差额归受托方所有。因此,受托方在取得代销商品后,无论是否能够卖出、获利,均于委托方无关,那么委托方和受托方之间的代销商品交易,与委托方直接销售给受托方没有区别。在符合销售收入确认条件时,委托方确认为收入。如果委托方和受托方协议明确标明,将来受托方没有将商品售出时可以退回给委托方,或受托方亏损时可以要求委托方补偿,那么在发出商品时,委托方不能确认为收入。只有在受托方将商品销售后,按实际销售价格确认为收入,并向委托方开具代销清单;委托方收到代销清单时,确认为收入。

例　A 企业委托 B 企业销售甲商品 100 件,协议价为 100 元/件,该商品成本 60 元/件。A 企业收到 B 企业开来的代销清单时开具增值税发票,发票上注明:售价 10 000 元,增值税 1 700 元。B 企业实际销售时开具的增值税发票上注明:售价 12 000 元,增值税 2 040 元。假设按代销协议,B 企业可以将没有代销出去的商品退回给 A 企业。

A 企业应作如下分录。

① A 企业将甲商品交付 B 企业时

借:委托代销商品　　6 000
　贷:库存商品　　6 000

② A 企业收到代销清单时

借:应收账款——B 企业　　11 700
　贷:主营业务收入　　10 000
　　应交税费——应交增值税(销项税额)　　1 700
借:主营业务成本　　6 000
　贷:委托代销商品　　6 000

③ 收到 B 企业汇来的货款 11 700 元时

借:银行存款　　11 700
　贷:应收账款——B 企业　　11 700

B 企业应作如下分录。

① 收到甲商品时

借:受托代销商品　　10 000
　贷:代销商品款　　10 000

② 实际销售时

借:银行存款　　14 040
　贷:主营业务收入　　12 000
　　应交税费——应交增值税(销项税额)　　2 040
借:主营业务成本　　10 000
　贷:受托代销商品　　10 000
借:代销商品款　　10 000
　应交税费——应交增值税(进项税额)　　1 700
　贷:应付账款——A 企业　　11 700

③ 按合同协议价将款项付给 A 企业时

借:应付账款——A 企业　　11 700
　贷:银行存款　　11 700

(2) 在收取手续费情况下,即受托方根据所代销的商品数量向委托方收取手续费的销售方式。对于委托方来说,收取的手续费实际上是一种劳务收入。

假定上例中 B 企业应按每件 100 元售给顾客,A 企业按售价的 10%支付 B 企业手续费。B 企业实际销售时,即向买方开一张增值税额专用发票,发票上注明甲商品售价 10 000 元,增值税额 1 700 元。A 企业在收到 B 企业交来的代销清单时,向 B 企业开具一张相同金额的增值税额发票。

A 企业应作如下分录。

① A 企业将甲商品交付 B 企业时

借:委托代销商品　　6 000
　贷:库存商品　　6 000

② A 企业收到代销清单时

借:应收账款——B 企业　　11 700
　贷:主营业务收入　　10 000
　　应交税费——应交增值税(销项税额)　　1 700
借:主营业务成本　　6 000
　贷:委托代销商品　　6 000
借:营业费用——代销手续费　　1 000
　贷:应收账款——B 企业　　1 000

③ 收到 B 企业汇来的货款净额 10 700 元时

借:银行存款　　10 700
　贷:应收账款　　10 700

B 企业应作如下分录。

① 收到甲商品时

借:受托代销商品　　10 000

　贷:代销商品款　　10 000

② 实际销售时

借:银行存款　　11 700

　贷:应付账款——A 企业　　10 000

　　应交税费——应交增值税(销项税额)　　1 700

借:应交税费——应交增值税(进项税额)　　1 700

　贷:应付账款——A 企业　　1 700

借:代销商品款　　10 000

　贷:受托代销商品　　10 000

③ 按合同协议价将款项付给 A 企业时

借:应付账款——A 企业　　11 700

　贷:银行存款　　10 700

　　主营业务收入　　1 000

6. 分期收款结算方式下

分期收款销售指商品已经交付,但货款分期收回的一种方式。分期收款销售的特点是销售商品的价值较大,如房产、汽车、重型设备等,收款期较长,有的是几年,有的长达几十年。如果延期收取的款项具有融资性质,其实质是企业向购货方提供免息的信贷时,企业应按照合同或协议价款的公允价值确定收入金额。应收的合同或协议价款的公允价值,通常应当按照其未来现金流量现值或商品现销价格计算确定。

应收的合同或协议价款与其公允价值的差额,应当在合同或协议期间采用实际利率法进行摊销,计入当期损益(冲减财务费用)。会计实务中,基于重要性原则,应收的合同或协议价款与其公允价值的差额,若采用实际利率法进行摊销与采用直线法摊销结果相差不大的,也可以采用直线法摊销。

对于采用递延方式分期收款、具有融资性质的销售商品满足收入确认条件的,企业应按合同或协议价款,借记"长期应收款",按应收合同或协议的公允价值(折现值),贷记"主营业务收入"科目,按其差额,贷记"未实现融资收益"科目。

例　某企业 2008 年 1 月 1 日采用分期收款方式销售 A 设备一台,合同约定的销售价格 1 000 000 元,该设备成本 600 000 元,合同约定款项分 5 次在每年的 12 月 31 日等额收回。在现销方式下,该设备的销售价格为 800 000 元。假定企业收取最后一期货款时开出增值税专用发票,同时收取增值税额 170 000 元,不考虑其他因素。

本例中，企业应当确认的销售商品收入金额为 800 000 元，计算得出实际利率为 7.93%。

2008 年 1 月 1 日，企业应作如下会计分录。

借：长期应收款　　1 000 000

　贷：主营业务收入　　800 000

　　未实现融资收益　　200 000

借：主营业务成本　　600 000

　贷：库存商品　　600 000

7. 销售折让

销售折让应在实际发生时冲减发生当期的收入。发生销售折让时，如按规定允许扣减当期销项税额的，应同时用红字冲减“应交税费——应交增值税”科目的“销项税额”专栏。

例　某企业销售一批商品，增值税发票上注明售价 80 000 元，增值税额 13 600 元，货到后买方发现商品质量不合格，要求在价格上给予 5%的折让。

(1) 销售实现时应作如下分录。

借：应收账款　　93 600

　贷：主营业务收入　　80 000

　　应交税费——应交增值税(销项税额)　　13 600

(2) 发生销售折让时

借：主营业务收入　　4 000

　应交税费——应交增值税(销项税额)　　680

　贷：应收账款　　4 680

(3) 实际收到款时

借：银行存款　　88 920

　贷：应收账款　　88 920

8. 现金折扣

例　某企业在 2007 年 5 月 1 日销售一批商品 100 件，增值税发票上注明售价 10 000 元，增值税额 1 700 元，企业为了及早收回货款而在合同中规定符合现金折扣的条件为：2/10，1/20，N/30。假定计算折扣时不考虑增值税。

5 月 1 日销售实现时，应按总售价作收入，分录如下。

借:应收账款　　　　117 000

　贷:主营业务收入　　　　10 000

　　应交税费——应交增值税(销项税额)　　　　1 700

(1) 如5月9日买方付清货款,则按售价10 000元的2%折扣现金200(10 000×2%)元,实际付款11 500(11 700－200)元,应作如下分录。

借:银行存款　　　　11 500

　财务费用　　　　200

　贷:应收账款　　　　11 700

(2) 如5月18日付货款,则应享受的现金折扣为10 000×1%＝100元,实际付款11 600元,应作如下分录。

借:银行存款　　　　11 600

　财务费用　　　　100

　贷:应收账款　　　　11 700

(3) 如买方在5月底才付款,则应按全额付款,应作如下分录。

借:银行存款　　　　11 700

　贷:应收账款　　　　11 700

9. 销售退回(在报表结算日至批准日之间退回,作为资产负债表日后事项处理,其他日期销售退回)

销售退回是指企业售出的商品,由于质量、品种不符合要求等原因而发生的退货。销售退回可能发生在企业确认收入之前,这种处理比较简单,只要将已记入"发出商品"科目的商品成本转回"库存商品"科目;如企业确认收入后,又发生销售退回的,不论是当年销售的,还是以前年度销售的,一般均应冲减退回当月的销售收入,同时冲减退回当月的销售成本;如该项销售已经发生现金折扣或销售折让的,应在退回当月一并调整。企业发生销售退回时,如按规定允许扣减当期销项税的,应同时用红字冲减"应交税费——应交增值税"科目的"销项税额"专栏。但如资产负债表日及之前售出的商品在资产负债表日至财务报告批准报出日之间发生退回的,除应在退回当月作相关的账务处理外,还应作为资产负债表日后发生的调整事项,冲减报告年度的收入、成本和税金。如该项销售在资产负债表日及之前已发生现金折扣或销售折让的,还应同时冲减报告年度相关的折扣、折让。

例　某生产企业2009年销售A产品一批,售价50 000元。增值税额8 500元,成本26 000元,合同规定付款条件为:2/10,1/20,N/30。买方12月27日付款,享受现金折扣1 000元。2010年5月20日该批产品因质量不合格被退回。

该企业应作如下分录。

(1) 销售商品时

借:应收账款 58 500

贷:主营业务收入 50 000

应交税费——应交增值税(销项税额) 8 500

借:主营业务成本 26 000

贷:库存商品 26 000

(2) 收回货款时

借:银行存款 57 500

财务费用 1 000

贷:应收账款 58 500

(3) 销售退回时

借:主营业务收入 50 000

应交税费——应交增值税(销项税额) 8 500

贷:银行存款 57 500

财务费用 1 000

借:库存商品 26 000

贷:主营业务成本 26 000

如上述销售退回是在 2010 年 1 月份财务报告批准报出前发生的,该项销售退回应作为资产负债表日后事项,在 2010 年账上作如下调整分录(假定该企业所得税率为 33%)。

借:以前年度损益调整(50 000 - 1 000) 49 000

应交税费——应交增值税(销项税额) 8 500

贷:银行存款 57 500

借:库存商品 26 000

贷:以前年度损益调整 26 000

借:应交税费——应交所得税 7 590

贷:以前年度损益调整 7 590

"以前年度损益调整"科目余额 15 410 元应转入"利润分配——未分配利润"科目。

借:利润分配——未分配利润 15 410

贷:以前年度损益调整 15 410

同时在 2009 年度报表中作如下调整:① 在资产负债表中冲减银行存款 57 500 元;增加存货成本 26 000 元,冲减应交税费 16 090 元;② 在利润表中冲减收入

50 000 元，成本 20 000 元。财务费用 1 000 元，所得税 7 590 元。值得注意的是，如现金折扣是在 2010 年发生的，不需要在 2009 年度报表中冲减财务费用，同时在 2010 年账上应作如下调整。

借：以前年度损益调整　　50 000
　　应交税费——应交增值税（销项税额）　　8 500
　　贷：银行存款　　57 500
　　　　财务费用　　1 000
借：库存商品　　26 000
　　贷：以前年度损益调整　　26 000

有关冲减所得税和结转以前年度损益调整的分录同上，这里省略。

例　某厂委托某学校培训一批学员，培训期一年，双方签订协议，该厂支付总培训费 60 万元，分三次支付，每次 20 万元，每四个月支付一次，每四个月的第一个月支付。如果该厂支付一次后，由于效益不好，发生财务困难，后两期费用很难收回。但已发生成本 30 万元，则：只能将能补偿成本的 20 万元作为收入，另 10 万元不能补偿成本作为本期费用。主要账务处理如下。

(1) 借：银行存款　　200 000　（第一次收款）
　　　贷：预收账款　　200 000
(2) 借：主营业务成本　　300 000
　　　贷：银行存款（或其他科目）　　300 000
(3) 借：预收账款　　200 000
　　　贷：主营业务收入　　200 000
(4) 借：本年利润　　300 000
　　　贷：主营业务成本　　300 000

【案例 13】

美国施乐公司承认过去五年虚报收入近 20 亿美元

世界知名的办公和印刷设备制造商美国施乐公司 2002 年 6 月 28 日承认，从 1997 年到 2001 年的五年时间里，总共有 20 多亿美元的收入被错误计算，施乐公司这五年的税前利润总额将比原先公布的减少 14 亿美元。这是近年来继安然公司、世界通讯公司后的美国第三家大公司出现的财务问题。施乐公司的这份财务报告是应美国证券交易委员会的要求作出的，在报告中施乐公司解释说，在 1997 年到 2001 年间，有一笔总额 64 亿美元的收入被错误地计为设备销售收入，其中的 51 亿美元现在已被改为服务、租金和金融收入，还有 19 亿美元不应计入过去五年的收益，应当从今年开始计算。另外还有6亿美元是1997年以前的收益，也不应计为过去五年的收益。经过这番计算，施乐公司1997到2001年的实际税前利润应为896亿美元，比原先公布的910亿美元少了百分之二。施乐公司的这份财务报告经过了美国普华永道会计师事务所的审计。

（美国大公司再闹丑闻　施乐虚报收入被停牌[EB/OL]. 新浪财经网(2002-07-01). http://finance.sina.com.cn/j/20020701/227279.html.）

【案例14】

微软公司涉嫌作假账

据美国证券和交易委员会的调查，微软公司在1994年7月到1998年6月期间的会计行为存在严重虚报公司收入的情况，那几年微软公司盈利情况并非很好，但微软公司故意将大量应该在公司收入中扣除的储备资金不予计算，给人以虚高的印象。虽然美国证券和交易委员会没有指控微软公司有欺诈行为，但它指出，微软公司的会计行为导致投资者对公司的财务情况产生了错误的估计。

（微软称已就"涉嫌提交虚假财务报表"与SEC达成协议[EB/OL]. 新华网(2002-06-05). http://news.xinhuanet.com/newscenter/2002-06/05/content_425081.htm.）

第九节　会计政策变更

企业会计信息和企业产品一样都不能造假，但会计政策的选择性是企业经营权的重要内容。企业经营者可以在符合既定的相关法律法规和公司经营目标的前提下，作出明智的政策抉择，使会计政策的选择能均衡企业各方利益，最有利于企业价值的体现和增长。在会计准则的范围之内，企业经营者可以运用各种不同的选择和判断去影响或改变财务报告。

一、会计政策变更的概念

会计政策变更是指企业对相同的交易或事项由原来采用的会计政策改用另一会计政策行为。根据会计信息质量要求，会计信息要保持可比性，不得随意变更会计政策，如果要变更会计政策，必须具备以下条件之一：

(1) 法律、行政法规或者国家统一的会计制度等要求变更。这种情况是指，按照法律、行政法规以及国家统一的会计制度的规定，要求企业采用新的会计政策，则企业应当按照法律、行政法规以及国家统一的会计制度的规定改变原会计政策，按照新的会计政策执行。

(2) 会计政策变更能够提供更可靠、更相关的会计信息。例如，企业一直采用成本模式对投资性房地产进行后续计量，如果企业能够从房地产交易市场上持续地取得同类或类似房地产的市场价格及其他相关信息，从而能够对投资性房地产的公允价值作出合理的估计，此时，企业可以将投资性房地产的后续计量方法由成本模式变更为公允价值模式。

下列两种情况不属于会计政策变更：

(1) 本期发生的交易或者事项与以前相比具有本质差别而采用新的会计政策。例如，企业以往租入的设备均为临时需要而租入的，企业按经营租赁会计处理方法核算，但自本年度起租入的设备均采用融资租赁方式，则该企业自本年度起对新租赁的设备采用融资租赁会计处理方法核算。由于该企业原租入的设备均为经营性租赁，本年度起租赁的设备均改为融资租赁，经营租赁和融资租赁有着本质差别，因而改变会计政策不属于会计政策变更。例如：追加投资，由成本法转为权益法，不是政策变更。

(2) 对初次发生的或不重要的交易或者事项采用新的会计政策。

至于对不重要的交易或事项采用新的会计政策，不按会计政策变更作出会计处理，并不影响会计信息的可比性，所以也不作为会计政策变更。例如：低值易耗品的摊销。

注　固定资产计提折旧，考虑净残值、预计使用年限及产生经济利益方式问题，都属于估计变更。应收账款计提坏账准备的计提比例的改变，不属于会计政策变更，而属于会计估计变更。

二、会计政策变更的处理方法

(1) 国家有法律或行政法规、规章要求规定相关的会计处理方法，按有关规定处理。

(2) 国家没有规定处理方法的：

① 能确定会计政策变更累积影响数，用追溯调整法；

② 不能确定会计政策变更累积影响数，用未来适用法。

三、会计政策变更累积影响数的计算

会计政策变更累积影响数是指按变更后的会计政策对以前各期追溯计算的变

更年度期初留存收益应有的金额与现有的金额之间的差额。

注　留存收益金额，包括法定盈余公积、任意盈余公积以及未分配利润各项目，不考虑由于损益的变化而应补分的利润或股利。等于税后净收益。

会计政策变更累积影响数计算分五步：

第一步，根据新的会计政策重新计算受影响的前期交易或事项。

第二步，计算两种会计政策下的差异。

第三步，计算差异的所得税影响金额。

第四步，确认以前各期的税后差异。

第五步，计算会计政策变更的累积影响数。

四、追溯调整法

追溯调整法是指某项交易或事项变更会计政策时，如同该交易或事项初次发生时就开始采用新的会计政策，并以此对相关项目进行调整。（即应计算会计政策变更累积影响数，并调整变更年度的期初留存收益及会计报表相关项目。）

应用步骤如下：

(1) 计算确定会计政策变更的累积影响数。

(2) 进行相关的账务处理。

(3) 调整会计报表相关项目。

(4) 附注说明。

例　长江公司系上市公司，所得税采用债务法核算，适用的所得税税率为25%。该公司于2006年12月建造完工的办公楼作为投资性房地产对外出租，至2009年1月1日，该办公楼的原价为3 000万元，预计使用年限为25年，采用年限平均法计提折旧，无残值。假定税法规定的折旧方法、年限和净残值与会计相同。2009年1月1日，长江公司决定采用公允价值对出租的办公楼进行后续计量。该办公楼2009年1月1日的公允价值为3 200万元，该公司按净利润的10%提取盈余公积，2009年12月31日，该办公楼的公允价值为3 300万元。假定2009年1月1日前无法取得该办公楼的公允价值。

(1) 计算确定会计政策变更的累积影响数。如表5.11所示。

2009年1月1日，该投资性房地产已提折旧＝3 000÷25×2＝240(万元)。投资性房地产的账面价值＝3 000－240＝2 760(万元)，公允价值＝3 200万元，应确认递延所得税负债＝(3 200－2 760)×25%＝110(万元)。

表 5.11　改变计量方法的累积影响数

账面价值	公允价值	税前差异	所得税影响	税后差异
2 760	3 200	440	110	330

(2) 调整会计分录如下。

借:投资性房地产——成本　　3 200

　投资性房地产累计折旧(摊销)　　240

　贷:投资性房地产　　3 000

　　递延所得税负债　　110

　　利润分配——未分配利润　　330

借:利润分配——未分配利润　　33

　贷:盈余公积　　33

(3) 调整报表相关项目,如表 5.12 所示。

表 5.12　2009 年 1 月 1 日资产负债表部分项目的调整数

项　目	金额(万元)调增(+)调减(-)
投资性房地产累计折旧(摊销)	-240
投资性房地产	+200
递延所得税负债	+110
盈余公积	+33
未分配利润	+297

五、未来适用法

未来适用法是指对某项交易或事项变更会计政策时,新的会计政策使用于变更当期及未来期间发生的交易或事项。即不计算会计政策变更累积影响数,也不必调整变更年度的期初留存收益及会计报表相关项目,只在变更当年采用新的会计政策。

例　某企业对存货计价一直用先进先出法,由于物价上涨从 2008 年 1 月 1 日起改用加权平均法。2008 年 1 月 1 日存货价值 40 万元,2008 年购货 180 万元,2008 年末按先进先出法计算存货价值为 30 万元,按加权平均法计算存货价值为 10 万元,所得税率为 25%。

由于销货成本=期初存货+本期购货-期末存货

采用先进先出法的销售成本为

$$销售成本 = 40 + 180 - 30 = 190(万元)$$

采用加权平均法的销售成本为

$$销售成本 = 40 + 180 - 10 = 210(万元)$$

$$销售成本相差 = 210 - 190 = 20(万元)$$

$$对本期利润影响 = 20 \times (1 - 25\%) = 15(万元)$$

即由于会计政策变更使公司当期净利减少了 15 万元。

对于会计政策变更，企业应当根据具体情况，分别采用不同的会计处理方法。

(1) 法律、行政法规或者国家统一的会计制度等要求变更的情况下，企业应当分别按以下情况进行处理：① 国家发布相关的会计处理办法，则按照国家发布的相关会计处理规定进行处理；② 国家没有发布相关的会计处理办法，则采用追溯调整法进行会计处理。

(2) 会计政策变更能够提供更可靠、更相关的会计信息的情况下，企业应当采用追溯调整法进行会计处理，将会计政策变更累积影响数调整列报前期最早期初留存收益，其他相关项目的期初余额和列报前期披露的其他比较数据也应当一并调整。

(3) 确定会计政策变更对列报前期影响数不切实可行的，应当从可追溯调整的最早期间期初开始应用变更后的会计政策；在当期期初确定会计政策变更对以前各期累积影响数不切实可行的，应当采用未来适用法处理。其中，不切实可行，是指企业在采取所有合理的方法后，仍然不能获得采用某项规定所必需的相关信息，而导致无法采用该项规定，则该项规定在此时是不切实可行的。

对于以下特定前期，对某项会计政策变更应用追溯调整法或进行追溯重述以更正一项前期差错是不切实可行的：① 应用追溯调整法或追溯重述法的累积影响数不能确定；② 应用追溯调整法或追溯重述法要求对管理层在该期当时的意图作出假定；③ 应用追溯调整法或追溯重述法要求对有关金额进行重大估计，并且不可能将提供有关交易发生时存在状况的证据（例如，有关金额确认、计量或披露日期存在事实的证据，以及在受变更影响的当期和未来期间确认会计估计变更的影响的证据）和该期间财务报表批准报出时能够取得的信息这两类信息与其他信息客观地加以区分。

在某些情况下，调整一个或者多个前期比较信息以获得与当期会计信息的可比性是不切实可行的。例如，企业因账簿、凭证超过法定保存期限而销毁，或因不可抗力而毁坏、遗失，如火灾、水灾等，或因人为因素，如盗窃、故意毁坏等，可能使当期期初确定会计政策变更对以前各期累积影响数无法计算，即不切实可行，此时，会计政策变更应当采用未来适用法进行处理。

案例分析

1. A公司持有B公司80%的股份，并有权提名和选举B公司的董事长和总经理。A公司对该项投资采用权益法核算。由于B公司经营不力，连年亏损，已出现了严重的资不抵债现象。2006年年底B公司的净资产为－2 000万元，A公司按80%的持股比例将在长期股权投资账户的余额调整为－1 600万元。2007年2月，A公司将对B的控制股权全部协议转出，转让价1元。A公司因此在账面上形成了1 600 001元的投资收益。

问：A公司的会计处理是否合理合法？存在什么问题？

2. A公司是B公司的大股东之一，持有B公司有表决权资本的19%股份，小王是A公司的总经理和B公司的董事会成员，能左右B公司的经营决策。A公司对长期股权投资采用成本法核算，收到B公司分配利润时，A公司则以净利润的2%作为小王的奖金。因此，小王能够通过影响B公司分配利润来控制他个人的奖金，这等于自己给自己发奖金。

问：小王作为B公司的董事，使B公司分配较多的行为是在权限范围内吗？他的行为符合职业道德吗？这种行为会损害谁的利益？如何才能减少小王操纵奖金的可能性？

3. A作为一股份制上市公司，共有1亿股，现每股收益为0.1元，市价2元，市盈率为20倍。B公司出资1亿元购A公司0.5亿股，占50%股份。另出1亿元购A公司账面价值只有0.1亿元的资产，这样使A公司产生了0.9亿元的利润，使A公司的每股收益达到0.1＋0.9＝1(元)。如果市盈率不变，股价将达到20元，这样B公司将获8亿元的收益。

问：B公司这样做是否合理合法？存在什么问题？

4. 南方证券2004年1月2日被行政接管后，与南方证券关系最紧密的股东们纷纷作出了反应。上海汽车和首创股份同为南方证券的第一大股东，各持10.41%的股份，但是这两家公司计提减值准备的情况却不大一样。从2003年年报看，上海汽车对此项长期投资计提了100%的准备，而首创股份仅计提了15%的投资减值准备，金额为5 940万元。东电B股投资2.2亿元，参股南方证券2亿股，占该公司股权比例为5.78%，以前年度未提任何减值准备，本年度提取减值准备18 015万元。邯郸钢铁参股比例为2.9%，出资金额为1.1亿元，截至2003年9月底，已累计计提长期投资减值准备5 174.91万元，余额为5 825.09万元，扣除已计提的长期投资减值准备，余额部分占公司当期净资产 0.826%。中原油气投资南方证券的金额为 4 950 万元，占其总股本的 1.3%，本年度计提长期投资减值准备 2 724.35 万元。路桥建设 2000 年 12 月对南方证券投资 3 300 万元，占其注册资本的 0.87%，截至 2003 年 12 月 31 日止，计提的长期投资减值准备计 660 万元。万家乐 A 出资金额 0.1 亿元，占南方证券总股本的 0.35%。万家乐按 50%计提减值准备。

问：为什么不同企业计提减值准备的比例不相同？

5. 四川长虹 2004 年 12 月 28 日发布的 2004 年度预亏提示性公告显示，该公司除了拟对 APEX 公司应收账款计提外，还将对委托南方证券国债投资余额以及存货、短期投资等事项计提相应的减值准备，其中公司打算对委托南方证券国债投资余额计提减值准备涉及资金 1.828 亿元人民币，这使得其坏账计提总值可能高达 30 亿元人民币，让人有“一次亏个够”的感觉。据披露，截至 2004 年 12 月 25 日，公司对南方证券委托国债投资余额为 1.828 亿元。对此，四川长虹公告称，由于南方证券处于行政接管期，有关部门对南方证券债务解决办法还没有出台，公司的委托国债投资资金处于不安全状况。公司综合分析了从南方证券行政接管组以及媒体等其他方面获悉的信息后认为，南方证券目前债务十分巨大，已处于严重资不抵债状况。鉴于证券市场长期低迷以及证券行业的不景气状况，随着时间的推移，公司收回委托国债投资资金难度相当大。因此，公司董事会决定将遵循谨慎性原则，采用单项法全额计提减值准备，并将按法律规定程序尽可能地收回投资资金，最大限度地减少损失。

无论是对 APEX 公司应收账款还是对南方证券委托国债投资余额，长虹新一届领导班子采取的方法都是全额计提，导致长虹 2004 年度巨亏成为必然，令曾经让无数股民心驰神往的“长虹神话”顷刻灰飞烟灭。

问：为什么长虹新管理层此次要大幅撇账？

6. 江淮商店是一家小型零售商店，业主王江原是公务员，因到了退休年龄而离开公职。这个商店是用自己的日常积蓄投资的，开店的目的是使自己不闲下来，以丰富自己的老年生活。王江原做过会计工作，虽然他对经商心不在焉，但还是照例每年年末清点一下账务。经清点，他发现 2001 年有下列账项已成为坏账。A 660 元，B 540 元，C 2 600 元的 50%，另外 50%尚可收还。2001 年 1 月 1 日公司的资产负债表反映的坏账准备是 800，2001 年 12 月 31 日的坏账准备估计为应收账款余额的 5%，2001 年 12 月 31 日的应收账款 31 000 元。

试根据王江的上述情况，回答下列问题：

(1) 建立坏账准备的依据是哪一会计原则？为什么？

(2) 计算本年度应提取的坏账准备。

(3) 列出 2001 年 12 月 31 日的资产负债表、2001 年度的利润表(涉及本案例的部分)。

7. 小李开了一家商品零售商店，商店是 1 月初开始营业的，转眼已到 3 月底了。于是小李根据流水账清算了一下账目:1～3 月共计完成商品采购 496 235 元，给员工的工资支出为 152 660 元，运输费用为 42 680 元，租金和保险费为 36 430 元，共完成销售收入 1 680 786 元。

小李又对本月的存货收发进行了清点，上月末存货为 1 200 件，每件单价 12 元，本月初购进 4 000 件，购入单价 13 元，本月中旬购进 3 000 件，其中 2 000 件的购进单价为 14 元，1 000 件的购进单价 15 元，本月共销售 5 200 件，售价为 22 元。

试根据上述案例回答下列问题:

(1) 分别采用先进先出法和加权平均法计算期末存货的价值。

(2) 假设全部采购成本可认为是销售成本的一部分，所有其他成本应分配 50%作为销售成本，30%作为营业费用，20%作为管理费用。存货发出计价按先进先出法计算，试计算 3 个月的利润。

(3) 根据以上资料编制利润表。

8. A 公司以其所拥有的价值 3 000 万元正在建设的花园小区产权抵偿所欠银行 1.5 亿元的债务，由此产生了 1.2 亿元的利润。然后 A 公司又向银行以 1.5 亿元的价格回购该项产权。在这笔交易中，公司以一项资产抵偿 5 倍该项资产账面价值的债务，其结果是公司获得了 1.2 亿元的利润，然后，又制造出一笔交易，以相当于原来欠银行的债务金额向银行买回抵偿的花园小区。经过两项交易，公司和银行皆大欢喜，银行如数收回了全部贷款，而 A 公司也获得了 1.2 亿元的账面利润，顺利地实现企业扭亏为盈的目标。

问:你认为上述业务的会计处理什么地方存在问题? 为什么?

9. Doughtie's 食品公司是位于美国东南的食品加工和批发商。公司的一个分公司食品批发部门主要向学校和政府机构提供食品。

在发生欺诈的几年间，该分公司的利润率要低于同行业的其他公司，该公司利润率只占其销量收入的 2%，而行业的平均利润率为 7%。除了显示了较低利润率，公司的财务报表没有显示出任何财务困难的迹象。

Mark Hanley 在 Doughtie's 食品公司由一名销售员迅速地升任为该食品批发部门的经理。做了几年部门经理之后，由于他所在部门的业绩不太好，最高管理人员开始在全体计划会议上对其提出批评。经历了不太令人满意的一届任期后，另一个部门经理给 Hanley 出主意说，你应该通过虚增各期期末存货来增加分公司的报表利润。

如果 Hanley 能够找到虚增期末存货的方法,就可少报产品销售成本。(从基本成本流量模型可以知道:产品销售成本 = 期初存货 + 本期购买 - 期末存货。)通过少报产品销售成本,Hanley 就可以增加毛利和利润。

Hanley 的同事说:"小伙子,如果一个人从 200 英里外打电话问你的存货数量是多少,如果你照实说出存货数量,那你就太傻了。" Hanley 说他努力如实汇报,但有一天,他的上级列举了一些荒谬的数据,指出他所在部门的业绩很差。

尽管虚增期末存货增加了 Hanley 所在部门的利润,然而如本章前面所讨论的,这会在下一时期为他带来麻烦。在随后的证监会调查期间,Hanley 证实,他的部门最终会获得足够的利润以修正假的数据。然而,经济陷入了衰退,而且预期的新增利润也未发生。

每月结束时,Hanley 就与他的雇员清点存货。他将数据汇总在一起,并把这些数字汇报给公司总部。总部不要求每月存货的单据,所以他可以简单地将现有的存货加上一个虚构的数字。他所使用的一种方法是当汇编存货时改变计量单位。例如,他将一个分录从"13 盒酸苹果蛋糕"改为"13 箱酸苹果蛋糕"。

由于独立审计人员要对存货物品进行实地检查,所以年终数字篡改起来比较困难。Hanley 注意到审计人员不太喜欢在冷藏室中停留过多时间,所以他能够将审计人员不会过问的冷冻食品加上虚构的数字。有一年,在审计人员完成了存货检查并离开后,Hanley 将三张虚构的存货清单寄给审计人员,并声称他们检查了存货清点单,但忘了带走。审计人员对 Hanley 的解释很不满意,而且将虚构清算单中的数字加到了年终存货中。这三张清点单上的存货总额为 140 000 美元,它使该部门汇报的年终存货增加了 18.4%。

试对产生财务欺诈的原因进行分析并提出相应的防范措施。

10. 小王夫妇在 2000 年 1 月 1 日宣布成立了洁王洗染店,该店经营各种衣料的干洗、上色、保养业务。该店位于城市繁华的街道上,由于地理位置好,服务细致周到,许多客户不惜多走几步路来洁王洗染店。表 5.13 所示的固定资产是洁王洗染店于 2000 年 1 月 1 日购进使用的。

表 5.13 洁王洗染店固定资产

使用年限	成 本	使用期结束时的预计残值
房屋 50	155 000	5 000
设备 10	8 000	800
汽车 10	100 000	40 000

房屋和设备采用直线法折旧，汽车采用双倍余额递减法折旧。在 2002 年 12 月 1 日，以 60 000 元的价格售出汽车，同时假设在购买年度全年计算提取了折旧，而在出售年度未提取折旧。根据以上资料回答下列问题：

(1) 折旧的含义是什么？计算提取折旧的原因是什么？

(2) 确定固定资产折旧应考虑的各个因素。

(3) 计算洁王洗染店 2000 年、2001 年、2002 年的折旧额。

(4) 作出售出固定资产的账务处理。

(5) 列出 2002 年利润表和 2002 年末资产负债表的(与本题有关)项目。

11. 假定你正在考虑投资甲公司或乙公司。这两个公司实际上很类似，都是当年期开业的，会计年度为日历年度。当年，每个公司均买下了下列存货，资料如表 5.14 所示。

表 5.14 存货收发表

日 期	单位成本(元)	数量(件)	金额(元)
1 月 3 日	4	10 000	40 000
3 月 9 日	5	5 000	25 000
9 月 4 日	6	7 000	42 000
10 月 12 日	7	10 000	70 000
合 计		32 000	177 000

同年，两个公司都销售了 25 000 件存货。在 1 月初，两个公司都购买了价值为 150 000 元、使用 10 年、净残值为 20 000 元的设备。甲公司用先进先出法记录存货，直线法折旧；乙公司用加权平均法记录存货，双倍余额递减法折旧。两公司当年的销售收入都为 330 000 元，营业费用为 88 000 元。假设所得税税率为 25%，会计政策与税法一致。

要求：

(1) 分析以上两个公司当年利润发生差异的主要原因。

(2) 判断上述两个公司中一个公司是否比另一公司获利能力更强，说明理由。

(3) 如果两个公司当年的销售和采购行为均为现金操作，请对两个公司的现金流量进行分析。

(4) 请选择一投资方案并作出解释。

第六章　财 务 报 告

第一节　财务报告的内容及格式

一、财务报告的概念

所谓财务会计报告，是指企业对外提供的反映企业某一特定日期财务状况和某一会计期间经营成果、现金流量等会计信息的文件。企业应当按照《企业财务会计报告条例》的规定，编制和对外提供真实、完整的财务会计报告。企业的财务会计报告分为年度、半年度、季度和月度财务会计报告。月度、季度财务会计报告是指月度和季度终了提供的财务会计报告；半年度财务会计报告是指在每个会计年度的前6个月结束后对外提供的财务会计报告；年度财务会计报告是指年度终了对外提供的财务会计报告。通常将半年度、季度和月度财务会计报告统称为中期财务会计报告。

二、财务报表的定义和构成

财务报表是对企业财务状况、经营成果和现金流量的结构性表述。财务报表至少应当包括下列组成部分：① 资产负债表；② 利润表；③ 现金流量表；④ 所有者权益（或股东权益，下同）变动表；⑤ 附注。

财务报表可以按照不同的标准进行分类：

(1) 按财务报表编报期间的不同，可以分为中期财务报表和年度财务报表。中期财务报表是以短于一个完整会计年度的报告期间为基础编制的财务报表，包括月报、季报和半年报等。

(2) 按财务报表编报主体的不同,可以分为个别财务报表和合并财务报表。个别财务报表是由企业在自身会计核算基础上对账簿记录进行加工而编制的财务报表,它主要用以反映企业自身的财务状况、经营成果和现金流量情况。合并财务报表是以母公司和子公司组成的企业集团为会计主体,根据母公司和所属子公司的财务报表,由母公司编制的综合反映企业集团财务状况、经营成果及现金流量的财务报表。

三、财务报表列报的基本要求

(1) 企业应当以持续经营为基础,根据实际发生的交易和事项,按照基本准则和其他各项具体准则的规定进行确认和计量,在此基础上编制财务报表。

(2) 企业不应以附注披露代替确认和计量。以持续经营为基础编制财务报表不再合理的,企业应当采用其他基础编制财务报表,并在附注中披露这一事实。

(3) 财务报表项目的列报应当在各个会计期间保持一致,不得随意变更,但下列情况除外:

① 会计准则要求改变财务报表项目的列报。

② 企业经营业务的性质发生重大变化后,变更财务报表项目的列报能够提供更可靠、更相关的会计信息。

(4) 性质或功能不同的项目,应当在财务报表中单独列报,但不具有重要性的项目除外。

性质或功能类似的项目,其所属类别具有重要性的,应当按其类别在财务报表中单独列报。重要性,是指财务报表某项目的省略或错报会影响使用者据此作出经济决策的,该项目具有重要性。重要性应当根据企业所处环境,从项目的性质和金额大小两方面予以判断。

(5) 财务报表中的资产项目和负债项目的金额、收入项目和费用项目的金额不得相互抵销,但其他会计准则另有规定的除外。财务报表项目应当以总额列报,资产和负债、收入和费用不能相互抵销,即不得以净额列报,但企业会计准则另有规定的除外。比如企业欠客户的应付款不得与其他客户欠本企业的应收账款相抵消,如果相互抵消就掩盖了交易的实质。

下列两种情况不属于抵销,可以以净额列示:① 资产项目按扣除减值准备后的净额列示,不属于抵销。对资产计提减值准备,表明资产的价值确实已经发生减损,按扣除减值准备后的净额列示,才反映了资产当时的真实价值。② 非日常活动的发生具有偶然性,并非企业主要的业务,从重要性来讲,非日常活动产生的损益以收入扣减费用后的净额列示，更有利于报表使用者的理解，也不属于抵销。

(6) 当期财务报表的列报，至少应当提供所有列报项目上一可比会计期间的比较数据，以及与理解当期财务报表相关的说明。

财务报表项目的列报发生变更的，应当对上期比较数据按照当期的列报要求进行调整，并在附注中披露调整的原因和性质，以及调整的各项目金额。对上期比较数据进行调整不切实可行的，应当在附注中披露不能调整的原因。

不切实可行，是指企业在作出所有合理努力后仍然无法采用某项规定。

(7) 企业应当在财务报表的显著位置至少披露以下内容：编报企业的名称、资产负债表日或财务报表涵盖的会计期间、人民币金额单位。财务报表是合并财务报表的，应当予以标明。

(8) 企业至少应当按年编制财务报表。根据《中华人民共和国会计法》的规定，会计年度自公历 1 月 1 日起至 12 月 31 日止。因此，在编制年度财务报表时，可能存在年度财务报表涵盖的期间短于一年的情况，比如企业在年度中间（如 3 月 1 日）开始设立等，在这种情况下，企业应当披露年度财务报表的实际涵盖期间，以及短于一年的原因，并说明由此引起财务报表项目与比较数据不具可比性这一事实。

【案例】

郑百文公司财务报表的编制

1997 年底，"郑百文公司"各分公司把 1997 年的报表报到集团公司财务处，财务处主任都××把公司 1997 年报表显示严重亏损的情况报告给董事长李××，李××当面指使都××必须完成 1997 年董事会下达的指标，为 1998 年公司配股做好准备，报表退回去重新做。为此，李××还专门召开分公司会议，会上李××要求各分公司必须完成 1997 年董事会下达的利润指标，呆账不能显示出来，预提返利全部入账，并要求公司财务部主任督办。会后，都××按照李董事长的指示，让财务处会计周××把 1997 年的报表退回家电分公司，家电分公司主管会计魏××按照财务处的要求让家电各部门再弄虚作假报表，与董事会下达的指标一致，同时向家电公司的财务经理杨××汇报，杨××认为这样下去公司会亏空更大，就会同副总经理焦××、王××给董事会写了一个报告，交给了总经理卢××，卢××于 1998 年 2 月初同都××一块去深圳给董事长李××汇报。李××不听汇报，指示公司财务报表必须与董事长下达的利润指标一致。按照董事长李××的要求，家电公司重新做报表，造成"郑百文公司"财务报告虚假。事后查实，"郑百文公司"家电分公司 1997 年第一次上报的财务报表中显示当年亏损 15 429.9 万元，重新制作的会计报表显示盈利 9 369 万元。“郑百文公司”依据重新制作的会计报表向社会公开披露。

2002 年 3 月底，河南省第九届人大会议第 27 次会议作出决定：“郑百文公司”董事长、法人代表李××因涉嫌提供虚假财务报告罪，罢免其人大代表资格，并移交司法机关追究刑事责任。

（“郑百文”案新进展：原人大代表李福乾等人被起诉[EB/OL].中国新闻网(2002-08-04).http://www.chinanews.com/2002-08-04/26/208700.html.）

第二节 资产负债表

一、资产负债表的概念

资产负债表是反映企业在某一特定日期（月末、季末、年末）资产、负债、所有者权益财务状况的报表，是静态报表，它表明企业在某一特定日期所拥有或控制的经济资源、所承担的现有义务和所有者对净资产的要求权。

二、资产负债表编制的理论依据

资产负债表编制的理论依据是会计等式：

资产＝负债＋所有者权益

三、资产负债表的作用

资产负债表中的资产类至少应当单独列示反映下列信息的项目：① 货币资金；② 应收及预付款项；③ 交易性投资；④ 存货；⑤ 持有至到期投资；⑥ 长期股权投资；⑦ 投资性房地产；⑧ 固定资产；⑨ 生物资产；⑩ 递延所得税资产；⑪ 无形资产。资产负债表中的资产类至少应当包括流动资产和非流动资产的合计项目。资产负债表中的负债类至少应当单独列示反映下列信息的项目：① 短期借款；② 应付及预收款项；③ 应交税金；④ 应付职工薪酬；⑤ 预计负债；⑥ 长期借款；⑦ 长期应付款；⑧ 应付债券；⑨ 递延所得税负债。资产负债表中的负债类至少应当包括流动负债、非流动负债和负债的合计项目。资产负债表中的所有者权益类至少应当单独列示反映下列信息的项目：① 实收资本（或股本）；② 资本公积；③ 盈余公积；④ 未分配利润。在合并资产负债表中，应当在所有者权益类单独列示少数股东权益。资产负债表中的所有者权益类应当包括所有者权益的合计项目。资产负债表应当列示资产总计项目，负债和所有者权益总计项目。

根据资产负债表提供的信息，它的作用主要有以下几个方面：

(1) 掌握企业的经济资源分布及构成状况。

(2) 评价企业筹资能力及资金来源的结构合理性。

(3) 评价企业的偿债能力。

(4) 预测财务状况变动趋势。

四、资产负债表的格式

资产负债表的格式有报告式和账户式两种，报告式资产负债表是上下结构，上半部列示资产，下半部列示负债和所有者权益。具体排列形式又有两种：一是按"资产＝负债＋所有者权益"的原理排列；二是按"资产－负债＝所有者权益"的原理排列。账户式资产负债表是左右结构，左边列示资产，右边列示负债和所有者权益。不管采取什么格式，资产各项目的合计等于负债和所有者权益各项目的合计这一等式不变。在我国，资产负债表采用账户式。每个项目又分为"年初数"和"期末数"两栏分别填列。通过账户式资产负债表反映资产、负债和所有者权益之间的内在关系，并达到资产负债表左方和右方平衡。

五、资产负债表项目的排列

资产负债表是对企业资产、负债、所有者权益在报表上的反映，值得一提的是，资产负债表上的项目与会计科目并不是一一对应的。资产负债表项目排列的顺序是：

资产按流动性大小排列，流动性强排列在前，流动性弱排列在后；

负债按偿还日期长短排列，偿还日期短排列在前，偿还日期长排列在后；

所有者权益按递减性强弱排列，递减性弱排列在前，递减性强排列在后。

六、资产负债表的编制方法

资产负债表各项目数据的来源，主要通过以下几种方式取得。

(1) 根据总账科目余额直接填列。

如"交易性金融资产"、"工程物资"、"固定资产清理"、"递延所得税资产"、"短期借款"、"交易性金融负债"、"应付票据"、"应付职工薪酬"、"应交税费"、"应付利息"、"应付利润"、"其他应付款"、"专项应付款"、"预计负债"、"递延所得税负债"、

"实收资本"、"资本公积"、"盈余公积"等项目。

例　某企业 2008 年 12 月 31 日结账后"交易性金融资产"科目余额为 100 000 元，则该企业 2008 年 12 月 31 日资产负债表中的"交易性金融资产"项目金额为 100 000 元。

(2) 根据若干总账科目余额计算填列。

如"货币资金"项目根据"库存现金"、"银行存款"、"其他货币资金"科目期末余额的合计数填列。"存货"项目根据"材料采购"、"原材料"、"库存商品"、"材料成本差异"、"周转材料"、"发出商品"、"生产成本"等科目的期末余额的合计数填列。"未分配利润"项目根据"利润分配"、"本年利润"科目的期末余额的合计数填列。

例　某企业 2008 年 12 月 31 日结账后"库存现金"、"银行存款"和"其他货币资金"科目余额分别为 10 000 元、4 000 000 元和 1 000 000 元。则该企业 2008 年 12 月 31 日资产负债表中的"货币资金"项目金额为

$$10\,000 + 4\,000\,000 + 1\,000\,000 = 5\,010\,000(\text{元})$$

(3) 根据明细科目余额方向分析计算填列。

如"应收账款"与"预收账款"项目，"预付账款"与"应付账款"项目。"预收账款"项目根据"应收账款"和"预收账款"科目的所属相关明细科目的期末贷方余额填列；"应收账款"项目根据"应收账款"和"预收账款"科目的所属相关明细科目的期末借方余额减去已计提的坏账准备后的净额填列。"预付账款"项目根据"应付账款"和"预付账款"科目的所属相关明细科目的期末借方余额填列；"应付账款"项目根据"应付账款"和"预付账款"科目的所属相关明细科目的期末贷方余额填列。

例　某企业 2008 年 12 月 31 日结账后有关科目所属明细科目借贷方余额如表 6.1 所示。

表 6.1　明细科目借贷方余额

单位：元

科目名称	明细科目借方余额合计	明细科目贷方余额合计
应收账款	1 600 000	100 000
预付账款	800 000	60 000
应付账款	400 000	1 800 000
预收账款	600 000	1 400 000

该企业 2008 年 12 月 31 日资产负债表中相关项目的金额为

$$\text{应收账款项目的金额} = 1\,600\,000 + 600\,000 = 2\,200\,000(\text{元})$$

预收账款项目的金额 = 1 400 000 + 100 000 = 1 500 000(元)

预付账款项目的金额 = 800 000 + 400 000 = 1 200 000(元)

应付账款项目的金额 = 60 000 + 1 800 000 = 1 860 000(元)

(4) 根据总账科目和明细科目余额分析计算填列。

如“长期应收款”项目,应当根据“长期应收款”总账科目余额,减去“未实现融资收益”总账科目余额,再减去所属明细科目中将于一年内到期的部分填列。“长期待摊费用”项目,应当根据“长期待摊费用”总账科目余额扣除“长期待摊费用”所属明细科目中将于一年内到期的部分填列;“长期借款”项目,应当根据“长期借款”总账科目余额扣除“长期借款”所属明细科目中将于一年内到期的部分填列;“应付债券”项目,应当根据“应付债券”总账科目余额扣除“应付债券”所属明细科目中将于一年内到期的部分填列;分别列示在流动项目和非流动项目。“长期应付款”项目,应当根据“长期应付款”总账科目余额,减去“未确认融资费用”总账科目余额,再减去所属明细科目中将于一年内到期的部分填列。

例 某企业 2008 年 12 月 31 日结账后“长期待摊费用”科目余额为 375 000 元,将在一年内摊销的金额为 204 000 元。则该企业 2008 年 12 月 31 日资产负债表中的“长期待摊费用”项目金额为

$$375\ 000 - 204\ 000 = 171\ 000(\text{元})$$

将于一年内摊销完毕的 204 000 元,应当填列在流动资产下“一年内到期的非流动资产”项目中。

(5) 根据总账科目余额减去准备科目余额计算填列。

如“应收票据”、“应收账款”、“其他应收款”、“存货”、“可供出售金融资产”、“持有至到期投资”、“长期股权投资”、“固定资产”、“无形资产”、“在建工程”、“商誉”等。

例 某企业 2008 年 12 月 31 日结账后“长期股权投资”科目余额为 100 000 元,“长期股权投资减值准备”科目余额为 6 000 元。则该企业 2008 年 12 月 31 日资产负债表中的“长期股权投资”项目金额为

$$100\ 000 - 6\ 000 = 94\ 000(\text{元})$$

例 甲公司 2010 年度结账后,各相关科目的期末余额如表 6.2 所示 :假定甲公司 2010 年资产负债表各项年初余额给出在报表中。另外假设该公司 2010 年度除计提固定资产减值准备导致固定资产账面价值与其计税基础存在可抵扣暂时性差异外,其他资产和负债账面价值均等于其计税基础。适应所得税率为 25%。

表 6.2 ××企业会计科目余额表

单位:元

会计科目	借方余额	贷方余额
库存现金	2 000	
银行存款	786 135	
其他货币资金	7 300	
交易性金融资产	0	
应收票据	66 000	
应收账款	600 000	
坏账准备		1 800
其他应收款	5 000	
材料采购	275 000	
原材料	45 000	
周转材料	38 050	
库存商品	2 122 400	
材料成本差异	4 250	
其他流动资产	90 000	
长期股权投资	250 000	
固定资产	2 401 000	
累计折旧		170 000
固定资产减值准备		30 000
工程物资	150 000	
在建工程	578 000	
无形资产	600 000	
累计摊销		60 000
其他非流动资产	200 000	
递延所得税资产	9 900	
短期借款		50 000
应付票据		100 000

续表

会计科目	借方余额	贷方余额
应付账款		953 800
其他应付款		50 000
应付职工薪酬		180 000
应交税费		226 731
应付利息		0
应付股利		32 215.85
一年内到期的非流动负债		0
长期借款		1 160 000
实收资本		5 000 000
资本公积		0
盈余公积		124 770.40
利润分配(未分配利润)		190 717.75
合　计	8 330 035	8 330 035

根据以上资料编制资产负债表如表 6.3 所示。

表 6.3　资产负债表

会企 01 表

编制单位:甲公司　　　　2010 年 12 月 31 日　　　　单位:元

资　产	期末余额	年初余额	负债和所有者权益(或股东权益)	期末余额	年初余额
流动资产:			流动负债:		
货币资金	795 435	1 406 300	短期借款	50 000	300 000
交易性金融资产	0	15 000	交易性金融负债	0	0
应收票据	66 000	246 000	应付票据	100 000	200 000
应收账款	598 200	299 100	应付账款	953 800	953 800
预付款项	100 000	100 000	预收款项	0	0

续表

资 产	期末余额	年初余额	负债和所有者权益（或股东权益）	期末余额	年初余额
应收利息	0	0	应付职工薪酬	180 000	110 000
应收股利	0	0	应交税费	226 731	36 600
其他应收款	50 000	5 000	应付利息	0	1 000
存货	2 484 700	2 580 000	应付股利	32 215.85	0
一年内非到期的流动资产	0	0	其他应付款	50 000	50 000
其他流动资产	90 000	100 000	一年内到期的非流动负债	0	1 000 000
流动资产合计	4 139 335	47 514 000	其他流动负债	0	0
非流动资产：			流动负债合计	1 592 746.85	2 651 400
可供出售金融资产	0	0	非流动负债：		
持有至到期投资	0	0	长期借款	1 160 000	600 000
长期应收款	0	0	应付债券	0	0
长期股权投资	250 000	250 000	长期应付款	0	0
投资性房地产	0	0	专项应付款	0	0
固定资产	2 201 000	1 100 000	预计负债	0	0
在建工程	578 000	1 500 000	递延所得税负债	0	0
工程物资	150 000	0	其他非流动负债	0	0
固定资产清理	0	0	非流动负债合计	1 160 000	0
生产性生物资产	0	0	负债合计	2 752 746.85	3 251 400
油气资产	0	0	所有者权益（或股东权益）：		
无形资产	540 000	600 000	实收资本(或股本)	5 000 000	5 000 000
开发支出	0	0	资本公积	0	0

续表

资　产	期末余额	年初余额	负债和所有者权益（或股东权益）	期末余额	年初余额
商誉	0	0	减:库存股	0	0
长期待摊费用	0	0	盈余公积	124 770.40	100 000
递延所得税资产	9 900	0	未分配利润	190 717.75	50 000
其他非流动资产	200 000	200 000	所有者权益(或股东权益)合计	5 315 488.15	5 150 000
非流动资产合计	3 928 900	3 650 000			
资产总计	8 068 235	8 401 400	负债和所有者权益(或股东权益)总计	8 068 235	8 401 400

第三节　利　润　表

一、利润表概念

利润表又称收益表，是反映企业一定期间生产经营成果的会计报表，是动态报表、月报表。我国的利润表由主表、补充资料和附表三部分做成，对影响利润（或亏损）的项目作多步分类和计算后，完整地反映企业在一定期间内利润（或亏损）的实际情况。

二、利润表编制的理论依据

利润表编制的理论依据是会计等式：

$$收入-费用=利润$$

三、利润表的作用

利润表把企业一定时期的营业收入与其同一会计期间相关的营业费用进行配

比，以计算出企业一定时期的净利润（或净亏损）。利润表至少应当单独列示反映下列信息的项目：① 营业收入；② 营业成本；③ 营业税金；④ 管理费用；⑤ 销售费用；⑥ 财务费用；⑦ 投资收益；⑧ 公允价值变动损益；⑨ 资产减值损失；⑩ 非流动资产处置损益；⑪ 所得税费用；⑫ 净利润。利润表的主要作用有：

(1) 能够反映企业生产经营的收益和成本耗费情况，表明企业生产经营成果。

(2) 可以分析企业今后利润的发展趋势及获利能力，了解投资者投入资本的完整性。

(3) 是进行利润分配的主要依据。

四、编制利润表的观念和格式

企业在会计期间会发生各种收入、费用、支出业务，在编制利润表时，是否均应纳入，也就是本期收益包括哪些内容，这是一个颇有争议的问题。对此，会计理论上存在着两种截然不同的观念：本期营业观和损益满计观。

(1) 本期营业观：指本期利润表中所计列的收益仅包括本期由经营活动所产生的各项成果，也即仅反映本期经营性的业务成果。以前年度损益调整项目以及不属于本期经营活动的收支项目不列入利润表，而径直在留存收益表或利润分配表中反映。主张本期营业观的主要依据是：

① 利润表的主要作用是反映企业在某一特定时期的经营成果，据以理解、评价和预测企业的获利能力。纳入利润表的项目应该以能反映管理部门可控制的、表明企业努力程度的当期营业活动的成果为限。这样的收益信息能真实反映企业的经营绩效，如将营业外收支、非常损益编入利润表，则表述的经营成果和获利能力并不足以衡量企业的主观努力程度。

② 股东和潜在的股东对利润表最感兴趣或最关心的是由当期正常营业活动所产生的损益。利润表只编制当期营业活动的经营成果，剔除与当期营业活动无关的收支义务，则可提高利润表的可预测性。如果将当期发生的所有收支业务均纳入利润表，则不容易看出企业正常的经营成果，也难以判断企业的盈亏趋势，更不利于将各期利润表以及与同行业中其他企业的利润表进行相互比较，分不清优劣。

③ 中期利润表中如果包括前期损益调整数以及营业外收支、非常净损失，则使本期利润不能反映实际的盈利水平，而且由于前期的利润表信息失真，更使本期利润和后期利润数据受到牵连，一错再错。

(2) 损益满计观：指本期利润应包括所有由本期确认的业务活动引起的损益项目。依照这一观点，所有当期营业活动引起的收入、费用等项目，利得和损失，以及前期损益调整项目等均无一遗漏地纳入利润表。损益满计观也有一定的理论依据，概述如下：

① 营业和非营业项目以及本期确认和非本期确认的收支项目有时极难划分。同一项目在一家公司可能为营业项目，在另一家公司则为营业外项目。甚至同一家公司，同一项目也在某一年度为营业外项目，而在以后年度则可能演变为营业项目，有些收支项目的确认也带有主观性。在这些情况下，若采用本期营业观编制利润表，则不同企业的利润表及同一企业不同年度的利润表势必将不具可比性。

② 由于上述原因，采用本期营业观，将使管理部门握有任意操纵各年收益信息的机会，例如故意将非常损益项目列为正常损益项目，或者相反。

③ 损益满计观下利润表较易编制和理解，会计人员虽然也要区分营业收益与非营业收益，界定以前年度损益调整项目，但即使分不清，也不会影响利润表的完整性。

④ 在利润表按损益满计观编制的情况下，再将各种损益项目的性质加以披露，报表用户便能按其各自的需要对收益项目加以分类，然后对企业经营成果和获利能力作出合理的判断。

对于以上两种编制利润表的观点，我国会计实务采取的是折中的损益满计观，即：将某些利得和损失列入利润表，如公允价值变动收益、非流动资产处置损益等；而将另一部分利得和损失列为所有者权益，如直接计入所有者权益的利得或损失等；对于以前年度损益，调整项目的以前年度实际数。

如何在利润表中完整与多角度地反映企业在一定期间利润（或亏损）的实际情况是一个十分重要的问题。对利润表各项目的披露存在两种主要方式，即费用功能法与费用性质法。

所谓费用功能法，是在赚取收益的过程中，以每项费用所发挥的作用来反映费用的一种方法。而费用性质法，是指以耗用的费用性质，如劳动对象、劳动者、劳动资料来反映费用的一种方法。

我国利润表采用的是费用功能法，但利润表的附注信息则以费用性质法予以披露。

不论是费用功能法还是费用性质法，对如何反映利润的形成，还存在着以单步骤还是多步骤进行披露的争议。

所谓单步骤利润表，是指将本期发生的有利因素置于利润表的上方，再减去所有不利因素以计算出当期利润的一种利润表。主张采用单步骤编制利润表的理由是，认为所有的收入和费用都是同质的，任何分类都有主观之嫌。

所谓多步骤利润表，则是根据每项费用和收入之间的关系，分步骤披露各不同项目的利润表,如分步骤披露营业利润、利润总额、净利润等项目。主张多步骤编制利润表的主要理由是,认为有些收入和费用是有联系的,应当将其与其他项目分开列示。此外,企业日常发生的、可控制的利润项目应当优先反映。

我国会计准则要求采用费用功能法,对影响本期净利润(或亏损)项目进行多步骤分类和计算,并以此为基础编制利润表。

五、利润表的编制方法

利润表各项目的数据是根据损益类账户本期发生额填列的。

(1)“营业收入”项目,反映企业经营主要业务所取得的收入总额。本项目应根据“主营业务收入”和“其他业务收入”科目的发生额分析填列。

(2)“营业成本”项目,反映企业经营主要业务发生的实际成本。本项目应根据“主营业务成本”和“其他业务成本”科目的发生额分析填列。

(3)“营业税金及附加”项目,反映企业经营主要业务应负担的营业税、消费税、城市维护建设税、资源税、土地增值税和教育费附加等。本项目应根据“营业税金及附加”科目的发生额分析填列。

(4)“销售费用”项目,反映企业在销售商品等过程中发生的费用。本项目应根据“销售费用”科目的发生额分析填列。

(6)“管理费用”项目,反映企业发生的管理费用。本项目应根据“管理费用”科目的发生额分析填列。

(7)“财务费用”项目,反映企业发生的财务费用。本项目应根据“财务费用”科目的发生额分析填列。

(8)“资产减值损失”项目反映企业计提的各项资产减值准备所形成的损失。本项目应根据“资产减值损失”科目的发生额分析填列。

(9)“投资收益”项目,反映企业以各种方式对外投资所取得的收益。本项目应根据“投资收益”科目的发生额分析填列;如投资为损失,以“-”号填列。

(10)“公允价值变动收益”项目,反映企业交易性金融资产、交易性金融负债以及采用公允价值模式计量的投资性房地产等公允价值变动形成的应计入当期损益的利得和损失等。本项目应根据“公允价值变动收益”科目的发生额分析填列。

(11)“营业外收入”和“营业外支出”项目,反映企业发生的与其生产经营无直接关系的各项收入和支出。这两个项目应分别根据“营业外收入”和“营业外支出”科目的发生额分析填列。

(12)“利润总额”项目,反映企业实现的利润总额。如为亏损总额,以“-”号填列。

(13)“所得税费用”项目，反映企业按规定从本期损益中减去的所得税费用。本项目应根据“所得税费用”科目的发生额分析填列。

(14)“净利润”项目，反映企业实现的净利润。如为净亏损，以“-”号填列。

例 甲公司2010年度有关损益类科目本年累计发生净额如表6.4所示。

表6.4 损益类科目2010年度累计发生净额

单位:元

科目名称	借方发生额	贷方发生额
主营业务收入		1 250 000
主营业务成本	750 000	
营业税金及附加	2 000	
销售费用	20 000	
管理费用	157 100	
财务费用	41 500	
资产减值损失	30 900	
投资收益		31 500
营业外收入		5 000
营业外支出	19 700	
所得税费用	112 596	

根据上述资料，编制该企业2010年利润表，如表6.5所示。

表6.5 利润表

编制单位：甲公司　　2010年　　单位:元

项　目	本期金额	上期金额(略)
一、营业收入	1 250 000	
减:营业成本	750 000	
营业税金及附加	2 000	
销售费用	20 000	
管理费用	157 100	

续表

项 目	本期金额	上期金额(略)
财务费用	41 500	
资产减值损失	30 900	
加:公允价值变动收益(损失以“-”号填列)	0	
投资收益(损失以“-”号填列)	31 500	
其中:对联营企业和合营企业的投资收益	0	
二、营业利润(亏损以“-”号填列)	280 000	
加:营业外收入	50 000	
减:营业外支出	19 700	
其中:非流动资产处置损失		
三、利润总额(亏损总额以“-”号填列)	310 300	
减:所得税费用	112 596	
四、净利润(净亏损以“-”号填列)	197 704	
五、每股收益		
(一) 基本每股收益		
(二) 稀释每股收益		

第四节 现金流量表

一、现金流量表概念

现金流量表是反映企业一定期间内现金的流入和流出情况的会计报表,是动态报表、年报表。

二、现金概念

现金是指现金和现金等价物,具体包括库存现金、银行存款、其他货币资金和现金等价物。现金等价物是指企业持有的期限短、流动性强、易于转换为已知金额的现金、价值变动风险很小的投资。通常指自购买日起3个月内到期的投资。

由于

$$资产=负债+所有者权益$$

$$现金+非现金资产=负债+所有者权益$$

$$现金=负债+所有者权益-非现金资产$$

任何现金的变化,均可表示为等式右边一项或几项的变化量:

$$\Delta_{现金}=\Delta_{负债}+\Delta_{所有者权益}-\Delta_{非现金资产}$$

因此有

$$现金的变化量=所有非现金账户的变化量$$

$$发生在现金上的变化=为何有此变化$$

现金流量表把关注非现金账户的变化作为解释为何和为什么当期现金水平上升或下降的方法。因此,在现金流量表中,等式右边的主要变化,即是引起现金变化的原因。等式左边量度的则是现金变化的净影响。

引起现金流量增加的业务有:① 负债的增加;② 所有者权益的增加;③ 非现金资产的减少。

引起现金流量减少的业务有:① 负债的减少;② 所有者权益的减少;③ 非现金资产的增加。

现金流量表编制的依据是

$$资产产生的现金流量=债权人现金流量+投资人现金流量$$

三、现金流量的分类

现金流量按企业经营业务发生的性质分为三类。

1. 经营活动产生的现金流量(Cash Flows from Operating Activities)

经营活动是指企业投资活动和筹资活动以外的所有交易和事项。就工商企业来说,经营活动主要包括:销售商品、提供劳务、经营租赁、购买商品、接受劳务、广告宣传、推销产品、交纳税款等等。各类行业由于行业特点不同,对经营活动的认定存在一定差异,在编制现金流量表时,应根据企业的实际情况,对现金流量进行合理的归类。

经营活动流入的现金主要包括:① 销售商品、提供劳务收到的现金;② 收到的税费返还;③ 收到的其他与经营活动有关的现金。

经营活动流出的现金主要包括:① 购买商品、接受劳务支付的现金;② 支付给职工以及为职工支付的现金;③ 支付的各项税费;④ 支付的其他与经营活动有关的现金。

2. 投资活动产生的现金流量(Cash Flows from Investing Activities)

投资活动是指企业长期资产的购建和不包括在现金等价物范围的投资及其处置活动。其中的长期资产是指固定资产、在建工程、无形资产、其他资产等持有期限在一年或一个营业周期以上的资产。由于已经将包括在现金等价物范围内的投资视同现金,所以将之排除在外。投资活动主要包括:取得和收回投资、购建和处置固定资产、无形资产和其他长期资产等等。

投资活动流入的现金主要包括:① 收回投资所收到的现金;② 取得投资收益所收到的现金;③ 处置固定资产、无形资产和其他长期资产所收回的现金净额;④ 收到的其他与投资活动有关的现金。

投资活动流出的现金主要包括:① 购建固定资产、无形资产和其他长期资产所支付的现金;② 投资所支付的现金;③ 支付的其他与投资活动有关的现金。

3. 筹资活动产生的现金流量(Cash Flows from Financing Activities)

筹资活动是指导致企业资本及债务规模和构成发生变化的活动。其中的资本,包括实收资本(股本)、资本溢价(股本溢价)。与资本有关的现金流入和流出项目,包括吸收投资、发行股票、分配利润等。其中的债务是指企业对外举债所借入的款项,如发行债券、向金融企业借入款项以及偿还债务等。

筹资活动流入的现金主要包括:① 吸收投资所收到的现金;② 取得借款所收到的现金;③ 收到的其他与筹资活动有关的现金。

筹资活动流出的现金主要包括:① 偿还债务所支付的现金;② 分配股利、利润或偿付利息所支付的现金;③ 支付的其他与筹资活动有关的现金。

四、现金流量表的格式

我国企业现金流量表采用报告式结构,分类反映经营活动产生的现金流量、投资活动产生的现金流量和筹资活动产生的现金流量,最后汇总反映企业某一期间现金及现金等价物的净增加额。在有外币现金流量及境外子公司的现金流量折算为人民币的企业,还应单设汇率变动对现金及现金等价物的影响项目。

企业应当在附注中披露与现金流量表有关的补充资料:① 将净利润调节为经营活动现金流量;② 不涉及现金收支的重大投资和筹资活动;③ 现金及现金等价物净变动情况。

五、现金流量表的作用

现金流量表的主要作用有:

(1) 说明企业一定期间内现金流入和流出情况及其原因。

(2) 说明企业真实的偿债能力和支付股利能力。

(3) 分析企业未来获取现金的能力。

(4) 分析企业投资和理财活动对经营成果和财务状况的影响。

(5) 弥补资产负债表和利润表的不足。

六、现金流量表的编制方法

现金流量表的编制方法有直接法和间接法两种。

(一) 直接法

所谓直接法,是指通过现金收入和支出的主要类别反映来自企业经营活动的现金流量。按照规定,在实务中,一般是以利润表的营业收入为起算点,调整与经营活动各项目有关的增减变动,然后分别计算出经营活动各现金流量。直接法下经营活动现金流入类别主要包括以下几个项目。

1. "销售商品、提供劳务收到的现金"项目

该项目反映企业销售商品、提供劳务实际收到的现金(包括向购买者收取的增值税销项税额),包括本期销售商品、提供劳务收到的现金,以及前期销售商品、提供劳务本期收到的现金和本期预收的款项,减去本期退回本期销售的商品和前期销售本期退回商品支付的现金。企业销售材料和代购代销业务收到的现金也在本科目,一般计算公式如下:

销售商品、提供劳务收到的现金 = 营业收入 + 应收账款减少 + 应收票据减少 + 预收账款增加 - 坏账损失 + 当期收回以前期核销的坏账损失 - 应收票据贴现利息 - 非现金资产抵债减少的应收账款和应收票据 + 未付现金的本期销售退回 + 应交增值税(销项税额)的发生额

2. "收到的税费返还"项目

该项目反映企业收到返还的增值税、消费税、营业税、关税、所得税、教育费附加等。一般计算公式如下:

收到的税费返还 = 企业收到返还的各种税费(增值税、消费税、营业税、所得税、教育费附加返还)

3. "收到的其他与经营活动有关的现金"项目

该项目反映企业除了上述项目以外所收到的其他与经营活动有关的现金。一般计算公式如下:

收到的其他与经营活动有关的现金 = 收到的罚款收入 + 收到的押金收入 + 各

种流动资产损失赔偿款+其他应收款减少数

经营活动现金流出类别主要包括以下几个项目。

1."购买商品、接受劳务支付的现金"项目

该项目反映企业购买商品、接受劳务实际支付的现金(包括增值税进项税额),包括本期购买材料、商品、接受劳务支付的现金,以及本期支付前期购买商品、接受劳务未付的款项及本期预付款项,减去本期发生的购货退回收到的现金。一般计算公式如下:

购买商品、接受劳务支付的现金=营业成本+存货增加数-本期生产成本中工资、制造费用+计提存货跌价准备+应付账款减少+应付票据减少+预付账款增加-用非现金资产抵偿的应付票据、应付账款-本期发生的购货退回收到的现金+应交增值税(进项税额)的发生额

2."支付给职工以及为职工支付的现金"项目

该项目反映企业实际支付给职工,以及为职工支付的现金,包括本期实际支付给职工的工资、奖金、各种津贴和补贴等,以及为职工支付的其他费用。企业代扣代缴的职工个人所得税,也在本项目反映。本项目不包括支付给离退休人员的各项费用(包括支付的统筹退休金以及未参加统筹的退休人员的费用)在"支付其他与经营活动有关的现金"项目反映;支付给在建工程人员的工资及其他费用,在"购建固定资产、无形资产和其他长期资产所支付的现金"项目反映。一般计算公式如下:

支付给职工以及为职工支付的现金=生产成本、制造费用、管理费用中职工薪酬+应付职工薪酬减少-应付职工薪酬中的在建工程人员部分

3."支付的各项税费"项目

该项目反映企业按规定支付的各项税费,包括企业本期发生并支付的税费,以及本期支付以前各期发生的税费和本期预交的税费,包括所得税、增值税、消费税、营业税、印花税、房产税、土地增值税、车船使用税、教育费附加、矿产资源补偿费等,但不包括计入固定资产价值、实际支付的耕地占用税,也不包括本期退回的增值税、所得税。一般计算公式如下:

支付的各项税费=本期支付的各种税费+应交税费减少数-支付的耕地占用税

4."支付其他与经营活动有关的现金"项目

该项目反映企业除上述各项目外所支付的其他与经营活动有关的现金,如经营租赁支付的租金、支付的罚款、差旅费、业务招待费、保险费等。一般计算公式如下:

支付的其他与经营活动有关的现金=制造费用、管理费用、销售费用中的现金

支出＋其他应付款减少

例 甲有限责任公司(以下简称甲公司)为增值税一般纳税企业。2010 年度公司有关资料如下：

(1) 当年共实现营业收入 3 600 万元,发生营业成本 2 700 万元。且企业所有营业活动均为销售商品和原材料,销售时共发生增值税销项税额 612 万元,购进材料商品时共发生增值税进项税额 476 万元。

(2) 当年资产负债表部分项目资料如表 6.6 所示。

表 6.6 当年资产负债表部分项目资料

项 目	年初数	年末数
应收票据	234 000	117 000
应付票据	0	0
应收账款	234 000	477 700
应付账款	585 000	175 500
预付账款	0	0
预收账款	0	60 000
存货	2 880 000	3 580 000

(3) 当年内企业未核销坏账损失,且年末为应收账款计提坏账准备 2 000 元,计提存货跌价准备 300 000 元。要求:根据以上资料计算 2010 年度甲公司现金流量表中"销售商品、提供劳务收到的现金"和"购买商品、接受劳务支付的现金"项目应填列金额。则:

(1) 销售商品、提供劳务收到的现金＝36 000 000＋(234 000－477 700)＋(234 000－117 000)＋(60 000－0)－2 000＋6 120 000＝ 42 051 300(元)。

(2) 购买商品、接受劳务支付的现金＝27 000 000＋(3 580 000－2 880 000)＋30 000＋(585 000－175 500)＋(0－0)＋(0－0)＋4 760 000＝ 33 169 500(元)。

以上是现金流量表中经营活动现金流量的具体内容及填列方法,对于投资活动现金流量各项目的具体内容及填列方法如下。

1. "收回投资所收到的现金"项目

本项目反映企业报告期内出售、转让或到期收回除现金等价物以外的对其他企业的权益工具、债务工具和合营中的权益等投资收到的现金。本项目应根据"库存现金"、"银行存款"科目的借方记录及"可供出售金融资产"、"长期股权投资"、"持有至到期投资"等科目的贷方发生额分析填列。

2."取得投资收益所收到的现金"项目

本项目反映企业报告期内除现金等价物以外对其他企业的权益工具、债务工具和合营中的权益投资分回的现金股利和利息。本项目根据"库存现金"、"银行存款"等科目的借方记录及"投资收益"、"应收利息"、"应收股利"等科目的贷方发生额分析填列。

3."处置固定资产、无形资产和其他长期资产所收回的现金净额"项目

本项目反映企业报告期内处置固定资产、无形资产及其他长期资产时因取得价款收入、保险赔偿收入等而收到的现金扣除与之相关的现金支出后的净额。另外,由于自然灾害所造成的固定资产等长期资产损失而收到的保险赔款收入,也在本项目中反映。本项目根据"银行存款"等科目的记录及"固定资产清理"、"其他业务收入"、"其他应收款"、"应交税费"等科目的发生额分析填列。

4."处置子公司及其他营业单位收到的现金净额"项目

本项目反映企业报告期内处置子公司及其他营业单位收到的现金,减去相关处置费用以及子公司及其他营业单位持有的现金和现金等价物后的净额。本项目可以根据"长期股权投资"、"银行存款"、"库存现金"等科目的记录分析填列。

5."收到的其他与投资活动有关的现金"项目

本项目反映以上各项投资活动以外的与投资活动有关的现金流入。比如,企业收回购买股票和债券时支付的已宣告但尚未领取的现金股利或已到付息期但尚未领取的债券的利息。本项目可以根据"应收股利"、"应收利息"、"银行存款"、"库存现金"等科目的记录分析填列。

6."购建固定资产、无形资产和其他长期资产所支付的现金"项目

本项目反映企业报告期内与固定资产、在建工程、工程物资、无形资产、其他长期资产的增加有关的现金支出。但是,本项目不包括为购建固定资产而发生的借款利息资本化的部分以及融资租入固定资产支付的租赁费。本项目应根据"银行存款"、"库存现金"等科目的贷方记录及"固定资产"、"在建工程"、"工程物资"、"应付职工薪酬"、"应交税费"、"无形资产"等科目借方发生额分析填列。

7."投资所支付的现金"项目

本项目反映企业报告期内除现金等价物以外对其他企业的权益工具、债务工具和合营中的权益投资支付的现金,包括支付的佣金、手续费等交易费用。但取得子公司及其他营业单位支付的现金净额除外。

但是,企业购买股票或债券时,实际支付的价款中包含的已宣告但尚未领取的现金股利或已到付息期但尚未领取的债券利息,应在"支付的其他与投资活动有关的现金"项目中反映;而企业收回购买股票和债券时支付的已宣告但尚未领取的现金股利或已到付息期但尚未领取的债券的利息，在“收到的其他与投资活动有关的现金”项目中反映，也不包括在本项目中。

本项目根据“库存现金”、“银行存款”等科目的贷方记录及“可供出售金融资产”、“持有至到期投资”、“长期股权投资”等科目的借方发生额分析填列。

8．“取得子公司或其他营业单位产生的现金流量”项目

本科目反映企业购买子公司及其他营业单位购买出价中以现金支付的部分，减去子公司及其他营业单位持有的现金和现金等价物后的净额。本项目可以根据“长期股权投资”、“银行存款”、“库存现金”等科目的记录分析填列。

9．“支付的其他与投资活动有关的现金”项目

本项目反映以上各项投资活动以外的与投资活动有关的现金流出。如企业购买股票时实际支付的价款中包含的已宣告而尚未领取的现金股利，购买债券时支付价款中包含的已到期尚未领取的债券利息等。本项目可以根据“应收股利”、“应收利息”、“银行存款”、“库存现金”等科目的记录分析填列。

对于筹资活动现金流量各项目的具体内容及填列方法如下。

1．“吸收投资所收到的现金”项目

本项目反映企业报告期内吸收投资人投入的现金，包括以发行股票、债券等方式筹集的资金实际收到的款项净额（发行收入减去支付的佣金等发行费用后的净额）。但是，以发行股票、债券方式筹集资金时由企业直接支付的审计、咨询等费用，在“支付的其他与筹资活动有关的现金”项目中反映，不在本项目中扣除。本项目根据“银行存款”科目的借方记录及“股本”（或“实收资本”）、“资本公积”、“应付债券”等科目的贷方发生额分析填列。

2．“取得借款所收到的现金”项目

本项目反映企业报告期内因举借各种短期借款、长期借款所收到的现金。本项目根据“银行存款”等科目的借方记录及“短期借款”、“长期借款”等科目的贷方发生额分析填列。

3．“偿还债务所支付的现金”项目

本项目反映企业报告期内偿还借款和到期债券的本金所支付的现金。本项目根据“银行存款”科目的贷方记录及“应付债券”、“短期借款”、“长期借款”等科目的借方发生额分析填列。

4．“分配股利、利润或偿付利息所支付的现金”项目

本项目反映企业报告期内实际支付现金股利或分配利润以及支付债券利息、借款利息所发生的现金流出。本项目根据“库存现金”、“银行存款”等科目贷方记录及“应付股利”或“应付利润”、“应付利息”、“应付债券”、“长期借款”、“财务费用”

等科目的借方发生额分析填列。

5.“收到的其他与筹资活动有关的现金”、“支付的其他与筹资活动有关的现金”项目

以上各项筹资活动现金流入和现金流出中没有包括的、其他与筹资活动有关的现金流量信息，应在“收到的其他与筹资活动有关的现金”、“支付的其他与筹资活动有关的现金”项目中予以报告。如接受捐赠现金、捐赠现金支出、支付融资租入固定资产的租赁费以及发行股票、债券方式筹集资金时由企业直接支付审计、咨询等费用等。其他现金流入或其他现金流出如果金额较大的，应单列项目反映。

直接法的主要优点是显示了经营活动现金流量的各项流入流出内容。相对间接法而言，它更能体现现金流量表的目的，在现金流量表中列示各项现金流入的来源和现金流出的用途，有助于预测未来的经营活动现金流量，更能揭示企业从经营活动中产生足够的现金来偿付其债务的能力、进行再投资的能力和支付股利的能力。而间接法是在净利润的基础上，调整不涉及现金收支的收入、费用、营业外收支和应收应付等项目，据以确定并列示经营活动现金流量，从而有利于分析影响现金流量的原因以及从现金流量角度分析企业净利润质量。为此，《企业会计制度》要求企业按直接法编制现金流量表，并在“补充资料”中提供按间接法将净利润调节为经营活动现金流量的信息，从而兼顾了两种方法的优点。

（二）间接法

所谓间接法，是指以本期净利润为起算点，调整不涉及现金的收入、费用、营业外收支以及应收应付等项目的增减变动，据此计算并列示经营活动的现金流量。

利润表中反映的净利润是按权责发生制确定的。其中有些收入、费用项目并没有实际发生现金流入和流出，通过对这些项目的调整，即可将净利润调节为经营活动现金流量。间接法的原理就在于此。采用间接法将净利润调节为经营活动的现金流量时，需要调整的项目可分为四大类：① 实际没有支付现金的费用；② 实际没有收到现金的收益；③ 不属于经营活动的损益；④ 经营性应收应付项目的增减变动。此外，与增值税有关的现金流量没有包括在净利润中，但属于经营活动的现金流量，所以也应进行调整。上述调整项目具体包括：资产减值准备、固定资产折旧、无形资产和长期待摊费用摊销、处置固定资产、无形资产和其他长期资产损益、固定资产报废损失、固定资产盘亏、公允价值变动损益、财务费用、投资损益、递延所得税、存货、经营性应收应付项目、增值税增减净额等。

例　接上例，有关资料如下：2010 年度甲公司利润表有关项目的明细资料如下。

(1) 管理费用的组成:职工薪酬 17 100 元,无形资产摊销 60 000 元,印花税摊销 10 000 元,折旧费 20 000 元,支付其他费用 50 000 元。

(2) 财务费用的组成:计提借款利息 21 500 元,支付应收票据贴现利息 20 000 元。

(3) 资产减值损失的组成:计提坏账准备 900 元,计提固定资产减值准备 30 000 元,上年年末坏账准备余额为 1 800 元。

(4) 投资收益的组成:收到股息收入 30 000 元,与本金一起收回的交易性股票投资收益 500 元,自公允价值变动损益结转投资收益 1 000 元。

(5) 营业外收入的组成:处置固定资产净收益 50 000 元(所处置固定资产原价 400 000 元,累计折旧 150 000 元,收到处置收入 300 000 元)。假定不考虑与固定资产处置有关的税费。

(6) 营业外支出的组成:报废固定资产净损失 19 700 元(所报废固定资产原价 200 000 元,累计折旧 180 000 元,支付清理费用 500 元,收到残值收入 800 元)。

(7) 所得税费用组成:当期所得税费用为 122 496 元,递延所得税收益 9 900 元。

(8) 销售费用至期末尚未支付。

资产负债表有关项目的明细资料如下。

(1) 本期收回交易性股票投资本金 15 000 元,公允价值变动 1 000 元,同时实现投资收益 500 元。

(2) 存货生产成本、制造费用组成:职工薪酬 3 249 000 元,折旧费用 800 000 元。

(3) 应交税费组成:本期增值税进项税额 42 466 元,增值税销项税额 212 500 元,已交增值税 100 000 元。应交所得税期末余额为 20 097 元,期初余额为 0。应交税费期末余额数中应由在建工程负担的部分为 100 000 元。

(4) 应付职工薪酬的期初数无应付在建工程人员的部分,本期支付在建工程人员职工薪酬 200 000 元。应付职工薪酬的期末数中应付在建工程人员的部分为 28 000 元。

(5) 应付利息均为短期借款利息,其中本期计提银行借款利息 11 500 元,支付利息 12 500 元。

(6) 本期用现金购买固定资产 101 000 元,购买工程物资 150 000 元。

(7) 本期用现金偿还短期借款 250 000 元,偿还一年内到期的长期借款 1 000 000 元,借入长期借款 400 000 元。

根据以上资料编制 2010 年现金流量表如表 6.7 所示。

表 6.7 现金流量表

编制单位:甲公司　　2010 年度　　单位:元

项　目	本期金额	上期金额
一、经营活动产生的现金流量:		略
销售商品、提供劳务收到的现金	1 322 500	
收到的税费返还	0	
收到其他与经营活动有关的现金	0	
经营活动现金流入小计	1 322 500	
购买商品、接受劳务支付的现金	392 266	
支付给职工以及为职工支付的现金	300 000	
支付的各项税费	204 399	
支付其他与经营活动有关的现金	50 000	
经营活动现金流出小计	946 665	
	375 835	
经营活动产生的现金流量净额		
二、投资活动产生的现金流量:		
收回投资收到的现金	16 500	
取得投资收益收到的现金	30 000	
处置固定资产、无形资产和其他长期资产收回的现金净额	300 300	
处置子公司及其他营业单位收到的现金净额	0	
收到其他与投资活动有关的现金	0	
投资活动现金流入小计	346 800	
购建固定资产、无形资产和其他长期资产支付的现金	451 000	
投资支付的现金	0	
取得子公司及其他营业单位支付的现金净额	0	
支付其他与投资活动有关的现金	0	
投资活动现金流出小计	451 000	
投资活动产生的现金流量净额	−104 200	

续表

项 目	本期金额	上期金额
三、筹资活动产生的现金流量：		
吸收投资收到的现金	0	
取得借款收到的现金	400 000	
收到其他与筹资活动有关的现金	0	
筹资活动现金流入小计	400 000	
偿还债务支付的现金	1 250 000	
分配股利、利润或偿付利息支付的现金	12 500	
支付其他与筹资活动有关的现金	20 000	
筹资活动现金流出小计	1 282 500	
筹资活动产生的现金流量净额	-882 500	
四、汇率变动对现金及现金等价物的影响	0	
五、现金及现金等价物净增加额	-610 865	
加：期初现金及现金等价物余额	1 406 300	
六、期末现金及现金等价物余额	795 435	

分析如下：

(1) 销售商品、提供劳务收到的现金＝营业收入＋应收账款减少＋应收票据减少＋预收账款增加－坏账损失＋当期收回以前期核销的坏账损失－应收票据贴现利息－非现金资产抵债减少的应收账款和应收票据＋未付现金的本期销售退回＋应交增值税(销项税额)的发生额＝1 250 000＋(299 100－598 200)＋(246 000－66 000)－900－20 000＋212 500＝1 322 500(元)。

(2) 购买商品、接受劳务支付的现金＝营业成本＋存货增加数－本期生产成本中工资、制造费用＋计提存货跌价准备＋应付账款减少＋应付票据减少＋预付账款增加－用非现金资产抵偿的应付票据、应付账款－本期发生的购货退回收到的现金＋应交增值税(进项税额)的发生额＝750 000－(2 580 000－2 484 700)＋(953 800－953 800)＋(200 000－100 000)＋(100 000－100 000)－324 900－80 000＋42 466＝392 266(元)。

(3) 付给职工以及为职工支付的现金＝生产成本、制造费用、管理费用中职工薪酬＋应付职工薪酬减少－应付职工薪酬中的在建工程人员部分＝324 900＋

17 100 + (110 000 − 180 000) − (0 − 28 000) = 300 000(元)。

(4) 支付的各项税费 = 本期支付的各种税费 + 应交税费减少数 − 支付的耕地占用税 = 122 496 + 2 000 + 100 000 − (20 097 − 0) = 204 399(元)。

(5) 支付其他与经营活动有关的现金 = 其他管理费用 = 50 000(元)。

(6) 收回投资收到的现金 = 交易性金融资产贷方发生额 + 与交易性金融资产一起收回的投资收益 = 16 000 + 500 = 16 500(元)。

(7) 取得投资收益收到的现金 = 收到的股息收入 = 30 000(元)。

(8) 处置固定资产、无形资产和其他长期资产收回的现金净额 = 300 000 + (800 − 500) = 300 300(元)。

(9) 购建固定资产、无形资产和其他长期资产支付的现金 = 用现金购买的固定资产、工程物资 + 支付给在建工程人员的薪酬 = 101 000 + 150 000 + 200 000 = 451 000(元)。

(10) 取得借款收到的现金 = 400 000(元)。

(11) 偿还债务支付的现金 = 250 000 + 1 000 000 = 1 250 000(元)。

(12) 分配股利、利润或偿付利息支付的现金 = 12 500(元)。

(13) 支付其他与筹资活动有关的现金 = 20 000(元)。

第五节 所有者权益变动表

一、所有者权益变动表的内容

所有者权益变动表是指反映构成所有者权益各组成部分当期增减变动情况的报表。所有者权益变动表应当全面反映一定时期所有者权益变动的情况，不仅包括所有者权益总量的增减变动，还包括所有者权益增减变动的重要结构性信息，特别是要反映直接计入所有者权益的利得和损失，让报表使用者准确理解所有者权益增减变动的根源。

在所有者权益变动表中，企业至少应当单独列示反映下列信息的项目：① 净利润；② 直接计入所有者权益的利得和损失项目及其总额；③ 会计政策变更和差错更正的累积影响金额；④ 所有者投入资本和向所有者分配利润等；⑤ 按照规定提取的盈余公积；⑥ 实收资本(或股本)、资本公积、盈余公积、未分配利润的期初和期末余额及其调节情况。所有者权益变动表是对资产负债表所有者权益部分的详细分解说明。

二、所有者权益变动表的编制依据

年末未分配利润＝年初未分配利润＋本年实现利润－本年分配利润＋本年利润调整

三、所有者权益变动表的作用

所有者权益变动表在一定程度上体现了企业的综合收益。所谓综合收益，是指企业在某一期间与所有者之外的其他方面进行交易或发生其他事项引起的净资产变动。综合收益的构成包括两部分：净利润和直接计入所有者权益的利得和损失。其中，前者是企业已经实现并已确认的收益；后者是企业未实现但根据会计准则已经确认的收益。用公式表示如下：

综合收益＝净利润＋直接计入所有者权益的利得和损失

在股份有限公司中，尤其是在证券市场上公开发行股票筹措资金的公司，其资本多来源于证券市场上的投资者。相对于比较集中的大股东而言，为数众多的中小股东对公司的经营、决策等方面的信息和因为投资而承担风险的信息均了解很少。为了让这些分散的投资者充分了解公司的经营规模、财务状况、现金流量等重要信息，从而对所投资公司的风险和发展前景有比较全面的认识和评价，公司除了列报资产负债表、利润表和现金流量表之外，还需要列报所有者权益变动表，以减少中小股东与公司经营者之间的信息不对称，从而为保护中小股东利益提供必要的信息支持。具体作用有：① 替代了利润分配表；② 体现了全面收益观；③ 反映经营者的受托责任；④ 防止大股东侵犯中小股东利益。

四、所有者权益变动表的结构

为了清楚地表明构成所有者权益的各组成部分当期的增减变动情况，所有者权益变动表应当以矩阵的形式列示：一方面，列示导致所有者权益变动的交易或事项，改变了以往仅仅按照所有者权益的各组成部分反映所有者权益变动情况，而是从所有者权益变动的来源对一定时期所有者权益变动情况进行全面反映；另一方面，按照所有者权益各组成部分（包括实收资本、资本公积、盈余公积、未分配利润和库存股）及其总额列示交易或事项对所有者权益的影响。此外，企业还需要提供比较所有者权益变动表，所有者权益变动表还就各项目再分为“本年金额”和“上年金额”两栏分别填列。

五、所有者权益变动表的填列方法

(1)“上年年末余额”项目，反映企业上年资产负债表中实收资本(或股本)、资本公积、库存股、盈余公积、未分配利润的年末余额。

(2)“会计政策变更”、“前期差错更正”项目，分别反映企业采用追溯调整法处理的会计政策变更的累积影响金额和采用追溯重述法处理的会计差错更正的累积影响金额。

(3)“净利润”项目，反映企业当年实现的净利润或净亏损金额。

(4)“直接计入所有者权益的利得和损失”项目，反映企业当年直接计入所有者权益的利得和损失金额。

(5)“可供出售金融资产公允价值变动净额”项目，反映企业持有的可供出售金融资产当年公允价值变动的净额。

(6)“权益法下被投资单位其他所有者权益变动的影响”项目，反映企业按照权益法核算的长期股权投资，在被投资单位除当年实现的净损益以外其他所有者权益当年变动中应享有的份额。

(7)“与计入所有者权益项目相关的所得税影响”项目，反映企业根据规定应计入所有者权益项目当年的所得税影响金额。

(8)“所有者投入和减少资本”项目，反映企业所有者投入的资本和减少的资本。

(9)“所有者投入资本”项目，反映企业接受投资者投资形成的实收资本(或股本)和资本溢价或股本溢价。

(10)“股份支付计入所有者权益的金额”项目，反映企业处于等待期中的权益结算的股份支付当年计入资本公积的金额。

(11)“提取盈余公积”项目，反映企业按照规定提取的盈余公积。

(12)“对所有者(或股东)的分配”项目，反映企业对所有者(或股东)分配的利润(或股利)金额。

(13)“资本公积转增资本(或股本)”项目，反映企业以资本公积转增资本或股本的金额。

(14)“盈余公积转增资本(或股本)”项目，反映企业以盈余公积转增资本或股本的金额。

(15)“盈余公积补亏”项目，反映企业以盈余公积弥补亏损的金额。

例　沿上例资料，假定甲公司2010年度提取盈余公积24 770.4元，向投资者分配现金股利32 215.85元。根据以上资料，编制的所有者权益变动表如表6.8所示。

6.8 所有者权益变动表

编制单位:甲公司　　2010年度　　单位:元

项 目	本年金额						上年金额（略）
	实收资本（或股本）	资本公积	减:库存股	盈余公积	未分配利润	所有者权益合计	
一、上年年末余额	5 000 000	0	0	100 000	50 000	5 150 000	
1. 会计政策变更							
2. 前期差错更正							
二、本年年初余额	5 000 000	0	0	100 000	50 000	5 150 000	
三、本年增减变动金额（减少以“－”号填列）							
（一）本年净利润					197 704	197 704	
（二）直接计入所有者权益的利得和损失							
1. 可供出售金融资产公允价值变动净额							
2. 权益法下被投资单位其他所有者权益变动的影响							
3. 与计入所有者权益项目相关的所得税影响							
4. 其他							
小计							
（三）所有者投入和减少资本							
1. 所有者投入资本							

续表

项 目	本年金额						上年金额（略）
	实收资本（或股本）	资本公积	减:库存股	盈余公积	未分配利润	所有者权益合计	
2. 股份支付计入所有者权益的金额							
3. 其他							
（四）利润分配							
1. 提取盈余公积				24 770.4	-24 770.4	0	
2. 对所有者（或股东）的分配					-32 215.85	-32 215.85	
（五）所有者权益内部结转							
1. 资本公积转增资本（或股本）							
2. 盈余公积转增资本（或股本）							
3. 盈余公积弥补亏损							
4. 其他							
四、本年年末余额	5 000 000	0	0	124 770.4	190 717.75	5 315 488.15	

第六节 合并会计报表

一、合并会计报表的概念

合并会计报表又称合并财务报表。是指反映母公司和其全部子公司形成的企业集团整体财务状况、经营成果和现金流量的财务报表。其中，母公司是指有一个或一个以上子公司的企业;子公司是指被母公司控制的企业。

合并会计报表最早出现于美国。第一次世界大战时期,美国在税法中强制规定母子公司合并纳税,使得大部分控股公司都开始编制合并会计报表。1940 年,美国证券交易委员会规定证券上市公司必须编制和提供合并会计报表,使编报合并会计报表成为证券上市公司的法定义务,由此编报合并会计报表的企业越来越多。受美国合并会计报表的影响,一些发达资本主义国家在第二次世界大战后也逐步开始重视合并会计报表的作用。如英国 1948 年公司法中规定,企业在拥有子公司时必须在提供个别会计报表的基础上,公开披露企业集团会计报表(即合并会计报表)。法国证券交易委员会于 1971 年要求公开发行债券的公司、股票上市公司以及所有公营企业编制合并会计报表。德国在 1965 年公共公司法中,也要求企业编制集团会计报表。日本在 1977 年开始,要求编制和公布合并会计报表,并制定发布了合并会计报表准则及规则。为协调各国合并会计报表的编制,国际会计准则委员会早在 20 世纪 70 年代中期,即开始制定发布合并会计报表方面的准则。

随着我国企业制度改革的深入,一些股份制企业开始公开发行股票,并在上海、深圳证券交易所上市交易,或到香港、纽约等海外证券市场上市交易。为了满足海内外证券上市的需要,这些股份制企业均已对外编报合并会计报表。中国证券监督管理委员会为规范上市企业会计信息的披露,规定上市公司必须披露其合并会计报表。财政部于 1992 年 11 月发布的《企业会计准则》中规定:“企业对外投资如占被投资企业资本总额半数以上,或者实质上拥有被投资企业控制权的,应当编制合并会计报表。”这是我国有关合并会计报表编制要求的最早规范性文件。此后,1995 年 2 月,财政部制定并颁布了《合并会计报表暂行规定》(下称《暂行规定》),填补了我国长期以来企业合并会计报表实务在理论上的空白。在过去的 10 多年,该规定在指导合并会计报表编制的实践方面发挥着相当重要的作用,然而,随着资本市场的发展和会计准则国际趋同步伐的加快,我国财政部于 2006 年 2 月发布的《企业会计准则第 33 号——合并财务报表》,于 2007 年 1 月在上市公司实施。

二、合并会计报表的作用

合并会计报表的作用主要表现在两个方面:

(1) 合并会计报表能够对外提供反映由母子公司组成的企业集团整体经营情况的会计信息。在控股经营的情况下,母公司和子公司都是独立的法人实体,分别编报自身的会计报表,分别反映企业本身的生产经营情况,这些会计报表并不能够有效地提供反映整个企业集团的会计信息。为此,要了解控股公司整体经营情况,就需要将控股公司与被控股子公司的会计报表进行合并，通过编制合并会计报表提供反映企业集团整体经营的会计信息，以满足企业集团管理当局强化对被控股企业管理的需要。

(2) 合并会计报表有利避免一些企业集团利用内部控股关系，人为粉饰会计报表情况的发生。控股公司的发展也带来了一系列新的问题，一些控股公司利用对子公司的控制和从属关系，运用内部转移价格等手段，如低价向子公司提供原材料、高价收购子公司产品，出于避税考虑而转移利润；再如通过高价对企业集团内的其他企业销售，低价购买其他企业的原材料，转移亏损。通过编制合并会计报表，可以将企业集团内部交易所产生的收入及利润予以抵销，使会计报表反映企业集团客观真实的财务和经营情况，有利于防止和避免控股公司人为操纵利润，粉饰会计报表现象的发生。

三、合并会计报表的特点

合并会计报表是以整个企业集团为一会计主体，以组成企业、集团的母公司和子公司的个别会计报表(指企业单独编制的会计报表，为了与合并会计报表相区别，将其称为个别会计报表)为基础，抵销内部交易或事项对个别会计报表的影响后编制而成的，与个别会计报表比较，它具有如下特点。

(1) 合并会计报表反映的是母公司和子公司所组成的企业集团整体的财务状况和经营成果，反映的对象是由若干个法人组成的会计主体，是经济意义上的会计主体，而不是法律意义上的主体。个别会计报表反映的则是单个企业法人的财务状况和经营成果；反映的对象是企业法人。对于由母公司和若干个子公司组成的企业集团来说，母公司和子公司编制的个别会计报表分别反映母公司本身或子公司本身各自的财务状况和经营成果，而合并会计报表则反映母公司和子公司组成的集团这一会计主体综合的财务状况和经营成果。

(2) 合并会计报表由企业集团中对其他企业有控制权的控股公司或母公司编制。也就是说，并不是企业集团中所有企业都必须编制合并会计报表，更不是社会上所有企业都需要编制合并会计报表。与此不同，个别会计报表是由独立的法人企业编制，所有企业都需要编制个别会计报表。

(3) 合并会计报表以个别会计报表为基础编制。企业编制个别会计报表，从设置账簿、审核凭证、编制记账凭证、登记账簿到编制会计报表，都有一套完整的会计核算方法体系。而合并会计报表不同，它是以纳入合并范围的企业个别会计报表为基础，根据其他有关资料，抵销有关会计事项对个别会计报表的影响编制的，它并不需要在现行会计核算方法体系之外，单独设置一套账簿体系。

(4) 合并会计报表编制有其独特的方法。个别会计报表的编制有其自身固有的一套编制方法和程序。合并会计报表则是在对纳入合并范围的个别会计报表的数据进行加总的基础上，通过编制抵销分录将企业集团内部的经济业务对个别会计报表的影响予以抵销，然后合并会计报表各项目的数额编制。

合并会计报表也不同于汇总会计报表。汇总会计报表主要是指由行政管理部门根据所属企业报送的会计报表，对其各项目进行加总编制的会计报表。合并会计报表与其相比，首先是编制目的不同。汇总会计报表的目的主要是满足有关行政部门或国家掌握了解整个行业或整个部门所属企业的财务经营情况的需要；而合并会计报表则主要是满足公司的所有者、债权人以及其他有关方面了解企业集团整体财务状况和经营成果的需要。其次，两者确定编报范围的依据不同。汇总会计报表的编报范围，主要是以企业的财务隶属关系作为确定的依据，即以企业是否归其管理，是否是其下属企业作为确定编报范围的依据，凡属于其下属企业，在财务上归其管理，则包括在汇总会计报表的编报范围之内；合并会计报表则是以母公司对另一企业的控制关系作为确定编报范围（即合并范围）的依据，凡是通过投资关系或协议能够对其实施有效控制的企业则属于合并会计报表的统调范围。最后，两者所采用的编制方法不同。汇总会计报表主要采用简单加总方法编制；合并会计报表则必须采用抵销内部投资、内部交易、内部债权债务等内部会计事项对个别会计报表的影响后编制。

四、合并会计报表的种类

合并会计报表主要包括合并资产负债表、合并利润表、合并利润分配表、合并现金流量表和合并所有者权益变动表，它们分别从不同的方面反映企业集团的经营情况，构成一个完整的合并会计报表体系。

(1) 合并资产负债表。合并资产负债表是反映母公司和子公司所形成的企业集团某一特定日期财务状况的会计报表。

(2) 合并利润表。合并利润表是反映母公司和子公司所形成的企业集团整体在一定期间内经营成果的会计报表。

(3) 合并现金流量表。合并现金流量表是反映母公司和子公司所形成的企业集团在一定期间现金流入、流出量以及现金净增减变动情况的会计报表。

(4) 合并所有者权益变动表。合并所有者权益变动表是反映构成企业集团所有者权益的各组成部分当期的增减变动情况的财务报表。

(5) 附注。

五、合并财务报表范围的确定

合并财务报表的合并范围应当以控制为基础予以确定。

(1) 母公司直接或通过子公司间接拥有被投资单位半数以上的表决权,表明母公司能够控制被投资单位,应当将该被投资单位认定为子公司,纳入合并财务报表的合并范围。但是,有证据表明母公司不能控制被投资单位的除外。

(2) 母公司拥有被投资单位半数或以下的表决权,且满足下列条件之一的,视为母公司能够控制被投资单位,但是,有证据表明母公司不能控制被投资单位的除外:① 通过与被投资单位其他投资者之间的协议,拥有被投资单位半数以上的表决权;② 根据公司章程或协议,有权决定被投资单位的财务和经营政策;③ 有权任免被投资单位的董事会或类似机构的多数成员;④ 在被投资单位的董事会或类似机构占多数表决权。

在确定能否控制被投资单位时,应当考虑企业和其他企业持有的被投资单位的当期可转换的可转换公司债券、当期可执行的认股权证等潜在表决权因素。母公司应当将其全部子公司,无论是小规模的子公司还是经营业务性质特殊的子公司,均纳入合并财务报表的合并范围。

第七节 财务报表附注

财务报表附注是对在资产负债表、利润表、现金流量表和所有者权益变动表等报表中列示项目的文字描述或明细资料,以及对未能在这些报表中列示项目的说明等。财务报表附注是为了便于财务报表使用者理解会计报表的内容,面对会计报表的编制基础、编制依据、编制原则和方法及主要项目等所做的解释和进一步说明。编制和提供会计报表附注,有利于会计报表使用者全面、正确地理解会计报表。附注应当披露财务报表的编制基础,相关信息应当与资产负债表、利润表、现金流量表和所有者权益变动表等报表中列示的项目相互参照。企业应当按照规定披露附注信息,主要包括下列内容。

1. 企业的基本情况

① 企业注册地、组织形式和总部地址;② 企业的业务性质和主要经营活动;③ 母公司以及集团最终母公司的名称;④ 财务报告的批准报出者和财务报告批准

报出日。

2. 财务报表的编制基础

3. 遵循企业会计准则的声明

企业应当声明编制的财务报表符合企业会计准则的要求，真实、完整地反映了企业的财务状况、经营成果和现金流量等有关信息。

4. 重要会计政策和会计估计

企业应当披露采用的重要会计政策和会计估计，不重要的会计政策和会计估计可以不披露。在披露重要会计政策和会计估计时，应当披露重要会计政策的确定依据和财务报表项目的计量基础，以及会计估计中所采用的关键假设和不确定因素。

5. 会计政策和会计估计变更以及差错更正的说明

企业应当按照企业会计准则《会计政策、会计估计变更和差错更正》及其应用指南的规定，披露会计政策和会计估计变更以及差错更正的有关情况。

6. 报表重要项目的说明

企业对报表重要项目的说明，应当按照资产负债表、利润表、现金流量表、所有者权益变动表及其项目列示的顺序，采用文字和数字描述相结合的方式进行披露。报表重要项目的明细金额合计，应当与报表项目金额相衔接。

(1) 交易性金融资产企业应当披露交易性金融资产的构成及期初、期末公允价值等信息。

(2) 应收款项企业应当披露应收款项的账龄结构和客户类别以及期初、期末账面余额等信息。

(3) 存货企业应当披露下列信息：① 各类存货的期初和期末账面价值；② 确定发出存货成本所采用的方法；③ 存货可变现净值的确定依据，存货跌价准备的计提方法，当期计提的存货跌价准备的金额，当期转回的存货跌价准备的金额，以及计提和转回的有关情况；④ 用于担保的存货账面价值。

(4) 可供出售金融资产企业应当披露可供出售金融资产的构成以及期初、期末公允价值等信息。

(5) 持有至到期投资企业应当披露持有至到期投资的构成及期初、期末账面余额等信息。

(6) 长期股权投资企业应当披露下列信息：① 子公司、合营企业和联营企业清单，包括企业名称、注册地、业务性质、投资企业的持股比例和表决权比例；② 合营企业和联营企业当期的主要财务信息，包括资产、负债、收入、费用等合计金额；③ 被投资单位向投资企业转移资金的能力受到严格限制的情况；④ 当期及累计未确认的投资损失金额；⑤ 与对子公司、合营企业及联营企业投资相关的或有负债。

（7）投资性房地产企业应当披露下列信息：① 投资性房地产的种类、金额和计量模式；② 采用成本模式的投资性房地产的折旧或摊销，以及减值准备的计提情况；③ 采用公允价值模式的，公允价值的确定依据和方法，以及公允价值变动对损益的影响；④ 房地产转换情况、理由，以及对损益或所有者权益的影响；⑤ 当期处置的投资性房地产及其对损益的影响。

（8）固定资产企业应当披露下列信息：① 固定资产的确认条件、分类、计量基础和折旧方法；② 各类固定资产的使用寿命、预计净残值和折旧率；③ 各类固定资产的期初和期末原价、累计折旧额及固定资产减值准备累计金额；④ 当期确认的折旧费用；⑤ 对固定资产所有权的限制及其金额和用于担保的固定资产账面价值；⑥ 准备处置的固定资产名称、账面价值、公允价值、预计处置费用和预计处置时间等。

（9）无形资产企业应当披露下列信息：① 无形资产的期初和期末账面余额、累计摊销额及减值准备累计金额。② 使用寿命有限的无形资产，其使用寿命的估计情况；使用寿命不确定的无形资产，其使用寿命不确定的判断依据。③ 无形资产的摊销方法。④ 用于担保的无形资产账面价值、当期摊销额等情况。⑤ 计入当期损益和确认为无形资产的研究开发支出金额。

（10）交易性金融负债企业应当披露交易性金融负债的构成以及期初、期末公允价值的信息等。

（11）职工薪酬企业应当披露下列信息：① 应当支付给职工的工资、奖金、津贴和补贴，及其期末应付未付金额；② 应当为职工缴纳的医疗保险费、养老保险费、失业保险费、工伤保险费和生育保险费等社会保险费，及其期末应付未付金额；③ 应当为职工缴存的住房公积金，及其期末应付未付金额；④ 为职工提供的非货币性福利，及其计算依据；⑤ 应当支付的因解除劳动关系给予的补偿，及其期末应付未付金额；⑥ 其他职工薪酬。

（12）应交税费企业应当披露应交税费的构成及期初、期末账面余额等信息。

（13）短期借款和长期借款企业应当披露短期借款、长期借款的构成及期初、期末账面余额等信息。对于期末逾期借款，应分别对贷款单位、借款金额、逾期时间、年利率、逾期未偿还原因和预期还款期等进行披露。

（14）应付债券企业应当披露应付债券的构成及期初、期末账面余额等信息。

（15）长期应付款企业应当披露长期应付款的构成及期初、期末账面余额等信息。

（16）营业收入企业应当披露营业收入的构成及本期、上期发生额等信息。

(17) 公允价值变动收益企业应当披露公允价值变动收益的来源及本期、上期发生额等信息。

(18) 投资收益企业应当披露投资收益的来源及本期、上期发生额等信息。

(19) 减值损失企业应当披露各项资产的减值损失本期、上期发生额等信息。

(20) 营业外收入企业应当披露营业外收入的构成及本期、上期发生额等信息。

(21) 营业外支出企业应当披露营业外支出的构成及本期、上期发生额等信息。

(22) 所得税企业应当披露下列信息:① 所得税费用(收益)的主要组成部分;② 所得税费用(收益)与会计利润关系的说明;③ 未确认递延所得税资产的可抵扣暂时性差异、可抵扣亏损的金额(如果存在到期日,还应披露到期日);④ 对每一类暂时性差异和可抵扣亏损,在列报期间确认的递延所得税资产或递延所得税负债的金额,确认递延所得税资产的依据;⑤ 未确认递延所得税负债的,与对子公司、联营企业及合营企业投资相关的暂时性差异金额。

(23) 政府补助企业应当披露下列信息:① 政府补助的种类及金额;② 计入当期损益的政府补助金额;③ 本期返还的政府补助金额及原因。

(24) 非货币性资产,企业应当披露下列信息:① 换入资产、换出资产的类别;② 换入资产成本的确定方式;③ 换入资产、换出资产的公允价值及换出资产的账面价值。

(25) 股份支付:① 当期授予、行权和失效的各项权益工具总额;② 期末发行在外股份期权或其他权益工具行权价的范围和合同剩余期限;③ 当期行权的股份期权或其他权益工具以其行权日价格计算的加权平均价格;④ 股份支付交易对当期财务状况和经营成果的影响。

(26) 债务重组。

债权人应当披露下列信息:① 债务重组方式;② 确认的债务重组损失总额;③ 债权转为股份所导致的投资增加额及该投资占债务人股份总额的比例;④ 或有应收金额;⑤ 债务重组中受让的非现金资产的公允价值、由债权转成的股份的公允价值和修改其他债务条件后债权的公允价值的确定方法及依据。

债务人应当披露下列信息:① 债务重组方式;② 确认的债务重组利得总额;③ 将债务转为资本所导致的股本(或者实收资本)增加额;④ 或有应付金额;⑤ 债务重组中转让的非现金资产的公允价值、由债务转成的股份的公允价值和修改其他债务条件后债务的公允价值的确定方法及依据。

(27) 借款费用企业应当披露下列信息:① 当期资本化的借款费用金额;② 当

期用于计算确定借款费用资本化金额的资本化率。

(28) 外币折算企业应当披露下列信息:① 计入当期损益的汇兑差额;② 处置境外经营对外币财务报表折算差额的影响。

(29) 企业合并发生当期的期末,合并方应当披露与同一控制下企业合并有关的下列信息:① 参与合并企业的基本情况。② 属于同一控制下企业合并的判断依据。③ 合并日的确定依据。④ 以支付现金、转让非现金资产以及承担债务作为合并对价的,所支付对价在合并日的账面价值;以发行权益性证券作为合并对价的,合并中发行权益性证券的数量及定价原则,以及参与合并各方有表决权股份的比例。⑤ 被合并方的资产、负债在上一会计期间资产负债表日及合并日的账面价值;被合并方自合并当期期初至合并日的收入、净利润、现金流量等情况。⑥ 合并合同或协议约定将承担被合并方或有负债的情况。⑦ 被合并方采用的会计政策与合并方不一致所作调整情况的说明。⑧ 合并后已处置或准备处置被合并方资产、负债的账面价值、处置价格等。

企业合并发生当期的期末,购买方应当披露与非同一控制下企业合并有关的下列信息:① 参与合并企业的基本情况;② 购买日的确定依据;③ 合并成本的构成及其账面价值、公允价值及公允价值的确定方法;④ 被购买方各项可辨认资产、负债在上一会计期间资产负债表日及购买日的账面价值和公允价值;⑤ 合并合同或协议约定将承担被购买方或有负债的情况;⑥ 被购买方自购买日起至报告期期末的收入、净利润和现金流量等情况;⑦ 商誉的金额及其确定方法;⑧ 因合并成本小于合并中取得的被购买方可辨认净资产公允价值的份额计入当期损益的金额;⑨ 合并后已处置或准备处置被购买方资产、负债的账面价值、处置价格等。

(30) 或有事项企业应当披露下列信息:

① 预计负债。ⅰ. 预计负债的种类、形成原因以及经济利益流出不确定性的说明。ⅱ. 各类预计负债的期初、期末余额和本期变动情况。ⅲ. 与预计负债有关的预期补偿金额和本期已确认的预期补偿金额。② 或有负债(不包括极小可能导致经济利益流出企业的或有负债)。ⅰ. 或有负债的种类及其形成原因,包括未决诉讼、未决仲裁、对外提供担保等形成的或有负债。ⅱ. 经济利益流出不确定性的说明。ⅲ. 或有负债预计产生的财务影响,以及获得补偿的可能性;无法预计的,应当说明原因。③ 企业通常不应当披露或有资产。但或有资产很可能会给企业带来经济利益的,应当披露其形成的原因、预计产生的财务影响等。④ 在涉及未决诉讼、未决仲裁的情况下,按相关规定披露全部或部分信息预期对企业造成重大不利影响的,企业无须披露这些信息,但应当披露该未决诉讼、未决仲裁的性质,以及没有披露这些信息的事实和原因。

(31) 资产负债表日后事项企业应当披露下列信息:① 每项重要的资产负债表日后非调整事项的性质、内容,及其对财务状况和经营成果的影响。无法作出估计的,应当说明原因。② 资产负债表日后,企业利润分配方案中拟分配的以及经审议批准宣告发放的股利或利润。

7. 分部报告

企业存在多种经营或跨地区经营的,应当按照企业会计准则规定披露分部信息。但是,法律、行政法规另有规定的除外。企业应当以对外提供的财务报表为基础披露分部信息。对外提供合并财务报表的企业,应当以合并财务报表为基础披露分部信息。

(1) 区分业务分部和地区分部企业披露分部信息,应当区分业务分部和地区分部。业务分部,是指企业内可区分的、能够提供单项或一组相关产品或劳务的组成部分。该组成部分承担了不同于其他组成部分的风险和报酬。地区分部,是指企业内可区分的、能够在一个特定的经济环境内提供产品或劳务的组成部分。该组成部分承担了不同于在其他经济环境内提供产品或劳务的组成部分的风险和报酬。两个或两个以上的业务分部或地区分部同时满足下列条件的,可以予以合并:① 具有相近的长期财务业绩,包括具有相近的长期平均毛利率、资金回报率、未来现金流量等;② 确定业务分部或地区分部所考虑的因素类似。

(2) 确定报告分部企业应当以业务分部或地区分部为基础确定报告分部。业务分部或地区分部的大部分收入是对外交易收入,且满足下列条件之一的,应当将其确定为报告分部:① 该分部的分部收入占所有分部收入合计的 10%或者以上;② 该分部的分部利润(亏损)的绝对额,占所有盈利分部利润合计额或者所有亏损分部亏损合计额的绝对额两者中较大者的 10%或者以上;③ 该分部的分部资产占所有分部资产合计额的 10%或者以上。报告分部的对外交易收入合计额占合并总收入或企业总收入的比重未达到 75%的,应当将其他的分部确定为报告分部(即使它们未满足上述规定的条件),直到该比重达到 75%。企业的内部管理按照垂直一体化经营的不同层次来划分的,即使其大部分收入不通过对外交易取得,仍可将垂直一体化经营的不同层次确定为独立的报告业务分部。对于上期确定为报告分部的,企业本期认为其依然重要,即使本期未满足上述规定条件的,仍应将其确定为本期的报告分部。

(3) 披露分部信息:① 企业应当区分主要报告形式和次要报告形式披露分部信息。ⅰ. 风险和报酬主要受企业的产品和劳务差异影响的,披露分部信息的主要形式应当是业务分部,次要形式是地区分部。ⅱ. 风险和报酬主要受企业在不同的国家或地区经营活动影响的,披露分部信息的主要形式应当是地区分部,次要形式是业务分部。ⅲ. 风险和报酬同时较大地受企业产品和劳务的差异以及经营活动所在国家或地区差异影响的,披露分部信息的主要形式应当是业务分部,次要形式是地区分部。在确定主要报告形式和次要报告形式时,应当以企业的风险和报酬的主要来源和性质为依据,同时结合企业的内部组织结构、管理结构以及向董事会或类似机构的内部报告制度。企业的风险和报酬的主要来源和性质,主要与其提供的产品或劳务,或者经营所在国家或地区密切相关。企业的内部组织结构、管理结构以及向董事会或类似机构内部报告制度的安排,通常会考虑或结合企业风险和报酬的主要来源和性质等相关因素。② 对于主要报告形式,企业应当在附注中披露分部收入、分部费用、分部利润(亏损)、分部资产总额和分部负债总额等。分部收入,是指可归属于分部的对外交易收入和对其他分部交易收入。分部收入主要由可归属于分部的对外交易收入构成,通常为营业收入。下列项目不包括在内:ⅰ. 利息收入和股利收入,如采用成本法核算的长期股权投资的股利收入(投资收益)、债券投资的利息收入、对其他分部贷款的利息收入等。但是,分部的日常活动是金融性质的除外。ⅱ. 采用权益法核算的长期股权投资在被投资单位实现的净利润中应享有的份额以及处置投资产生的净收益。但是,分部的日常活动是金融性质的除外。ⅲ. 营业外收入,如处置固定资产、无形资产等产生的净收益。分部费用,是指可归属于分部的对外交易费用和对其他分部交易费用。分部费用主要由可归属于分部的对外交易费用构成,通常包括营业成本、营业税金及附加、销售费用等。下列项目不包括在内:ⅰ. 利息费用,如发行债券、向其他分部借款的利息费用等。但是,分部的日常活动是金融性质的除外。ⅱ. 采用权益法核算的长期股权投资在被投资单位发生的净损失中应承担的份额以及处置投资发生的净损失。但是,分部的日常活动是金融性质的除外。ⅲ. 与企业整体相关的管理费用和其他费用。但是,企业代所属分部支付的、与分部经营活动相关的且能直接归属于或按合理的基础分配给该分部的费用,属于分部费用。ⅳ. 营业外支出,如处置固定资产、无形资产等发生的净损失。ⅴ. 所得税费用。分部利润(亏损),是指分部收入减去分部费用后的余额。在合并利润表中,分部利润(亏损)应当在调整少数股东损益前确定。分部资产,是指分部经营活动使用的可归属于该分部的资产,不包括递延所得税资产。分部资产的披露金额应当按照扣除相关累计折旧或摊销额以及累计减值准备后的金额确定。披露分部资产总额时,当期发生的在建工程成本总额、购置的固定资产和无形资产的成本总额,应当单独披露。分部负债,是指分部经营活动形成的可归属于该分部的负债,不包括递延所得税负债。分部的日常活动是金融性质的,利息收入和利息费用应当作为分部收入和分部费用进行披露。企业披露的分部信息,应当与合并财务报表或企业财务报表中的总额信息相衔接。

分部收入应当与企业的对外交易收入（包括企业对外交易取得的、未包括在任何分部收入中的收入）相衔接；分部利润（亏损）应当与企业营业利润（亏损）和企业净利润（净亏损）相衔接；分部资产总额应当与企业资产总额相衔接；分部负债总额应当与企业负债总额相衔接。③ 次要报告形式的分部信息的主要报告形式是业务分部的报告形式，应当就次要报告形式披露下列信息：ⅰ. 对外交易收入占企业对外交易收入总额10%或者以上的地区分部，以外部客户所在地为基础披露对外交易收入。ⅱ. 分部资产占所有地区分部资产总额10% 或者以上的地区分部，以资产所在地为基础披露分部资产总额。分部信息的主要报告形式是地区分部的，应当就次要报告形式披露下列信息：ⅰ. 对外交易收入占企业对外交易收入总额10%或者以上的业务分部，应当披露对外交易收入。ⅱ. 分部资产占所有业务分部资产总额10%或者以上的业务分部，应当披露分部资产总额。

8. 关联方披露

（1）关联方及其判断。

① 关联方的定义。一方控制、共同控制另一方或对另一方施加重大影响，以及两方或两方以上同受一方控制、共同控制或重大影响的，构成关联方。关联方关系则指有关联的各方之间的关系。② 下列各方构成企业的关联方：ⅰ. 该企业的母公司；ⅱ. 该企业的子公司；ⅲ. 与该企业受同一母公司控制的其他企业；ⅳ. 对该企业实施共同控制的投资方；ⅴ. 对该企业施加重大影响的投资方；ⅵ. 该企业的合营企业；ⅶ. 该企业的联营企业；ⅷ. 该企业的主要投资者个人及与其关系密切的家庭成员；ⅸ. 该企业或其母公司的关键管理人员及与其关系密切的家庭成员；ⅹ. 该企业主要投资者个人、关键管理人员或与其关系密切的家庭成员控制、共同控制或施加重大影响的其他企业。③ 仅与企业存在下列关系的各方，不构成企业的关联方：ⅰ. 与该企业发生日常往来的资金提供者、公用事业部门、政府部门和机构；ⅱ. 与该企业发生大量交易而存在经济依存关系的单个客户、供应商、特许商、经销商或代理商；ⅲ. 与该企业共同控制合营企业的合营者。④ 仅仅同受国家控制而不存在其他关联方关系的企业，不构成关联方。⑤ 在具体运用关联方关系判断标准时，应当遵循实质重于形式的原则。

（2）关联方交易及其判断关联方交易，是指在关联方之间转移资源、劳务或义务的行为，而不论是否收取价款。关联方交易的类型通常包括下列各项：① 购买或销售商品；② 购买或销售商品以外的其他资产；③ 提供或接受劳务；④ 担保；⑤ 提供资金（贷款或股权投资）；⑥ 租赁；⑦ 代理；⑧ 研究和开发项目的转移；⑨ 许可协议；⑩ 代表企业或由企业代表另一方进行债务结算；⑪ 关键管理人员薪酬。

(3) 关联方披露。

① 企业无论是否发生关联方交易，均应当在附注中披露与母公司和子公司有关的下列信息：ⅰ. 母公司和子公司的名称。母公司不是该企业最终控制方的，还应当披露最终控制方名称。母公司和最终控制方均不对外提供财务报表的，还应当披露母公司之上与其最相近的对外提供财务报表的母公司名称。ⅱ. 母公司和子公司的业务性质、注册地、注册资本(或实收资本、股本)及其变化。ⅲ. 母公司对该企业或者该企业对子公司的持股比例和表决权比例。② 企业与关联方发生关联交易的，应当在附注中披露该关联方关系的性质、交易类型及交易要素。交易要素至少应当包括：ⅰ. 交易的金额；ⅱ. 未结算项目的金额、条款和条件，以及有关提供或取得担保的信息；ⅲ. 未结算应收项目的坏账准备金额；ⅳ. 定价政策。③ 关联方交易应当分别对关联方以及交易类型予以披露。类型相似的关联方交易，在不影响财务报表阅读者正确理解关联方交易对财务报表影响的情况下，可以合并披露。④ 企业只有在提供确凿证据的前提下，才能披露关联方交易是公平交易。

练习题

1. 某企业12月份发生以下业务：

(1) 出售产品一批，售价100万元，增值税率为17%，款收到存入银行。

(2) 结转上述已销产品的生产成本60万元。

(3) 按以上产品售价的10%计交消费税。

(4) 用现金支付销售过程中包装、运杂费5 000元。

(5) 用银行存款支付厂部办公费30 000元。

(6) 用银行存款支付银行借款利息17 000元，前2个月已预提10 000元。

(7) 用银行存款支付违约金5 000元。

(8) 收到外单位罚款收入3 000元。

(9) 按当月利润总额25%计交所得税。

(10) 按净利润10%计提法定盈余公积。

要求：根据以上资料，编制企业利润表。

2. 甲公司2009年有关资料如下：

(1) 本期商品销售收入80 000元，应收账款期初余额10 000元，期末余额34 000元；本期预收的货款4 000元。

(2) 本期用银行存款支付购材料货款40 000元，用银行存款支付工程用物资货款 81 900 元，本期购材料预付款 15 000 元。

(3) 本期从银行提现金 33 000 元用于发放工资。

(4) 本期实际支付工资 30 000 元，各种奖金 3 000 元。其中经营人员工资 18 000 元，奖金 2 000 元，在建工程人员工资 12 000 元，奖金 1 000 元。

(5) 期初未交所得税 1 600 元，本期发生应交所得税 6 600 元，期末未交所得税 600 元。

要求：根据上述资料计算填列现金流量表下列项目(不考虑增值税)。

(1) 销售商品提供劳务收到的现金。(60 000 元)

(2) 购买商品接受劳务支付的现金。(55 000 元)

(3) 支付给职工以及为职工支付的现金。(20 000 元)

(4) 购买固定资产、无形资产支付的现金。(94 900 元)

3. 某公司的现金流量表中，来自经营活动的现金流量是负债，这意味着什么？这是坏消息吗？如果是，是危险信号吗？

4. (1) 某公司资产的市场价值上升 1 000 万元，这对公司是好是坏？为什么？

(2) 某公司债务的市场价值下跌 1 000 万元，这对该公司是福是祸？为什么？

(3) 如果你拥有一个公司，你喜欢公司资产的市场价值上升 1 000 万元，还是债务的市场价值下跌 1 000 万元？

5. 你经营一家房地产投资公司。一年前，公司购买了十块土地，分散在各个社区，每块土地均价值 1 000 万元。最近的地产评估显示，其中五块土地每块价值 600 万元，另外五块土地每块值 1 500 万元。不考虑土地在一年内已创造的收益，计算该投资公司在以下各种情况下的会计盈利和经济盈利。

(1) 公司以最近的评估价值出售所有的土地。

(2) 公司不出售土地。

(3) 公司出售价值下降的土地，却继续拥有其余的土地。

(4) 公司出售价值上涨的土地，却继续拥有其余的土地。

(5) 最近举行了一个地产管理讨论会，某雇员建议银行采用“过年法”。具体做法是出售价值已上升的地产，同时保持价值下跌的地产。该雇员解释说，采取这种措施，公司在房地产投资中永远不会亏损。你赞同该雇员的看法吗？为什么？

6. 甲上市公司(简称甲公司)为增值税一般纳税人，适用的增值税税率为 17%；除特别说明外，不考虑除增值税以外的其他相关税费；所售资产未发生减值；销售商品为正常的生产经营活动，销售价格为不含增值税的公允价格；商品销售成本在确认销售收入时逐笔结转。

(1) 2011 年 12 月甲公司发生下列经济业务:

① 12 月 1 日,甲公司与 A 公司签订委托代销商品协议。协议规定,甲公司以支付手续费方式委托 A 公司代销 W 商品 100 件,A 公司对外销售价格为每件 3 万元,未出售的商品 A 公司可以退还甲公司;甲公司按 A 公司对外销售价格的 1% 向 A 公司支付手续费,在收取 A 公司代销商品款时扣除。该 W 商品单位成本为 2 万元。12 月 31 日,甲公司收到 A 公司开来的供销清单,已对外销售 W 商品 60 件;甲公司开具的增值税专用发票注明:销售价格 180 万元,增值税额 30.6 万元;同日,甲公司收到 A 公司交来的代销商品款 208.8 万元并存入银行,应支付 A 公司的手续费 1.8 万元已扣除。

② 12 月 5 日,收到 B 公司退回的 X 商品一批以及税务机关开具的进货退回相关证明,销售价格为 100 万元,销售成本为 70 万元;该批商品已于 11 月份确认收入,但款项尚未收到,且未计提坏账准备。

③ 12 月 10 日,与 C 公司签订一项为期 5 个月的非工业性劳务合同,合同总收入为 200 万元,当天预收劳务款 20 万元。12 月 31 日,经专业测量师对已提供的劳务进行测量,确定该项劳务的完工程度为 30%。至 12 月 31 日,实际发生劳务成本 40 万元(假定均为职工薪酬),估计为完成合同还将发生劳务成本 90 万元(假定均为职工薪酬)。该项劳务应交营业税(不考虑其他流转税费),税率为 5%。假定该项劳务交易的结果能够可靠地计量。

④ 12 月 15 日,出售确认为交易性金融资产的 D 公司股票 1 000 万股,出售价款 3 000 万元已存入银行。当日出售前,甲公司持有 D 公司股票 1 500 万股,账面价值为 4 350 万元(其中,成本为 3 900 万元,公允价值变动为 450 万元)。12 月 31 日,D 公司股票的公允价值为每股 3.30 元。

⑤ 12 月 31 日,以本公司生产的产品作为福利发放给职工。发放给生产工人的产品不含增值税的公允价值为 200 万元,实际成本为 160 万元;发放给行政管理人员的产品不含增值税的公允价值为 100 万元,实际成本为 80 万元。产品已发放给职工。

⑥ 12 月 31 日,采用分期收款方式向 E 公司销售 Z 大型设备一套,合同约定的销售价格为 3 000 万元,从 2008 年起分 5 年于每年 12 月 31 日收取。该大型设备的实际成本为 2 000 万元。如采用现销方式,该大型设备的销售价格为 2 500 万元。商品已经发出,甲公司尚未开具增值税专用发票。

(2) 2011 年甲公司除上述业务以外的业务的损益资料如表 6.9 所示。

表 6.9 部分业务损益资料

单位:万元

项　目	金　额
一、营业收入	5 000
减:营业成本	4 000
营业税金及附加	50
销售费用	200
管理费用	300
财务费用	30
资产减值损失	0
加:公允价值变动收益	0
投资收益	100
二、营业利润	520
加:营业外收入	70
减:营业外支出	20
三、利润总额	570

要求:

(1) 根据上述资料,逐笔编制甲公司相关业务的会计分录。

(2) 计算甲公司 2011 年度利润表部分项目的金额。

第七章　财务报表分析

会计是经营的记分牌，它将一个公司分散的经营活动转化成一组客观的数据，提供有关公司的业绩、问题、远景等信息。会计报表分析就是根据对这些会计数据的解释来评估经营业绩和计划未来活动的。

对于包括投资者、债权人、管理者在内的许多人来说，具有财务分析的技能是很重要的。公司内部人员更是如此。不论公司的结构差异或规模大小，掌握财务分析技能的管理者能够自己诊断公司的症状，开出治疗药方，并能预测其经营活动的财务成果。不完全懂得会计和财务工作的经营者，就好比是一个不能得分的球员，工作时碍手碍脚。

【案例 1】

净利润狂飙 7 倍，为什么市场冷淡？

2006 年 4 月 24 日，中国人民财产保险公司报表对外公布，主要业绩如表 7.1 所示。

表 7.1　中国人民财产保险公司报表

单位：百万元

指　标	2004 年	2005 年	对　比
营业额	62 003	62 332	0.5%
已赚净保费	50 628	49 802	−1.6%
承保利润	436	1 766	305.0%
投资收益	338	1 142	237.9%
税前利润	395	2 203	457.7%
净利润	134	1 113	730.6%

中国人民财产保险公司净利润 2005 年比 2004 年增长 7.3 倍，但股票价格却从 4 月 21 日的 3.45 港元下降了 13.77%。市场反应冷淡，为什么？分析报表后确知，主要原因有：利润率过低，中国人民财产保险公司利润率为 2.2%，而其他保险公司为 11.7%；2004 年是一个非正常年度，补提取 2003 年以前的未决赔偿款准备金 24.54 亿元，2005 年除了计提 2.45 亿元的坏账准备外，未进行任何计提（其中包括与银河证券有关的 5.59 亿元资金存在收不回也未计提）；年报证实公司的市场份额从 2003 年的 68%下降到 49.3%。

（中国财险净利润暴涨 难阻股价暴跌[EB/OL]. 21 世纪网（2006-04-27). http://www.21cbh.com/HTML/2006-4-27/2OMDA0MjdfMjE2OA.html.）

第一节　财务报表分析方法和目的

财务报表分析产生于 19 世纪末 20 世纪初。最早的财务报表分析主要是为银行服务的信用分析。当时，借贷资本在企业资本中的比重不断增加，银行家需要对贷款人进行信用调查和分析，借以判断客户的偿债能力。资本市场形成后发展出盈利分析，财务报表分析由主要为贷款银行服务扩展到为投资人服务。随着社会筹资范围扩大，非银行的贷款人和股权投资人增加，公众进入资本市场和债务市场，投资人要求的信息更为广泛。财务报表分析开始对企业的盈利能力、筹资结构、利润分配进行分析，发展出比较完善的外部分析体系。

经济愈发展，财务分析愈重要。随着我国社会主义市场经济体制的建立和不断完善，股份制企业重组改造蓬勃发展，企业所有权和经营权逐步分离，公司经营者要利用财务报表披露财务信息，以履行其受托责任。财务信息的公开已成为最显著的财务特点，而股份公司的投资者、债权人、政府机构及其他利益相关者能够通过这些公开的财务信息来了解公司的财务状况及经营成果，以便作出明智科学的决策。

一、财务报表分析方法

要从财务报表得出有价值的结论，分析者不仅要读懂、理解这些财务信息，而更重要的，是要掌握一套行之有效的财务报表分析方法和技巧。对于包括投资者、债权人、管理者在内的许多人来说，具有财务分析的技能是很重要的。公司内部人员更是如此。不论公司的结构差异或规模大小，掌握财务分析技能的管理者能够自己诊断公司的症状，开出治疗药方，并能预测其经营活动的财务成果。财务报表分析常用的方法有：比较分析法、比率分析法、趋势分析法、因素分析法、差额计算分析法等。

（一）比较分析法

比较分析法就是将有关指标的本期实际数与历史数（上期、上年同期或几期）、本期计划数、企业历史最好水平、国内外同行业平均数等对比，求出增加或减少的差额，以便寻求其原因，从而探讨改进方法。使用比较分析法，一般是从绝对额进行比较。

将实际数与计划数或定额数对比，可以揭示计划或定额的执行情况。但在分析时还应检查计划或定额本身是否既先进又切实可行。因为实际数与计划数或定额数之间的差异，除了实际工作的原因以外，还可能由于计划或定额太保守或不切实际。

将本期实际数与前期实际数或以往年度同期实际数对比，可以考察经济业务的发展变化情况。

将本期实际数与本企业的历史先进水平对比，将本企业实际数与国内外同行业的先进水平对比，可以发现与先进水平之间的差距，从而学习先进，赶上和超过先进。

比较分析法只适用于同质指标的数量对比，例如实际产品成本与计划产品成本对比，实际原材料费用与定额原材料费用对比，本期实际制造费用与前期制造费用对比，等等。在比较中，应特别注意指标口径的可比性。进行对比的各项指标，在经济内容、计算方法、计算期和影响指标形成的客观条件等方面，应有可比的共同基础。如果相比的指标之间有不可比因素，应先按可比的口径进行调整，然后再进行对比。

（二）比率分析法

比率分析法是通过计算各项指标之间的相对数，即比率，借以考察经济业务的相对效益的一种分析方法。比率是指相互联系的两个指标之间的对比关系，以分子和分母的形式计算。常用的比率有关系比率和结构比率两种。

1. 关系比率分析法

关系比率分析法是通过计算两个性质不同但又相关的指标的比率来进行数量分析的方法。关系比率＝A 指标÷B 指标。它是计算两个性质不同但又相关的指标对比。例如,产值成本率=成本/产值;成本利润率=利润/成本;销售收入成本率=成本/销售收入,等等,就是关系比率。比率分析中,大部分是分析关系比率的。

2. 结构比率分析法

结构比率分析法是通过计算某项指标的各个组成部分占总体的比重,即部分与全部的比率,来进行数量分析的方法。例如,将构成产品成本的各项费用分别与产品成本总额相比,计算产品成本的构成比率;又如将构成管理费用的各项费用与管理费用总额相比,计算管理费用的构成比率。这种分析方法也称比重分析法,通过这种分析,可以反映产品成本或者经营管理费用的构成是否合理。现将产品成本构成比率的计算公式列示如下:

直接材料费用比率=直接材料费用/产品成本×100%

直接人工费用比率=直接人工费用/产品成本×100%

制造费用比率=制造费用/产品成本×100%

(三) 趋势分析法

趋势分析法也叫动态分析法,它是对不同时期的发展趋向作出分析。如对本期比前期或过去连续几期的增减变化进行观察理出同项的发展趋势。

趋势分析法一般采用趋势比率的形式,包括:本期是前期百分之几、本期比前期增加或减少百分之几。若从比较的时期看,可分为环比法和定比法。环比法是逐年数字比较,定比法是以某一年为固定基准。

假定某企业2001年起到2005年止5年间,某种产品的实际单位成本资料如表7.2所示。

表7.2 实际单位成本表

年 份	2001	2002	2003	2004	2005
实际单位成本(元)	85	90	93	95	99

如果以2001年为基年,以该年单位成本85元为基数,规定为100%,可以计算其他各年的单位成本与之相比的比率如下:

2002年 $90/85\times100\%=106\%$

2003年 $93/85\times100\%=109\%$

2004年 $95/85\times100\%=112\%$

2005年 $99/85\times100\%=116\%$

通过上述计算,可以看出该种产品成本2002～2005各年单位成本与2001年相比的上升程度。

如果分别以上一年为基期，可以计算各年环比的比率如下：

2002 年比 2001 年 90/85×100%＝106%
2003 年比 2002 年 93/90×100%＝103%
2004 年比 2003 年 95/93×100%＝102%
2005 年比 2004 年 99/95×100%＝104%

通过上列计算，可以看出，该种产品成本单位成本都是递增的，但各年递增的程度不同。

（四）因素替换法

因素替换法也叫因素分析法、连还替代法，它是在比较分析的基础上查原因，找矛盾，为深入分析提供"信号"。其步骤是：首先确定某个指标的影响因素及各因素的相互关系，然后依次把其中一个当作可变因素进行替换，最后再分别找出每个因素对差异的影响程度。计算步骤为：

（1）根据指标的计算公式确定影响指标变动的各项因素。

（2）排列各项因素的顺序。

（3）按排定的因素顺序和各项因素的基数进行计算。

（4）顺序将前面一项因素的基数替换为实际数，将每次替换以后的计算结果与前一次替换以后的计算结果进行对比，顺序算出每项因素的影响程度，有几项因素就替换几次。

（5）将各项因素的影响（有的正方向影响，有的反方向影响）程度的代数和，与指标变动的差异总额核对相符。

因素替换法的计算原理列表如表 7.3 所示（假定指标为三项因素的乘积）。

表 7.3 因素替换法的计算原理列表

替换次数	因素			乘积编号	每次替换的差异	产生差异的因素
	第 1 项	第 2 项	第 3 项			
基数	基数	基数	基数	①		
第 1 次	实际数	基数	基数	②	②－①	第 1 项因素
第 2 次	实际数	实际数	基数	③	③－②	第 2 项因素
第 3 次	实际数	实际数	实际数	④	④－③	第 3 项因素
	各项因素影响程度合计				差异总额	各项因素

因素的排列一般原则是:如果既有数量因素又有质量因素,先计算数量因素变动的影响,后计算质量因素变动的影响;如果既有实物数量因素又有价值因素,先计算实物数量因素变动的影响,后计算价值因素变动的影响;如果有几个数量因素或质量因素,还应分清主要因素和次要因素,先计算主要因素变动的影响,后计算次要因素变动的影响。

例如,我们要分析某种产品的单位原材料成本,单位原材料成本 = 材料单耗 × 材料单价。有关资料如表 7.4 所示。

表 7.4 单位产品原材料成本资料

指 标	单耗(kg)	单价(元/kg)	单位原材料成本(元)
计划	3	5	15
实际	2	9	18

本年计划:

$$3\ \text{kg} \times 5\ 元/\text{kg} = 15\ 元 \tag{1}$$

第一次替换:

$$2\ \text{kg} \times 5\ 元/\text{kg} = 10\ 元 \tag{2}$$

第二次替换(本年实际):

$$2\ \text{kg} \times 9\ 元/\text{kg} = 18\ 元 \tag{3}$$

分析对象:

$$(3) - (1) = 18 - 15 = +3(元)$$

其中:

$$单耗的影响 = (2) - (1) = (2-3) \times 5 = -5(元)$$
$$单价的影响 = (3) - (2) = 2 \times (9-5) = +8(元)$$

合计:

$$-5 + 8 = +3(元)$$

(五) 差额计算分析法

差额计算分析法是因素替换法的简化形式,是根据各项因素的实际数与基数的差额来计算各项因素影响程度的方法。如在指标 $N = a \times b$ 中,不同因素的影响为:

$$a\ 因素的影响 = (a_1 - a_0) \times b$$
$$b\ 因素的影响 = a_1 \times (b_1 - b_0)$$

如上例中：

单耗的影响=(实际单耗－计划单耗)×计划单价=(2－3)×5=－5(元)

单价的影响=(实际单价－计划单价)×实际单耗=2×(9－5)=+8(元)

另外，按照比较分析对象的不同，通常又分为水平财务报表分析法和垂直财务报表分析法。

1. 水平分析法

指将反映企业报告期财务状况的信息(也就是会计报表信息资料)与反映企业前期或历史某一时期财务状况的信息进行对比，研究企业各项经营业绩或财务状况的发展变动情况的一种财务分析方法。水平分析法的基本要点：将报表资源中不同时期的同项数据进行对比。但这种报表分析所依据的资料和所得的结论并不能说明企业各项业务的成绩、能力和发展变化情况。

水平分析法所进行的对比，一般而言，不是指单指标对比，而是对反映某方面情况的报表的全面、综合对比分析。变动数量的计算公式是：

变动数量=分析期某项指标实际数－前期同项指标实际数

变动率的计算公式是：

变动率(%)=变动数量/前期实际数量×100%

(公式所说的前期，可指上年度，也可指以前某一年度。)

按上述方法编制的报表形式，可称为比较财务报表。比较财务报表也可以同时选取多期(两期以上)会计数据进行比较，称为长期比较会计报表。长期比较财务报表的优点是：可以提醒使用者排除各年份非常或偶然事项的影响，将企业若干年的财务报表按时间序列加以分析，能更准确地看出企业发展的总体趋势，有助于更好地预测未来。

2. 垂直报表分析法

指在一张财务报表中，用表中各项目的数据与总体(或称报表合计数)相比较，以得出该项目在总体中的位置、重要性与变化情况。垂直分析法又称共同比分析法，与水平分析法相对应。水平分析注重的是关键项目不同年份的比较，垂直分析法更注重于报表内部各项目的内在结构分析。它只是对当期利润表或是资产负债表等作纵向分析：利润表中的所有项目用营业收入的百分率表示，资产负债表中的项目则用资产总额的百分率表示。垂直分析法的步骤：① 计算出表中各项目在总体中所占比重；② 通过该比例判断该项目在报表中所占位置，其重要性如何；③ 将该比例与基期或上一年度的比例数据相对比，观察其变化趋势。

顾名思义，垂直分析是一种纵向分析，而水平分析属于横向分析思路。相对于水平分析而言，垂直分析并不是将企业报告期的分析数据直接与基期进行对比求出增减变动量和增减变动率,也不是其他同类项之间的比较,而是一种构成分析,考察的是相关结构安排情况。其基本点是通过计算报表中各项目占总体的比重或结构,反映报表中的项目与总体关系情况及其变动情况。会计实务中常见的同比资产负债表、同比利润表等,都是应用垂直分析法得到的。横向分析是指一企业与其他企业在同一时点(或时期)上的比较。在企业兼并与收购中所作的目标公司估价、管理当局的业绩评估与报酬计划、财务危机预测以及超额利润税的公共政策制定等领域,都需要进行横向分析。纵向分析除了有助于发现趋势,从而借以预测未来外,在管理当局业绩评价等方面,纵向分析也是有用的(借以观察利润变化中的多少百分比是由于公司以外的因素导致的)。

二、企业财务报表分析的目的

对外发布的财务报表,是根据全体使用人的一般要求设计的,并不适合特定报表使用人的特定要求。报表使用人要从中选择自己需要的信息,重新排列,并研究其相互关系,使之符合特定决策要求。

财务报表分析由于分析主体不同,他们的分析目的不完全相同,企业财务报表的主要使用人有七种。

1. 投资人

在投资前为决定是否投资,分析企业的资产和盈利能力;在投资后为决定是否转让股份,分析盈利状况、股价变动和发展前景;为考查经营者业绩,要分析资产盈利水平、破产风险和竞争能力;为决定股利分配政策,要分析筹资状况。

2. 债权人

在贷款前为决定是否给企业贷款,要分析贷款的报酬和风险;为了解债务人的短期偿债能力,要分析其流动状况;为了解债务人的长期偿债能力,要分析其盈利状况;在贷款后为决定是否出让债权,要评价其价值。

3. 经理人员

为改善财务决策而进行财务分析,全面了解企业的生产经营活动和财务活动,以求不断优化。涉及的内容最广泛,几乎包括外部使用人关心的所有问题。

4. 业务关联公司

市场经济实质上是一种信用经济,无序的信用必造成无序的市场,各关联公司对对方的信用有较高的要求,这种信用既包括商业交易上的信用,也包括财务信用。前者是指能提供保质保量的产品和劳务,按时完成各种交易事项;而后者则要求按时足额地对其债务进行清偿。关联方对财务报表分析的主要目标有:公司财力及生产能力是否充分;能否保证长期供贷;是否应该提供商业信用;是否应增加投入控制联营公司生产经营等。

5. 国家宏观调控部门

要通过财务分析了解企业纳税情况；遵守政府法规和市场秩序的情况；职工收入和就业状况；监督企业的社会责任、对国家应尽的义务的实现和完成情况等。

6. 企业职工和工会

要通过分析判断企业盈利与企业职工（雇员）收入、保险、福利之间是否相适应。

7. 中介机构(注册会计师、咨询人员等)

注册会计师通过财务报表分析可以确定审计的重点。会计报表分析领域的逐渐扩展与咨询业的发展有关，在一些国家“财务分析师”已成为专门职业，他们为各类报表使用人提供专业咨询。

三、企业财务分析的内容

尽管不同的财务报表分析者有不同的分析目的，但财务报表提供的信息量是确定的，只是每个分析者的侧重点有所不同。概括起来，财务报表分析的基本内容主要有以下几个方面。

1. 公司偿债能力分析

按偿债期限长短分为长期偿债能力分析和短期偿债能力分析，两种分析的目标及运用的技术指标都有所不同。但也有某些共同的特点，如公司资本结构的合理性，营运资金占用是否合理，公司的财务状况等。通过偿债能力分析，分析者希望能对公司债务利用程度进行分析评价，了解公司财务风险的现状，以便为外部投资决策和公司筹资决策提供信息依据。

2. 公司资产营运能力分析

主要分析公司资产占用结构的合理性和资产周转使用情况，其中侧重于分析流动资产的周转使用。

3. 公司盈利能力分析

主要分析公司利润目标的完成情况及影响因素，通过对比分析各年度利润指标的趋势变动情况预测公司的盈利前景。

4. 对公司总体财务状况的评价分析

在上述专项分析基础上，运用杜邦分析法等专门技术分析法，全面综合地对公司的财务状况和经营状况进行相互联系的分析，揭示理财工作中的优势和薄弱环节。

第二节　财务报表分析常用比率

财务报表中有大量数据，可以组成涉及企业经营管理各个方面的许多财务比率。尽管企业不同利益相关者进行财务报表分析的目的不同，但总体来说，一般包括短期偿债能力、长期偿债能力、营运能力、获利能力、成长能力几个方面。

一、短期偿债能力

1. 流动比率

流动比率是流动资产除以流动负债的比值，其计算公式为：

$$流动比率 = 流动资产 \div 流动负债$$

例　某公司2010年年末的流动资产是700万元，流动负债是300万元，依上式计算流动比率为：

$$流动比率 = 700 \div 300 = 2.33$$

流动比率可以反映短期偿债能力。

企业能否偿还短期债务，要看有多少短期债务，以及有多少可变现偿债的流动资产。流动资产越多，短期债务越少，则偿债能力越强。如果用流动资产偿还全部流动负债，企业剩余的是营运资金(流动资产 - 流动负债 = 营运资金)，营运资金越多，说明不能偿还的风险越小。因此，营运资金的多少可以反映偿还短期债务的能力。但是，营运资金是流动资产与流动负债之差，是个绝对数，如果企业之间规模相差很大，则绝对数相比的意义很有限。而流动比率是流动资产和流动负债的比值，是个相对数，排除了企业规模不同的影响，更适合企业之间以及本企业不同历史时期的比较。

一般认为，生产企业合理的最低流动比率是2。这是因为流动资产中变现能力最差的存货金额约占流动资产总额的一半，剩下的流动性较大的流动资产至少要等于流动负债，企业的短期偿债能力才会有保证。人们长期以来的这种认识，因其未能从理论上证明，还不能成为一个统一标准。

计算出来的流动比率，只有和同行业平均流动比率、本企业历史的流动比率进行比较，才能知道这个比率是高还是低。这种比较通常并不能说明流动比率为什么这么高或低，要找出过高或过低的原因还必须分析流动资产和流动负债所包括的内容及经营上的因素。一般情况下，营业周期、流动资产中的应收账款数额和存货的周转速度是影响流动比率的主要因素。

【案例 2】

蓝田事件是怎么发现的

2001 年，中央财经大学教师刘姝威写《上市公司虚假会计报表识别技术》一书，在分析个例时，她偶然看到蓝田集团在网上公布的财务报告。经过分析，结论令她震惊：蓝田股份自 1996 年上市以来，5 年间股本扩张了 360%，创造了中国股市的神话。可就是蓝田股份，还拿着国家 20 多亿的贷款，到 2000 年，净营运资金已经下降到负 1.27 亿元，流动比率为 0.77。

（刘姝威：六百真言击碎“蓝田神话”[N]．上海证券报，2010-12-07.）

2．速动比率

流动比率虽然可以用来评价流动资产总体的变现能力，但人们（特别是短期债权人）还希望获得比流动比率更进一步的有关变现能力的比率指标。这个指标被称为速动比率，也被称为酸性测试比率。

速动比率，是从流动资产中扣除存货部分，再除以流动负债的比值。速动比率的计算公式为：

$$速动比率 = (流动资产 - 存货) \div 流动负债$$

例如，某公司 2010 年年末的存货为 119 万元，则其速动比率为：

$$速动比率 = (700 - 119) \div 300 = 1.94$$

为什么在计算速动比率时要把存货从流动资产中剔除呢？

主要原因为：① 在流动资产中存货的变现速度最慢；② 由于某种原因，部分可能损失报废的存货还没作处理；③ 部分存货已抵押给某债权人；④ 存货估价还存在着成本与合理市价相差悬殊的问题。综合上述原因，在不希望企业用变卖存货的办法还债，以及排除使人产生种种误解因素的情况下，把存货从流动资产总额中减去而计算出的速动比率反映的短期偿债能力更加可信。

通常认为正常的速动比率为 1，低于 1 的速动比率被认为是短期偿债能力偏低。这仅是一般的看法，因为行业不同，速动比率会有很大差别，没有统一标准的速动比率。例如，采用大量现金销售的商店，几乎没有应收账款，大大低于 1 的速动比率则是很正常的。相反，一些应收账款较多的企业，速动比率可能要大于 1。

影响速动比率可信性的重要因素是应收账款的变现能力。账面上的应收账款不一定都能变成现金，实际坏账可能比计提的准备要多；季节性的变化，可能使报表的应收账款数额不能反映平均水平。这些情况，外部使用人不易了解，而财务人员却有可能作出估计。

3. 现金流量比率

现金流量比率是企业经营活动现金净流量与流动负债的比率。其计算公式为：

现金流量比率=经营活动现金净流量÷流动负债

这一比率反映本期经营活动所产生的现金净流量足以抵付流动负债的倍数。

例 甲公司2001年的经营活动现金净流量为1 320万元，流动负债为1 000万元，现金流量比率为：

现金流量比率=1 320/1 000=1.32

需要说明的是，经营活动所产生的现金流量是过去一个会计年度的经营结果，而流动负债则是未来一个会计年度需要偿还的债务，二者的会计期间不同。因此，这个指标是建立在以过去一年的现金流量来估计未来一年现金流量的假设基础之上的。使用这一财务比率时，需要考虑未来一个会计年度影响经营活动的现金流量变动的因素。

上述变现能力指标，都是从财务报表资料中取得的。还有一些财务报表资料中没有反映出来的因素，也会影响企业的短期偿债能力，甚至影响力相当大。财务报表的使用者多了解些这方面的情况，有利于作出正确的判断。

(1) 增强变现能力的因素

企业流动资产的实际变现能力，可能比财务报表项目反映的变现能力要好一些，主要有以下几个因素。

① 可动用伪银行贷款指标：银行已同意、企业未办理贷款手续的银行贷款限额，可以随时增加企业的现金，提高支付能力。这一数据不反映在报表中，必要时应在财务状况说明书中予以说明。

② 准备很快变现的长期资产：由于某种原因，企业可能将一些长期资产很快出售变为现金，增强短期偿债能力。企业出售长期资产，一般情况下都是要经过慎重考虑的，企业应根据近期利益和长期利益的辩证关系，正确决定出售长期资产问题。

③ 偿债能力的声誉：如果企业的长期偿债能力一贯很好，有一定的声誉，在短期偿债方面出现困难时，可以很快地通过发行债券和股票等办法解决资金的短缺问题，提高短期偿债能力。

这个增强变现能力的因素，取决于企业自身的信用声誉和当时的筹资环境。

(2) 减弱变现能力的因素

减弱企业流动资产变现能力的因素，未在财务报表中反映的主要有以下几个因素。

① 未作记录的或有负债：或有负债是有可能发生的债务。对这些或有负债，按我国《企业会计准则》规定并不作为负债登记入账，也不在报表中反映。只有已办贴现的商业承兑汇票，作为附注列示在资产负债表的下端。其他的或有负债，包括售出产品可能发生的质量事故赔偿、尚未解决的税额争议可能出现的不利后果、诉讼案件和经济纠纷案可能败诉并需赔偿等等，都没有在报表中反映。这些或有负债一旦成为事实上的负债，将会加大企业的偿债负担。

② 担保责任引起的负债：企业有可能以自己的一些流动资产为他人提供担保，如为他人向金融机构借款提供担保，为他人购物担保或为他人履行有关经济责任提供担保等。这种担保有可能成为企业的负债，增加偿债负担。

二、长期偿债能力

企业对一笔债务总是负两种责任：一是偿还债务本金的责任；二是支付债务利息的责任。分析一个企业的长期偿债能力，主要是为了确定该企业偿还债务本金与支付债务利息的能力。

具体的分析方法是：通过财务报表中的有关数据来分析权益与资产之间的关系，分析不同权益之间的内在关系，分析权益与收益之间的关系，计算出一系列的比率，可以看出企业的资本结构是否健全合理，评价企业的长期偿债能力。

1. 资产负债率

资产负债率是负债总额除以资产总额的百分比，也就是负债总额与资产总额的比例关系。资产负债率反映在总资产中有多大比例是通过借债来筹资的，也可以衡量企业在清算时保护债权人利益的能力。计算公式如下：

$$资产负债率=(负债总额\div 资产总额)\times 100\%$$

公式中的负债总额不仅包括长期负债，还包括短期负债。

这是因为，短期负债作为一个整体，企业总是长期占用着，可以视同长期性资本来源的一部分。例如，一个应付账款明细科目可能是短期性的，但企业总是长期性地保持一个相对稳定的应付账款总额。这部分应付账款可以成为企业长期性资本来源的一部分。本着稳健原则，将短期债务包括在用于计算资产负债率的负债总额中是合适的。

公式中的资产总额则是扣除累计折旧后的净额。

例如，ABC 公司 2001 年度负债总额为 1 060 万元，资产总额为 2 000 万元。依上式计算资产负债率为：

$$资产负债率=(1\,060\div 2\,000)\times 100\%=53\%$$

这个指标反映债权人所提供的资本占全部资本的比例。这个指标也被称为举债经营比率。它有以下几个方面的含义：

(1) 从债权人的立场看，他们最关心的是贷给企业的款项的安全程度，也就是能否按期收回本金和利息。如果股东提供的资本与企业资本总额相比，只占较小的比例，则企业的风险将主要由债权人负担，这对债权人来讲是不利的。因此，他们希望债务比例越低越好，企业偿债有保证，贷款不会有太大的风险。

(2) 从股东的角度看，由于企业通过举债筹措的资金与股东提供的资金在经营中发挥同样的作用，所以，股东所关心的是全部资本利润率是否超过借入款项的利率，即借入资本的代价。在企业所得的全部资本利润率超过因借款而支付的利息率时，股东所得到的利润就会加大。如果相反，运用全部资本所得的利润率低于借款利息率，则对股东不利，因为借入资本的多余的利息要用股东所得的利润份额来弥补。因此，从股东的立场看，在全部资本利润率高于借款利息率时，负债比例越大越好，否则反之。

(3) 从经营者的立场看，如果举债很大，超出债权人心理承受程度，则认为是不保险的，企业就借不到钱。如果企业不举债，或负债比例很小，说明企业畏缩不前，对前途信心不足，利用债权人资本进行经营活动的能力很差。借款比率越大(当然不是盲目地借款)，越是显得企业活力充沛。从财务管理的角度来看，企业应当审时度势，全面考虑，在利用资产负债率制定借入资本决策时，必须充分估计预期的利润和增加的风险，在二者之间权衡利害得失，作出正确决策。

根据20世纪90年代的资料，资产负债率在日本、韩国达82%，美国为52%，西方国家一般认为50%为警戒线。我国上市商业银行2010～2012年资产负债率资料如表7.5所示。

表7.5 我国上市16家商业银行的2010～2012年资产负债率

单位：%

名 称	2010年	2011年	2012年
平安银行	95.39	94.00	94.72
宁波银行	93.96	92.81	94.07
浦发银行	94.37	94.42	94.28
华夏银行	96.58	94.86	94.98
民生银行	94.22	93.98	94.75
招商银行	94.42	94.09	94.11

续表

名 称	2010年	2011年	2012年
南京银行	91.43	92.26	92.78
兴业银行	95.02	95.18	94.75
北京银行	94.19	94.72	93.59
农业银行	94.75	94.43	94.32
交通银行	94.34	94.08	92.76
工商银行	93.89	93.81	93.56
光大银行	94.51	94.45	94.98
建设银行	93.51	93.35	93.20
中国银行	93.53	93.61	93.20
中信银行	94.01	93.53	93.13

2. 产权比率

产权比率也是衡量长期偿债能力的指标之一。这个指标是负债总额与股东权益总额之比率，也叫作债务股权比率。其计算公式如下：

$$产权比率=(负债总额\div 股东权益)\times 100\%$$

上述公式中的“股东权益”，也就是所有者权益。

例如，ABC公司2001年度期末所有者权益合计为940万元，依上式计算产权比率为：

$$产权比率=(1\,060\div 940)\times 100\%=113\%$$

(1) 该项指标反映由债权人提供的资本与股东提供的资本的相对关系，反映企业基本财务结构是否稳定。一般来说，股东资本大于借入资本较好，但也不能一概而论。从股东来看，在通货膨胀加剧时期，企业多借债可以把损失和风险转嫁给债权人；在经济繁荣时期，多借债可以获得额外的利润；在经济萎缩时期，少借债可以减少利息负担和财务风险。产权比率高，是高风险、高报酬的财务结构；产权比率低，是低风险、低报酬的财务结构。从上例中的计算结果看，该企业债权人提供的资本是股东提供资本的1.13倍，如果经营不是很景气，则表明该企业举债经营的程度偏高，财务结构不很稳定。

(2) 该指标同时也表明债权人投入的资本受到股东权益保障的程度，或者说是企业清算时对债权人利益的保障程度。国家规定债权人的索偿权在股东前面。

按本例的情况看，如果ABC公司进行清算，则债权人的利益因股东提供的资本所占比重较小而缺乏保障。

资产负债率与产权比率具有共同的经济意义，两个指标可以相互补充。因此，对产权比率的分析可以参见对资产负债率指标的分析。

3. 有形净值债务率

有形净值债务率是企业负债总额与有形净值的百分比。有形净值是股东权益减去无形资产净值后的净值，即股东具有所有权的有形资产的净值。其计算公式为：

有形净值债务率＝负债总额÷(股东权益－无形资产净值)×100%

例如，ABC公司2001年度期末无形资产净值为6万元，依上式计算有形净值债务率为：

有形净值债务率＝[1 060÷(940－6)]×100%＝113.5%

有形净值债务率指标实质上是产权比率指标的延伸，是更为谨慎、保守地反映在企业清算时债权人投入的资本受到股东权益的保障程度。从长期偿债能力来讲，比率越低越好。

所谓谨慎和保守，是因为本指标不考虑无形资产包括商誉、商标、专利权以及非专利技术等的价值，它们不一定能用来还债，为谨慎起见一律视为不能偿债，将其从分母中扣除。该指标其他方面的分析与产权比率相同。

4. 利息保障倍数(已获利息倍数)

从债权人的立场出发，他们向企业投资的风险，除了计算上述资产负债率、审查企业借入资本占全部资本的比例以外，还计算营业利润是利息费用的倍数。利用这一比率，可以测试债权人投入资本的风险。

利息保障倍数指标是指企业经营业务收益与利息费用的比率，用以衡量偿付借款利息的能力，也叫已获利息倍数。其计算公式如下：

利息保障倍数＝息税前利润÷利息费用

公式中的“息税前利润”是指损益表中未扣除利息费用和所得税之前的利润。它可以用“利润总额加利息费用”来测算。由于我国现行利润表“利息费用”没有单列，而是混在“财务费用”之中，外部报表使用人只好用“利润总额加财务费用”来估计。公式中的分母“利息费用”是指本期发生的全部应付利息，不仅包括财务费用中的利息费用，还应包括计入固定资产成本的资本化利息。资本化利息虽然不在利润表中扣除，但仍然是要偿还的。利息保障倍数的重点是衡量企业支付利息的能力，没有足够大的息税前利润，资本化利息的交付就会发生困难。

例如，ABC公司2001年度税后净收益为136万元，利息费用为80万元，所得税为 64 万元。该公司已获利息倍数为：

$$利息保障倍数 = (136 + 80 + 64) \div 80 = 3.5$$

(1) 利息保障倍数指标反映企业经营收益为所需支付的债务利息的多少倍。只要利息保障倍数足够大，企业就有充足的能力偿付利息，否则相反。

(2) 如何合理确定企业的利息保障倍数？这需要将该企业的这一指标与其他企业，特别是本行业平均水平进行比较，来分析决定本企业的指标水平。同时从稳健性的角度出发，最好比较本企业连续几年的该项指标，并选择最低指标年度的数据作为标准。这是因为，企业在经营好的年头要偿债，而在经营不好的年头也要偿还大约同量的债务。某一个年度利润很高，利息保障倍数也会很高，但不能年年如此。采用指标最低年度的数据，可保证最低的偿债能力。一般情况下应采纳这一原则，但遇有特殊情况，须结合实际来确定。利息保障倍数的国际性比较如表 7.6 所示。

表 7.6　利息保障倍数的国际性比较

国　家	公司数	利息保障倍数中位数
英国	619	4.26
德国	250	3.66
日本	680	2.78
美国	2 580	2.40

5. 影响长期偿债能力的其他因素

除了上述通过损益表、资产负债表中有关项目之间的内在联系计算出来的各种比率，用以评价和分析企业的长期偿债能力以外，还有一些因素影响企业的长期偿债能力，必须引起足够的重视。

(1) 长期租赁

当企业急需某种设备或资产而又缺乏足够的资金时，可以通过租赁的方式解决。财产租赁有两种形式：融资租赁和经营租赁。

融资租赁是由租赁公司垫付资金购买设备租给承租人使用，承租人按合同规定支付租金(包括设备买价、利息、手续费等)。一般情况下，在承租方付清最后一笔租金后，其所有权归承租方所有，实际上属于变相的分期付款购买固定资产。因此，在融资租赁形式下，租入的固定资产作为企业的固定资产入账，进行管理，相应的租赁费用作为长期负债处理。这种资本化的租赁，在分析长期偿债能力时，已经包括在债务比率指标计算之中。

当企业的经营租赁量比较大、期限比较长或具有经常性时，则构成了一种长期性筹资，这种长期性筹资虽然不包括在长期负债之内，但到期时必须支付租金，会对企业的偿债能力产生影响。因此，如果企业经常发生经营租赁业务，应考虑租赁费用对偿债能力的影响。

(2) 担保责任

担保项目的时间长短不一，有的涉及企业的长期负债，有的涉及企业的短期负债。在分析企业长期偿债能力时，应根据有关资料判断担保责任带来的潜在长期负债问题。

(3) 或有项目

在讨论短期偿债能力时曾谈到，或有项目是指在未来某个或几个事件发生或不发生的情况下，会带来收益或损失，但现在还无法肯定是否发生的项目。或有项目的特点是现存条件的最终结果不确定，对它的处理方法要取决于未来的发展。或有项目一旦发生便会影响企业的财务状况，因此企业不得不对它们予以足够的重视，在评价企业长期偿债能力时也要考虑它们的潜在影响。

三、营运能力

营运能力又称资产管理比率，是用来衡量公司在资产管理方面的效率的财务比率。资产管理比率包括：存货周转率、应收账款周转率、营业周期、流动资产周转率、总资产周转率和全部资产回收率。

1. 存货周转率

在流动资产中，存货所占的比重较大。存货的流动性，将直接影响企业的流动比率，因此，必须特别重视对存货的分析。存货的流动性，一般用存货的周转速度指标来反映，即存货周转率或存货周转天数。

存货周转率是衡量和评价企业购入存货、投入生产、销售收回等各环节管理状况的综合性指标。它是销售成本被平均存货所除而得到的比率，或叫存货的周转次数。用时间表示的存货周转率就是存货周转天数。计算公式为：

存货周转率 = 销售成本 ÷ 平均存货

存货周转天数 = 360 ÷ 存货周转率 = 360 ÷ (销售成本 ÷ 平均存货)

= (平均存货 × 360) ÷ 销售成本

公式中的销售成本数据来自损益表，平均存货来自资产负债表中的“期初存货”与“期末存货”的平均数。

例如，ABC 公司 200× 年度产品销售成本为 2 644 万元，期初存货为 326 万元，期末存货为 119 万元。该公司存货周转率为：

存货周转率 = 2 644 ÷ [(326 + 119) ÷ 2] = 11.88(次)

存货周转天数 = 360 ÷ 11.88 = 30(天)

一般来讲,存货周转速度越快,存货的占用水平越低,流动性越强,存货转换为现金或应收账款的速度越快。提高存货周转率可以提高企业的变现能力,而存货周转速度越慢则变现能力越差。

存货周转率(存货周转天数)指标的好坏反映存货管理水平,它不仅影响企业的短期偿债能力,也是整个企业管理的重要内容。企业管理者和有条件的外部报表使用者,除了分析批量因素、季节性生产的变化等情况外,还应对存货的结构以及影响存货周转速度的重要项目进行分析,如分别计算原材料周转率、在产品周转率或某种存货的周转率。计算公式如下:

原材料周转率 = 耗用原材料成本 ÷ 平均原材料存货

在产品周转率 = 制造成本 ÷ 平均在产品存货

存货周转分析的目的是从不同的角度和环节上找出存货管理中的问题,使存货管理在保证生产经营连续性的同时,尽可能少占用经营资金,提高资金的使用效率,增强企业短期偿债能力,促进企业管理水平的提高。

2. 应收账款周转率

应收账款和存货一样,在流动资产中有着举足轻重的地位。及时收回应收账款,不仅可以增强企业的短期偿债能力,也反映出企业管理应收账款方面的效率。

反映应收账款周转速度的指标是应收账款周转率,也就是年度内应收账款转为现金的平均次数,它说明应收账款流动的速度。用时间表示的周转速度是应收账款周转天数,也叫平均收款期或平均收现期,它表示企业从取得应收账款的权利到收回款项、转换为现金所需要的时间。其计算公式为:

应收账款周转率 = 销售收入 ÷ 平均应收账款

应收账款周转天数 = 360 ÷ 应收账款周转率 = (平均应收账款 × 360) ÷ 销售收入

公式中的“销售收入”数据来自利润表,是指扣除折扣和折让后的销售净额。以后的计算也是如此,除非特别指明,否则“销售收入”均指销售净额。“平均应收账款”是指未扣除坏账准备的应收账款金额,它是资产负债表中“期初应收账款余额”与“期末应收账款余额”的平均数。有人认为,“销售净额”应扣除“现金销售”部分,即使用“赊销净额”来计算。从道理上看,这样可以保持比率计算分母和分子口径的一致性。但是,不仅财务报表的外部使用人无法取得这项数据,而且财务报表的内部使用人也未必容易取得该数据,因此,把“现金销售”视为收账时间为零的赊销,也是可以的。只要保持历史的一贯性,使用销售净额来计算该指标一般不影响其分析和利用价值。因此,在实务上多采用“销售净额”来计算应收账款周转率。

例如，ABC公司200×年度销售收入为3 000万元，年初应收账款余额为200万元；年末应收账款余额为400万元。依上式计算应收账款周转率为：

$$应收账款周转率 = 3\,000 \div [(200+400) \div 2] = 10(次)$$

$$应收账款周转天数 = 360 \div 10 = 36(天)$$

一般来说，应收账款周转率越高，平均收账期越短，说明应收账款的收回越快。否则，企业的营运资金会过多地呆滞在应收账款上，影响正常的资金周转。影响该指标正确计算的因素有：① 季节性经营的企业使用这个指标时不能反映实际情况；② 大量使用分期付款结算方式；③ 大量使用现金结算的销售；④ 年末大量销售或年末销售大幅度下降。这些因素都会对该指标计算结果产生较大的影响。财务报表的外部使用人可以将计算出的指标与该企业前期指标、与行业平均水平或其他类似企业的指标相比较，判断该指标的高低。但仅根据指标的高低分析不出上述各种原因。

上述指标是反映企业运用资产效果的最主要指标，此外，还有以下两个常见的资产管理比率。

3. 营业周期

营业周期是指从取得存货开始到销售存货并收回现金为止的这段时间。营业周期的长短取决于存货周转天数和应收账款周转天数。营业周期的计算公式如下：

$$营业周期 = 存货周转天数 + 应收账款周转天数$$

把存货周转天数和应收账款周转天数加在一起计算出来的营业周期，指的是需要多长时间能将期末存货全部变为现金。一般情况下，营业周期短，说明资金周转速度快；营业周期长，说明资金周转速度慢。

4. 流动资产周转率

流动资产周转率是销售收入与全部流动资产的平均余额的比值。其计算公式为：

$$流动资产周转率 = 销售收入 \div 平均流动资产$$

其中：

$$平均流动资产 = (年初流动资产 + 年末流动资产) \div 2$$

例如，ABC公司年初流动资产为610万元，年末流动资产为700万元。依上式计算流动资产周转率为：

$$流动资产周转率 = 3\,000 \div [(610+700) \div 2] = 4.58(次)$$

流动资产周转率反映流动资产的周转速度。周转速度快，会相对节约流动资产，等于相对扩大资产投入，增强企业盈利能力；而延缓周转速度，需要补充流动资产参加周转，形成资金浪费，降低企业盈利能力。

5．总资产周转率

总资产周转率是销售收入与平均资产总额的比值。其计算公式为：

$$总资产周转率 = 销售收入 \div 平均资产总额$$

其中：

$$平均资产总额 = (年初资产总额 + 年末资产总额) \div 2$$

续前例，ABC公司总资产周转率为：

$$总资产周转率 = 3\,000 \div [(1\,680 + 2\,000) \div 2] = 1.63(次)$$

该项指标反映资产总额的周转速度。周转越快，反映销售能力越强。企业可以通过薄利多销的办法，加速资产的周转，带来利润绝对额的增加。

总之，各项资产的周转指标用于衡量企业运用资产赚取收入的能力，经常和反映盈利能力的指标结合在一起使用，可全面评价企业的盈利能力。

6．全部资产回收率

全部资产回收率是指经营现金流量与资产总额比率。计算公式为：

$$全部资产回收率 = 经营现金流量 \div 资产总额$$

该指标反映企业运用全部资产产生现金流量的能力。

假定某公司资产总额为88 203万元，经营现金流量为3 811万元，则：

$$全部资产回收率 = 3\,811 \div 88\,203 = 4.33\%$$

如果同行业全部资产回收率为5%，说明公司运用全部资产产生经营现金流量的能力极其有限。

四、盈利能力

盈利能力就是企业赚取利润的能力。不论是投资人、债权人还是企业经理人员，都日益重视和关心企业的盈利能力。

一般说来，企业的盈利能力只涉及正常的营业状况。非正常的营业状况，也会给企业带来收益或损失，但只是特殊状况下的个别结果，不能说明企业的实际盈利能力。因此，在分析企业盈利能力时，应当排除：证券买卖等非正常项目、已经或将要停止的营业项目、重大事故或法律更改等特别项目、会计准则和财务制度变更带来的累积影响等因素。

反映企业盈利能力的指标很多，通常使用的主要有销售毛利率、销售净利率、总资产收益率、净资产收益率、盈利质量指数。

1．销售毛利率

销售毛利率是毛利占销售收入的百分比，其中毛利是销售收入与销售成本的差。其计算公式如下：

销售毛利率 = (销售收入 − 销售成本) ÷ 销售收入 × 100%

销售毛利率，表示每一元销售收入扣除销售成本后，有多少钱可以用于各项期间费用和形成盈利。销售毛利率是企业销售净利率的最初基础，没有足够大的毛利率便不能盈利。

我国部分上市公司2012年销售毛利率资料如表7.7所示。

表7.7 我国部分上市公司2012年销售毛利率

上市公司	贵州茅台	重庆路桥	用友软件	万科	东阿阿胶	上海汽车	包钢股份
销售毛利率	92.27%	91.32%	84.07%	41.845	73.65%	19.26%	6.92%

2. 销售净利率

销售净利率是指净利与销售收入的百分比，其计算公式为：

销售净利率 = (净利 ÷ 销售收入) × 100%

例如：C公司的2001年度净利是136万元，销售收入是3 000万元。则：

销售净利率 = (136 ÷ 3 000) × 100% = 4.53%

“净利”，在我国会计制度中是指税后利润。

(1) 该指标反映每一元销售收入带来的净利润的多少，表示销售收入的收益水平。从销售净利率的指标关系看，净利额与销售净利率成正比关系，而销售收入额与销售净利率成反比关系。企业在增加销售收入额的同时，必须相应地获得更多的净利润，才能使销售净利率保持不变或有所提高。通过分析销售净利率的升降变动，可以促使企业在扩大销售的同时，注意改进经营管理，提高盈利水平。

(2) 销售净利率能够分解成为销售毛利率、销售税金率、销售成本率、销售期间费用率等。

【案例3】

销售毛利率与销售净利率对企业的评价

有A、B两家企业，A企业收入总额10万元，成本6万元，费用税金3.5万元，B企业收入总额10万元，成本7万元，费用税金2万元。

A企业：销售毛利率 = 4/10 = 40%，销售净利率 = 0.5/10 = 5%；

B企业：销售毛利率 = 3/10 = 30%，销售净利率 = 1/10 = 10%。

3. 总资产收益率

总资产收益率是企业净利润与平均资产总额的百分比。总资产收益率计算公式为：

总资产收益率＝(净利润÷平均资产总额)×100%

平均资产总额＝(期初资产总额＋期末资产总额)÷2

例如，C公司2001年度期初资产为1 680万元，期末资产为2 000万元，净利润为136万元，则：

总资产收益率＝136÷[(1 680＋2 000)÷2]×100%＝7.4%

(1) 把企业一定期间的净利与企业的资产相比较，表明企业资产利用的综合效果。指标越高，表明资产的利用效率越高，说明企业在增加收入和节约资金使用等方面取得了良好的效果，否则相反。

(2) 总资产收益率是一个综合指标，企业的资产是由投资人投入或举债形成的。净利的多少与企业资产的多少、资产的结构、经营管理水平有着密切的关系。为了正确评价企业经济效益的高低、挖掘提高利润水平的潜力，可以用该项指标与本企业前期、与计划、与本行业平均水平和本行业内先进企业进行对比，分析形成差异的原因。影响总资产收益率高低的因素主要有：产品的价格、单位成本的高低、产品的产量和销售的数量、资金占用量的大小等。

(3) 可以利用总资产收益率来分析经营中存在的问题，提高销售利润率，加速资金周转。

4. 净资产收益率

净资产收益率是净利润与平均净资产的百分比，也叫净值报酬率或权益报酬率。其计算公式为：

净资产收益率＝净利润÷平均净资产×100%

其中：

平均净资产＝(年初净资产＋年末净资产)÷2

依前例，C公司2001年度期初净资产为880万元，期末净资产为940万元，则：

C公司2001年净资产收益率＝136÷[(880＋940)÷2]×100% ＝14.95%

该公式的分母是“平均净资产”，也可以使用“年末净资产”。中国证监会发布的《公开发行股票公司信息披露的内容与格式标准第二号：年度报告的内容和格式》中规定的公式为：

净资产收益率＝净利润÷年度末股东权益×100%

这是基于股份制企业的特殊性：在增加股份时新股东要超面值缴入资本并获得同股同权的地位，期末的股东对本年利润拥有同等权利。此外，这样计算也可以和每股收益、每股净资产等按“年末股份数”的计算保持一致。

为更多地了解管理者如何使净资产收益率(ROE)提高的做法，让我们用三个首要组成部分的专门术语来改写净资产收益率：

净资产收益率＝净利润/净资产

＝(净利润/销售收入)×(销售收入/总资产)×(总资产/净资产)

将后面三项比率分别表示为利润率、总资产周转率以及财务杠杆，表达式可写为：

净资产收益率＝利润率×总资产周转率×财务杠杆

这就是说管理者仅有三个杠杆来调控净资产收益率：

(1) 每元销售收入挤出的盈利，或称之为利润率。

(2) 已动用的每元的总资产所产出的销售收入，或称之为总资产周转率。

(3) 用以为总资产提供融资的权益资本数量，或称之为财务杠杆。

毫无例外，无论管理者如何提高这些系数，都会提高净资产收益率。

同时也请注意这些业绩调控杠杆与公司的财务报表是相互紧密对应的。利润率概括了利润表的业绩，同时，总资产周转率和财务杠杆同样分别反映了资产负债表的左边和右边。这令人放心地表明：尽管三种杠杆很简单，但它们抓住了公司财务业绩的最主要因素。

“条条大道通罗马。”公司的净资产收益率非常之类似，但产生最后结果的利润率、总资产周转率及财务杠杆的组合变动很大。为什么公司之间净资产收益率相近，而利润率、总资产周转率和财务杠杆差异显著呢？一语敝之：竞争。一个公司获得经常性的高净资产收益率，会像一块磁铁，吸引竞争者急切地想要与之竞争，当竞争者进入市场后，增大的竞争压力使成功公司的净资产收益率回到平均水平。反之，经常性的低净资产收益率吓跑了潜在的新竞争者，也驱逐掉了现存的公司，这样经过一段时间后，幸存下来的公司的净资产收益率上升到平均水平。

【案例 4】

净资产收益率与总资产收益率对企业的评价

有 A、B 两家企业，A 企业资产总额 10 亿元，净资产 2 亿元，B 企业资产总额 10 亿元，净资产 8 亿元，A 企业全年实现净利润 1 亿元，B 企业全年实现净利润 1.1 亿元。

A 企业：净资产收益率＝1/2＝50%，总资产收益率＝1/10＝10%；

B 企业：净资产收益率＝1.1/8＝13.75%，总资产收益率＝1.1/10＝11%。

一般认为：净资产收益率不能反映全部资产的收益能力大小，也不能反映企业风险大小。

5. 盈利质量指数

盈利质量指数指标反映净利润中现金收益的比重，计算公式为：

盈利质量指数＝经营现金流量÷净利润

一般而言，该指标应当大于1(当利润大于0时)。如果企业盈利质量指数小于1，说明企业的经营活动所创造的利润提供的现金贡献很小。一般情况下，不可能存在连续几期经营现金流量远远小于净收益的情形。

对于上市公司，还有以下指标。

(1) 每股利润

每股利润，也称每股收益或每股盈余，是股份公司税后利润分析的一个重要指标，主要是针对普通股而言的。每股利润是税后净利润扣除优先股股利后的余额，除以发行在外的普通股平均股数。其计算公式为：

每股利润＝(税后净利润－优先股股利)÷发行在外的普通股平均股数

每股利润是股份公司发行在外的普通股每股所取得的利润，它可以反映股份公司的获利能力的大小。每股利润越高，说明股份公司的获利能力越强。

假定B公司2001年发行在外的普通股平均股数为1 500万股，并且没有优先股，全年净利润1 260万元，则B公司2001年普通股每股利润为：

每股利润＝1 260÷1 500＝0.84(元)

虽然每股利润可以很直观地反映股份公司的获利能力以及股东的报酬，但是，它是一个绝对指标，在分析每股利润时，还应结合流通在外的股数。如果某一股份公司采用股本扩张的政策，大量配股或以股票股利的形式分配股利，这样必然摊薄每股利润，使每股利润减小。同时，分析者还应注意到每股股价的高低，如果甲、乙两个公司的每股利润都是0.84元，但是乙公司股价为25元，而甲公司的股价为16元，则投资于甲、乙两公司的风险和报酬很显然是不同的。因此，投资者不能只片面地分析每股利润，最好结合股东权益报酬率来分析公司的获利能力。

(2) 每股现金流量

注重股利分配的投资者应当注意，每股利润的高低虽然与股利分配有密切的关系，但是它不是决定股利分配的唯一因素。如果某一公司的每股利润很高，但是因为缺乏现金，那么也无法分配现金股利。因此，还有必要分析公司的每股现金流量。每股现金流量越高，说明公司越有能力支付现金股利。每股现金流量是经营活动现金净流量扣除优先股股利后的余额，除以发行在外的普通股平均股数。其计算公式为：

每股现金流量

＝(经营活动现金净流量－优先股股利)÷发行在外的普通股平均股数

假定B公司2001年发行在外的普通股平均股数为1 500万股，并且没有优先股，全年经营活动现金净流量1 320万元，则B公司2001年每股现金流量为：

每股现金流量＝1 320÷1 500＝0.88(元)

(3) 每股股利

每股股利是普通股分配的现金股利总额除以发行在外的普通股股数，它反映了普通股获得的现金股利的多少。其计算公式为：

每股股利＝(现金股利总额－优先股股利)÷发行在外的普通股平均股数

每股股利的高低，不仅取决于公司获利能力的强弱，还取决于公司的股利政策和现金是否充裕。倾向于分配现金股利的投资者，应当比较分析公司历年的每股股利，从而了解公司的股利政策。

(4) 股利发放率

股利发放率，也称股利支付率，是普通股每股股利与每股利润的比率。它表明股份公司的净收益中有多少用于股利的分派。其计算公式为：

股利发放率＝ 每股股利÷每股利润

接上例，假定B公司2001年分配的普通股每股股利为0.21元，则该公司的股利发放率为：

股利发放率＝0.21÷0.84×100%＝25%

B公司2001年的股利发放率为25%，说明B公司将利润的25%用于支付普通股股利。股利发放率主要取决于公司的股利政策，没有一个具体的标准来判断股利发放率是大好还是小好。一般而言，如果一个公司的现金量比较充裕，并且目前没有更好的投资项目，则可能会倾向于发放现金股利；如果公司有较好的投资项目，则可能会少发股利，而将资金用于投资。

(5) 每股净资产

每股净资产，也称每股账面价值，是股东权益总额除以发行在外的股票股数。其计算公式为：

每股净资产＝股东权益总额÷发行在外的股票股数

每股净资产并没有一个确定的标准，但是，投资者可以比较分析公司历年的每股净资产的变动趋势，来了解公司的发展趋势和获利能力。接上例，假定B公司2001年末净资产为2 430万元，则B公司2001年的每股净资产为：

每股净资产＝2 430÷1 500＝1.62(元)

(6) 市盈率

市盈率，也称价格盈余比率或价格与收益比率，是指普通股每股市价与每股利润的比率。其计算公式为：

$$市盈率 = 每股市价 \div 每股利润$$

市盈率是反映股份公司获利能力的一个重要财务比率，投资者对这个比率十分重视。这一比率是投资者作出投资决策的重要参考因素之一。一般来说，市盈率高，说明投资者对该公司的发展前景看好，愿意出较高的价格购买该公司股票，所以一些成长性较好的高科技公司股票的市盈率通常要高一些。但是，也应注意，如果某一种股票的市盈率过高，则意味着这种股票具有较高的投资风险。如果某一种股票的市盈率过低，表明投资者对公司的未来缺乏信心，不愿为每 1 元多付买价。同时也意味着这种股票具有较低的投资风险。

由于一般的期望报酬率为 5%～20%，所以正常的市盈率为 5～20。

接上例，假定 B 公司 2001 年末的股票价格为每股 16 元，则其市盈率为：

$$市盈率 = 16 \div 0.84 = 19.05$$

(7) 市净率

市净率是反映每股市价和每股净资产关系的比率。其计算公式为：

$$市净率 = 每股市价 \div 每股净资产$$

市净率可用于投资分析。投资者认为，市价高于账面价值时企业资产的质量好，有发展潜力；反之则资产质量差，没有发展前途。优质的股票市价都高出每股净资产许多。市价低于每股净资产的股票，就像售价低于成本的商品一样，属于“处理品”。当然，“处理品”也不是没有购买价值，关键在于该公司今后是否有转机，或者购入后经过资产重组能否提高获利能力。

例　马钢股份 2013 年 10 月 23 日股价为 1.78 元，每股净资产为 2.95 元，则市净率为 0.60。

五、成长能力

企业成长能力分析的目的是为了说明企业的长远扩展能力、企业未来生产经营能力。评价企业成长能力的主要指标有以下几种。

1. 主营业务增长率

即本期的主营业务收入减去上期的主营业务收入之差再除以上期主营业务收入的比值。通常具有成长性的公司多数都是主营业务突出、经营比较单一的公司。因此，利用主营业务收入增长率这一指标可以较好地考查公司的成长性。主营业务收入增长率高，表明公司产品的市场需求大，业务扩张能力强。如果一家公司中能连续几年保持 30%以上的主营业务收入增长率，基本上可以认为这家公司具备成长性。

2. 主营利润增长率

即本期主营业务利润减去上期主营业务利润之差再除以上期主营业务利润的比值。一般来说，主营利润稳定增长且占利润总额的比例呈增长趋势的公司正处在成长期。一些公司尽管年度内利润总额有较大幅度的增加，但主营业务利润却未相应增加，甚至大幅下降，这样的公司质量不高，投资这样的公司，尤其需要警惕。这里可能蕴藏着巨大的风险，也可能存在资产管理费用居高不下等问题。

3. 净利润增长率

即本年净利润减去上年净利润之差再除以上期净利润的比值。净利润是公司经营业绩的最终结果。净利润的增长是公司成长性的基本特征，净利润增幅较大，表明公司经营业绩突出，市场竞争能力强。反之，净利润增幅小甚至出现负增长也就谈不上具有成长性。

除此之外，企业成长能力分析的指标还有以下几种。

1. 股本比重

$$股本比重 = 股本(注册资金)/股东权益总额$$

该指标用来反映企业扩展能力大小。

2. 固定资产比重

$$固定资产比重 = 固定资产总额/资产总额$$

该指标用来衡量企业的生产能力，体现企业存在增产的潜能。

3. 利润保留率

$$利润保留率 = (税后利润 - 应发股利)/税后利润$$

该指标说明企业税后利润的留存程度，反映企业的扩展能力和补亏能力。该比率越大，企业扩展能力越大。

4. 再投资率

$$再投资率 = (税后利润 - 应付利润)/股东权益$$

该指标反映企业在一个经营周期后的成长能力。该比率越大，说明企业在本期获利大，今后的扩展能力强。

我们在上面已讨论的比率计算，如何使用它们呢？如果比率值没有通用的正确值，那如何解释它们呢？你如何判断一家公司是否健康？有三种途径：将比率与单凭经验的判断作比较；将比率与行业平均水平作比较；或者，寻求比率在时间上的变化。抽象地讲，将比率与单凭经验的判断作比较，其长处是简易，但理性上，除此之外没有其他值得推荐的优点。要让单凭经验的判断变得非常有用，一个适合公司的比率值就要依赖于分析者的眼光及公司所处的特定环境，对于单凭经验来判断所能说的最有积极意义的一点是：数年来，与单凭经验来判断明显相符的公司某种程度上与不相符的公司相比，破产的频率小些。

将一个公司比率与行业平均值作比较，会提供公司与同业竞争者相比如何有用的感觉。但是，公司由于其自身特殊性而导致与行业标准产生完全情有可原的偏离，这仍然是不争的事实。也就是，无法保证整个行业知道该做些什么。在20世纪30年代的大萧条中，当几乎所有的铁路公司陷入了财务困难时，一个知道自己与同业竞争者境况相似的铁路公司，其感受也定是凄凉的。

趋势分析是一种最有用的评价比率的方法：计算出一个公司多年的比率，并且注意它们随时间推移如何地变化。趋势分析法避免了同业内和行业间比较的需要，能使分析者得出关于公司的财务健康状况及其随时间的变动情况的更为坚定的结论。

第三节　财务报表的一般性分析

一、资产负债表分析

资产负债表是反映企业在某一特定日期（月末、季末、年末）资产、负债、所有者权益财务状况的报表。是静态报表，它表明企业在某一特定日期所拥有或控制的经济资源、所承担的现有义务和所有者对净资产的要求权。资产负债表是关于一个公司财务构成的记录。它表明：公司拥有什么（它的资产）；公司欠别人什么（它的负债）；公司所拥有的减去公司所欠的（即净资产，通常也被称为权益），为公司的业主（股东）留下什么。这一报表反映出最为基本的会计等式，“资产＝负债＋净资产”。资产负债表是一幅静态图画。它是在报表编制那一天公司财务构成的一张快照。而在这一天之前或之后几天的该公司的资产负债表可能会与这一天的报表情况大不相同，而差别的大小取决于这两次资产负债表相隔的几天里会计交易的发生情况。资产负债表的作用主要有以下几个方面：① 掌握企业的经济资源分布及构成状况；② 评价企业筹资能力及资金来源的结构合理性；③ 评价企业的偿债能力；④ 预测财务状况变动趋势。

资产负债表分析分别从资产、负债、所有者权益三个方面分析。

（一）资产分析

资产是指过去的交易或事项形成并由企业拥有或者控制的资源，该资源预期会给企业带来经济利益。所谓经济利益是指直接或间接地流入企业的现金或现金等价物。资产按流动性分类，可以分为流动资产和长期资产或非流动资产。流动资产是指那些在一年内变现的资产，如货币资金、应收账款、存货等。变现周期往往在一年以上的资产称为长期资产或非流动资产，如长期投资、固定资产、无形资产、长期待摊费用等。

1. 资产规模及其增减变动情况分析

首先是将期末数与年初数相比，了解资产总额的增减变动情况，然后分项目考察各项目的增减变动情况与合理程度。应当指出的是，在分析资产总额增减变动情况时，除了解其增减数额和增减变化程度外，还应注意如下几个问题。

(1) 要联系该期间内生产经营活动的发展变化，考察资产总额增减变化的合理性。

例如，进行增减速度的对比，即将资产总额增减比率同企业的产值、销售收入等生产经营成果指标的增减比率相对比，判断增资与增收、增收之间是否协调，资产营运效率是否提高。考察资产总额增减变化的合理性，对比的结果可能出现如下几种情况：

① 增产增收同时增资，但增资幅度小，表明相对节约资金，提高资产营运效率；

② 增产增收，不增资，表明相对节约资金，提高资产营运效率；

③ 增产增收，减少资金，绝对节约资金，提高资产营运效率；

④ 产值、收入持平，减少资金，绝对节约资金，提高资产营运效率；

⑤ 增产增收同时增资，增资比率大于增产增收比率，表明资产营运效率下降；

⑥ 减产减收，资金不减或减资比率小于减产、减收比率，表明资产营运效率下降；

⑦ 减产减收，资金增加，表明资金有浪费，资产营运效率下降。

此外，还有其他各种情况。

在判断各种情况的合理性时，还应注意到，在全部资产中，有些项目随着企业产值或销售收入的增减变动而变动，如应收账款、存货等；有些项目则不随企业产销情况的变动而增减，如长期股权投资、无形资产、长期待摊费用等。由此，在分析时，可将随着产销变化的变动性资产项目单独对比，以便判断资产规模变动的合理性。

(2) 要注意区分引起资产增减变化的主观因素与客观因素。

引起企业资产总额增减变动的因素很多,既有主观方面的,也有客观方面的。例如,由于企业资产管理不善而引起的资产增减,由于企业增产增收而引起的资产增减,属于主观因素;而由于物价变动、信贷政策变动、产业结构调整等因素引起的资产变动,则属于客观因素。分析时,应注意根据客观经济环境的变化对报告期资产总额作适当调整,注意剔除通货膨胀等因素对资产总额的影响,从而公正地评价资产增减的合理性。

(3) 要注意考察资产增加与所有者权益增加的适应程度,进而查明其财务状况是否安全。

我们知道,在资产负债表上,企业资产总额等于负债总额与所有者权益总额之和。所有者权益是投资者对企业净资产的要求权。一般说来,资产总额与所有者权益总额的增减,应该保持相应的速度。资产总额的增长如果大大超过所有者权益的增长,表明企业的债务负担加重,可能引起企业支付能力下降,甚至导致"黑字破产"。因而,分析资产规模变动时,应注意考察资产增减与所有者权益增减的适应性。

以某企业资产负债表资料为例,分析如表 7.8 所示。

表 7.8　资产分析

单位:元

资产项目	年初数	年末数	各项目的差异		各项目差异对资产总额的影响(%)
			差异额	差异率(%)	
流动资产	9 019 300	10 591 215	1 571 915	17043	6.93
长期投资	5 875 000	6 435 000	470 000	8.00	2.07
固定资产	6 220 450	5 874 060	−346 390	−5.57	−1.53
无形资产	1 092 750	1 045 750	−47 000	−4.30	−0.21
其他资产	47 000	350 150	−119 850	−25.5	−0.52
资产总计	22 677 500	24 206 175	1 528 675	6.74	6.74

分析表明,该企业全部资产总计期末比期初增加 1 528 675 元,增长幅度为 6.74%。从各项目来考察有增有减,其中,流动资产增加 1 571 915 元,增长幅度达 17.4%,是影响企业资产总额增加的主要因素,由于该项目的增加,引起资产总额增长 6.93%。另外,长期投资、固定资产也有较大幅度的增减变动,应作为进一步分析的重点。

2. 资产构成及其变动趋势分析

资产构成是指各类资产占总资产的比重。分析全部资产构成，其目的在于考察各类资产的分布、配置情况。企业全部资产包括流动资产、长期投资、固定资产、无形资产和其他资产等类别。从流动资产看，它具有流动性强、变现速度快等特点，资产总值中，流动资产所占的份额越大，企业营运资金政策愈稳健，企业偿债能力愈强，风险越小。另一方面，在销售水平一定的情况下，如果企业流动资产所占比重大，又表明企业冻结在闲余上或近于闲置的资金愈大，那么企业的获利能力愈低。从固定资产看，它们具有投资回收期限长，变现能力差的特点。一般情况下，固定资产构成率高，有利于增加企业收益，企业的获利能力愈强；但由于固定资产的变现能力差，不利于企业充分调度资金，如果固定资产构成率过高，可能造成企业资金循环滞缓，现金流转受阻，增加企业财务风险。

综上所述，企业全部资产构成率的确定，要在偿债能力和获利能力两者之间进行选择。较高的流动资产构成，意味着企业有较高的支付能力，能维持较稳定的财务状况，从另一个角度看，则又可能意味着企业资金未能充分利用，可能降低企业的盈利水平。

应当提出的是，企业全部资产构成的合理标志要根据各行各业的特点而定。如重工业的固定资产构成率较高，而轻工业则流动资产构成率较高；劳动密集型企业的流动资产构成率较高，而资金密集型企业的固定资产构成率较高，技术密集型的企业则无形资产构成率较高。因此，分析全部资产构成率，首先应弄清企业自身的生产经营特点，制定一个合适的构成标准。以某企业资产负债表资料为例，分析如表7.9所示。

表7.9 资产负债表

单位:元

资产项目	年初数	年末数	结构(%)		差异(%)
			年初	年末	
流动资产	9 019 300	10 591 215	39.77	43.75	3.98
长期投资	5 875 000	6 435 000	25.91	26.21	0.30
固定资产	6 220 450	5 874 060	27.43	24.47	−3.16
无形资产	1 092 750	1 045 750	4.82	4.32	−0.50
其他资产	47 000	350 150	2.07	1.45	−0.62
资产总计	22 677 500	24 206 175	100	100	

表 7.9 的分析表明，该企业全部资产中流动资产比重提高 3.98%，固定资产比重下降 3.16%，长期投资、无形资产、其他资产等项目也有不同程度的升降，总的来说，企业资产的流动性有所加强。但这种变化是否合理需结合本企业的实际情况进行进一步分析。

3．资产周转速度分析

在资产负债表中，资产常按其流动性的大小从上到下依次列示，从流动性最好的货币类资产，直到基本无变现能力的长期待摊费用。一个公司流动性的好坏除了与资产各项目的比例结构有关外，更与各项目的周转速度密切相关。

反映资产周转速度的比率包括：存货周转率、应收账款周转率、流动资产周转率、固定资产周转率和总资产周转率。

（二）负债分析

负债是指过去的交易、事项形成的现时义务，履行该义务预期会导致经济利益流出企业。如果把资产理解为企业的权利，那么，负债就可以理解为企业所承担的义务。按偿还期间的长短，一般将负债分为短期负债和长期负债。预期在一年内到期清偿的债务属于短期债务。有些企业经营周期超过一年，这时，预期在一个经营周期内到期清偿的债务，也属于短期债务。除以上情形以外的债务，即为长期债务，一般包括长期借款、应付债券、长期应付款等。

负债的分析主要包括如下三项内容：一是分析企业的债务负担，即通过计算资产负债率及负债构成比率等指标，了解企业负债在全部资金中所占的比重，为进一步分析提供依据；二是分析企业偿付债务的能力，确定企业近期和远期偿付能力的强弱；三是分析企业收益能力对偿债能力的保证程度。

1．债务负担的分析

债务负担的分析可从两个方面进行：一是分析负债总额的增减变化；二是分析负债结构的变化情况。以某企业资产负债表为例，说明债务负担的分析方法。分析如表 7.10 所示。

分析表明，企业全部负债期末比年初增加 1 002 745 元，增加幅度达 8.09%，引起负债总额增加的主要原因是流动负债增加 1 237 745 元，增加幅度为 26.73%，从流动负债、长期负债各构成项目看，也均有不同程度的增减变化，其中，尤以短期借款、应付利润、应交税费及长期应付款增加金额较大，增加幅度较大，而长期借款则下降幅度较大。从负债构成看，企业流动负债比重有较大幅度的提高，说明企业短期债务负担加重，企业财务风险加大。

表 7.10 资产负债表

单位:元

负债项目	负债金额				债务构成(%)		
	年初	年末	差异额	差异率(%)	年初	年末	差异
短期借款	1 410 000	1 880 000	470 000	33.33	11.38	14.04	2.66
应付票据	427 700	535 800	108 100	25.27	3.45	4.0	0.55
应付账款	1 151 500	940 000	−211 500	−18.37	9.29	7.02	−2.27
应付利润	15 950	69 400	534 500	335.11	0.13	0.52	0.39
应付职工薪酬	112 800	113 500	700	0.62	0.91	0.85	−0.06
应交税费	1 116 250	1 923 245	206 995	72.3	9.01	14.36	5.35
其他应付款	120 000	120 800	800	0.67	0.97	0.90	−0.07
预计负债	240 000	250 000	10 000	8.33	1.94	1.87	−0.07
其他流动负债	40 000	39 200	−800	−2.0	0.32	0.29	−0.03
流动负债小计	4 634 200	5 871 945	1 237 745	26.73	37.40	43.85	6.45
长期借款	5 875 000	5 170 000	−705 000	−12.0	47.42	38.61	−8.81
应付债券	1 230 000	1 240 000	10 000	0.81	9.93	9.25	−0.68
长期应付款	650 000	1 110 000	460 000	70.77	5.25	8.29	3.04
长期负债小计	7 755 000	7 520 000	−235 000	−3.03	62.6	56.15	−6.45
负债总计	12 389 200	13 391 945	1 002 745	8.09	100	100	

2. 偿债能力分析

偿债能力分析主要从短期偿债能力和长期偿债能力两方面分析。反映企业短期偿债能力的主要指标有流动比率、速动比率、现金比率。反映长期偿债能力的指标主要有资产负债率、产权比率、权益乘数等。

(三) 所有者权益分析

所有者权益是所有者在企业资产中享有的经济利益,其金额为资产减去负债后的余额,又称之为净资产。所有者权益相对于负债而言,具有以下特点:① 所有者权益不像负债那样需要偿还,除非发生减资、清算,企业不需要偿还其所有者;② 企业清算时,负债往往优先清偿,而所有者权益只有在清偿所有的负债之后才返还给所有者;③ 所有者权益能够分享利润,而负债则不能参与利润的分配。所有者权益在性质上体现为所有者对企业资产的剩余利益,在数量上也就体现为资产减去负债后的余额。所有者权益包括实收资本、资本公积、盈余公积和未分配利润四个项目,其中,盈余公积和未分配利润合称为留存收益。

所有者权益的分析一般可从以下三个方面进行:① 分析所有者权益的增减变动情况,掌握引起所有者权益增减变动的原因;② 分析所有者权益的周转情况和利用程度;③ 分析所有者权益的获利能力与市场价值。

1. 所有者权益及权益结构增减变化分析

所有者权益及权益结构分析,首先是分析企业所有者权益总额及各组成项目的变化情况,查明所有者权益的扩大程度与原因;其次,分析各组成项目与所有者权益的比重,了解权益构成变动情况。以某企业资产负债表为例,分析如表 7.11 所示。

表 7.11 资产负债表

单位:元

所有者权益项目	金额				构成(%)		
	年初	年末	差异额	差异率(%)	年初	年末	差异
实收资本	9 870 000	10 105 000	235 000	2.38	95.93	93.44	-2.49
资本公积	95 300	95 300			0.93	0.88	-0.05
盈余公积	88 000	499 320.5	411 320.5	467.41	0.86	4.62	3.76
未分配利润	235 000	114 609.5	-120 390.5	-51.23	2.28	1.06	-1.22
所有者权益合计	10 288 300	10 814 230	525 930	5.11	100	100	0

分析表明,该企业报告年度所有者权益增加 525 930,增长幅度为 5.11%。引起所有者权益增加的主要原因有二:一是投资投入资本增加 235 000 元,二是本年利润分配提取盈余公积 411 320.5 元。由于上述两项原因进而引起所有者权益各项目的构成比率也相应地发生变化,表现为盈余公积所占比重有较大提高,而实收资本、资本公积和分配利润则有不同程度的下降。

2. 所有者权益周转率的分析

所有者权益周转率分析主要是对所有者权益周转速度和资本金回收期的分析。

(1) 所有者权益周转率

所有者权益周转率是指销售净额与所有者权益平均余额的比率,计算公式为:

$$所有者权益周转率 = 销售净额/所有者权益平均余额$$

所有者权益周转率反映着投资人权益的利用程度,它可以表明,所有者投入的资本相对营业额而言是否过多。这一指标对于所有者(股东),尤其是中小型企业、私人企业的所有者特别重要。这一比率越大,表明所有者投入资本利用程度越高;

这一比率越小,则表明其资本利用程度越低,或者说,所有者权益相对营业额而言有些过剩,应予扩大规模。

(2) 资本金周转期

资本金周转期是反映企业资本金利用效率和收回周期的指标,其计算公式为:

资本金周转期 =资本金平均余额×计算期天数/销售净额

这一指标与所有者权益周转率的性质一样,但由于资本金不含资本公积、盈余公积及未分配利润,因而更能真实、准确地反映所有者垫支资本的周转速度。这一指标数值越小,表明收回垫支资本所需时间越短,资本金利用效果越好。

3. 所有者权益收益率的分析

反映所有者权益收益水平的指标主要是资本金利润率、净资产收益率和资本保值增值率。

资本金利润率是指企业利润总额与资本金平均余额的比率,其计算公式为:

资本金利润率 = 利润总额/资本金平均余额

资本金利润率是一项既反映资本金的获利能力,又反映企业负债资金成本高低的指标。一般说来,企业的资本金利润率越高越好,如果高于同期银行利率,则适度负债对投资者来说是有利的。反之,如果资本金利润率低于同期银行利率,则过高的负债率将损害投资者的利益。

至于净资产收益率和资本保值增值率指标将在利润表分析一节探讨,这里不再阐述。

(四) 资产负债表分析应注意的问题

(1) 大多数资产负债表项目都是成本价值,分析时不要把资产负债表各项目的值与市场价值或重置成本等同起来。

(2) 有些资产的价值可用多种方法确定,而且不同的方法(如折旧法、存货计价法等)对应不同的价值,这种多样性增加了财务报表分析的复杂性。

(3) 许多对公司有价值的东西无法在资产负债表中显示出来。如:优秀的雇员,出色的管理层,地理位置的优势等等;当然,有些负面的因素,如或有负债,也可能没反映在资产负债表上。

值得提醒的是,资产负债表的这些缺陷并没有削弱其重要性和对其进行分析的可能性。只是在分析资产负债表时应注意将定量的比率分析、趋势分析与定性判断相结合,以减少资产负债表的上述缺陷对分析准确性的影响。

【案例5】

不重视资产负债表的代价

关于资产负债表，巴林银行董事长彼得·巴林还曾经在1994年3月有过一段评语，认为资产负债表没有什么用，因为它的组成，在短期间内就可能发生重大的变化，因此，彼得·巴林说："若以为揭露更多资产负债表的数据，就能增加对一个集团的了解，那真是幼稚无知。"一年后，巴林银行倒闭。对资产负债表不重视的巴林董事长付出的代价之高，也着实没有人想象得到吧！

1763年，弗朗西斯·巴林爵士在伦敦创建了巴林银行，它是世界首家"商业银行"，既为客户提供资金和有关建议，自己也做买卖，当然它也得像其他商人一样承担买卖股票、土地或咖啡的风险。由于经营灵活变通、富于创新，巴林银行很快就在国际金融市场领域获得了巨大的成功。20世纪初，巴林银行荣幸地获得了一个特殊客户：英国皇室。由于巴林银行的卓越贡献，巴林家族先后获得了五个世袭的爵位。这可算得上一个世界纪录，从而奠定了巴林银行的显赫地位。

里森于1989年7月10日正式到巴林银行工作，这之前，他是摩根·斯坦利银行清算部的一名职员。进入巴林银行后，他很快争取到了去印尼分部工作的机会。由于他富有耐心和毅力，善于逻辑推理，能很快地解决以前未能解决的许多问题，工作很有起色，因此，他被视为期货与期权结算方面的专家，伦敦总部对里森在印尼的工作相当满意，并允诺可以在海外给他安排一个合适的职务。1992年，巴林总部决定派他到新加坡分行成立期货与期权交易部门，并出任总经理。

里森在1992年去新加坡后，任职巴林新加坡期货交易部兼清算部经理。作为一名交易员，里森本来应有的工作是代巴林客户买卖衍生性商品，并替巴林从事套利。这两种工作，基本上是没有太大的风险。因为代客操作，风险由客户自己承担，交易员只是赚取佣金，而套利行为亦只赚取市场间的差价，例如里森利用新加坡及大阪市场极短时间内的不同价格，替巴林赚取利润。一般银行对其交易员给予持有一定额度的风险部位的许可。但为防止交易员在其所属银行暴露在过多的风险中，这种许可额度通常定的相当有限。而透过清算部门每天的结算工作，银行对其交易员和风险部位的情况也可予以有效了解并掌握。但不幸的是，里森却一人身兼交易与清算二职。事实上，在里森抵达新加坡前的一个星期，巴林内部曾有一个内部通讯，对此问题可能引起的大灾难提出关切。然而，此关切却被忽略，以至于里森到职后，同时兼任交易与清算部门的工作。如果里森只负责清算部门，如同他本来被赋予的职责，那么他便没有必要、也没有机会为其他交易员的失误行为瞒天过海，也就不会造成最后不可收拾的局面。

在损失达到 5 000 万英镑时，巴林银行总部曾派人调查里森的账目。事实上，每天都有一张资产负债表，每天都有明显的记录，可看出里森的问题。即使是月底，里森为掩盖问题所制造的假账，也应极易被发现——如果巴林真有严格的审查态度。里森假造花旗银行有 5 000 万英镑存款，这 5 000 万被挪用来补偿损失。查了一个月的账，却没有人去查花旗银行的账目，以致没有人发现花旗银行账户中并没有 5 000 万英镑的存款。

最令人难以置信的，便是巴林在 1994 年底发现资产负债表上显示 5 000 万英镑的差额后，仍然没有警惕到其内部控管的松散及轻忽。在发现问题至其后巴林倒闭的两个月间，有很多巴林的高级及资深人员曾对此问题加以关切，更有巴林总部的审计部门加以正式调查。但是，这些调查都被里森以极轻易的方式蒙骗过去。

具有讽刺意味的是，在巴林破产的两个月前，1994 年 12 月，于纽约举行的一个巴林金融成果会议上，250 名在全世界各地的巴林银行工作者，还将里森当成巴林的英雄，对其报以长时间热烈的掌声。

1995 年 1 月 18 日，日本神户大地震，其后数日东京日经指数大幅下跌，里森一方面遭受更大的损失，一方面购买更庞大数量的日经指数期货合约，希望日经指数会上涨到理想的价格范围。1 月 30 日，里森以每天 1 000 万英镑的速度从伦敦获得资金，已买进了 3 万口日经指数期货，并卖空日本政府债券。2 月 10 日，里森以新加坡期货交易所交易史上创纪录的数量，已握有 55 000 口日经期货及 2 万口日本政府债券合约。交易数量愈大，损失亦愈大。

1995 年 2 月 23 日，在巴林期货的最后一日，里森对影响市场走向的努力彻底失败。日经股价收盘降至 17 885 点，而里森的日经期货多头风险部位已达 6 万余口合约；其日本政府债券在价格一路上扬之际，其空头风险部位亦已达 26 000 口合约。里森为巴林所带来的损失，在巴林的高级主管仍做着次日分红的美梦时，终于达到了 86 000 万英镑的高点，造成了世界上最老牌的巴林银行终结的命运。

（巴林银行事件的教训总结[EB/OL]. 中国经济网(2008-04-30). http://finance.ce.cn/futures/qhgdbd/200804/30/t20080430_13024686.shtml.）

二、利润表的分析

利润表又称收益表，是反映企业一定期间内（月内、季内、年内）生产经营成果的会计报表，是动态报表、月报表。利润表编制的理论依据是会计等式："收入－费用＝利润"。利润表把企业一定时期的营业收入与其同一会计期间相关的营业费用进行配比，以计算出企业一定时期的净利润（或净亏损）。利润表的主要作用有：① 能够反映企业生产经营的收益和成本耗费情况，表明企业生产经营成果；② 可以分析企业今后利润的发展趋势及获利能力，了解投资者投入资本的完整性；③ 可以评价企业的偿债能力；④ 是进行利润分配的主要依据。

（一）利润表分析的重点

利润表的分析可以从不同角度进行，采用的方法是多种多样的。每个企业的实际情况不同，生产经营活动的性质不同，取得盈利的途径各异。因此，很难用一个统一的模式来说明如何分析。而且，如果进行面面俱到的分析，不仅要消耗过多的时间和精力，其效果也不是很理想。所以在进行利润表分析时，除一些特殊情况外，应对企业的共性问题进行分析，即选择共性的症结问题作为分析重点。至于分析到什么程度，应根据分析的目的、分析的需要及所掌握的各种资料的详细程度来具体决定。一般来说，以下问题应作为分析的重点。

1. 真实的经营效率与获利性

任何企业所提供的利润表，难免都存在着人为的调整。这种调整可能是有意识的，如为了夸大企业的盈利额，而调高营业收入或调低营业成本等；也可能是无意识的，如运用的核算方法不当、工作中的失误，等等；如果不能首先判定利润表是否经过人为调整，即利润表的真实性难以保证的话，任何好的分析方法都不可能得到正确的结果，对人为调整的利润表进行的分析是没有任何意义的。

对利润表的分析，应该在确保真实性的基础上进行。这样才能反映出企业真实的经营效率和损益额，这样的分析，才能对以往的经营活动及经营成果进行总结，以便指导今后的生产经营活动，使之达到进一步提高经济效益的目的。

如果将损益与有关的会计科目联系起来，人为地调整损益必定表现为以下几种情况。

(1) 利润表现过大，同时资产表现过大。就是说，企业通过虚增资产而夸大利润，如：

① 把属于下期的销售额提前列入本期，则应收款项必然相应增加；

② 把没有销售的产品虚列销售，则必然虚列应收款项；

③ 不合理地提高资产估价，必然多计利润。

(2) 利润表现过大，同时负债表现过小。即通过调整负债而虚列利润，如将暂收款或预收账款列为销售收入等。

(3) 费用表现过小，同时资产表现过大。即通过调整费用而虚增利润，如不提取固定资产折旧或降低提取标准、少结转本期销售成本、将费用性支出列入资本性支出、把本期费用列入下期等。

(4) 费用表现过小，同时负债表现过小。如把应付费用不列入负债项目，以降低费用虚增利润。当然如果利润表现为过小，则情况可能相反。

上述调整，如果不及时进行揭露，就难以进行有效的分析。因此，分析前，除必要的技术等方面的准备外，对利润表真实性的鉴定应成为分析准备工作的重要一环。

2. 损益变动的原因及盈利水平

如果利润表提供的是真实的损益，就可以通过各种形式的对比分析。了解企业的盈利水平。由于企业具体情况的不同，如资本的多少、技术水平的高低、设备装备水平、地理位置、企业规模的大小等，对企业的损益额都会产生影响，从而使损益额存在一定程度的不可比。因此，联系其他指标，作各种形式的比较是十分有用的。对比的结果，损益的过多或过少都应引起重视。

利润是经营的结果，分析时，更重要的是说明利润变动的原因，及各种原因对利润的影响程度。这些原因是由过去的生产经营活动造成的，所以这些原因的分析对改进企业今后的工作有重要意义。

3. 收益能力的稳定性与持久性

企业的生产经营活动是一个连续不断的过程，分析中，只注意本期损益的分析是不够的，还应相互联系地分析收益能力是否稳定，今后的发展变化趋势如何，即收益能力的持久性。无论是投资者还是债权人对此都十分重视，一个具有稳定和持久的收益能力的企业，更容易与投资者、债权人保持良好的往来关系，也比较容易吸引新的投资者。

4. 企业盈利的分配

对企业盈利分配的分析，可以了解企业的分配政策，这对企业今后的生产经营活动会产生较大的影响。是把大部分利润都分配出去，还是将大部分利润作为积累，固然取决于企业的分配政策，但分析的目的在于说明这样的分配对企业今后生产经营活动的影响。

（二）利润构成分析

所谓利润构成，是指构成利润总额的各个组成部分在利润总额中所占的比重。通过利润构成分析可以了解企业生产经营过程中的一些重要财务事项的变化。如企业本期经营方向没有作重大调整时，在全部利润之中，营业利润应占较大比重，其增长程度应超过利润其他组成部分的增长程度，这是符合企业经营目标和经营方式的。反之，如果其他利润组成部分增长速度较快，则说明企业经营方向在逐渐发生变化，当其他业务利润增长较快时，说明企业的行业性质在逐渐改变，已从一业为主向多种经营转化，或从某一行业向另一行业转化。当投资净收益增长较快时，则说明企业对外投资比重加大，其经营活动已逐渐超越本企业的范围，经营活动及影响范围在不断拓展。但在任何情况下，如果营业外收支净额比重加大时都不是正常情况，应引起注意。几家代表性上市公司利润简表如表7.12～表7.15所示。

表7.12 贵州茅台2012年利润简表

单位：亿元

报表年度	2012年
一、营业总收入	264.55
减：营业总成本	76.27
其中：营业成本	20.44
营业税金及附加	25.72
销售费用	12.24
管理费用	22.04
财务费用	-4.20
资产减值损失	0.02
加：公允价值变动收益	0.00
投资收益	0.03
二、营业利润	188.30
加：营业外收入	0.06
减：营业外支出	1.37
四、利润总额	187.00
减：所得税	46.92
五、净利润	140.08

表7.13 长安汽车2012年利润简表

单位：亿元

报表年度	2012年
一、营业总收入	294.62
减：营业总成本	304.07
营业成本	240.40

续表

报表年度	2012 年
营业税金及附加	7.59
销售费用	26.29
管理费用	26.90
财务费用	0.28
资产减值损失	2.58
加:公允价值变动收益	-0.01
投资收益	18.68
二、营业利润	9.22
加:营业外收入	4.20
减:营业外支出	0.15
四、利润总额	13.27
减:所得税	-0.88
五、净利润	14.15

表 7.14 TCL 2012 年利润简表

单位:亿元

项 目	数 额
营业总收入(其中包括利息收入 1.80 亿元)	696.28
营业总成本	696.47
加:投资收益	2.94
营业利润	2.43
加:营业外收入(其中:非流动资产处置利得 0.50 亿元,政府补贴 13.27 亿元)	14.43
利润总额	16.40
净利润	12.73

表 7.15 京东方 2011、2012 年利润简表

单位:亿元

年份	2011 年	2012 年
营业总收入	127.41	257.71
营业总成本	172.21	264.90
投资收益	46.04(处置子公司)	0.00
营业利润	1.59	-7.24
营业外收入	6.98(财政补贴)	9.57
利润总额	8.46	1.86
净利润	6.93	1.84

利润构成分析可以为企业制定今后生产经营计划、战略目标、资金调度计划提供重要的信息。如企业对外投资净收益不断增长,比重越来越高时,说明企业对外投资已取得较大发展,而且这种投资是成功的,在可能的情况下,应抓住机会,在资金调度方面应给予重点考虑,在制定企业今后发展战略目标时,对外投资应占有重要的位置。当然,企业在制订计划、调度资金时,还要结合其他方面的信息,如投资收益率,本企业经营活动的盈利水平,各种客观、主观因素等综合加以考虑。

利润构成的计算可按下式进行:

构成利润总额的某个项目的比重=该项目的金额/利润总额

一般而言,营业利润在公司利润中占绝对比例,保持营业利润的稳定增长,才能显示出公司的发展潜力;对外投资的目的是为取得投资收益和控制权,所运用的资金要远低于公司内部经营资金,且投资风险远大于公司内部的经营风险,故投资收益的波动性较大;而营业外收支与生产经营无直接关系,发生的偶然性较大。下面以 ABC 公司为例,该公司 2011 年和 2012 年的利润构成情况如表 7.16 所示。

表 7.16 ABC 公司利润额构成表

单位:元

项目	2011 年		2012 年		增长率(%)
	金额	比重(%)	金额	比重(%)	
营业利润	180 000	75	295 200	82	64
投资收益	38 400	16	36 000	10	-6.25
营业外收支	21 600	9	28 800	8	33.3
总计	240 000	100	360 000	100	50

从表 8.15 提供的数据可以看出，ABC 公司的利润额 2012 年较 2011 年增长了 50%，但构成项目变化是不同的。营业利润增长保持较快增幅，增长率达 64%，而投资收益较上年有所减少，降低了 6.25%。为弄清原因，有必要了解公司资金的分布情况，经营资金是否扩张，扩张幅度如何，与效益增长是否同步，外部投资收益减少的原因，是投资效益下降还是投资收回造成的。另外，营业外收支增幅达 33.3%，但是由于其占利润比重只有 8%，故影响较小。分析可见，ABC 公司由于营业利润保持较大的增幅，该公司的发展趋势是令人满意的。

（三）盈利能力分析

盈利能力就是企业赚取利润的能力。不论是投资人、债权人还是企业经理人员，都日益重视和关心企业的盈利能力。

一般说来，企业的盈利能力只涉及正常的营业状况。非正常的营业状况，也会给企业带来收益或损失，但只是特殊状况下的个别结果，不能说明企业的能力。因此，在分析企业盈利能力时，应当排除：证券买卖等非正常项目、已经或将要停止的营业项目、重大事故或法律更改等特别项目、会计准则和财务制度变更带来的累积影响等因素。

反映企业盈利能力的指标很多，通常使用的主要有销售净利率、销售毛利率、资产净利率、净资产收益率。对于上市公司，还有以下指标：① 每股利润；② 每股股利；③ 股利发放率；④ 每股净资产；⑤ 市盈率；⑥ 市净率。

（四）收益能力的稳定性与持久性分析

单纯就企业某一期间的损益状况进行分析，虽然能够说明企业该期间的生产经营成果，但对一个连续经营的企业来说，这样判断一个企业，评价它的经营状况还是不够的。一个企业必须能持续、稳定地进行生产经营，才会吸引广大的投资者，使广大的投资者、债权人与其保持良好的关系，支持它继续经营下去。因此，对损益状况的分析还要从稳定性、持久性方面进行，借以判断企业生产经营发展趋势，一个持续、稳定、有良好发展前景的企业对全体职工来说是重要的，可以鼓舞广大职工的士气，增强信心，产生巨大的凝聚力。对投资者来说，可以据此作出是收回投资，还是继续支持企业的决策。债权人则可以对企业债务的偿还能力作出正确判断。

稳定性和持久性可以从以下两方面进行分析。

1. 分析企业利润的性质

企业利润的实现可以通过自身的有效经营产生，我们可以称之为内部利润；也可以通过其他与企业自身经营无关的途径产生，可以称为外部利益。应当注意，这不是指营业利润和营业外收益。

企业内部利润的产生是企业经营有方，如产品质量好、成本低、职工积极生产、技术装备水平高、工艺先进等，这种收益的产生是持久的，也是稳定可靠的。

企业外部利润则是因偶然原因造成的，如产品价格上涨、生产原材料的企业生产过剩造成材料价格大幅度下跌或偶然的市场景气、产品供不应求等，这种情况不是长久的，如果企业的利润是靠这些偶然的因素产生的，则必定难以持久，在正常情况下，价格不会持续上涨，原材料供应也不会永远过剩。在市场经济的条件下，供求规律的作用会加以自动调节。

分析时，应根据损益表提供的资料及从其他方面取得的资料加以判断，根据利润变动的原因大体上计算出哪些利润的取得是企业自身努力的结果，哪些是客观因素造成的，从而对企业的持久性、稳定性作出基本的判断。

2. 进行连续多个经营期间的比较

就一个经营期间对企业作出持久性、稳定性的判断是不可靠的，如果将较多的经营期间进行连续的对比，其变动情况及发展趋势就比较真实可信了。

分析的具体方法很多，但最简单、最直观的方法是绘制一张坐标图，把某个指标或某几个指标在不同时期内的数值在坐标图上标明，然后观察其变动情况。虽然在一个相当长的时期内会产生过高或过低情况，但总的趋势还是一目了然的。进行这种分析时一定要注意指标口径要保持一致。

（五）不同角度的分析

1. 经营者的观念

经营者关心受托资产经营的效率与获利性。企业生产经营中运用的全部资产由不同所有者提供，企业有效地运用资产从事生产经营活动，必须达到以下目的：

(1) 支付利息费用。即企业必须通过运用企业所掌握的资产进行有效经营，创造出至少能满足债权人放弃资本使用权而向企业提出的要求，也就是企业使用债权人的资本应该支付、也是必须支付的代价。

(2) 支付投资利润。投资者将资本投资于企业，有权利要求企业提供一定数量的利润作为投资者的投资收益。而企业必须通过自身的经营活动，在运用资产时，创造出这一部分收益，以满足投资者的要求。

(3) 为广大企业员工谋求福利。企业的资产是由广大员工操纵使用的，他们在使用资产时耗费了体力或脑力，目的在于取得他们付出劳动的报酬。这部分报酬需要企业在运用资产进行生产经营活动中创造出来，满足职工对报酬的要求程度，对企业生产经营会产生极大的促进作用。

(4) 企业积累扩大再生产。仅仅满足以上三个方面的要求，企业的生产经营活动只能维持在原有规模基础上，只有在基本满足债权人、投资者、企业职工各自要求的同时，增加积累，扩大再生产，企业才能继续生存和发展下去。

(5) 必须能够为社会作出贡献。企业生存在社会之中，社会为其提供了各种服务，企业理所当然地要通过自身的经营为社会作出贡献。此外，还应为预防意外事件的发生做好准备。

企业对资产的使用效率如何，最简单、最有效的评价指标是资本利润率，因为利润(特别是净利润)是支付了税金、利息、职工工资、各种意外损失之后的余额，是可以用来支付给投资者的利润和提取企业积累的数额。计算公式为：

资本利润率 = 利润总额/总资本平均余额

2. 所有者的观念

所有者关心的是投资报酬和利润分配以及资本保值增值。主要指标有：净资产收益率、股利支付率和资本保值增值率。前两个指标前面已阐述，这里不再重复。这里介绍一下资本保值增值率的计算。资本保值增值率是指所有者权益的期末总额与期初总额的比值。计算公式为：

资本保值增值率 = 期末所有者权益总额/期初所有者权益总额

一般来说，如果资本保值增值率大于1，说明所有者权益增加；否则，小于1，则意味着所有者权益遭受损失。在进行具体分析时，要注意区分影响所有者权益变化的因素，期末所有者权益的增加可能是所有者注入新的资本所致，也可能是公司当期盈利所致。鉴于此，计算资本保值增值率时，应在期末所有者权益中剔除当期新增资本，而只考虑后者形成的增值部分。一般地，公司当期盈利有一部分通过股利形式发放给股东，其余则通过公积金和未分配利润形式融入期末所有者权益中。分析中不难发现，上述计算公式的分子和分母的数值取自两个不同的时点，比较指标的计算口径不同，特别是在通货膨胀时期，计算结果更是令人难以信服。因此，要谨慎看待，不可盲目乐观。为解决这一问题，实际操作中，可考虑资金的时间价值，对期末所有者权益进行贴现至期初时点，以确保同质比较，其结果会更有说服力，具体计算公式为：

资本保值增值率 = 期末所有者权益总额 × (1 + 贴现率)/期初所有者权益总额

3. 债权人的观念

债权人关心是否到期偿还本息。因此，债权人对企业的负债比率、流动比率、速动比率等反映企业偿债能力的指标是比较重视的。而企业的经营成果通常与债权人无关，即使企业获利丰厚，债权人也只能收回本金和取得规定的利息，而分不到什么优厚的报酬。但如果换一个角度来看,企业如果经营良好,有可靠的收益,这是偿还债务的可靠来源。如果企业经营不善,很可能无力支付债权人的本金和应得利息,因此,经营成果的高低对债权人同样是重要的,也是他们所关心的,只不过与所有者或企业所站的角度不同而已,债权人是从企业偿债能力方面看待企业的盈利。

所以,债权人在分析企业财务报表时,除通过负债比率、流动比率、速动比率等指标考察企业的偿债能力外,还通过收益相对利息倍数即利息保障倍数来考察企业偿债的保证程度。

(六)利润表的分析应注意的问题

1. 权责发生制原则

会计上确认收入和费用是按照权责发生制原则进行的,权责发生制又称应收应付制,即凡是当期已实现的收入和已经发生或应当负担的费用,不论款项是否收付,应当作为当期的收入和费用;凡是不属于当期的收入和费用,即使已在当期收付,也不应当作为当期的收入和费用。对于赊销来说,权责发生制意味着在销售之时就确定收入,而不是在实际收到款才确认,这会导致在发生收益和收到现金之间有时间性差异。

2. 折旧和摊销

固定资产折旧和无形资产摊销给会计带来了难题。假如在 2002 年,某企业建造了 1 000 万元的生产线,预计使用 10 年,如果会计上全计入 2002 年当年的费用,会出现很不合理的结果。2002 年当年利润会因为发生 1 000 万元费用而大幅减少,而在以后 9 年内的盈利状况会因新生产线产生收益而无需确认费用变得较高。因此,将一项长期资产的全部成本作为当年的费用无疑是歪曲了报告收益。

较好的方法是将固定资产的成本在预计的使用期间内以折旧的方式进行摊销。折旧是将过去的支出在将来的期限内分摊,进行收入与费用的配比。要确定某特定资产的折旧额,必须先得到三个估计量:资产的使用年限、残值及计提折旧的方法。这些数值的估计应基于经济和工程的信息、经验以及其他有关该资产可能表现的客观数据。

一般来说,将资产的成本在其使用期限内进行分摊的方法有两种。应用直线法时,每年都提取相同的折旧额。如果资产取得成本为 1 000 万元,预计使用年限 10 年,残值估计为 100 万元,直线法确定每年的折旧额为 90 万元((1 000 万元－100 万元)/10)。

第二种分摊成本的方法是“加速折旧法”,这是一个方法系列。其具体做法都是在固定资产的使用早期多提折旧，相应地在后期少提折旧。“加速折旧法”并不是要公司在总量上多提折旧，只是改变确认的时间。我们在这里并不纠结于各种加速折旧的计提方法，但必须明确，固定资产的预计使用年限、残值和采用的折旧计提方法都能从根本上影响报告收入。总之，如果一个公司采用保守的会计政策，快速计提折旧，一般都会低估目前的收入。反之亦然。

3．研究开发和销售费用

既然已懂得了会计上是如何利用折旧方法将一项长期资产的成本在其使用年限内分摊，以便于更好地将收入和费用进行配比，你也许会想当然地认为会以同样的方法来处理研究开发和销售费用(如广告费)。因为研究开发和销售费用(广告费)能在未来数年内产生效益，会计只有像固定资产成本那样将这些费用在发生之时作相同的处理，即在资产使用年限内以折旧方式将成本进行分摊，这才是合乎逻辑的。但是会计上不是那样做的，起码在我国现在是这样。因为研究开发费用和销售费用具体支出的数量和期限很难估计，于是会计上迫使公司在费用支出发生的年度内将整个支出一次性记入管理费用或营业费用项目中。全部研究开发费用和销售费用(广告费)体现在当年的利润表中，公司必须将所发生的研究和销售费用记作当期费用，这种规定一般会低估高科技企业与高销售费用企业的盈利能力。

三、现金流量表的分析

现金流量表是反映企业一定期间内现金的流入和流出情况的会计报表。现金流量表的主要作用有：① 说明企业一定期间内现金流入和流出情况及其原因；② 说明企业真实的偿债能力和支付股利能力；③ 分析和预测企业未来获取现金的能力；④ 分析企业投资和理财活动对经营成果和财务状况的影响；⑤ 弥补资产负债表和利润表的不足；⑥ 增强会计信息的可比性，在一定程度上防止个别企业利用会计方法粉饰财务状况和操纵经营成果现象的发生。

编制现金流量表的主要目的是分析公司现金数量变化的内在原因。当然，现金流量表还应披露公司的投资和融资交易活动，即使这些交易活动不直接涉及现金的改变。现金流量表中的“现金”指库存现金、银行存款和高流动性的短期投资。

公司管理者可利用现金流量表了解现金流入和流出究竟是由于经营活动、投资活动，还是融资活动引起的，并据此作出其他决策，如公司分红政策等。债权人和投资者可利用现金流量表了解公司偿还债务和获取利润的能力。

在现金流量表中，企业的交易活动被分为三类：

第一类是经营活动，包括生产和销售商品、提供服务等。由经营活动引起的现金变化一般反映在利润表中，这类活动对公司盈利能力有决定性影响。

第二类是投资活动，包括购置及出售固定资产、购买及出售非本公司证券，以及其他形式的投资等。投资活动通常引起资产负债表中长期资产项目的变化。

第三类是筹资活动，包括发行本公司的股票、债券，向银行借款，支付红利，偿还借款，购买库存股票等。筹资活动通常会引起资产负债表中负债（尤其是长期负债）及所有者权益的变化。企业的交易活动分类如表7.17所示。

表7.17　企业的交易活动分类表

	经营活动现金流量			投资活动现金流量		筹资活动现金流量	
	主营业务	其他业务	税收	固定资产及无形资产	长期投资	债务筹资	股权筹资
流入	销售商品 提供劳务	租金收入	税金返还	处置固定资产 处置无形资产	取得投资收益 收回长期投资	发行债券 取得借款	发行股票 收到投资人现金出资
流出	购进商品 接受劳务 支付工资	支付租金	交纳税金	购建固定资产 购建无形资产	长期投资支出	偿还本息 支付发行费用融资租赁	现金减少资本 支付现金股利 支付发行费用

现金流量表记载所有影响现金流量的交易活动。某些公司间或发生一些不直接影响现金流的投资和（或）融资交易活动，比如一个公司以发行普通股的方式获得土地使用权，这一方面是投资活动（获得土地使用权），同时又是筹资活动（发行普通股）；又如，公司将可转换债券转换成普通股，这项交易包含债务性融资（可转换债券）和股权性融资（普通股）两种活动。上述几项交易活动都不直接影响现金流量，但由于这些交易对公司未来的现金流量有重要影响，现金流量表对这类交易单独进行记载。

对现金流量表的分析，能使其使用者掌握以下情况：

（1）企业现金使用的主要方向。企业以往将现金主要投放在生产经营方面，还是长期资产？

（2）企业现金的主要来源渠道。从外界筹得了多少现金？其中有多少是从银行或其他机构取得的借款？

(3) 企业实现的净利润与经营活动产生的现金净流量之间相差的金额。

(4) 利润表上的净利润很多,但对投资利润(或现金股利)的分配较少的原因何在?

(5) 企业出现亏损但仍能分发现金股利的原因。

(6) 企业现有的现金数量应付以后经营需要的能力如何?

……

类似的财务信息是很难从资产负债表和利润表上找到的,但从现金流量表上可以清楚地了解到。总之,财务报表使用者通过对现金流量表的分析,可以评价和估计企业的资产流动性,财务上把握机会进行投资的机动性,保持生产经营水平的能力和防范经营风险的能力等。

现金流量表分析主要从以下几个方面分析。

1. 现金流量的结构分析

(1) 现金流入结构分析

现金流入结构,是指企业的经营、投资和筹资活动流入在全部现金流入中的比重。计算公式为:

现金流入结构=经营(投资、筹资)活动的现金流入/企业现金流入总额

例 长江公司2003年经营现金净流量3 811万元,其中经营现金流入(销售商品、提供劳务现金流入)13 425万元,购买商品和劳务支出4 923万元,支付给职工的以及为职工支付的支出3 000万元,支付所得税971万元,支付其他税费20万元,其他现金支出700万元,现金流出合计9 614万元;投资活动现金流入3 468万元,现金流出4 510万元,净流量−1 042万元;筹资活动现金流入4 000万元,现金流出12 625万元,净流量−8 625万元。

长江公司的总现金流入中经营流入占64%,是其主要来源;投资流入占17%,筹资流入占19%,也占有重要地位。

经营活动流入中销售收入(含税)占了100%,比较正常;投资活动的流入中,股利占9%,投资收回和处置固定资产占91%,大部分是回收资金而非获利;筹资活动的4 000万元全部是借款。

(2) 现金流出结构分析

现金流出结构是指企业的经营、投资和筹资活动流出在全部现金流出中的比重。计算公式为:

现金流出结构=经营(投资、筹资)活动的现金流出/企业现金流出总额

如上例,长江公司的总流出中经营活动流出占36%;投资活动占17%;筹资活动占47%;说明公司现金流出中偿还债务占很大比重并使负债大量减少。

经营活动流出中，购买商品和劳务占了51%，支付给职工的以及为职工支付的占31%，比重较大。投资活动流出全部是购置固定资产。筹资流出中偿还债务本金占99%，是绝大部分。

(3) 流入流出比例分析

流入流出比例分析是指企业的经营(投资、筹资)活动现金流入量与流出量的比例。计算公式为：

流入流出比例

=经营(投资、筹资)活动的现金流入/经营(投资、筹资)活动的现金流出

如上例，长江公司：

经营活动流入流出比为1.4，表明企业1元的流出可换回1.4元现金。此比值越大越好。

投资活动流入流出比为0.77，表明公司处在扩张时期。发展期此比值小，而衰退或缺少投资机会时比值大。

筹资活动流入流出比为0.32，表明还款明显大于借款。

对流入和流出结构的历史比较和同业比较，可以得到更有意义的信息。

(4) 现金净流量结构分析

现金净流量的结构分析，是通过将企业经营(投资、筹资)活动产生的现金净流量与企业总的现金净流量进行比较，看在一定时期内企业运营的资金来源是如何组成的。计算公式为：

现金净流量结构

=经营(投资、筹资)活动产生的现金净流量/企业总的现金净流量

如上例，长江公司的现金净流量结构如表7.18所示。

表7.18 长江公司的现金净流量结构

项 目	金额(万元)	结构比例
经营活动产生的现金净流量	3 811	−65.07%
投资活动产生的现金净流量	−1 042	17.79%
筹资活动产生的现金净流量	−8 625	147.28%
企业总的现金净流量	−5 856	100%

从上述计算结果可以看出，长江公司2003年度总的现金净流量为−5 856万元，其中经营活动产生的现金净流量为3 811万元，投资活动产生的现金净流量为

－1 042 万元，筹资活动产生的现金净流量－8 625 万元，说明企业经营活动产生现金能力较强，投资、筹资活动产生的现金能力较差。

经营活动产生的净流量意味着公司能够从持续经营活动中产生的，或者需要花费的现金数。最理想的情况是，公司在每一期间，都能从经营活动中产生现金。现实中，许多财务状况良好的公司在大多数期间能从营业活动中产生现金，但是，对于某一些特殊的时期，其经营活动也可能出现净流出的现象。

首先要考虑企业所处的生命周期。一个正在成长的、处于事业发展期的公司，大量资金投入开发产品、建立生产设施及销售渠道，在此期间基本上没有来自顾客的收入，却有大量付现的销售费用和期间费用。

另一方面应当考虑企业生产和销售的季节性。在购进存货的季节，经营现金流量就有可能为负；而在销售存货的季节，经营现金流量就会是正的。

还有一种情况，那就是生产长期合同产品的制造商，必须在生产初期投入资金进行机械改进以适应新产品的生产，并购进存货。

但无论如何，从长期看，经营活动产生的净现金流量还应是正的。

(5) 现金流向的综合分析

企业不同的现金流向反映企业所处的状况不同，现金流向的综合分析如表 7.19 所示。

表 7.19　现金流向的综合分析

经营活动现金流量	投资活动现金流量	筹资活动现金流量	综合分析
+	+	+	企业经营和投资活动效益良好，仍然进行筹资，如果没有新的投资机会，会造成资金浪费
	+	−	企业经营和投资活动效益良好，虽然进入债务偿还期，但财务状况良好
	−	+	企业经营状况良好，通过筹资进行投资，往往处于扩张时期，应进一步分析投资项目的盈利能力
	−	−	企业经营状况良好，一方面偿债，一方面继续投资，应关注经营状况变化，防止经营状况恶化导致财务状况恶化

续表

经营活动现金流量	投资活动现金流量	筹资活动现金流量	综合分析
−	+	+	企业主要靠筹资维持生存,财务状况不佳,进一步分析投资现金流量来源,如为收回投资,说明企业面临更大风险
	+	−	企业经营状况不佳,偿债压力大,进一步分析投资现金流量来源,如为收回投资,说明企业形势严峻,面临破产风险
	−	+	企业主要靠筹资维持生存和扩大生产规模,财务状况很不稳定,如果企业处于投入期,未来可能有发展;如果处于成长期或稳定期,则非常危险
	−	−	企业经营状况不佳,扩张投入大量资金,偿债压力大,财务状况非常危险

一般而言,对于一个健康的正在成长的公司来说:经营活动现金流量应是正数,投资活动现金流量是负数,筹资活动的现金流量是正负相间的。

(6) 现金流量的预测分析

假设经营现金流量的结构百分比具有代表性(可用三年或五年的平均数),可以根据它们和计划销售额来预测未来的经营现金流量。

假设前例,公司今年销售额(含增值税)为 14 208 万元,预计明年可增加 8%。经营现金流量的结构百分比不变,可预计明年的经营现金流量:

销售收现比 = 销售收现 ÷ 销售额 = 13 425 ÷ 14 208 = 94.49%

预计销售商品流入 = 销售额 × 增长率 × 销售收现比

= 14 208 × 1.08 × 94.49% = 14 499(万元)

预计经营现金流出 = 销售商品流入 ÷ 流入流出比

= 14 499 ÷ 1.4 = 10 356(万元)

预计购买商品和劳务付现 = 经营现金流出 × 购买商品和劳务占经营活动流出百分比

= 10 356 × 51% = 5 282(万元)

用同样方法可计算出其他项目的数额。

2. 流动性分析

所谓流动性,是指将资产迅速转变为现金的能力。根据资产负债表确定的流动比率虽然也能反映流动性，但有很大局限性。这主要是因为：作为流动资产主要成分的存货并不能很快转变为可偿债的现金；存货用成本计价不能反映变现净值；流动资产中的待摊费用也不能转变为现金。许多企业有大量的流动资产，而现金支付能力却很差，甚至无力偿还债务而破产清算。真正能用于偿还债务的是现金流量。

(1) 现金到期债务比

现金到期债务比是企业经营活动现金净流量与本期到期的债务的比率。其计算公式为：

$$现金到期债务比 = 经营活动现金净流量 \div 本期到期的债务$$

公式中，使用“经营活动现金净流量”可排除用其他资金来源（如借款）偿还的情况而专门衡量企业通过经营创造资金、独立偿还债务的能力，并能反映企业持续经营、再举债的能力。

“到期债务额”，通常指那些即将到期而必须用现金偿还的债务，一般有应付票据，银行或其他金融企业的短期借款，到期的应付债券和长期借款等，它根据本期期末资产负债表上有关项目的期末数确定。这一比率越大，企业流动性越好，短期偿债能力就越强。

(2) 现金流动负债比率

现金流动负债比率是企业经营活动现金净流量与流动负债的比率。其计算公式为：

$$现金流动负债比率 = 经营活动现金净流量/流动负债$$

这一比率反映本期经营活动所产生的现金净流量足以抵付流动负债的倍数。

例 甲公司2001年的经营活动现金净流量为1 320万元，流动负债为1 000万元，现金流动负债比率为：

$$现金流动负债比率 = 1\,320/1\,000 = 1.32$$

需要说明的是，经营活动所产生的现金流量是过去一个会计年度的经营结果，而流动负债则是未来一个会计年度需要偿还的债务，二者的会计期间不同。因此，这个指标是建立在以过去一年的现金流量来估计未来一年现金流量的假设基础之上的。使用这一财务比率时，需要考虑未来一个会计年度影响经营活动的现金流量变动的因素。

(3) 现金债务总额比

这一比率衡量企业用本年经营活动所产生的现金流量偿还全部债务的能力。计算公式为：

$$现金债务总额比 = 经营现金净流量 \div 债务总额$$

这个比率越高,企业承担债务的能力越强。

例 假设D公司2002年的债务总额是27 057万元,经营活动现金净流量为3 811万元,则:

$$现金债务总额比 = 3\,811 \div 27\,057 = 14\%$$

计算结果表明:该公司最大的付息能力是14%,即利息高达14%时企业仍能按时付息。只要能按时付息,就能借新债还旧债,维持债务规模。如果市场利率是10%,那么该公司最大的负债能力是3 811÷10%=38 110(万元)。仅从付息能力看,企业还可借债11 053(38 110-27 057)万元,可见该公司的举债能力是不错的。

(4) 现金利息保障倍数

现金利息保障倍数是指经营活动现金净流量加现金利息支出、付现所得税之和与现金利息支出的比率。其计算公式为:

$$现金利息保障倍数 = \frac{经营活动现金净流量 + 现金利息支出 + 付现所得税}{现金利息支出}$$

这一指标类似于利息保障倍数,但是账面利润并不能用来支付利息,只有实实在在的现金收入才可以满足利息支出的需要。因而这一指标较利息保障倍数指标更具合理性。

3. 获取现金能力比分析

获取现金的能力,是指经营现金净流入和投入资源的比值。投入资源可以是销售收入、总资产、净营运资金、净资产或普通股股数。主要指标有以下几个。

(1) 销售现金比率

销售现金比率是指经营现金流量与主营业务收入比率。其计算公式为:

$$销售现金比率 = 经营现金净流量 \div 销售额$$

该指标反映企业通过主营业务产生现金流量的能力,反映每元销售得到的净现金,其数值越大越好。

(2) 每股现金流量

每股现金流量是经营活动现金净流量扣除优先股股利后的余额,除以发行在外的普通股平均股数。其计算公式为:

$$每股现金流量 = \frac{经营活动现金净流量 - 优先股股利}{发行在外的普通股平均股数}$$

注重股利分配的投资者应当注意,每股利润的高低虽然与股利分配有密切的关系,但是它不是决定股利分配的唯一因素。如果某一公司的每股利润很高,但是因为缺乏现金,那么也无法分配现金股利。因此,还有必要分析公司的每股现金流量。每股现金流量越高,说明公司越有能力支付现金股利。

例 假定B公司2011年发行在外的普通股平均股数为1 500万股，并且没有优先股，全年经营活动现金净流量1 320万元，则B公司2011年每股现金流量为：

$$每股现金流量 = 1\,320 \div 1\,500 = 0.88(元)$$

该指标反映企业最大的分派现金股利能力，超过此限度，就要借款分红。

(3) 全部资产现金回收率

全部资产现金回收率是指经营现金流量与资产总额比率。计算公式为：

$$全部资产现金回收率 = 经营现金流量 \div 资产总额$$

该指标反映企业运用全部资产产生现金流量的能力。

例 假定某公司资产总额为88 203万元，经营现金流量为3 811万元，则：

$$全部资产回收率 = 3\,811 \div 88\,203 = 4.33\%$$

如果同行业全部资产回收率为5%，说明公司运用全部资产产生经营现金流量的能力极其有限。

4. 财务弹性分析

所谓财务弹性，是指企业适应经济环境变化和利用投资机会的能力。这种能力来源于现金流量和支付现金需要的比较。现金流量超过需要，有剩余的现金，适应性就强。因此，财务弹性的衡量是用经营现金流量与支付要求进行比较。支付要求可以是投资需求或承诺支付等。主要指标有：现金满足投资比率和现金股利保障倍数。

(1) 现金满足投资比率

现金满足投资比率是指近5年经营现金净流量与近5年资本支出、存货支出、现金股利之和的比率。其计算公式如下：

$$现金满足投资比率 = \frac{近5年经营现金净流量}{近5年资本支出、存货支出、现金股利之和}$$

例 假设D公司近5年经营现金流量平均数与今年相同，经营现金净流量为3 811万元，平均资本支出为4 350万元，存货平均增加40万元，现金股利平均每年120万元，则：

$$现金满足投资比率 = 3\,811/(4\,350 + 40 + 120) = 0.85$$

该比率越大，说明资金自给率越高。达到1时，说明企业可以用经营获取的现金满足扩充所需资金；若小于1，则说明企业是靠外部融资来补充的。

(2) 现金股利保障倍数

现金股利保障倍数是指每股经营现金净流量与每股现金股利的比率。其计算公式如下：

$$现金股利保障倍数 = 每股经营现金净流量 \div 每股现金股利$$

例　假设D公司每股现金股利为0.05元，每股现金流量为0.076元，则：

$$现金股利保障倍数=0.076\div 0.05=1.52$$

该比率越大，说明支付现金股利的能力越强。若同业平均现金股利保障倍数为3，相比之下，D公司的股利保障倍数不高，如果遇有不景气，可能没有现金维持当前的股利水平，或者要靠借债才能维持。

5. 盈利质量分析

一般认为，企业没有收入、利润，而会计报表上显示有收入和利润，则属于"假冒产品"；如果企业有收入、利润，但无现金流量，则属于"伪劣产品"，说明企业收益质量不高。企业收益质量的好坏可通过盈利质量指数指标来反映。盈利质量指数是指净利润中现金收益的比重，其计算公式为：

$$盈利质量指数=经营现金流量\div 净利润$$

一般而言，该指标应当大于1(当利润大于0时)。如果企业盈利质量指数小于1，说明企业的经营活动所创造的利润提供的现金贡献很小。一般情况下，不可能存在连续几期经营现金流量远远小于净收益的情形发生。

在1996年，美国学者斯罗尼(Sloane)指出公司的盈利可以分成如下两个部分：

$$权责发生制的盈利=现金利润+应记项目$$

这个关系式说明：一个高盈利但没有现金利润的公司肯定拥有高比例的应记项目。存货上升、应收账款增加、应付账款减少都是增加应记项目的典型例子。反之，如果流动资产减少或物资贬值，应记项目可能是个负数。

长期以来，会计师争辩是否"高质量盈利"的公司具有较少的应记项目，甚至应记项目为负数，而"低质量盈利"的公司具有较多的应记项目。斯罗尼发现，近期应记项目减少的公司，其股票一年期的收益相当高，而近期应记项目增加的公司，其股票一年期的收益等于负值。事实上，从1962年到1991年，买入应记项目减少的公司的股票，与此同时卖出应记项目增加的公司的股票，这样一个交易策略每年可以获得10%的平均收益。这些实证研究结果与有效市场理论不一致。因此，斯罗尼的研究实际上表明了投资者对于这类会计信息的反应比较慢。

现金流量表分析应该注意下列问题。

(1) 要注意现金流量变化过程。

在对现金流量进行分析的过程中，总是会遇到当期内的期末与期初在现金净变化量方面的确定问题。但是，对于任何一个企业来说，在确定当期期末与期初的现金净变化量的时候，无非会遇到这样三种情况，即现金及现金等价物的净增加额或者大于零，或者小于零，或者等于零。不过，不论是哪种情况，都不能从期末与期初数量的简单对比中来判断企业现金流动状况是出现“好转”，还是“恶化”，或是维持不变。而要揭示现金状况变化的原因，就必须对影响现金流量的各种因素进行全面分析，区分出预算或计划中安排的与因偶发性原因而引起的不同情况，并对由此产生的实际与预算的差异展开分析。从这种意义上说，分析现金流量的变化过程甚至比对现金流量变化结果进行分析更为重要。

(2) 不能根据现金流量判断各项活动效果好坏。

现金流量表虽然按经营活动、投资活动、筹资活动反映了各项活动现金净流量，但并不能据此判断各项活动的效果好坏。因为各项活动的当期现金流入并不与当期的现金流出相配比，尤其是投资活动和筹资活动，其当期现金流入和当期现金流出基本不相关。当期投资活动产生的现金流入是以前投资现金支出的结果，而当期筹资活动的现金流出则是以前筹资现金流入的还本和付息额。

(3) 注意其可比性。

几个不相同的企业，其资产负债和损益状况可能比较相近，但现金流量的差别却可能很大，这与企业不同的财务政策、理财方针有关。即使同一企业在不同时期现金流量的变化也不能说明其财务状况的变化趋势。如在筹建期或投产期，经营活动现金流量较少，筹资活动的现金流量较多，而在成熟期，则相反。

四、所有者权益变动表的分析

所有者权益变动表，是指反映构成所有者权益各组成部分当期增减变动情况的报表。所有者权益变动表应当全面反映企业一定时期所有者权益变动的情况，不仅包括所有者权益总量的增减变动，还包括所有者权益增减变动的重要结构性信息，特别是反映直接计入所有者权益的利得和损失，让报表使用者准确理解所有者权益增减变动的根源。分析所有者权益变动表，可以了解会计期间内所有者权益增减变动的规模和结构及具体原因；判断构成所有者权益各项目变动的合法性与合理性；为报表使用者提供真实的所有者权益总额及其变动信息；满足报表使用者投资、信贷及其他经济决策的需要。

所有者权益变动表分析主要有所有者权益变动表的水平分析、所有者权益变动表的垂直分析、所有者权益变动表的主要项目分析、所有者权益变动表指标分析、管理者相关决策(股利政策)对所有者权益影响的分析等。

1. 所有者权益变动表水平分析

所有者权益变动表的水平分析，是将所有者权益各个项目的本期数与比较标准数进行对比，揭示公司当期所有者权益各个项目的水平及其与比较标准之间的差异，解释公司净资产差异的原因，借以进行相关决策的过程。以两面针所有者权益变动表为例，分析该公司 2011 年所有者权益变动情况及原因，分析结果如表 7.20 所示。

表 7.20　两面针所有者权益变动表水平分析

单位:亿元

项　目	2010 年末	2011 年末	变动原因
股本	4.50	4.50	
资本公积	12.24	8.60	减少 3.64 亿元为出售可供出售金融资产
盈余公积	1.83	1.90	增加 0.07 亿元为按净利润 10%提取
未分配利润	4.02	4.65	实现净利润 0.70 亿元，提取盈余公积减少 0.07 亿元
所有者权益合计	22.59	19.65	

2. 所有者权益变动表的垂直分析

所有者权益变动表的垂直分析，将所有者权益变动表各项目的金额占所有者权益总额的比重予以计算，并进行分析评价，揭示公司当期所有者权益各个项目的比重及其变动情况，解释公司净资产差异的原因，借以进行相关决策的过程。以科大讯飞为例，对该公司所有者权益变动表进行垂直分析，分析结果如表 7.21 所示。

表 7.21　科大讯飞所有者权益变动表各项结构垂直分析

单位:亿元

项　目	2011 年末	结构比例	2012 年末	结构比例
股本	2.52	21%	3.78	26%
资本公积	5.97	50%	4.94	33%
盈余公积	0.35	3%	0.48	3%
未分配利润	2.91	25%	4.23	29%
所有者权益合计	11.85	100%	14.82	100%

从表 7.21 可以看出，科大讯飞：① 股本增加，资本公积减少，主要原因为经 2012 年年度股东大会审议通过，向股东每 10 股转增 5 股所致；② 未分配利润增加，主要是公司 2012 年实现净利润 20 269 万元，归属于上市公司股东的净利润 18 240 万元，同比增长 37.53%，扣除利润分配仍然增长；③ 盈余公积增加，公司 2012 年提取盈余公积 12 828 万元，但所占比重没有变化。

3. 所有者权益变动表主要项目分析

下面,我们来对所有者权益变动表各重要项目逐一进行分析:

(1) 股本变动情况的分析。股本的增加包括资本公积转入、盈余公积转入、利润分配转入和发行新股等多种渠道,前三种都会稀释股票的价格,而发行新股既能增加注册资本和股东权益,又可增加公司的现金资产,这是对公司发展最有力的增股方式。比如国投电力(股票代码:6000886)于2007年通过配股方式募集资金,股本增加亿元,较上年增长近30%。

(2) 资本公积变动情况的分析。资本公积增加的原因包括资本(股本)溢价和其他资本公积的增加。以三元股份(股票代码:600429)为例,在2007年年底时,其所有者权益表动表显示,其股本占76.5%,未分配利润占-10.40%,而资本公积占股东权益的29.40%,其他4.5%。通过分析会计报表辅助资料可知,企业该年因收购支付的对价小于被合并方的账面价值,直接计入所有者权益资本公积科目,由此导致了企业资本公积增加。

资本公积减少的原因主要是转增资本。以海越股份(股票代码:600387)为例,2007年时,企业以资本公积转增股本0.69亿元,达股本变动总金额的70%,转增股本后,企业股价大幅上升,每股收益由0.14元增加到0.54元,证明该公司具有较好的投资价值。

(3) 盈余公积变动情况分析。盈余公积的增减变动情况可以直接反映出企业利润积累程度。仍以海越股份(股票代码:600387)为例,该企业2007年企业从净利润中提取盈余公积0.16亿元,与2006年的0.05亿元相比,增加了220%,充分体现了企业利润积累的实力。

(4) 利润分配的分析。利润分配实际上体现的是企业资金积累与消费的比例关系。仍以海越股份(股票代码:600387)为例,该企业2007年的未分配利润增减变动额中,提取的盈余公积占未分配利润总额的44.70%,派发现金股利占55.30%,当年每股未分配利润由往年的0.61元上升到0.72元,说明该企业有较强的继续分红能力。

4. 所有者权益变动表指标分析

所有者权益变动表指标分析主要是通过报表本身期末与期初的比较,或本报表项目与利润表项目等的比较分析,来确定企业对股东权益的保值增值的保障情况,同时了解企业的盈利水平。所有者权益变动表指标分析的指标主要有资本保值增值率、所有者财富增长率、利润分配率和留存收益比率等。

(1) 资本保值增值率

资本保值增值率是指企业期末所有者权益与期初所有者权益的比率,该比率是反映企业在一定的会计期间内资本保值增值水平的评价指标，也是考核、评价企业经营效绩的重要依据。其计算公式为：

$$资本保值增值率=(期末所有者权益\div 期初所有者权益)\times 100\%$$

对于一个正常经营的企业，此比率应该大于1。也就是说，企业的所有者权益每年应该都有适量的增长，企业才能不断发展。

(2) 所有者财富增长率

所有者（即股东）财富增长率是指在企业实收资本或股本一定的情况下，附加资本的增长水平。其计算公式为：

$$所有者财富增长率=\frac{期末每元实收资本净资产-期初每元实收资本净资产}{期初每元实收资本净资产}\times 100\%$$

其中：

$$每元实收资本净资产=当期企业净资产\div 股本总额$$

所有者财富增长率是企业投资者或潜在投资者最关心的指标，与每股收益一样，该指标集中体现了所有者的投资效益，也可作为对经营者的考核指标。

5. 股利政策分析

企业在获得了净利润后，就需要向其所有者派发股利，这也是所有者投资于企业的根本目的。但是，到底分配多少股利比较合适，或者对于报表使用者而言，企业的股利分配政策如何？常用于衡量企业的股利分配政策的指标有股利分配率和留存收益比率。

(1) 股利分配率

要评价一个企业的利润分配水平和利润分配策略，就要看企业实现的净利润中，有多大比例用于分配股东，通常用股利分配率指标来反映。其计算公式为：

$$股利分配率=(普通股每股股利\div 普通股每股净收益)\times 100\%$$

在股利的分配上，通常有以下四种分配策略：

① 固定股利，即每年支付给股东的股利是一个固定值。这种股利分配政策不利于企业按盈利的多少来派发股利，当企业处于亏损状态时，其股利分配压力比较大。

② 固定股利支付率，即以净利润的一定比率来派发股利。比如固定股利支付率为20%，则在企业盈利100万元时，其可以用于派发股利的金额为20万元，当企业盈利500万元时，其可以用来派发股利的金额为10(500×20%)万元。

如果企业执行这一政策，由于各年的盈利会有波动，所以各年派发的股利波动也较大，这样不利于股价稳定。

③ 固定股利增长率，即在一定股利支付基数上，每年适量增加股利的分派。

如果第一年派发20万元股利，并且每年保持15%的增长，那么第二年起，以后各年需要派发的股利就分别是23(20×115%)万元、26.45(23×115%)万元、30.42(26.45×115%)万元等。这样的好处是，给投资者传递的信息是企业盈利似乎是连年增长的，有利于股价的稳定和增长。

④ 固定股利加额外股利，即在低固定股利的基础上，依据企业的盈利状态，适当增加一些股利。这种分配股利的方式兼备"良好信息传递"和灵活的优点。由于每年都有固定股利发放，有利于股价的稳定，而这一固定股利数额较低，也不会给企业造成太大的压力。当企业盈利较好时，还可以增加派发股利。

(2) 留存收益比率

要评价一个企业的资本积累水平，就是看其利润中有多大的比例用于扩大再生产，通常用留存收益比率指标来反映，其计算公式为：

$$留存收益比率=(留存收益\div 净利润)\times 100\%$$

该指标反映了企业盈利积累的水平和由此产生的发展后劲。从公式我们也能看出来，留存收益比率+股利分配率=1，因为企业的净利润只有两种去向:要么以股利形式分配给股东，要么留存在企业内部作为发展用。

一般对于成长初期的企业而言，为了满足扩大生产规模的需要，考虑到外部融资的成本和风险，企业可能会多留存收益少分派股利，所以其留存收益比率会比较高;对于稳定发展的企业而言，该比率维持在50%左右;而对于处于衰退期的企业而言，由于没有好的项目可以投资，股利留存收益率可能会比较低，企业可能会倾向于把大部分的净利润直接分配给股东。

第四节 财务报表的综合分析

会计报表的综合分析是指对具有内在联系的各种财务指标进行系统性分析，以便对企业的财务状况和经营成果作出整体性的评价。

一个公司的财务状况的好坏不是某一个指标所能说明清楚的，而是由一系列有代表性的财务指标体系予以揭示的。在这个体系中，既有反映公司偿债能力的比率指标，又有反映公司资产营运能力的比率指标和获利能力的比率指标，每个指标都是从不同角度来实施其评价功能的。可见，将这些指标运用一定的技巧综合起来，就可以对公司各方面的财务状况有一个总括的认识。

一、杜邦财务分析

杜邦财务分析方法是由美国杜邦公司的经理创造的，故称为杜邦分析法。该方法利用各种财务指标之间业已存在的相互依存、相互联系的内在关系，从权益利润率(净资产收益率)这一核心指标出发，通过对影响此指标的各因素的分析，以达到对公司总体财务状况和经营成果进行评价的目的。杜邦分析法是借助杜邦分析图进行的(图 7.1)。

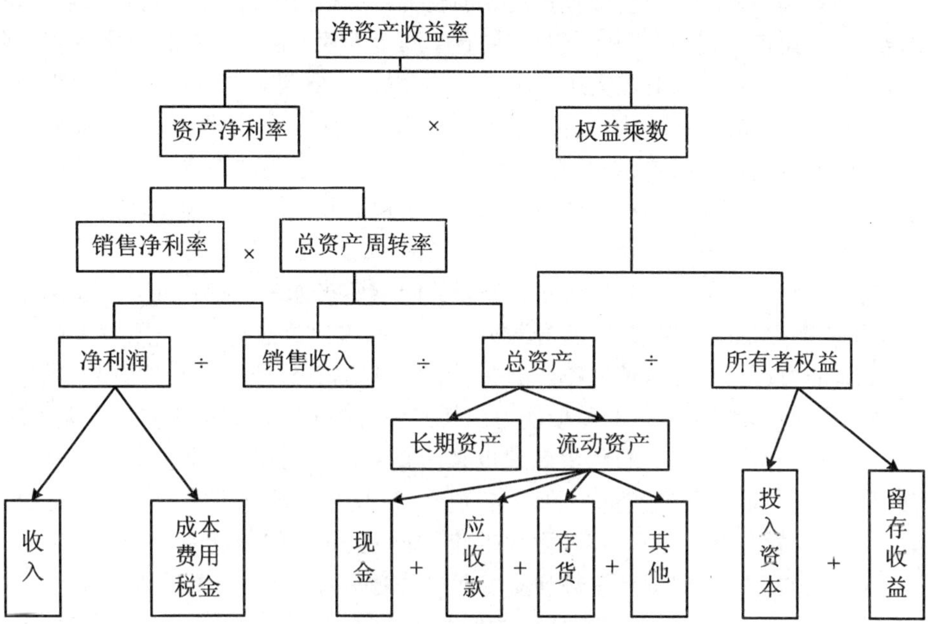

图 7.1　杜邦分析体系图

净资产收益率 = 总资产收益率 × 权益乘数

总资产收益率 = 销售净利率 × 总资产周转率

销售净利率 = 净利润 ÷ 销售收入

总资产周转率 = 销售收入 ÷ 总资产平均余额

净利润 = 收入 − 成本 − 费用 − 税金

全部资产 = 流动资产 + 长期资产

净资产收益率 = 销售净利率 × 总资产周转率 × 权益乘数

计算公式结果显示，公司权益利润率的高低受三个因素的影响，它们是：销售利润率、总资产周转率及权益乘数。指标分解便于分析者将影响权益利润率的因素具体化，明确管理目标。杜邦分析法主要作用在于解释各主要指标变动的原因及揭示各项比率之间的关系。

在杜邦分析图中，净资产收益率是综合性最强的财务比率，是整个杜邦系统的核心指标。净资产收益率反映了公司所有者投入资本及相关权益的获利水平，是所有者利益得以保障的基本前提。所以，投资者十分重视该指标。公司经营者在日常管理中也以提高该指标为其理财目标。该指标的大小不仅受公司盈利能力的影响，而且还受到公司资产的周转营运能力及资本结构状况的影响。

资产利润率反映公司全部投资的获利程度，在财务指标体系中占有重要地位，该指标受公司销售利润率和经营资产周转率两个因素的制约。销售利润率揭示每销售 1 元产品所获取利润的大小。根据杜邦分析图，要提高销售利润率，可以通过合理调整公司产品品种结构，提高综合利润率水平，扩大销售收入，不断降低单位收入中的固定成本水平，或不断降低产品的制造成本，控制成本费用开支结构等。

总资产周转率反映公司资产占用水平与实现的收入之间的关系。总资产周转率大小取决于诸多方面的因素，在进行分析时，要注意分析公司资产结构是否合理，因为公司的销售能力主要取决于公司的固定资产水平，而流动资产起保障功能，如果资产配备过于保守，则将导致固定资产所占比重过低，从而限制了产品的生产销售能力；另一方面，长期资产的获利能力虽然较高，但其流动性较差，置存过多的长期资产，会限制公司的偿债能力。任何公司在进行资产结构安排和调整时，都需权衡利弊；其次，资产的利用效率也必然影响资产周转率，要注意分析固定资产的利用程度，是否有闲置资产的存在，现金、应收账款及存货等周转情况是否正常，否则不仅影响资产的周转率，而且还必然影响公司的偿债能力。

权益乘数反映公司资产总额与所有者权益之间的关系。权益乘数主要受公司资本结构的影响，表明公司对负债经营的利用程度，当资产负债比率较高时，权益乘数就大，此时公司负债程度较高，可能为公司带来较多的杠杆收益，但同时也给公司带来较大的财务风险。关于资本结构的分析，在前面章节已详细介绍，这里不再重复。

杜邦分析图是根据公司全部利润和全部资产计算得出的指标编排的，没有剔除与公司经营无关的因素，如与营业无关的其他利润和非经营性资产。如果分析者能在实际分析中加以考虑，则计算结果将更具相关性和说服力。

二、可持续增长率分析

随着增长速度的提高，企业的市场股票价值与利润也必将增加。但快速的增长会使一个公司的资源变得相当紧张，因此，除非管理层意识到这一结果并且采取积极的措施加以控制，否则，快速增长可能导致破产。

为公司发展的需要筹资一般通过两种途径：内部通过留存收益；外部通过发行股票或借款。因为外部筹资比内部筹资成本高，所以公司尽可能利用内部创造的资金。

1. 可持续增长率(Self-sustainable Growth Rate)概念

公司不发行新股票，不改变营业政策(销售利润率和资本周转率)和筹资政策时，其销售的最大增长率。计算公式为：

$$
\begin{aligned}
\text{可持续增长率} = \text{所有者权益增长率} &= \frac{\text{所有者权益变动率}}{\text{期初所有者权益}} \\
&= \frac{\text{留存收益}}{\text{税后利润}} \times \frac{\text{税后利润}}{\text{所有者权益}} \\
&= \text{留存收益率} \times \text{权益净利率} \\
&= \text{销售净利率} \times \text{总资产周转率} \times \text{留存收益率} \times \text{权益乘数}
\end{aligned}
$$

(1) 销售净利率。销售净利率的增加会提高企业创造内部资金的能力，从而促进企业的可持续发展。

(2) 总资产周转率。公司资产周转率提高了，那么每 1 元资产所产生的销售收入也增加了。销售的增加会减少公司对新资产的需要，这样就会提高可持续发展速度。应注意到，提高资产周转率的作用同减少资本密度带来的效果一般相同。

(3) 财务政策。负债-权益比率的增加会提高公司的财务杠杆。这样就使额外的负债融资成为可能，从而提高可持续增长率。

(4) 股利政策。支出的股利占净利润百分比的减少将会提高盈余保留比率。这种提高能从内部创造股东权益，从而促进企业内部的以及可持续的发展。

可持续增长率是一个极其有用的数据。它明确解释了公司四大主要方面的关系：由销售利润率所衡量的获利能力，由总资产周转率所衡量的资产利用效率，由负债-权益比率所衡量的财务政策，以及由盈余保留比率所衡量的股利政策。倘若销售收入的增长率高于可持续增长率，公司就必须提高其销售利润率，提高其总资产周转率，提高其财务杠杆，增加其盈余保留比率，或是发行新股募集增量资金。

可持续增长率特点有：

(1) 可持续增长率由四个比率相乘，销售净利率、总资产周转率代表经营业绩；留存收益率、权益乘数代表财务政策。

(2) 一个公司的销售不按可持续增长率的任何比率增长，这当中的一个或多个比率就必须改变。

(3) 如果公司按超过它的可持续增长率增长，它最好能够改善经营政策或准备转变它的财务政策。

(4) 实际增长超过可持续增长时,说明公司现金不足;实际增长低于可持续增长时,说明现金多余。

2. 平衡增长

$$\begin{aligned}可持续增长率(G) &= 留存收益率 \times 权益乘数 \times 销售净利率 \times 资产周转率\\ &= 财务政策 \times 资产收益率 = RT \times ROA\end{aligned}$$

当财务政策稳定时,可持续增长率与资产收益率呈线性关系。

我们把 $G =$ 稳定财务政策 $\times ROA$ 这条线称为"平衡增长"线。因为在这条线上,公司可以自我筹资而获得平衡。偏离该线都会不平衡,出现现金多出或不足。

如果公司出现不平衡增长,可以采取三种措施:

(1) 改变增长率。

(2) 转变资产收益率。

(3) 修正财务政策。

3. 实际增长超过可持续增长的政策

(1) 发售新股或配股,或吸收新的投资人投资。

(2) 提高财务杠杆,增加负债,如发行债券或长期借款。

(3) 削减股利支付率,少支付股利,多留存利润。

(4) 有益的剥离:

① 出售一些资产获取可支付生产经营中所需的现金;

② 通过摒弃某些增长资源减少实际的销售增长。

(5) 减少存货占用、加速应收账款回收,避免资产套住,提高资产周转率。

(6) 提高产品销售价格,减少销售增长。

(7) 兼并一些有能力提供需要现金的企业。如:① 在交易中以"现金牛"出名的成熟期的企业。他们正为多余的现金流量寻找有利的投资机会。② 相对保守,但能够给双方的结合带来变现性和借贷能力的财务公司。

4. 实际增长低于可持续增长政策

如果是短期的暂时问题,只要简单地继续累积资源以盼望未来的增长即可。如果是长期的问题,可能是整个行业缺乏增长(成熟市场的自然结局);或可能是企业独有的问题。如果是企业独有的问题,就应该在企业内寻找不充分增长的理由和新增长的可行渠道。

如果一个企业无法通过自身创造出充分的增长时,它有以下几种选择:

(1) 暂时忽略问题。继续投资于它的核心生产经营,或简单的高枕无忧。

(2) 把钱还给股东。解决闲置资源问题最为直接的办法是通过增加股利或股票回购。

(3) 购买增长。处于对收购者的惧怕和挽留人才精英等考虑,要在其他行业经营搞多元化,有计划地在其他更有活力的行业里寻找物有所值的增长机会。通常的做法是收购现有企业。

5. 可持续增长与通货膨胀

在通货膨胀情况下,一个企业用于支撑由通货膨胀引起的一元增长所必需花的钱大约相当于为支撑一元实际增长所要求的投资。因为在通货膨胀情况下,企业保持同样数量的存货,但投资增加;由于售价提高,客户购买同样数量的商品,应收账款投资也增加;固定资产投资也增加,只不过时间有些滞后。这样由通货膨胀引起的资产增加必须要给予资金保证。通货膨胀对企业的财务影响是:

(1) 增加了所需要的外部资金。

(2) 在缺乏新的权益筹资情况下,提高了企业的负债和权益比率。

第五节 财务报表分析局限性

一、财务报表本身的问题

(1) 历史成本计价,不代表资产现行成本或变现价值。

如:某公司 1999 年资产负债表中显示股东权益的价值是 65 600 万元,这是该公司权益的账面价值。然而,这并不意味着该公司对于其所有者或其他人来说值 65 600 万元。对于这个问题有两方面的理由:

① 财务报表是以交易为基础的。如果某公司在 1980 年以 100 万元的价值买入某项资产,这笔交易客观地计量了资产的价值,会计师就将这个价值计入资产负债表中。但是,这是 1980 年的价值,与今天的价值或许是毫不相关的。把事情弄得更糊涂的是,会计师试图通过从资产负债表的资产价值中定期扣减折旧额来反映资产随时间推移而老化。折旧是会计师所确认的唯一价值变化。1980 年购买的 100 万元的资产或许在技术上已经过时,因而在今天完全丧失了价值;或者,由于通货膨胀,它现在的价值已远远高于原来的购买价。土地尤其是这样,能比原始购买成本高出好几倍。

② 股权投资者购买股票是为了得到期望的未来收益，而不是公司资产的价值。实际上，如果一切按计划进行，公司大多数的有形资产都将在产生未来收益的过程中消耗殆尽。会计师计量股东权益时存在的弊端在于其毫不理会未来收益。原因有两点：首先，会计师关注的是历史数据和历史成本，他们很少会考虑公司资产可能产生的未来收益。其次，公司还有许多没有计入资产负债表中的资产和负债，却影响未来收益，如商标、商誉、超群的技术、良好的管理等。

(2) 货币不变假设，不按通货膨胀或物价水平调整。

通货膨胀在三个方面明显地歪曲了公司的利润表：① 历史成本折旧；② 存货计价；③ 利息费用会计。前两点已被人们所熟知，第三点却比较抽象并时常被误解。

历史成本折旧：因为会计的历史成本原则要求折旧费用必须按资产的历史成本计算，在通货膨胀时，从收入中每年计提的折旧费用低估了资产价值的实际降低。换句话说，通货膨胀期间，历史成本折旧费不足以维持公司资产的价值。这样，每年少提折旧费用，造成报告盈利的高估以及公司税负的增加。

存货计价：存货也出现类似的问题，应用广泛的两种存货计价方法是先进先出法(FIFO)和加权平均法。在通货膨胀环境下，一个公司的报告收益和税负的多少，取决于采用了哪一种方法。因此在通货膨胀时，加权平均法的数字是对真实盈利较精确的计量。不过还有许多公司应用先进先出法，这里我们不作深究。对这些公司来说，通货膨胀同样导致了报告盈利的高估和税负的增加。

净债务人的利得：通货膨胀对公司利润表歪曲的第三个方面涉及会计师利息费用的计量。假如你向银行借款 100 元，期限一年。在没有通货膨胀时，你在年末偿还 104 元也许就能令银行家感到满意——100 元的本金和 4 元的利息，但是，假如说通货膨胀率为 50%时，104 元就不够了。银行家现在除了要求 100 元的本金外，还会要求足够维持购买力的补偿金 50 元。而且，银行家所要求的 4 元回报也须加上维持购买力的 2 元，所以，一年到头你总共得付出 156 元。你与银行家两个都知道其实 150 元只是还本，只有 6 元才是货款的利息。但是会计师不论是否知道这个事实，并不照此报告交易。相反，她还振振有词：因为你借了 100 元，这笔钱当然就是本金，其余的一定是利息费用了。这种对利息费用的高估导致报告收益减少，因而应付税负减少了。当然，只有对成为净借款者的公司，也就是说，在外的债务多于债权的公司来说才有这种结果。

(3) 稳健性原则，夸大费用和损失，少计收益和资产。

(4) 会计分期，与生产经营周期不一致，只报告了短期信息，不能提供反映长期潜力的信息。

(5) 没有考虑投资人(权益)资本成本。

如上例:如果用账面价值计量,公司在 2009 年动用了股东 65 600 万元的钱。他们还知道,没有这笔钱,公司是无法经营的,并且这笔钱也不是白给的。好比债权人贷款要收取利息,股权投资者希望他们的投资也能得到回报。如果你再看该公司的利润表,你将会发现表中并没有提及这种权益成本;利息费用有披露,但相应的权益成本却没有。

虽然明知权益资本也有成本,会计师却并不把它记入利润表,因为成本必须是应付的,即估计的,却没有白纸黑字写明公司必须付给股东多少钱,会计师拒绝确认任何这样的权益资本成本。再次,会计师宁愿错信也不愿做一个也许是不精确的估计。这一结果在不太知情的旁观者的头脑里产生错乱,从而继续造成公司的"形象幻觉"问题。

表 7.22 所示的分别是会计师所编制的和经济学家可能为上述公司编制的 2009 年度利润表的下半部分。可以看到,会计师的账目显示该年盈利 11 930 万元,经济学家的账目显示只有 4 050 万元。数据的差异是因为经济学家包括了 7 870 万元的权益资本成本,而会计师没有记录这一项。我们在这里讨论权益资本成本的估算方法,在该处我们假设权益资本成本为 12%,用它去乘该公司的账面价值 7 870 万元 = 12% × 65 600 万元。

表 7.22　在会计师和经济学家眼中的公司 2009 年利润表

单位:百万元

项　目	会计师	经济学家
营业收入	157.8	157.8
利息费用	(4.2)	(4.2)
利息收入	8.1	8.1
其他非营业费用	(2.2)	(2.2)
权益成本	0	(78.7)
税前收益	159.0	80.7
所得税	40.2	40.2
会计盈利	119.3	
经济盈利		40.5

二、报表真实性及人为粉饰问题

【案例 6】

长江公司会计报表的人为粉饰

长江公司是一家盈利能力强、现金充裕的企业，企业负债为 0，资产负债率为 0，资本结构属于不合理。为了显示企业资本结构的合理性，便于考核资产负债率指标，企业年终编制报表时，从银行借款 2 000 万元并在下年初归还，从而达到粉饰当年企业报表的目的。

【案例 7】

万福生科财务造假

万福生科于 2011 年 9 月 27 日在深交所创业板上市，2013 年上半年，万福生科为扮靓业绩，虚增营业收入 1.88 亿元，虚增营业成本 1.46 亿元，虚增净利润 4 023.16 万元。除虚增利润外，万福生科还隐瞒不报因技改而长时间停产的循环经济型稻米精深加工生产线项目。2013 年的中报是其上市以来第一份半年报。对于造假的原因，公司总经理龚永福称是“为了给投资者留下好印象”。

（万福生科业绩造假“只荐不保” 平安证券难辞其咎[EB/OL]. 中国经济网(2013-01-16). http://jjckb.xinhuanet.com/2013-01/16/content_424133.htm.）

三、会计政策的不同选择影响可比性

对同一会计事项的账务处理，会计准则允许使用几种不同的规则和程序，企业可以自行选择。例如，存货计价方法、折旧方法、所得税费用的确认方法、对外投资收益的确认方法等。虽然财务报表附注对会计政策的选择有一定的表述，但报表使用人未必能完成可比性的调整工作。

四、比较基础问题

(1) 同行业：企业实行多种经营，没有明确的行业归属，同业对比就更困难。

(2) 不同时期经营的环境是变化的。

(3) 计划预算本身不合理。

【案例 8】

银广夏的现金流财务分析

银广夏公司自 1999 年以来一直闻名遐迩，银广夏 2001 年的市值高居深沪两市第三名。银广夏创造了股市神话。但是 2001 年 8 月《财经》刊发的《银广夏陷阱》撩开了银广夏神秘的面纱。

1. 盈余质量评估

(1) 经营现金流量/净利润。该指标反映净利润中现金收益的比重，一般而言，该指标应当大于 1(当利润大于 0 时)。银广夏公司 1998 年经营现金流量与净利润比率为 -23.3%，1999 年为 -4.4%，2000 年为 29.7%。这说明企业的经营活动所创造的利润提供的现金贡献很小。一般情况下，不可能存在连续几期经营现金流量远远小于净收益的情形。

(2) 现金流量偏离标准比率 = 经营现金流量/(净利润 + 折旧 + 摊销)。该指标衡量实际现金量偏离标准水平的程度。一般来说，该指标应在 1 左右，银广夏公司 1998 年该比率为 -20.9%，1999 年为 -3.8%，2000 年为 28%。这说明现金流量偏离标准现象异常严重。按照用间接法计算经营现金流量的有关原理，两者的差异主要体现在经营性应收应付项目上，进一步查找现金流量表，发现公司 1998 年在应收账款项目上沉淀了 2.04 亿元，占全部销售收入的 1/3。当公司下一年回收贷款时，这一指标应当大于 1，但是我们发现，1999 年该指标仍为负值。这就属于严重的不正常状态，降低了盈余的质量。

(3) 经营现金流量/营业利润。由于经营现金流量和营业利润都对应于公司正常经营活动，因此有较强的配比性。该比率一般应大于 10，然而 1998 年，银广夏的这一比率为 -12.3%，1999 年为 -4.8%；2000 年为 27.8%。与标准相距甚远。通过以上分析，基本可以判定该公司的盈余质量是低劣的，存在着管理当局虚增利润的可能。

2. 现金流量偿债能力分析

(1) 经营活动现金流量/负债总额指标。这是一个预测公司财务危机极为有用的指标。指标越大，则偿债能力越强。银广夏公司 1998 年该指标值为 -2.4%，1999 年为 -0.4%，2000 年为 6.9%。这表明，企业的经营活动对负债的偿还不具有保障作用。也就是说，企业需要偿还到期负债的资金来源必须是投资活动和筹资活动的现金流量。如果投资活动不产生效益、筹资出现困难，则企业很可能面临不能偿还到期债务的情形。

(2) 现金利息保障倍数。这一指标类似于利息保障倍数，但是账面利润并不能用来支付利息，只有实实在在的现金收入才可以满足利息支出的需要。因而这一指标较利息保障倍数指标更具有合理性。银广夏公司1998年现金利息保障倍数为0.715，1999年为0.935，2000年为2.794。也就是说，连续两年公司的息税前经营现金流量连利息支付都无法保障，更别说债务本金了。

(3) 经营现金流量/流动负债。该指标能有效地反映公司经营活动产生的现金流量对到期债务的保障程度。其意义在于如果公司的经营活动产生的现金流量能够满足支付到期债务，则企业就可以拥有较大的财务弹性，财务风险也相应减小。银广夏公司1998年经营现金流量/流动负债值为－2.8%，1999年值为－0.7%，2000年值为8.5%。很明显，公司的经营现金流量并不能对流动负债起任何保障作用。

由上所述，这个公司的偿债能力存在严重的问题。

3. 现金流量营运效率分析

(1) 经营现金流量与主营业务收入比率。该指标反映企业通过主营业务产生现金流量的能力。银广夏公司1998年该比率为－3.4%，1999年为－1.1%，2000年为13.7%。银广夏持续高额利润居然不能产生正的经营现金流量，它需要依靠筹资活动来维持企业的正常生产经营，这种反常现象理应引起投资者的高度警觉。

(2) 经营现金流量与资产总额比率。该指标反映企业运用全部资产产生现金流量的能力。银广夏1998年该比率为－1.3%，1999年为－0.2%，2000年为3.9%。说明公司运用全部资产产生经营现金流量的能力极其有限。

(3) 现金流量构成。通过分析企业本年度现金净流量的构成，可以了解公司现金流量的真实来源，从而恰当地评价公司产生现金流量的能力。如在1998年公司经营现金净流量为－20 792 479元，投资现金净流量为－123 443 350元，筹资活动现金净流量为121 283 838元，现金净流量为－22 951 990元。公司的经营活动没有给企业创造现金流入，这样企业购置设备等投资活动需要的大量资金都必须通过新增筹资渠道来解决。

我们可以看到，尽管公司1998年想方设法筹集了3.5亿元现金(发行债券3 000万元，借款3.2亿元)，仍然不能满足企业现金支出的需要。到1999年更是变本加厉，其经营现金净流量－5 575 052元，投资活动现金净流量－372 170 118元，筹资活动现金净流量655 814 690元。公司经营活动仍然不能产生现金流量，巨额投资所需的资金仍然是通过外部筹资。从报表上可以看到，当期筹资现金净流量达到了6.5亿元。深入分析就可以发现1999年该公司实际融资额达到了9.5亿元(其中吸收权益性投资3亿元，债券发行8 000万元，借款5.7亿元)，公司该年用于还债和支付利息的现金就达到了2.9亿元。

从现金流量分析的三个方面看，银广夏公司是一个财务风险很大，盈余质量低劣，靠借款度日的公司。

（“郑百文”案新进展：原人大代表李福乾等人被起诉[EB/OL]. 中国新闻网(2002-08-04). http://www.chinanews.com/2002-08-04/26/208700.html.）

练习题

1. 某公司向银行申请一笔数额较大的贷款，该贷款将用于购买生产设备以备将来的公司发展。该公司会计报表中的流动资产 250 万，其中现金 50 万，流动负债 149.5 万。银行拒绝了这笔贷款，主要理由是流动比率低于 2∶1。该公司立即偿还了 49.5 万元的应付账款，然后要求银行重新考虑其贷款申请。

要求：根据以上事实，你认为银行能否批准该公司贷款申请？

2. 某企业 2009 年 12 月 31 日资产负债表有关资料摘录如下，该公司全部账户如表 7.23 所示。

表 7.23　企业 2009 年 12 月 31 日资产负债表

单位：元

货币资金	5 000	应付账款	______
应收账款净额	______	应交税费	50 00
存货	______	长期负债	______
固定资产净值	58 800	实收资本	60 000
资产总计	86 400	未分配利润	______
		负债及所有者权益合计	______

补充资料：

(1) 年末流动比率为 1.5。

(2) 年末产权比率为 0.8。

(3) 以销售收入和年末存货计算的存货周转率为 15 次。

(4) 以销货成本和年末存货计算的存货周转率为 10.5 次。

(5) 本年毛利 63 000 元。

要求：计算并填完资产负债表。

3. 分析指出下列经济业务发生对有关指标的影响（增加用“+”、减少用“−”，不影响用“0”，假设现在流动比率大于 1，其他比率小于 1）。如表 7.24 所示。

表 7.24 经济业务发生对有关指标的影响

业务＼指标	流动比率	营运资本	资产负债率	权益净利率
购材料款未付				
发行股票收到现金				
用现金交纳欠税金				
销售产品取得货款				

4. 江淮公司 2009 年度资产负债表和利润表如表 7.25 和表 7.26 所示。

表 7.25 资产负债表

2009 年 12 月 31 日　　单位:万元

资 产		负债及所有者权益	
现金(年初 764)	310	应付账款	516
应收账款(年初 1 156)	1 344	应付票据	336
存货(年初 700)	966	其他流动负债	468
固定资产净额(年初 1 170)	1 170	长期负债	1 026
		实收资本	1 444
资产总额(年初 3 790)	3 790	负债及所有者权益总计	3 790

表 7.26 利润表

2009 年度　　单位：万元

项 目	金 额
销售收入	6 430
销货成本	5 570
毛利	860
管理费用	580
利息费用	98
税前利润	182
所得税	72
净利润	110

要求：

(1) 计算填写表 7.27 中该公司的财务比率。

(2) 与行业平均财务比率比较,说明该公司经营管理可能存在的问题。

表 7.27　公司的财务比率

指　标	行业平均数	本公司
流动比率	1.98	
资产负债率	62%	
已获利息倍数	3.8	
存货周转率	6 次	
平均收款期	35 天	
固定资产周转率	13 次	
总资产周转率	3 次	
销售净利率	1.3%	
资产净利率	3.9%	
权益净利率	10.26%	

5. ABC 公司 2011 年和 2012 年的主要财务数据和财务比率如表 7.28 所示。

表 7.28　ABC 公司 2011 年和 2012 年的主要财务数据

项　目	2011 年	2012 年
销售额(万元)	4 300	3 800
总资产(万元)	1 560	1 695
普通股(万元)	100	100
保留盈余(万元)	550	550
所有者权益合计	650	650
流动比率	1.25	1.20
平均收现期(天)	22	27
存货周转率	7.5	5.5
债务/所有者权益	1.40	1.61
销售毛利率	16.3%	13.2%
销售净利率	4.7%	2.6%
总资产周转率	2.76	2.24
总资产净利率	13%	6%

假设该公司没有营业外收支和投资收益；所得税率 25%不变。

要求：

(1) 计算该公司 2011 年、2012 年净资产收益率。

(2) 用杜邦分析法分析说明该公司净资产收益率的变化及其原因。

(3) 假如你是该公司的财务经理，在2013年应从哪些方面改善公司的财务状况和经营业绩。

6. 江淮公司2012年简化现金流量表如表7.29所示。

表7.29 江淮公司2012年简化现金流量表

单位：万元

项 目	金 额
一、经营活动产生的现金流量	
销售商品、提供劳务收到的现金	110 900
现金流入小计	110 900
现金流出小计	93 700
经营活动产生的现金净流量	17 200
二、投资活动产生的现金净流量	−27 700
三、筹资活动产生的现金净流量	10 100
四、现金净流量	−400

要求：

(1) 若目前借款利率为10%，则该公司理论上有息负债最高额可达到多少？

(2) 公司现金净流量为−400万元，有人认为财务状况不佳，你是否认同这一观点？并给出理由。

案例分析

1. 国通管业财务分析。

国通管业公司因2011年度、2012年度连续两年经审计的年度净利润为负数，根据《上海证券交易所股票上市规则》的相关规定，公司股票将被实施退市风险警示。实施退市风险警示的起始日为2013年5月2日。这是该公司第二次被实施退市风险警示。第一次是国通管业公司因2008年度、2009年度连续两年经审计的年度净利润为负数，自2010年4月19日起，公司股票简称由“国通管业”变更为“＊ST国通”。这次退市风险警示也是在国通管业重组后再次亏损下实施的。

(1) 公司背景情况。

安徽国通高新管业股份有限公司（下称国通管业公司）是经安徽省人民政府皖府股字[2000]第57号文批准，由安徽德安制管有限公司依法变更而成的股份有限公司。公司之前身安徽德安制管有限公司经安徽省人民政府外经贸皖府资字[1993]第1087号文批准，于1993年12月30日设立，股东为中国银行安徽省信托咨询公司、宿州市塑胶工业公司、德国尤尼克塑料机械有限公司，分别持有37.5%、37.5%和25%的股份，注册资本210万美元，公司主要从事大口径UPVC管、PE管、塑料管材、管件生产、销售；技术研究、开发。安徽国通高新管业股份有限公司是国内首家专业生产新型塑料管材的企业，于2004年2月19日在上海证券交易所上市，发行3 000万股，发行价5.03元，募集资金1.5亿元。

国通管业先后荣获“全国质量管理先进企业”、“中国名牌企业”、“国家火炬计划重点高新技术企业”、“安徽省优秀高新技术企业”等光荣称号，产品被评为“中国免检产品”、“国家重点新产品”、“中国市场名牌塑料建材行业十佳品牌”、建设部“住宅建设推荐产品”、“安徽省名牌产品”，并通过了ISO9001质量管理体系认证。

国通管业拥有国内口径最大(1 426 mm双壁波纹管全国第一)、规模最大(年加工能力10万吨)、品种最多(6大系列400多个规格)等多项全国第一，是国家建设部和有关部委优先、重点推广使用的新型化学建材产品，并广泛应用于上海浦东国际机场等数千个国家级、省级重点工程和基础设施建设，被誉为“中国新型塑料管材第一品牌”。

(2) 第一次戴星。

2010年4月18日，国通管业公司因2008年度、2009年度连续两年经审计年度净利润为负数，根据上海证券交易所《股票上市规则》的相关规定，公司股票将被实行“退市风险警示”特别处理，自2010年4月19日起，公司股票简称由“国通管业”变更为“＊ST国通”，股票代码不变，股票报价的日涨跌幅限制为5%。事实上，ST国通之所以亏损不断，从公司历年的财务报告中可见一斑。ST国通目前的主营业务主要是PVC管及PE管，自2008年以来，原材料的波动及市场景气度偏低，使得ST国通面临着开工不足资产减值的严重局面，虽然期间也有过好转的情况，但PVC管的利润率一跌再跌。PVC产业由于产能严重过剩，行业竞争惨烈，且短期内此现状无改变的可能。国通管业公司2007～2009年有关财务资料分别如表7.30～7.33所示。

表7.30　国通管业2007～2009年资产负债简表

单位:万元

项　目	2007年末	2008年末	2009年末
货币资金	2 586.53	1 684.34	5 648.98
预付账款	3 097.76	612.588	3 179.98
应收账款	4 629.77	3 263.61	3 179.98

续表

项 目	2007 年末	2008 年末	2009 年末
存货	12 328.8	3 796.68	4 066.12
流动资产合计	27 415.9	12 178.3	15 520.3
固定资产	39 053.9	34 788.8	32 339.8
长期资产合计	46 312.6	48 178.2	41 408.2
总资产	73 728.5	60 356.6	56 928.5
短期借款	16 667.7	18 119.3	27 087.2
应付账款	2 474.62	2 831.32	2 439.78
流动负债合计	30 651.8	32 201.7	45 179.5
长期借款	10 385.2	10 207.5	3 996.77
长期负债合计	10 385.2	10 207.5	3 996.77
负债合计	41 037	42 409.2	49 176.27
股本	7 000	10 500	10 500
资本公积	11 004.2	7 504.17	7 542.09
盈余公积	1 596.6	1 596.6	1 596.66
未分配利润	9 164.86	−3 481.81	−12 098.8
所有者权益合计	32 691.5	17 947.4	7 752.23

表 7.31 国通管业 2007～2009 年利润简表

单位:万元

年 份	2007 年	2008 年	2009 年
营业收入	26 013.5	16 707.6	17 143
营业成本	20 057.4	17 978.6	17 207.7
财务费用	2 367.99	2 588.05	2 497.54
营业利润	508.945 (投资收益 590.54)	−17 458.8	−6 818.48
利润总额	971.878	−19 179.9	−7 759.22
净利润	630.676	−14 689.2	−10 233

表 7.32 国通管业 2007～2009 年简化现金流量表

万元

项目	2007 年	2008 年	2009 年
营业现金净流量	14 216.7	－2 564.24	－2 694.65
投资现金净流量	－2 951.33	3 716.27	289.3
筹资现金净流量	－10 957.6	－1 556.94	3 120.4
现金净流量	307.746	－404.908	715.109

表 7.33 国通管业 2007～2009 年偿债比率

年　份	2007 年	2008 年	2009 年
流动比率	0.894 4	0.378 2	0.343 5
速动比率	0.492 2	0.260 6	0.253 5
资产负债率	55.65%	70.26%	86.38%
利息保障倍数	141.042 3	－641.096 6	－210.674 4

(3) 第二次戴星。

合肥通用机械研究院是央企国机集团旗下以技术研发为主的科研型企业，在技术研发、内外部资源等方面优势明显。新的大股东进入后，公司在决策效率、新产品开发、市场拓展方面取得可喜进步。借助大股东的研发、资源优势，公司有望扭转经营不利局面。2012 年 6 月底，大股东合肥通用机械研究院推荐 3 人进入国通管业董事会，同时推荐了 2 名高管进入管理层，分别担任总经理和财务总监职务，全面负责公司日常经营管理工作。在稳定公司生产经营的前提下，公司逐步增加了地源热泵管、钢带增强波纹管、塑钢缠绕管等新产品的开发和销售。与以往新股东入主上市公司不同，合肥通用机械研究院没有采用“腾笼换鸟”的方式改变国通管业的主营业务，而是先稳住公司业务，逐步利用大股东的优势强化公司市场竞争能力。

由于目前我国较大规模的塑料管道生产企业超 3 000 家，年生产能力超 1 500 万吨，年产能 1 万吨以上企业达 300 家，有 20 多家年产能超过 10 万吨。区域市场与细分市场竞争日趋激烈，特别是近年来，国内塑料建材行业发展迅猛，市场竞争激烈无序，给公司经营带来严重影响。公司所处塑料加工行业竞争充分，规模化生产企业日趋增多，产品市场化明显。虽然公司一直坚持“高品质、高价位、高标准”

的产品定位，但销售规模和产能得不到充分发挥，公司生产成本居高不下，产品盈利能力极其微薄。另外随着公司产能的扩大，生产性流动资金占用也在大幅增长，公司银行贷款融资的额度和期限都很有限，给公司的生产经营带来一定影响。国通管业公司 2010～2012 年有关财务资料分别如表 7.34～7.37 所示。

表 7.34 国通管业 2010～2012 年资产负债简表

单位：万元

项 目	2010 年末	2011 年末	2012 年末
货币资金	4 488.8	3 527.3	4 862
预付账款	830.1	550.8	478
应收账款	5 919.8	7 731.2	7 701
存货	6 371.7	5 527.9	7 948
流动资产合计	18 697.7	17 923.1	21 815
固定资产	30 241.1	26 274.7	23 340
长期资产合计	38 757.0	28 014.1	25 541
总资产	57 454.7	45 937.1	47 356
短期借款	22 600	6 500	10 500
应付账款	2 636.8	2 380.4	3 446
流动负债合计	49 490.8	46 157.5	52 125
长期借款	0	0	0
长期负债合计	0	0	542
负债合计	49 490.8	46 157.5	52 667
股本	10 500	10 500	10 500
资本公积	7 542.09	7 542.09	7 542.09
盈余公积	1 595.6	1 595.6	1 595.6
未分配利润	−11 573.4	−18 995.4	−23 115
所有者权益合计	7 963.8	220.3	−5 311.69

表 7.35 国通管业 2010～2012 年利润简表

单位:万元

年 份	2010 年	2011 年	2012 年
营业收入	35 246.1	25 303.7	30 017
营业成本	34 828.3	32 916.1	27 998
财务费用	1 534.5	2 680.7	616
营业利润	417.7	－7 612.3	－5 242
利润总额	390.0	－6 505.3	－5 323
净利润	211.5	－8 184.2	－5 095

表 7.36 国通管业 2010～2012 年简化现金流量表

单位:万元

项 目	2010 年	2011 年	2012 年
营业现金净流量	－4 296.9	－417.9	－1 733
投资现金净流量	－704.0	6 359.7	－984
筹资现金净流量	4 989.8	－3 796.8	3 952
现金净流量	－11.7	2 145.0	1 235

表 7.37 国通管业 2010～2012 年偿债比率

年 份	2010 年	2011 年	2012 年
流动比率	0.377 8	0.388 3	0.418 5
速动比率	0.249 1	0.268 5	0.266
资产负债率	86.14%	100.47%	111.22%
利息保障倍数	125.41	－142.67	－763.72

2012 年,国通管业实现归属母公司的净利润为－4 120 万元,累计未分配利润－2.31 亿元,资产负债率为 111.21%。2013 年一季度,国通管业实现归属上市公司股东的净利润为－647.39 万元。鉴于公司 2011 年、2012 年连续两年亏损,上海证券交易所将对国通管业股票从 2013 年 5 月 2 日起实施退市风险警示。公司股票简称由“国通管业”变更为“＊ST 国通”,股票代码不变,股票报价的日涨跌幅限

制为5%。

试根据以上资料，请对国通管业财务报表进行分析。

案例分析

2. 安徽出版集团借壳上市资产重组绩效分析。

(1) 借壳过程如下。

① 2008年2月26日，科大创新公司召开第三届第十二次董事会(临时)会议，审议通过了公司向特定对象安徽出版集团有限责任公司发行股份购买资产的预案，由科大创新向安徽出版集团发行120303040股股份，占科大创新本次发行完成后总股本的61.60%。发行价为13.88元/股，按科大创新董事会决议公告前20个交易日股票交易均价确定，总价1 669 806 195.2元。2008年11月26日，科大创新公司公告《发行股份购买资产实施情况报告书》，公司重大资产重组工作完成；报告期内，科大创新公司总股本由7 500万股变更为19 530.304 0万股，有限售条件的流通股由2 727.616 4万股变更为14 369.804 1万股。

② 根据科大创新与安徽出版集团签署的《发行股份购买资产协议》，安徽出版集团以其合法拥有的13家出版、印刷等文化传媒单位资产认购上述新增股份。上述拟注入资产2007年12月31日账面值为15.14亿元，按预估增值率10.98%计算，预估值为16.8亿元。拟注入上市公司的资产价值为16.8亿元，占2007年安徽出版集团全部净资产的82%；从盈利能力来看，该资产2007年实现净利润1.88亿元，占集团净利润的93%，基本实现了安徽出版集团的整体上市。

③ 科大创新改名时代出版，主营业务变更为出版传媒、印刷复制，科大创新原资产负债保留。安徽出版集团因其持有时代出版61.6%股份成为实际控股股东，中科大股权稀释成为第二大股东。2008年12月12日，公司第三次临时股东大会通过决议，选举新的董事会和聘请新的公司高管，原科大创新的高管退出时代出版。

至此，科大创新的主营业务也由电子设备制造“转身”从事出版、印刷及相关文化传媒产业。安徽出版集团三年跨了整体转企改制和并购上市，在别人看来耗时、耗力、耗财的两件大事、实事，完成了一个“华丽转身”，成为真正意义上的出版主业整体上市的第一家出版集团。

2008年11月18日，安徽出版集团重组科大创新，时代出版传媒股份有限公司成功上市，成为全国第一家真正意义上主业整体上市的出版企业，为实现文化产业与新兴科技、资本市场对接打下了坚实的基础。完成这次裂变后，安徽出版集团资本运作的观念有了一次更大的提升。

(2) 公司背景介绍。

科大创新股份有限公司成立于1999年12月12日,是经安徽省人民政府批准,由中国科学技术大学科技实业总公司作为主发起人成立的股份有限公司,注册资本7 500万元。公司位于合肥高新技术产业开发区,是经安徽省科委认定的高新技术企业。2000年通过了国家科技部、中科院"双高"论证。2002年科大创新在上海证券交易所挂牌上市,股票代码600551。公司设立后,通过有效整合,建立健全了法人治理结构,并按照现代企业管理模式建立起了一套比较完善的内部管理体制,实现了物流、资金流、信息流、人力资源的一体化管理,公司于2001年经国家人事部批准,成立了博士后科研工作站;2001年底通过了ISO9001质量管理体系认证;2002年被评为全省普通高等学校优秀科技企业;2002年被认定为省级技术中心;2003年荣获安徽省质量管理奖,同年被共青团中央、全国青联命名为第三批青年科技创新示范基地;2004年获得"全国用户满意产品"称号;2005年再次被评为"重合同、守信用"单位。

科大创新主要产品为辐化和电子类产品。2007年总股本7 500万股,股本结构为中国科学技术大学30.67%,其他法人股5.7%,流通股63.6%,净资产收益率4.06%。2007年12月31日收盘价15.15元,总市值11.36亿元。科大创新上市后几年的主要财务指标如表7.38所示。

表7.38 科大创新上市后2002～2007年主要财务指标

单位:亿元

项　目	2002年	2003年	2004年	2005年	2006年	2007年
营业收入	0.66	0.76	0.93	1.02	1.11	1.19
净利润	0.07	−0.50	0.02	0.02	0.04	0.07
总资产	3.05	3.08	2.44	2.48	2.55	2.75
营业现金流量	0.10	−0.21	0.05	0.09	0.09	0.08
分红(每10股)	0.8元					

安徽出版集团有限责任公司成立于2005年11月28日,在安徽省新闻出版局所属出版单位、印刷企业和安徽省教材出版中心的基础上组建,集图书、报刊、电子音像、数码传播、网络出版物的编辑出版、印刷、复制、发行、物资供应与经营等业务于一体,兼具房地产开发、对外经济技术合作、进出口贸易等业务。2007年8月,提前4个月实现转企改制,是全国第一家集团组建同时完成转企改制的大型文化

企业，是全国第一家出版主业整体上市、文化产业领域第一个发行银行债券、第一个走出国门兴办企业、出版第一份动漫杂志、第一个出版传媒业的博士后科研工作站、第一个拥有文化产业保税仓库的大型文化企业。

2007 年，全集团累计完成销售收入 32.66 亿元，实现利润 2.61 亿元，净利润 2.03 亿元，集团资产总额 36.53 亿元，净资产 20 亿元，净资产收益率为 12.48%。2007 年，在全国出版单位排序中，安徽出版集团的总资产、净资产及销售收入排名第 10 位，税前利润排第 11 位，造货码洋排第 6 位，发货码洋排序为第 7 位。安徽出版集团连续多年增长较快，2007 年总收入和净利润增长分别达到 68% 和 46%，显示出较高的成长性和较强的盈利能力。

(3) 财务指标。

安徽出版集团借壳上市重组科大创新可以说实现三赢。

① 时代出版本身业绩的提升。

将时代出版 2010 年 12 月 31 日资料与科大创新 2007 年 12 月 31 日资料对比，如表 7.39 所示。从表中科大创新与时代出版的财务指标的对比中可以发现，时代出版无论从资产质量、盈利能力、成长性哪点看都要远胜于科大创新，时代出版相对于科大创新的股价依然有所增长，而且市盈率更为合理，对于流通股股东来说，持有这样优质的股票不仅降低了投资风险还能获取公司业绩成长带来的好处。不仅如此，时代出版借壳科大创新的整个交易中，并未向流通股股东融过一分钱。

表 7.39 科大创新与时代出版的财务指标的对比

项 目	科大创新(2007.12.31)	时代出版(2010.12.31)	增减百分比(%)
总资产(亿元)	2.75	36.00	1 200
净资产(亿元)	1.55	27.71	1 687
营业收入(亿元)	1.19	18.33	1 440
净利润(亿元)	0.055	2.51	4 463
总股本(亿股)	0.75	4.21	461
每股收益(元)	0.07	0.61	771
股价(元)	15.15	16.70	10
总市值(亿元)	11.36	703.07	6 088
市盈率	216	27.37	−87

② 中科大及流通股股东的获益。

时代出版完成借壳上市后，科大创新原大股东中科大先后在2009年和2010年两次减持时代出版股份共计755万股，占时代出版非公开发行前股份的1.93%，按2009年12月31日收盘价18.79元计算，约套现1.4亿元。时代出版非公开发行后总股本为421 521 080股，中科大对时代出版的持股比例降为9.12%。自此，中科大已卸下经营上市公司的包袱，并通过对时代出版的持股(减持和分红)获取壳资源收益。

③ 安徽出版集团的获益。

ⅰ. 获取了资金。

安徽出版集团借壳上市后，为打造出版业绩完整产业链，2010年6月29日，时代出版发公告称，经中国证券监督管理委员会证监许可[2010]524号文核准，公司按16.76元/股的发行价向包括上海大正投资有限公司在内的7名投资者发行3 091.50万股，每股发行价16.76元，共募集资金总额51 813.54万元，扣除发行费用1 709.87万元，实际募集资金净额为50 103.67万元。本次发行所募集的资金主要用于出版策划、数字出版、印刷技术改造、出版物物流等四个项目。本次发行后，净资产上升为26.05亿元，增长23.82%；而资产负债率则下降3.21%，为16.84%。控股股东安徽出版集团仍旧以57.08%的持股量稳居公司第一大股东地位。

另一方面，安徽出版集团借壳上市后持有股份1.2亿股，成为上市公司第一大股东，股权比例为61.60%。根据2008年度分配结果，股份变为2.4亿股，获现金红利0.24亿元；根据2009年度分配结果，获现金红利0.24亿元；根据2010年度分配结果，股份变为2.84亿股，获现金红利0.284亿元；根据2011年度分配结果，股份变为2.84亿股，获现金红利0.398亿元；四年累计获取现金红利约1.162亿元。时代出版2008～2012年送股分红资料如表7.40所示。

表7.40　时代出版2008～2012年送股分红资料

项　目	2008年	2009年	2010年	2011年	2012年
分红(每10股)	送10股，分1元	分1元	送2股，分1元	分1.4元	分1.85元

ⅱ. 扩大影响。

上市募集资金后，资本金充足，资本结构改善，企业负债率降低，提高了信用评价等级，为以后企业负债融资打好了基础。另一方面，企业借壳上市的过程，往往就是一次大规模的免费广告活动，一级市场的包装宣传和二级市场的股票炒作，能为上市企业带来巨大的广告效应，带动所隶属的企业的知名度及竞争力的迅速提高，无形资产迅速提升。安徽出版集团借壳上市，企业知名度提高，社会影响力增加（如省、中央领导调研和视察、同行学习、企业合作等）。增加了各行业对文化产业的了解，推动了文化产业融入社会经济的大循环。安徽出版集团先后获得“全国文化企业30强”、“全国文化体制改革先进企业”、“国家文化出口重点企业”、“中国服务业企业500强”、“中国版权产业最具影响力企业”等数十项荣誉，展示了“专业有品位、行业有地位、社会有影响”的良好形象，得到胡锦涛同志、温家宝同志的充分肯定和行业内外的高度评价。2009年10月，李长春同志视察安徽出版集团时充分肯定了集团高速发展的成就，并将集团的做法和经验概括为“观念创新、体制创新、机制创新、内容创新、形式创新、传播手段创新、业态创新、科技创新”等八大创新。

ⅲ. 集团业绩提升。

安徽出版集团借壳上市后，业绩大幅度提升。2007年，安徽出版集团总资产33.671亿元，主营业务收入30.24亿元，净利润2.03亿元，资产负债率为50.7%。2010年实现销售收入70.71亿元，年均递增54%；实现利润4.79亿元，年均递增43%；2010年末净资产市值91亿元，是成立时的6.07倍。

安徽出版集团借壳上市后，新大股东带来雄厚的资产，原有大股东退居二线，但原先的业务并没有剥离。那么，新老股东在未来如何融合共生呢？

根据公司第三届董事会第二十一次会议通过的《关于原科大创新总部及各经营实体改制整合方案的议案》，为使公司集中精力抓出版主业，发挥原科大创新高科技转化平台的优势，对原科大创新相关资产进行改制整合，并以经评估后的原科大创新分公司辐化公司、中佳公司、科聚公司、天安公司、自动化公司的机器设备等经营性资产（不含土地和房屋）投资设立全资子公司——安徽时代创新科技投资发展有限公司。该公司注册资本为1 500万元，并于2008年12月16日取得安徽省工商行政管理局核发的《企业法人营业执照》。

科大创新是2002年上市的高科技企业。2007年营业收入为11 903万元，每股收益0.07元。科大创新主要收入来源之一是辐化分公司，2007年收入5 036万元，占比达到43%。其主要产品为KG系列涂料印花黏合剂，这是一种纺织印染添加剂，用以提高纺织印染品质，提高纺织品附加值。由于该产品采用电力辐射高技术研制，具有能耗低、污染小、低温成膜性能优越等优点，符合国家对纺织行业的规划要求，具有广阔的市场前景。而科大创新在这一项目上的优势是可以利用“产学研结合”的研发力量。2007年年初，该项目二期投产，产能大幅提高，项目收入也随之提高。此外，2007年电子产品的生产和销售收入为5 633万元，是科大创新中收入比例最大的一部分，达到46%。安徽出版集团借壳上市后原主要产品收入情况如表 7.41 所示。从表中可以看出,原科大创新的主要产品收入下降。

表 7.41　时代出版 2008～2011 年辐化产品和电子产品收入

单位:亿元

年　份	2008 年	2009 年	2010 年	2011 年
辐化产品收入	0.10	0.66	0.45	0.40
电子产品收入	0.11	0.39	0.41	0.37
合计	0.21	1.05	0.86	0.77

(林芸.并购创造价值:时代出版借壳上市案例分析[J].江苏科技信息,2011(2).)

试根据以上资料,并结合最近几年时代出版的年度报告以及安徽出版集团的发展,对安徽出版集团借壳上市资产重组绩效进行分析。

第八章　上市公司会计造假原因分析及识别方法

截止到2012年12月，我国境内A股上市公司共计2 494家。深圳证券交易所上市公司1 540家，其中主板484家，中小板701家，创业板355家。上海证券交易所上市公司954家。随着我国上市公司数量的逐渐增多，上市公司会计信息质量日益成为各方关注的重点。近年来，我国上市公司不断曝出会计造假等丑闻。如银广夏、紫鑫药业、云南绿大地等造假。会计造假的危害性很大，不仅影响到政府宏观政策的制定，而且妨碍了我国资本市场的资源配置功能的充分发挥。长此以往，将严重阻碍我国经济的发展。以会计信息为核心的投资决策机制是现代资本市场有效运行的基石，上市公司会计信息的质量，不仅直接影响到投资者、债权人等企业利益相关者的经济利益，还影响到社会资源的配置与利用效率。

诚信是市场经济的基石，也是上市公司生存和发展的根本。维护和提高诚信度和公信力，是上市公司寻求自身发展壮大的根本之策。然而，近年来国内外媒体相继报道的一系列上市公司会计造假丑闻，如美国的安然、世通和施乐公司等重大会计造假事件。我国的银广夏、蓝田股份、东方电子、黎明股份、ST达尔曼、万福生科等财务丑闻，使上市公司的会计诚信问题成为社会各界共同关注的焦点。当前会计信息的虚假问题，正在破坏和延缓社会主义市场经济秩序的建立和完善。因此防假、打假成为当前治理上市公司和会计业的一项重要任务。

【案例1】

美国安然公司会计作假

美国安然公司是世界能源巨头，是世界500强中的第7名，2001年底宣告倒闭。根据安然公司2001年11月8日向SEC提交的报告以及新闻媒体披露的资料，安然公司的主要会计问题可分为四大类：

(1) 利用“特别目的实体”高估利润、低估负债。安然公司不恰当地利用“特别目的实体”(Special Purpose Entities,简称 SPE)符合特定条件可以不纳入合并报表的会计惯例,将本应纳入合并报表的三个“特别目的实体”(英文简称分别为 JEDI、CheWco 和 UMl)排除在合并报表编制范围之外,导致 1997～2000 年期间高估了 4.99 亿美元的利润、低估了数亿美元的负债。此外,以不符合“重要性”原则为由,未采纳安达信的审计调整建议,导致 1997～2000 年期间高估净利润 0.92 亿美元。

(2) 通过空挂应收票据,高估资产和股东权益。安然公司于 2000 年设立了四家分别冠名为 RaptorⅠ、RaptorⅡ、RaptorⅢ和 RaptorⅣ的“特别目的实体”(以下简称 V 类公司)为安然公司的投资的市场风险进行套期保值。为了解决 V 类公司的资本金问题,安然公司于 2000 年第一季度向 V 类公司发行了价值为 1.72 亿美元的普通股。在没有收到 V 类公司支付认股款的情况下,安然公司仍将其记录为实收股本的增加,并相应增加了应收票据,由此虚增了资产和股东权益 1.72 亿美元:按照公认会计准则,这笔交易应视为股东欠款,作为股东权益的减项。

(3) 通过有限合伙企业,操纵利润。安然公司通过一系列的金融创新,包括设立由其控制的有限合伙企业进行筹资或避险。现已披露的设立于 1999 年的 LJM 开曼公司(简称 LJM1)和 LJM2 共同投资公司(简称 LJM2,LJM1 和 LJM2 统称为 LJM)在法律上注册为私人投资有限合伙企业。LJM 的合伙人分为一般合伙人和有限责任合伙人。安然公司在东窗事发前,以 LJM 的多名有限责任合伙人为与安然公司没有关联关系的金融机构和其他投资者为由,未将 LJM 纳入合并报表编制范围。但从经济实质看,LJM 的经营控制权完全掌握在安然公司手中。

(4) 利用合伙企业网络组织,自我交易,涉嫌隐瞒巨额损失。安然公司拥有错综复杂的庞大合伙企业网络组织,为特别目的(主要是为了向安然公司购买资产或替其融资)设立了约 3 000 家合伙企业和子公司,其中约 900 家设在海外的避税天堂。

(安然事件的反思:对安然公司会计审计问题的剖析[EB/OL]. 中国会计网(2002-06-27). http://www. canet. com. cn/wenyuan/sjlw/wbsj/200807/18-22587. html.)

【案例 2】

黎明股份的会计作假

黎明股份于 1999 年 1 月上市。当年该公司为了粉饰其经营业绩,虚增资产 8 996 万元,虚增负债 1 956 万元,虚增所有者权益 7 413 万元,虚增主营业务收入

1.5亿元,虚增利润总额8 679万元。其中虚增主营业务收入和利润总额两项分别占该公司对外披露数字的37%和166%。经过中央财政检查组审定后,该公司利润总额由检查前对外披露的5 231万元,变为−3 448万元。更为严重的是,该企业除有常规性的少提少转成本、费用挂账、缩小合并范围等违规行为外,有80%以上的数额是人为编造假账、虚假核算虚增出来的。黎明股份造假的主要手段有:

(1) 对开增值税销售发票,虚增收入和利润。即通过与关联企业或非关联企业对开增值税发票的形式,虚拟购销业务,在回避增值税的情况下,虚增收入和利润。比如,该公司所属的黎明毛纺织厂通过与11户企业对开增值税发票,虚增主营业务收入1.07亿元,虚转成本7 812万元,虚增利润2 902万元,虚增存货2 961万元。巧妙地利用增值税抵扣制度,对开增值税发票,既达到了虚增收入利润的目的,又不增加税负。

(2) 虚开产品销售发票,虚增收入和利润。即为了达到虚增收入、利润的目的,虚拟销售业务和销售对象,不惜付出真纳税的代价,虚开销售发票,虚增收入。该公司所属的营销中心,1999年6月和12月份,虚拟了两个销售对象即沈阳红尊公司、立昌盛泰服饰公司,虚开不能作进项抵扣的普通增值税发票,虚增主营业务收入2 269万元,虚增主营业务成本1 124万元,虚增管理费用105万元,虚增利润1 039万元,相应虚增应收账款1 748万元,坏账准备105万元,预提费用174万元,应交税费224万元,虚减内部往来206万元。表面上依法纳税,实质上却打着自己的如意算盘。

(3) 利用有关出口货物优惠政策,虚增收入。即利用出口货物企业可以自制销售发票的条件,虚拟外销业务,以达到虚增收入、利润的目的。例如,该公司所属的进出口公司1999年6月通过这种方式虚增主营业务收入582万元,虚增主营业务成本519万元,虚增利润63万元,相应虚增应收账款582万元、虚增存货519万元。

(4) 人为扩大企业销售业务的核算范围,虚增收入。即为了虚增收入,将不属于"销售"科目核算的业务,人为调整到"销售"科目核算。例如黎明进出口公司擅自将其本应在"委托发出材料"科目核算的外委加工服装业务,通过与受托方对开发票的形式,进行销售核算,虚增销售收入888万元。

(上市公司十大财务造假案[EB/OL].网易财经频道(2001-10-19).http://money.163.com/editor/011019/011019_64412.html.)

第一节 上市公司会计造假的原因分析

一提到会计造假，人们首先想到的就是会计从业人员，认为这是因会计人员的业务水平不高，道德素质低下造成的。不可否认，在上市公司会计造假事件中，会计人员负有不可推卸的责任。但是，如果将会计造假所引发的诚信危机全部归咎于会计人员则有失偏颇。国家会计学院诚信教育课题组曾作了一次问卷调查，针对102家会计师事务所负责人进行提问：你认为目前假账成为社会经济生活中的毒瘤，主要因素是什么？从回答的问卷统计中，形成假账的主要因素排位是：政府当官的要政绩为第一因素，占48%；企业当头的要业绩为第二因素，占36%；会计人员要饭碗为第三因素，占9.33%；注册会计师要钞票排在第四位，占6.67%。可见，上市公司会计造假除了会计人员自身的原因之外，还有更深层次的社会根源。主要原因有以下几方面。

一、地方政府

上市公司会计造假，与地方政府行为不规范有关，主要表现在以下几个方面。

1．地方政府支持或默认企业会计造假

地方政府在自身利益的驱动下，为了帮助本地区企业赢得上市资格和配股、增发权，各地政府出台的政策五花八门，包括直接重奖、税收减免、土地租金优惠、利息减免、用水用电重点保障、政府定向采购、审批绿色通道、高新技术认定方面扶持等多项手段。地方政府对上市公司提供的支持一方面可抑制本地区资金的外流，另一方面还可将其他地区的资金吸引到本地区，从而形成了具有中国特色的盈余管理现象之一。

地方政府对IPO企业的奖励扶持政策由来已久，有的使用的是“垫资上市”招数，例如某市规定：后备企业因资金紧张，难以筹措支付上市前期有关费用的，可由上市专项资金垫支，待后备企业上市后归还。有的是直接砸钱奖励，例如某市规定：凡“新三板”挂牌企业转主板的，上市企业能得到的资金奖励最高可达2 750万元。有的给予公司高管其他好处，如若企业成功上市，市政府在评定劳动模范、“五一劳动奖章”获得者时，会对企业法定代表人及相关人员予以优先考虑，等等。

为了鼓励企业上市，各地政府分别给出不同的财政补助政策。如某市政府规定，把上市公司注册地迁入本市，每 12 个月奖励总额最高不超过 1 000 万元。某省规定，拟上市企业上市募集资金主要在本省内进行投资，连续三年，新增企业所得税本级留成的 50%列支补助企业，对于上市成功的企业，省及当地财政分别给予上市费用 10%的补贴。按照某省财政厅印发的文件，上市中小企业成功实施再融资的，省和同级财政分别给予 50 万元的奖励；成功实现债务融资的中小企业，省和同级财政分别给予发行费用（包括中介机构费用、发行交易费用、推广宣传费用等）10%的补贴。

为了使本地企业达到上市目的，地方政府往往会出面做工作，帮助公司改制，进行资产重组，剥离不良资产，粉饰财务报表。在企业进入上市程序后，当地政府更会出面助力。比如某省一家企业报材料，甚至有多位省级领导陪同。地方企业闯关发行审核，当地上市办领导全程陪同。

公司经改制上市后，还是与当地政府机关有藕断丝连的关系，上市公司盈利不理想时，地方政府也不忍本地的上市公司失去宝贵的上市资格。所以关键时刻，个别政府伸出了无形的手，公司与当地政府联合起来依靠巨额的财政补贴收入实现操纵利润的目标。如京东方 2009 年政府补贴就达到 7 个多亿。据统计资料显示，整个 2011 年度，至少有 200 多家上市公司获得 120 多亿元的地方政府补贴、奖励。财政补贴已然成为一部分上市公司“业绩”翻身的“护身符”。这意味着，有许多上市公司的业绩其实与经营业务无直接关系，其业绩未能真实、公允地反映公司正常的盈利能力。

2. 地方政府参与企业会计造假

地方政府为了使本地区有更多的上市公司，从证券市场获取更多的资源，就在公司的上市、增发、配股等多个环节千方百计帮助本地的企业进行包装，要求会计师事务所、券商等中介机构配合上市公司提供虚假财务报告，包装的极致其实就是造假。比如，地方政府对当地企业最为熟悉，可以说是企业上市的第一道关口，企业上市需要地方政府出具有关官方证明，如果地方政府在一家企业上市前不出具官方证明，企业就很难上市。因此，地方政府为了扶持几个本地的公司到证券交易所上市，不惜在税收、环保、资金和土地等方面给这些公司开小灶。他们甚至帮企业设计如何作假账，比如伪造前几年的销售额、利润和实际缴税额。在国有企业脱困转轨时期，一些亏损甚至濒临破产的企业为了摆脱困境，为了达到上市融资的硬杠杠，将劣质资产、负债及其相关的成本、费用和潜亏剥离，以模拟运营的方式编造连续盈利的财务报表。如云南绿大地的上市，就得到了当地政府的支持，顺利拿到所在地工商、税务、环保、质检等多个部门的合法合规证明。

地方政府在实现“圈钱”后再通过资产置换、关联交易等各种方式将募集资金变相输送给母公司，上市公司业绩也就随之迅速“变脸”。当上市公司连年亏损或完全被掏空时，为了避免退市，又采取所谓的重组等方式制造盈利。

高新技术公司享受所得税优惠，且更容易得到投资者的认可。因此企业获得国家高新技术企业资格，可以“名利双收”，对拟上市公司而言，更是通往创业板、中小板不可缺少的“车票”。因此，在目前中国的 IPO 进程中，“高新技术企业”似乎已经成了炙手可热的过会名词，虽然很多企业不具备高新技术企业的条件，但也通过地方政府得到了确认。比如，上海北特科技股份有限公司暴露的“伪高新”事件。

3. 地方政府保护企业会计造假

上市公司常常采用的包装上市、非规范资产重组、非规范关联交易、会计操纵以至虚假的财务报告等提升公司业绩、改变公司形象的手段背后，往往与当地政府的监管不力甚至视而不见有直接的关系，个别地方政府对会计舞弊表现出了一种十分“宽容”的姿态。因为维护本地区上市公司的形象也关系到地方政府官员的政绩，地方政府就会对上市公司格外关照，保护和纵容上市公司的虚假财务呈报行为。上市公司一旦出现问题，地方政府就会设法帮助上市公司掩盖问题，或者采用行政手段为上市公司兼并重组、注入优质资产或者从国有银行贷款，维持上市公司有一个漂亮的财务报告。

由于地方政府与中央政府和监管部门的谈判能力更强，地方政府的保护等于降低了上市公司制造虚假会计信息的风险和成本，地方政府成为上市公司造假的“保护伞”，即使上市公司的虚假财务呈报行为被监管部门发现和处罚，由于公司经理和董事长为地方经济作出了贡献，他们还可以到地方政府部门去做官员。在我国现行的法律框架下，对上市公司进行虚假财务呈报的惩罚力度很小，而且基本上不会落实到上市公司管理者个人身上，地方政府的保护就使得上市公司制造虚假财务呈报的成本减少到零。在这种情况下，会计师事务所、券商等中介机构为了在竞争业务时得到地方政府的帮助，往往容易迫于地方政府压力而丧失独立性，同时也敢于配合上市公司的造假行为。这样，地方政府、上市公司和中介机构成为一个利益共同体，系统、配套地进行会计造假，并降低了上市公司造假的风险和成本。在“取悦”政府管制机构的过程中，审计不是一种自发的市场需要，而只是政府管制机构的“模仿”“国际惯例”的一个附带产物。

对于国有企业的财务报表，规定要求必须经过会计师事务所审计。但地方政府为了保护国有企业的财务造假，政府部门往往指定由本地的某会计师事务所从事审计，外地会计师事务所一般很难介入。对于审计中查出来的问题，审计部门要求追究责任时，政府部门有时要出面干预，往往大事化小，小事化了。尽管《会计法》对会计核算提出了严格要求，也规定了违法行为应负的法律责任，但由于地方政府的保护，在实际工作中《会计法》执行到位率极低，有法不依、违法不究、执法不严的现象相当严重。即使少数造假行为被查出来，也至多落个“限期调账”的处理结果，既没有经济制裁措施，更谈不上追究法律责任。对于企业财务作假的负责人，往往最多也只不过移地做官，甚至财务造假，还能提升。

具有官员身份的经理人的大量存在，也是会计舞弊不可忽视的一个因素。长期以来，我国国有企业经理人不是来自于市场，而是由党政部门委派。这些被委派到国有或国有控股企业去的经理人本身就是政府官员。这种官员身份经理人的大量存在，一方面导致了他们所追求的目标具有很大程度的非商业化倾向，获得政绩的欲望强烈；另一方面，他们会认为自己是政府官员，会计舞弊是为国有或国有控股企业做“好事”，即使因舞弊个人出了问题，政府也不会撒手不管。在我国长期存在的那种只要自己不贪污、不受贿，就犯不了大错误的观念仍然较严重存在着，也成为这些官员身份的经理人为会计舞弊行为开脱的借口。

如云南绿大地案件暴露后，绿大地曾以公司名义向云南省政府书面求援。其紧急报告中说，如果公司被定性为虚假或欺诈上市，“可能引起农户和股民的大规模上访、投诉等社会恶性事件”，“使将来云南企业上市融资难上加难”，“不利于鼓励有条件的企业上市发展，进一步做大我省花卉产业”。云南省花卉产业办公室也曾向绿大地公司风险处置及维稳工作领导小组打报告，请求协调有关部门在处理绿大地案件方面从轻从宽。事实上，在案发前后，有关地方领导的确也曾多次赴京，与证监会高层会晤，为绿大地说情。调查人员亦面临较大阻力，整个调查过程非常困难，公安部门对原董事长的批捕方案也曾数次被地方驳回。

【案例 3】

蓝田股份现场推广会

蓝田股份在洪湖岸边从事生态农业开发，“带富”了当地农民，时任湖北省省委主要领导曾专程对蓝田进行调研，肯定蓝田是探索“农业产业化道路”以“调整产业化结构”和“带动农民增加收入”的一面旗帜；1999 年 8 月中旬，湖北省省委、省政府又专门在洪湖召开座谈会，现场推广经验。正是在这样的巨大光环下，蓝田的网越织越大。

（蓝田财务分析摘要[EB/OL]. 豆丁网（2010-12-19）. http://www.docin.com/p-108908154.html.）

二、中介机构

目前，国有企业改组上市过程中必须涉及的中介机构主要有：资产评估事务所、会计师事务所、券商、律师。其中，资产评估事务所负责对拟上市公司的资产、负债等进行价值评定；会计师事务所对拟上市公司上市前三年的经营业绩和财务状况进行审计验证；券商将负责上市申请的全过程，包括上市前的辅导、上市相关材料的准备以及最后上市发行；律师主要负责对相关文件发表法律意见。

如果说公司治理是解决信息不对称问题的内部制度安排，那么，社会审计则是解决信息不对称的外部制度安排。由注册会计师对上市公司的会计报表进行独立审计，既可对管理层的会计信息编报权力进行约束，也可督促管理层充分披露会计信息，缓解管理层与投资者之间的信息失衡问题。

那么，为什么诸如银广夏和 ST 黎明等恶性造假事件往往是由新闻界揭露出来，而不是由注册会计师发现？难道注册会计师的专业技能逊色于新闻记者？答案是显而易见的。新闻记者所拥有的独立性，正是注册会计师所缺少的。独立性是社会审计的灵魂，离开了独立性，社会审计的鉴证功能将一文不值，并有可能使上市公司的会计造假更具欺骗性。令人遗憾的是，我国注册会计师的聘任制度存在着严重缺陷，严重危及了社会审计的独立性。尽管根据中国证监会的要求，上市公司聘请会计师事务所必须经过股东大会批准，但在内部人控制现象普遍存在的情况下，聘任会计师事务所的真正权力实际上掌握在管理层手中，股东大会在聘任会计师事务所问题上，充其量只是个橡皮图章。这既是公司治理结构不完善的具体表现，也是上市公司频繁更换会计师事务所的制度原因。其结果，在注册会计师界形成了一种怪圈："死路一条"——规范执业等死(被上市公司解聘)，不规范执业找死(被监管部门禁入)。注册会计师也因此被戏称为"两院院士"(做得好进医院，做不好进法院)。这种被扭曲了的聘任制度，往往助长了"拿人钱财，替人消灾"的心态，不仅降低了一些注册会计师的职业敏锐性，而且淡化了注册会计师对社会公众的责任感。

【案例 4】

11 万元买来 27 亿元身价

四川明星电力股份有限公司(以下简称"明星电力")原董事长周益明已锒铛入狱，但针对明星电力国有股权转让引发的案件值得思考。顶着"福布斯最年轻富豪"光环的周益明，在入主明星电力时净资产实际为负数，那么他是如何取得明星电力价值 3.8 亿元控股权的？

明星电力是遂宁市 380 万人口水、电、气的主要供应商。2002 年 8 月，周益明得知明星电力欲转让 28.14%的国有股，价值为 3.8 亿元。当时的明星电力没有外债，企业流动资金达 1 亿元，良好的资产状况引起了他的强烈兴趣。周益明立即着手成立深圳市明伦集团与遂宁接洽,但当时他的净资产实际为负数,而按照规定,收购上市公司的资金不能超过集团公司净资产的50%,周益明和他的明伦集团根本没有资格和实力收购明星电力股份,这似乎是个“不可能完成的任务”。为了达到收购资格,2003年3月,周益明让人找到深圳市中喜会计师事务所,要将公司净资产做到10亿元以上。而在拿到公司资料的第二天,这家事务所就做出了一份总资产27亿元、净资产12亿元的2002年度资产审计报告。更离谱的是,由于收购上市公司需要有连续两年的财务审计报告,中喜会计师事务所又补充了一份2001年度的假审计报告。周益明一夜之间从“负翁”变成了“身价27亿元的富翁”,而付出的代价仅仅是给中喜会计师事务所11万元业务费。

(蒋作平,江毅,谭浩.一个假富豪:四川“明星电力案”调查[J].检察风云,2006(20).)

三、公司治理结构

公司治理结构存在的缺陷,已经严重制约着我国上市公司会计信息质量的进一步提高。公司治理结构的重要内容是建立股东大会、董事会(经理)、监事会“三会”相互制约的法人治理结构。按照《公司法》的规定,“三会”相互制约的基本格局应该为股东大会是最高权力机构,对公司重大事项进行决策;董事会成员由股东大会选举,董事会对股东大会负责,公司经理由董事会聘任或者解雇,并对董事会负责;监事会由股东代表和适当比例的公司职工代表组成,监事会中的职工代表由公司职工民主选举产生,监事会负责监督公司董事和其他高级管理人员是否存在损害公司利益和全体股东利益的行为。目前我国上市公司治理结构方面存在以下缺陷。

1. 股权结构不合理

股权结构是决定公司治理结构有效性的最重要因素,因为股权结构决定公司控制权的分布,决定所有者与经营者之间的委托代理关系的性质。发达市场经济中公司运作的历史表明,公司股权集中度与公司治理有效性之间关系的曲线是倒U形的,股权过于分散或过于集中都不利于建立有效的公司治理结构。

2. 董事会缺乏内部制衡

由于我国上市公司中多数由国有企业改制而成,国有股东受托人在董事会中占有多数席位,董事会在行使职权时成为国有股东一方的代言人。在国有股权委托代理又不能推行有效的激励制度、难以保证受托人真正肩负经济责任时,只能代之以行政责任、名誉责任实施软约束,上市公司董事缺乏内在约束力,并存在高度的内部人控制问题。

3. 监事会功能弱

中国的上市公司采用的是单层董事会制度，监事会与董事会平行。监事会的职能设置仅限于监督，监督范围限于违法性监督。但公司法对违法标准并没有明确的划分。同时，公司法也没有赋予监事会行使职权时所需要的提起诉讼的权利，但类似的提诉权甚至连单独股东都拥有，实属权限分配的不平衡。而实际上，上市公司监事会仅是一个受到董事会控制的议事机构。很多监事会成员就是执行董事的下属，独立董事数量少，难以对董事会进行约束。在我国证券市场发展史上，几乎没有出现过监事会因对董事会的不信任而单独组织股东大会的情况。监事会还不能肩负起对股东利益保护的责任。

【案例 5】

猴王股份与猴王集团

猴王股份有限公司的前身是猴王焊接公司，1992 年 8 月进行股份化改造，1993 年 11 月在深圳证券交易所上市，是全国最早的上市公司之一，也是焊材行业迄今为止唯一一家上市公司。在 2000 年 1 月之前，猴王股份拿给股东们看的成绩单一直都不错。1998 年年报，它还保有配股资格。但是为什么猴王股份会落到如此地步？直接原因就是猴王集团的破产破掉了猴王股份的 10 亿元债权。猴王集团原有职工将近 3 000 人，注册资金 5.8 亿元，是由 1958 年建厂的国营宜昌市七一拉丝厂逐步发展起来的国有大型企业，曾经为宜昌市的经济发展作出突出贡献，在全国同行业中具有重要影响，1997 年成为猴王股份的第一大股东。本来是一个很有前途的企业，为什么会这么快就破产了呢？其原因主要有两个：

(1) 盲目扩张。猴王集团的陈列室展示了集团鼎盛时期的各类产品，除焊材以外，还包括玻璃酒瓶、啤酒、柴油发动机、金刚石等，这还没有包含其他不便集中展示的产业，如船运业、建筑业、酒店业等等。至于猴王集团究竟有多少家企业，至今没有一个确切的数字。这些企业遍布全国，横跨十几个行业。盲目扩张的结果使集团背上了沉重的包袱，终于将其压垮。

(2) 投资失误。猴王集团曾进行过大量投资，其中投资在外地办 30 个电焊条联营厂损失 4.87 亿元；投资办 5 个酒店损失 0.70 亿元；投资 19 个其他企业和单位，损失 1.31 亿元。在 1994～1996 年期间，猴王集团炒股的直接亏损达 2.896 亿元，由于炒股向各个证券公司透支达 2.4 亿元，两者合计达 5 亿多元。

盲目扩张和投资损失占用了大量资金。为了满足自己对资金的需求，猴王集团利用自己是猴王股份有限公司大股东的地位，或者直接从股份公司拿钱，或者以股份公司名义贷款而集团拿去用，或者是股份公司为集团提供担保贷款，用这三种形式集团公司从股份公司调走了大量资金。由于在很长一段时间里，猴王集团和猴王股份的董事长、总经理，甚至党委书记都是由同一个人担任，集团和公司的人、财、物都是搅在一起的，使得猴王集团的这种行为轻而易举。

猴王集团毫无理性的为所欲为，不仅使集团走入死地，而且也拖垮了猴王股份。如果我们从财务的角度对猴王事件进行分析，就会发现不论是猴王集团还是猴王股份，都没有健全的财务治理结构，以至于它们的财务行为几乎不受约束。所以，有效的财务治理结构对一个公司的健康发展起着至关重要的作用。

（剖析企业集团公司的财务治理[EB/OL].财务顾问网(2006-04-03).http://cfo.icxo.com/htmlnews/2006/04/03/831164_1.htm.）

公司法人治理结构的非规范化，已影响到公司改革的方方面面，这是众所周知的。如何解决公司法人治理结构问题，应从以下几个方面着手：一是加快企业改革步伐；二是要从观念到实践让“三会”制度落到实处，杜绝形同虚设的现象；三是以法律形式规定在公司董事会设相当数量有影响力的独立董事；四是在监事会的人员构成上一定要保持相对独立的超然性。这样，公司法人治理结构就会变得有效，并大大提高“三会”在公众心目中的权威性，也为经理人员市场的形成创造一个有利条件。

众所周知，所有权与经营权的分离，必然导致上市公司的投资者与管理层存在着严重的信息不对称。信息不对称是会计造假的诱因之一，并可能带来不利选择和道德风险问题。为了解决信息不对称所带来的负面影响，国际上通行的做法是诉诸公司治理结构和经理人股票期权的安排。完善的公司治理结构通过权力分配、权力制衡和信息披露等机制，迫使管理层释放信息，均衡信息分布，以缓解不利选择问题。

经理人股票期权通过合理设计激励机制，让管理层分享企业剩余，最大限度地激发管理层的积极性，以缓解道德风险问题。不论是公司治理结构的制度安排，还是经理人股票期权的机制设计，都离不开高质量的会计信息。鉴于会计信息由管理层负责编制和提供，而管理层的聘任显然受大股东意志的支配或影响，为了防止内部人控制，制衡管理层和大股东在会计信息方面的权力，英美等发达国家的公司治理原则和规定均要求董事会下设审计委员会、报酬委员会，提名委员会。审计委员会一般由独立董事组成，其主要职责就是确保会计信息的质量。尽管不同国家对审计委员会职责的界定不尽一致，但在设计公司治理结构时，通常赋予审计委员会下列四个方面的权限和职责：① 审查会计政策、财务状况和财务报告程序；② 聘任注册会计师对会计报表进行独立审计；③ 审查治理结构和内部审计工作；④ 监督公司的行为规范。可见，独立董事制度和审计委员会制度是确保会计信息质量不可或缺的制度安排。当前，在纽约证券交易所上市的公司中，100%有审计委员会,80%有报酬委员会,50%有提名委员会。委托人、代理人之间委托代理关系与监督组织如表 8.1 和表 8.2 所示。

表 8.1 委托人、代理人之间委托代理关系

层 次	委托人	代理人	委托代理关系
1	股东	董事会	股东将资财委托董事会经营管理
2	董事会	总经理	董事会委托总经理对公司日常经营管理
3	总经理	部门经理	总经理委托部门经理对该部门日常经营管理
4	部门经理	员工	部门经理委托员工处理业务

表 8.2 委托人、代理人之间的监督组织

层 次	委托人	代理人	监督组织
1	股东	董事会	监事会
2	董事会	总经理	审计委员会
3	总经理	部门经理	审计部
4	部门经理	员工	会计人员

在我国上市公司中,投资者与管理层之间的信息不对称问题更加突出,但我国迄今尚未在公司治理结构中为确保会计信息质量而作出有效的制度安排。结果,管理层在会计信息编报方面的权力过大,且缺乏有效的约束和监督。试想,如果我国上市公司的董事会中也是由具有良知、通晓会计学知识的独立人士执掌审计委员会,那么诸如银广夏、ST 黎明的会计造假阴谋还能够得逞吗? 我国证监会在 2001 年 5 月和 8 月分别发布了《上市公司治理原则与标准》(征求意见稿)和《关于在上市公司建立独立董事制度的指导意见》,要求上市公司设立独立董事和审计委员会。其中,审计委员会的首要职责在于确保上市公司如实编制和披露会计信息。毋庸置疑,这些举措是确保我国上市会计信息质量的制度创新,也与发达国家良好的公司治理标准保持一致。但在下列问题予以妥善解决之前,即使将独立董事制度和审计委员会制度付诸实施,也难以有效地发挥抑制会计造假的作用:

(1) 独立董事的聘任问题。尽管"指导意见"已经对独立董事的任职条件和聘用程序作出规定,但只要"一股独大"的问题没有解决,独立董事就难以保持其独立性,就有可能沦为大股东的附庸。根据我国国情,为了维护独立董事的独立性,应当剥夺大股东在独立董事聘任方面的投票权。

(2) 独立董事的薪酬问题。如何科学、合理地设计独立董事的薪酬方案一直是令人困扰的问题。报酬太低,难以调动独立董事的工作积极性和责任心,报酬太高,容易使其丧失独立性。

(3) 独立董事的赔偿问题。如果不尽快建立独立董事的赔偿机制,要期望独立董事诚信、勤勉地为全体股东服务是不切实际的。赔偿机制与报酬问题相关联,如果报酬太低,高素质、操守好的专业人士将不愿冒着诉讼和赔偿风险出任上市公司的独立董事。为此,建立独立董事职业保险势在必行。

(4) 独立董事的工作负荷问题。中国证监会要求:① 上市公司在2002年6月30日前,董事会成员至少有2名独立董事;到2003年6月30日前,董事会成员至少应当包括1/3的独立董事,其中有一名必须是会计专业人士。② 如果上市公司下设薪酬、审计、提名委员会,独立董事应当在委员会成员中占有1/2以上的比例。③ 独立董事原则上最多在5家上市公司兼任独立董事。④ 重大关联交易必须经过独立董事审查,并发表意见。我国上市公司董事会平均大致为9.88人,按照中国证监会的要求,平均每家上市公司的独立董事为3～4人。据此推算,1～2名有会计专业背景的独立董事,既要执掌1～5家上市公司的审计委员会,还要负责或参与提名、薪酬委员会的事务,并对重大关联交易进行审查和发表意见,其工作负荷是难以想象的,其工作质量是可想而知的。

但理想丰满,现实骨感。部分上市公司的独董不仅欠缺独立性,沦为了只拿钱不做事的“花瓶”,甚至还出现了少数独董违法违规参与内幕交易的事件。如中国人民大学商学院有位教授曾被披露是“最忙独董”,一人身兼6家上市公司独董。

值得一提的是不要迷信美国的公司治理模式,也不可神化独立董事。公司治理是确保会计信息质量的内部制度安排。健全的公司治理既可防范舞弊行为,也有助于提高会计信息的可靠性。问题是,什么是健全的公司治理?美国式的公司治理,历来是备受推崇的,也是我国的重点借鉴对象。美国式的公司治理,是在股权相当分散的环境下逐步发展起来的。为防止公司高级管理层利用股权分散滥用职权,侵犯中小股东的正当利益,美国十分注重引入独立董事制度,并要求独立董事主导提名委员会、审计委员会和薪酬委员会的工作。这种强调独立董事功能的公司治理模式,当然有其合理的成分,但安然事件表明,独立董事并非万能:查阅了安然公司2000年度的年报,分析了安然公司董事会成员的构成及其背景,结果惊愕地发现,安然公司的17名董事会成员中,除了董事会主席肯尼思·莱和首席执行官杰弗里·斯基林外,其余15名董事均为独立董事。审计委员会的7名委员全部由独立董事组成,主席由已退休的斯坦福大学商学院前院长、会计学教授罗伯特·杰迪克担任。独立董事不乏知名人物,包括美国奥林匹克运动委员会秘书长、美国商品期货交易管理委员会前主席、通用电气公司前主席兼首席执行官、德州大学校长、英国前能源部长等社会名流。但即使这些德高望重的独立董事们，也未能为安然公司的股东把好对高层管理人员的监督关，最终导致投资者损失惨重。现在，这些独立董事们不仅受到社会各界的责难，而且遭到投资者的起诉。

【案例 6】

“花瓶董事”——郑百文陆家豪

1994 年，郑州大学外语系副教授，时任河南省政协委员的陆家豪在“两会”期间认识了当时郑百文的董事长李福乾。由于陆家豪关于股份制改造的发言引起了李福乾的注意和欣赏，李福乾就动员陆家豪加入郑百文的董事会。陆家豪当时对此未置可否，但未想到李福乾很快就告诉他已经批下来了。陆家豪虽也为成为当时全国商业明星的郑百文一员而自豪，但鉴于当时健康、年龄和工作情况，主动提出“不参与经营管理工作，不领取薪水”等要求。郑百文作假事件披露后，证监会对陆家豪罚款 10 万元，陆家豪不服，提出上诉被驳回。

（陆家豪交锋证监会（追踪报道）[N]. 国际金融报，2002-06-21(1).）

【案例 7】

独立董事遭到上市公司强行罢免

2004 年 6 月 16 日，伊利股份临时董事会通过了罢免俞伯伟独立董事资格的议案。被伊利驱逐出门而出名的独董俞伯伟向媒体坦言，他对伊利股份在国债投资和管理层收购等方面产生质疑，希望聘请会计师事务所对有关事宜进行专项审计。正是这样的质疑大大损害了伊利股份的市场形象，于是俞伯伟 6 月 15 日提交上去的建议函换来的是第二天的罢免决定，由此，独立董事“贸然”质疑公司的企图被轻易扼杀。

（独董困难重重　制度缺陷考验独董生存[N]. 北京青年报，2004-06-19.）

【案例 8】

中国官员独立董事

2013 年 7 月 25 日，中国重汽（香港）有限公司（下称“中国重汽”）迎来了三位“重量级”独立董事。他们分别是：贵州省原省长石秀诗、山东省原省长韩寓群、国税总局原副局长崔俊慧。中国重汽发布公告称，委任三位为公司独立非执行董事，任期为 3 年，年薪为 18 万元人民币。消息一出，三位退休官员当独董的资格问题遭到媒体质疑。该质疑发出后不久，2013 年 8 月 14 日，三位退休高官宣布不受聘中国重汽独董职务。

据《投资者报》调查统计，截至2009年末，全部A股上市公司中有768家聘请了前政府官员甚至现任官员作为公司高管，前官员总数达到1 599人，在A股3万多名高管中，其比例达到5%。在市值排前50的A股上市公司中，有34位政府退休高官任独立董事，副部级以上官员大约有11人。而在目前的中国上市企业当中，“中字头”央企上市公司几乎都会有前任高级官员“压阵”担任独立董事：中国石油独立董事刘鸿儒曾经担任央行副行长、中国证监会主席等职务，光大银行独立董事周道炯也曾担任过中国证监会主席一职，而中国铝业独立董事吴建常曾任冶金工业部副部长、国家冶金工业局副局长等职务……中国官员独立董事“怪相”颇多，主要有：

(1) 高龄。退休官员任独董的年龄大多集中在50岁以上，而中国石油的独立非执行董事刘鸿儒，原中国证监会主席，其年龄则已达82岁。而根据中国石油2012年年报，刘鸿儒的任期要到2014年5月。

(2) 高薪。大部分人的年薪都集中在10万～20万元，最少的有2.5万元，而最高的则达到87万元，即民生银行独立非执行董事王立华，他曾任证监会第七届、第八届股票发行审核委员会委员；证监会第三届、第四届上市公司并购重组审核委员会委员。不过，也有一些独董报酬并未公布，内部人士表示，独董或外部监事领取的报酬会以多种方式体现，如车马费、津贴、补助等，由于监管部门对这部分报酬并没有硬性规定为是否发放、以何种形式发放等，所以在披露上也可能以不同的表现形式和费用体现。

(3) 多兼职。据不完全资料显示，原新疆维吾尔自治区政协副主席王友三，担任八一钢铁、金风科技、啤酒花和天富热电等四家新疆上市公司独董，是担任独董职位较多的前政府高官。

(4) 不乏问题企业。在退休官员担任独董的企业中，我们还看到其中不乏问题企业，比如此前深陷“污染门”的紫金矿业，也有来自北京和省里的前领导干部。比如担任公司独立董事的原地矿部前总工程师、中国地质科学院院长陈毓川，担任公司独立董事的福建省资产评估中心原主任、福建省国有资产管理局局长、福建省财政厅副厅长林永经。福建省上杭县政界多位退休领导干部在紫金矿业任闲职，而且领着十几万元到几十万元不等的年薪。比如紫金矿业监事会主席林水清此前为上杭县县委常委、统战部部长；监事林新喜曾任上杭县纪委副书记、常委。

(退休官员当独董暗藏多少“玄关”? [EB/OL]. 中国新闻周刊网(2013-09-11). http://finance.inewsweek.cn/20130911,71144,all.html.)

四、剥离与模拟

“真实和公允即可靠，始终是会计的最重要质量特征，如实地反映企业的经济与财务真相，是会计最基本的职能。”然而，真实性目前正面临着来自剥离与模拟等“会计创新”前所未有的挑战。

剥离与模拟是与企业改制上市相伴而生的。在行政审批制下，由于实行“规模控制，限报家数”政策，股票发行额度成为十分稀缺的资源。企业通过激烈竞争拿到的股票发行额度往往与其资产规模不相匹配，只好削足适履，将一部分经营业务和经营性资产剥离，或者进行局部改制，将原本不具有独立面向市场能力的生产线、车间和若干业务拼凑成一个上市公司，并通过模拟手段编制这些非独立核算单位的会计报表。此外，许多改制企业（尤其是国有企业）因承担社会职能而形成大量的非经营性资产，也必须予以剥离。按理说，剥离与模拟是行政审批制的产物，实行了核准制后，剥离与模拟就应当寿终正寝。然而，恰恰在核准制实施之初，中国证监会就颁布了《首次公开发行股票公司申报财务报表剥离调整指导意见》，由此看来，剥离与模拟挥之不去。

应当如何看待剥离与模拟这类“会计创新”呢？辩证地看，剥离与模拟在我国证券市场发展中功不可没，如果不允许剥离与模拟，许多企业（特别是国有企业）是不具备上市资格的，是无法通过股份制改制和上市摆脱困境的。另一方面，剥离与模拟从根本上动摇了会计信息的真实性，使信息使用者无法了解企业真实的财务状况、经营业绩和现金流量。剥离与模拟犹如整容术，通过将劣质资产、负债及其相关的成本、费用和潜亏剥离，便可轻而易举地将亏损企业模拟成盈利企业。许多国有企业在上市前亏损累累，债务负担沉重，但只要经过改制和上市，往往一夜之间扭亏为盈，财务实力大增。这种化腐朽为神奇的秘籍就是剥离与模拟。“富不过三年”，我国许多刚上市的公司，其三年又一期的会计报表展示给投资者的盈利能力和财务状况，常常令发达国家的上市公司无地自容，只可惜这种“姣好面容”持续不了多长时间，毕竟“整容”与“天生丽质”不可同日而语。红光实业当年上市、当年亏损，开中国股票市场之先河。桦林轮胎、兴业聚酯等上市不到一年就亏损，ST 家族日益壮大，都从不同层面折射出剥离与模拟对会计信息真实性的伤害。

我国的证券市场经过 20 多年的苦心经营，到 2012 年底已发展了 2 400 多家上市公司。这种超常规的发展速度在一定程度上应归功于剥离与模拟，但其所带来的后遗症也日益凸现：上市公司质地不高，绩优股容易“翻脸”。克服这一后遗症的权宜之计是保持“资金运动”。只要上市后能够源源不断地通过配股、增发进行“圈钱”，企业便可以增量资金掩盖存量资产的低效率。要“圈钱”，经营业绩就必须达到中国证监会设定的门槛。万一业绩不够怎么办？好在中国的上市公司对剥离与模拟情有独钟、经验老到。利润达不到配股、增发的要求，上市公司可以将过去因高估利润所形成的“泡沫性”资产、经营不善的亏损子公司以及其他亏损业务剥离给母公司或其他关联企业，再通过“模拟调整”，编制出一套人见人爱的完美会计报表，“圈钱”也就水到渠成。

从会计理论的角度看，剥离与模拟对财务会计的基本假设和原则产生了巨大的冲击波，其能量大有摧垮现行会计框架之势。倘若剥离与模拟的存在是合理的，那么，会计主体假设、配比原则有何意义？

五、监管体系薄弱，对造假行为打击不力

与其他新兴市场一样，我国的证券市场同样存在着监管体系薄弱、监管手段落后、监管人员不足的现象，因此，上市公司会计造假被发现的概率极小。据粗略统计，造假被发现的概率远低于百分之一！目前被曝光的上市公司会计造假有可能只是冰山一角。此外，迄今为止，监管部门主要依靠行政处罚手段来打击上市公司的会计信息造假，对直接责任人追究刑事责任的，少之又少，民事赔偿更是微乎其微。因此，即使会计造假被发现了，所付出的代价也是极其有限的。可见，当前我国证券市场上会计造假的成本是微不足道的，因而往往被上市公司的大股东和管理层忽略不计。

目前我国不健全的法律制度，特别是没有严格的民事赔偿制度，也在相当程度上助长了中介机构的冒险意识。在美国，巨额潜在诉讼风险，迫使会计师事务所行为稳健的假设已得到验证：巨额赔偿增加了会计师事务所的机会成本，提高了会计师事务所签发虚假会计信息的门槛要求。遗憾的是，我国目前尚未建立这种法律制度，红光事件之后，红光因报告巨额亏损，导致股价大跌，资本市场投资者损失惨重。此后，1998 年 12 月，上海股民姜女士向上海市浦东新区人民法院诉讼红光公司管理层；2000 年初，上海市民吴先生在成都再次起诉红光公司管理当局，但这两起诉讼都被以“起诉人的损失与被起诉人的违规行为无必然因果关系，该纠纷不属人民法院受理范围”为由，裁决不予受理。这实际上保护了中介机构的造假收益。在股民自发起诉不予受理的同时，2000 年 1 月，成都市人民检察院指控以犯欺诈发行股票罪，向成都市中级人民法院提起公诉。2000 年 12 月 14 日，成都市中级人民法院以欺诈发行股票罪，判处红光公司罚金人民币 100 万元；有关责任人员何行毅、焉占翠、刘正齐、陈哨兵被分别判处 3 年以下有期徒刑。

如红光实业上市募集资金 4.1 亿，按照事后经中国证监会披露的资料看，红光实业上市过程支付的各项费用 1 496 万元，其中，支付给中兴信托投资有限责任公司 800 万元、中兴企业托管有限公司(后者为红光公司的财务顾问)100 万元、成都资产评估事务所 10 万元、蜀都会计师事务所 30 万元、四川经济律师事务所 23 万元、北京市国方律师事务所 20 万元。中国证监会事后的处罚包括：没收上述中介

机构在红光实业上市过程中的全部收入；对中兴信托罚款200万（为业务收入的25%）、中兴企业托管50万（业务收入的50%）、成都资产评估事务所20万（业务收入的200%）、蜀都会计师事务所60万（业务收入的200%）、四川省经济律师事务所46万（业务收入的200%）、国方律师事务所40万（业务收入的200%）；吊销中兴信托股票承销和证券自营业务许可，暂停蜀都会计师事务所从事证券业务3年，此外，所有直接参与红光实业上市的各经办人员都被吊销相应的资格，禁入证券市场。

【案例9】

丰乐种业会计作假受处罚

丰乐种业一上市就开始造假，从1997年至2001年底，丰乐种业虚作各类农作物种子销售19 100万元，同时，累计冲销虚构主营业务收入1 100万元，累计虚构主营业务成本2 200万元，实际虚构主营业务收入18 000万元，虚构主营业务利润15 800万元。在这期间，丰乐种业将证券投资转回的收益以及相关补贴收入冲销虚构主营业务收入及由此形成的应收款项，其实际证券投资收益金额小于各年虚构主营业务利润，此项差额形成丰乐种业各年度的虚增利润，累计虚增利润4 006万元。1997年至2001年，丰乐种业通过虚构大量在建工程，说是把钱投向某某工程，实际上是账上的钱没了，工程也不存在。并且还将其他建设内容替代募集资金项目以及将日常管理费用、营业费用虚构在建工程等方式虚构募集资金使用情况，累计金额高达15 608万元。对于这些虚构在建工程，丰乐种业于2001年底通过转入固定资产、长期待摊费用、种子成本以及往来款的方式进行了冲账处理，冲账金额总计为6 574万元。

证监会作出如下处罚：① 责令丰乐种业改正违法行为，并处以罚款60万元；② 对直接负责的主管人员财务负责人王××给予警告，并处以罚款30万元；③ 对直接负责的主管人员原董事长庞××，在考虑其减轻、从轻处罚情节基础上，给予警告并处罚款25万元；④ 对董事王××、郑××和徐××给予警告，并分别处以罚款15万元；⑤ 对董事张××和程××分别处以警告并罚款5万元。

（丰乐种业虚增利润4006万　暗中动用6.88亿炒股[N].华西都市报，2005-01-05.）

与造假成本相比，会计造假所带来的收益可能呈几何级数放大。银广夏1999年和2000年通过虚构7.45亿元利润创造“中国第一蓝筹股”的神话，其停牌时的流通市值比1988年末增加了至少70亿元。对于上市公司而言，会计造假的预期收益可用以下公式推算：

会计造假预期收益＝虚假净收益÷总股本×市盈率×流通股份数

假设A上市公司2000年末总股本为10 000万股，其中4 000万股为流通股，2000年度虚假净收益为2 000万元，所在行业平均市盈率为60倍，则在其他条件保持相同的情况下，会计造假收益为4.8亿元。

在本例，虚假净收益虽然只有2 000万元，但通过市盈率这一“财富放大器”的作用，却对流通股股价造成巨大的影响。可见，在我国上市公司股本规模偏小，市盈率居高不下的市场环境下，会计造假的财富效应是超乎寻常的。

倘若再将原本不具备上市、配股、增发资格，但通过会计造假得以蒙混过关的因素考虑进去，造假的预期收益将更加惊人。事实上，最近一段时期证券市场“圈钱”运动中暴露出的众多“变脸”现象(指上市、配股、增发不久就发生业绩滑坡或亏损)，从另外一个角度证明了会计造假的收益效应，也解释了大股东和管理层为何对会计造假乐此不疲。

另外，出现问题的公司如琼民源通过重组脱胎为中关村，使深陷其中的许多投资者得以获利了结，对有关责任人的追究也就不了了之，似乎成为一个多赢的方案，上市公司弄虚作假的最终结果似乎并未使任何人利益受损，这真有些黑色幽默的味道。

正是由于会计造假的预期收益明显大于预期成本，不造假的机会成本过于高昂，我国证券市场才不断上演“刚通报了张家界，又冒出了麦科特，刚处罚了ST黎明，又惊爆银广夏丑闻”等“前赴后继”的闹剧。长此以往，就有可能蔓延成“劣币驱逐良币”的现象。只有尽快建立民事赔偿制度，对造假的上市公司和中介机构处以重罚，同时加大对上市公司会计信息的稽查力度和稽查面，大幅度提高会计造假的成本，使造假无利可图，才能从根本上遏制会计造假屡禁不止、愈演愈烈的势头。

六、企业绩效评价

目前每日在证券报刊上公布的三个最重要的财务指标是每股净资产、每股收益和净资产报酬率。这三个指标之所以被投资者作为评估证券的核心指标，是因为其与《公司法》和《证券交易法》的有关要求相关：虽然这三个指标得到了社会的普遍认同，但因以单一的会计盈余指标为核心设计，导致其不能完整、全面地反映公司的财务状况，许多上市公司为了特定的目的，利用应计制会计的特点肆意操纵盈余，钻法律的空子。

众所周知，确认会计盈余需要使用很多应计项目并采用许多会计估计方法。即使在没有违反会计准则和制度的前提下，公司同样可以通过对应计项目的适当控制或者对应计收入和配比费用进行调控，达到操纵盈余的目的。如权责发生制使收入在没有现金流入时就可以进行确认，尽管对于收入的确认，新会计准则进行了严格的规定，然而并不能杜绝公司提前或滞后确认收入，进行收益平滑的行为。同时在费用的配比上，资本性支出与收益性支出的界定以及期间费用和待摊费用的处理上，会计准则只能提供一个原则性的操作框架，其他细节则有赖于公司适当的会计估计和判断。可见，会计盈余确实存在模糊性和不确定性，如果以单一的会计盈余指标作为评价的基础，监管机构将无法判别公司盈余的质量，以此计算出来的指标谈不上科学性，数据也将不再真实。

【案例 10】

银广夏的财务指标

银广夏 1998~2000 年主要财务指标如表 8.3 所示。正是基于以上财务指标，中证・亚商依据 1999 年度报告将该公司遴选为“第二届中国最具发展潜力上市公司 50 强”第 38 位，香港《亚洲周刊》也将其评为“2000 年中国大陆一百大上市企业排行榜”第 8 名。在 2001 年创刊的《新财富》7 月号推出的“100 家最有成长性上市公司”银广夏位居第二。2001 年 5 月中国证券报社和清华大学企业研究中心根据上市公司绩效评价模型，联合推出了 2000 年中国上市公司盈利能力排行榜，银广夏雄踞中国上市公司十强第五：尽管我们不能全部否定上述分析系统和绩效评价模型，但是就事实而言，上述属于基本分析范畴的业绩评价不可争辩地存在缺陷，甚至是重大缺陷。

表 8.3　银广夏 1998～2000 年主要财务指标

指　标	1998 年	1999 年	2000 年
每股盈利（元）	0.68	0.51	0.827
净资产收益率	15.35%	13.56%	34.56%
总资产报酬率	18.4%	9%	17.7%
主营业务利润率	14.6%	24.3%	46%
总资产周转率	0.46	0.26	0.326
资产负债率	33.8%	53.7%	57.1%
已获利息倍数	3.3	3.22	7.00
资本积累率	18.1%	62.3%	28.2%

（晏静，裘益政. 两种财务分析体系的对比：从银广夏事件谈起[J]. 中国农业会计，2002(09).）

第二节 上市公司会计造假的识别方法

上市公司的利润指标，一直受到证券市场参与各方的高度重视；上市公司在年度报告中将它作为信息披露的基本要素；证券监管部门将它作为一项重要的控制参数，判断上市公司是否停牌或者具有配股的资格；投资者用它来分析上市公司的盈利能力，并据此预测上市公司的成长性；证券传媒在每年年报公布后，总以最快速度分别推出上市公司利润排行榜。由于利润指标在评价上市公司经营成果和盈利能力时如此重要，一些上市公司便在利润上大做文章。同样，会计造假不仅中国特有，就连制度比较健全的美国也存在。

上市公司会计造假一般是为保融资资格(包括 IPO 和再融资)，或者避免亏损，甚至ST，以致退市。从理论上说，其造假手法并不很多，无非是虚增收入、虚减成本费用、虚增资产等。由于企业会计核算所固有的"有借必有贷、借贷必相等"原理，任何进入复式簿记系统的造假行为均会"顾此失彼"。例如，高估费用，必然低估资产或高估负债。因此，一般可从其财务数据发现疑点。无论企业的造假手段如何高超，也不可能完全脱离实际，依靠公司的财务报表，再结合公司行业的基本面，我们可从以下几个方面初步判断上市公司是否有造假的可能。

一、财务指标分析法

1. 用毛利率或税后利润率判断上市公司利润真实性

一个公司要想实现企业的可持续发展，税后利润率或毛利率保持一个稳定的数值是至关重要的，并且要在同行业中保持前列。在一个完全竞争的市场中，要想长期保持在行业前列又是困难的。假若一个企业的该项指标异乎寻常地高于同行业的平均水平，我们就应该抱着怀疑、谨慎的态度来看待。

比如，在电脑制造业，多年以来，整个行业的平均税后利润率为5%左右，最好的公司戴尔可以达到6%。而国内最大的电脑制造公司的税后利润率一般为3%，这些都是可信的。但有一年，同样从事电脑生产的某上市公司，其税后利润率达到10%，让人感到惊讶。再仔细看年报，原来公司利润中，超过一半的总利润是来自一次重大的股权转让交易。此外，国内还有一家大型电脑制造公司，规模比行业龙头小，其业务收入基本上都来自电脑生产，但有一年，其税后利润率却达到这个行业的上限，并大大高于同期的行业龙头。普通投资者看半天报表，除了佩服这家公司的经营水平以外，也不会找到原因或问题，这时就要多留一个心眼，以下问题是要考虑到的：这么高的利润是怎么来的？收入是怎么计算的？成本是怎么计算的？营销成本（尤其是巨额的广告投入）是怎么计算的？巨额投入的资本品（如生产电脑的设备）如何摊销？回款情况怎么样？这个行业的门槛高不高？如果不高，为什么能不寻常地实现比相近的制造业要高很多的利润率？这么高的利润率能维持多久？如果这些问题都想一想，就能及时发现一些新情况。

2. 判断应收账款增长幅度是否大幅超过销售收入的增长幅度

处于竞争激烈的市场经济环境中，企业保持一定的赊销以扩大销售范围是很正常的，各个行业的特性、竞争程度不同，也导致主营业务收入与应收账款的比值（应收账款周转率）有所差异，如商业企业一般采取现销，周转率就应该较高。但如果应收账款周转速度慢，或者应收账款增长幅度惊人，那么对于该公司主营业务收入的真实性就应有所怀疑，有可能是关联交易产生的虚假销售收入，应收账款长期挂账。

比如，美国一家著名的软件公司，把某一软件产品卖给客户，按照协议，只要该客户每年向软件公司支付一笔使用费，就可以在未来很多年里使用该软件。这家软件公司在进行财务处理时，却把未来的软件使用费全部折现处理为当年的收入，把根本还没有收到的未来收入列为应收账款。这种做法就是所谓"提前计算收入法"，有欺诈投资者之嫌。反映在财务报表上，就是利润的产生伴随着应收账款的大幅增加。国内一些上市公司经常在年底搞突击销售，最后几天的每天销售额是平时的几十倍，造成大批的应收账款，投资者对这样依靠大量应收账款而实现的收入要格外警惕。

3. 判断公司纳税情况是否异常

(1) 纳税资料与经审计的财务资料不一致。一般来说，企业的纳税资料与经审计的财务资料不一致应属正常情况，因为企业在进行纳税申报时尚未完成审计，而审计时多少会存在一些调整。但如纳税资料与经审计的财务资料相差较大，企业的业绩则非常可疑。如某企业 1999～2002 年所得税申报表上反映的利润总额为 1 238 万元，而财务报表上反映为 4 051 万元；流转税申报表反映公司本产品销售为 22 168 万元，而财务报表反映为 25 205 万元。出现这种情况可能有两种原因：其一，公司有多套报表，其向税务申报纳税时使用的报表与向外披露的报表不同；其二，公司的内部控制薄弱，平时账务处理错误较多，在审计时需作较多的调整。但无论是哪一种情况，其财务资料都相当可疑。

(2) 应交税费余额巨大，且逐年增加，或突然减少。按照税法规定，企业纳税是有一定的时间限制的。一般来说，企业欠税时间不应超过三个月，换句话说，企业财务报表的应交税费余额顶多是近三个月的，因此其余额不应太大，如一家小型上市公司，竟然欠税几千万元，这欠税很可能是虚构的，税既然是虚构的，收入和利润自然也是虚的，其造假手法就是虚开发票。

根据"应交税费期末余额=应交税费期初余额+本期计提税额-本期缴纳税额"去计算某上市公司期末应交所得税余额，发现其与实际余额相差甚远，怀疑该公司在造假；如果实际税负非常低，与其主营收入根本不能配比，可怀疑该公司收入和利润也是虚的。如某企业有如下财务资料，如表8.4所示。

表8.4 某公司1999～2004年应交税费表

单位：万元

年 份	1999年	2000年	2001年	2002年	2003年	2004年
主营业务收入	8 562	6 537	15 981	19 399	17 557	12 008
主营业务利润	2 811	2 263	5 200	6 228	6 010	5 099
净利润	2 033	1 843	4 209	2 932	2 217	1 612
应交税费	830	858	2 172	2 318	3 593	4 060

该企业每年利润不高，尤其是最后几年，净利润连续下降，应交税费却逐年升高，就是可疑现象。再如另一企业的财务资料如表8.5所示。

表8.5 某公司1999～2004年应交税费表

单位：万元

年 份	1999年	2000年	2001年	2002年	2003年	2004年
主营业务收入	3 266	13 230	14 681	16 355	18 382	15 665
主营业务利润	2 475	7 162	11 612	10 220	13 171	10 239
净利润	1 732	5 292	8 301	8 680	8 052	4 659
应交税费	599	1 781	311	2 079	3 151	545

该公司解释2001年应交税费大幅下降的原因：根据当地国家税务局出具的文件，公司的纳税符合国家政策。公司根据文件带来的对以前年度损益的影响调整了2001年期初未分配利润，并对本期应交所得税、增值税作出了相应账务处理。当然，我国各地税收征管差异较大，也可能出现企业想交税，而税务局不愿意收的情况，因此纳税资料与经审计的财务资料不一致或应交税费余额巨大，并不能说明企业有问题。但这些都属异常现象，需注意。

4. 分析公司利润总额的构成，判断公司利润是否主要来自于主营业务

利润总额＝主营业务营业利润＋投资收益＋营业外收支，对于一个非投资管理型的企业，主营业务利润表明了公司主营业务盈利额的大小，这也是公司利润总额的主要来源。目前却存在着一部分上市公司是“投资收益挑大梁”的现象，说明利用投资收益来操纵利润比较普遍。上市公司的投资收益大多属于一次性，用非经常性损益撑起的业绩只能是“昙花一现”。

二、关联交易剔除法

运用关联交易剔除法可以较为真实地了解公司的实际盈利能力。所谓关联交易剔除法，是指将来自关联企业的营业收入、投资收益等和利润总额从公司利润表中予以剔除。通过这种分析，可以了解一个公司自身获取利润能力的强弱，判断该公司的盈利在多大程度上依赖于关联企业，从而判断其利润来源是否稳定、未来的成长性是否可靠等。如果公司来源于关联企业的营业收入、投资收益等和利润所占比例过高，报表使用者就应当特别关注关联交易的定价政策、关联交易发生的时间、关联交易发生的目的等，以判断公司是否运用了不等价交换通过关联交易来进行报表粉饰。

【案例 11】

波导股份转移销售费用

波导股份 2000 年度将发生的 10 427 万元广告宣传费中的 70%，即 7 299 万元转由其大股东奉化波导科技发展公司承担，转嫁给大股东承担的费用占波导股份当年利润总额 4 401 万元的 165.8%。若剔除这一因素，波导股份 2000 年将亏损 2 898 万元。

【案例 12】

营业外收入贡献利润

广电股份 1997 年 11 月将 6 926 万元的土地以 21 926 万元的价格转让给其母公司，确认了 15 000 万元的收益。同年 12 月又将账面净资产为 1 454 万元的一家下属公司的整体产权以 9 414 万元的价格转给其母公司，确认了 7 960 万元的营业外收入。仅仅这两项交易就带来了 22 960 万元的收益，占该年度利润总额 9 733 万元的 235.9%。若剔除这两笔交易，该公司 1997 年度实际上亏损了 13 227 万元。资产重组和关联交易的“魔力”由此可见一斑。这一案例再次印证了“有妈的孩子像个宝”这一颠扑不破的真理。上市公司出现了亏损时，只要哭着找“妈妈”

(母公司或大股东)就行了,母公司或大股东必定会通过资产重组与关联交易给上市公司"喂奶"(输送利润)。

【案例 13】

投资收益贡献利润

陕长岭的大股东长岭黄河集团为了解决拖欠债务问题,2000 年 10 月 30 日将其持有的西方圣方科技股份公司的 1 000 万股股权,以每股 1 元转让给陕长岭。同年 11 月 22 日,陕长岭以每股 8 元的价格将其转让给美鹰玻璃(浙江)有限公司(是否为关联企业,不得而知),获得了 7 000 万元的投资收益,占当年利润总额 194 万元的 436.4%。若剔除这笔交易,陕长岭 2000 年度实际上亏损了 5 396 万元。这个案例存在的疑问是:既然西方圣方科技的股权在不到一个月内便可增值 7 000 万元,大股东为何不自己将这些股权直接出售给美鹰玻璃公司呢? 假定美鹰股份是关联企业,陕长岭为何不在确定转让价格时多加一个 0 呢? 显然是不好意思。但陕长岭是否想过,这个不好意思的直接机会成本就是减少了 7.2 亿元的利润。

(上市公司会计信息质量面临的挑战与思考[EB/OL]. 中国会计网(2006-09-13). http://www.canet.com.cn/wenyuan/kjlw/kjll/200807/19-27110_5.html.)

【案例 14】

股权转让贡献利润

ST 包装(现更名为长江控股)2000 年 11 月 25 日将所持四川长信纸业有限公司 40%股权,以 4 800 万元的价格转让给尚未入主的潜在大股东四川泰港集团。由于 ST 包装按权益法核算对四川长信纸业有限公司的投资时,已确认了 1 600 万元的投资损失,并将投资成本减记至零,因此,这笔股权转让使 ST 包装平添了 4 800 万元的收益,占当年利润总额 1 622 万元的 295.9%。同样的,若剔除这项收益,ST 包装当年将亏损 3 178 万元。一家资不抵债的公司,其股权居然可以卖得 4 800 万元的好价钱,真是匪夷所思!

同日,四川泰港集团还与 ST 包装签订了《赠予资产协议》,将其持有的四川省神岩风景区旅游公司 95%的股权无偿捐赠给 ST 包装。这些股权评估值为 18 943 万元,扣除 6 251 万元的递延所得税后,差额 12 692 万元确认为资本公积。ST 包装的每股净资产遂由 1999 年末的 0.308 元猛增至 2000 年末的 2.74 元。

三、现金流异常分析法

现金流量表反映了现金流的来源与去向,比资产负债表和损益表更真实地反映了企业的盈利能力、偿债能力和营运能力。通过分析现金流量的结构，可以识别企业的现金流主要来源于经营活动，还是依赖于投资和筹资，如果企业的现金流过多地依赖于处置、出售经营性固定资产取得的收入或者借款，那么企业的持续经营能力和盈利能力不容乐观；通过现金流量的趋势分析，可以识别企业的盈利质量，虚构交易和利润的企业，资产负债表和利润表上显示了可观的净利，但是现金流量净增加额却很低，经营活动现金流入长期落后于净利，大幅度地背离主营业务收入，利润没有相应的现金流支持，盈利质量堪忧；通过分析现金流量的比率，可以识别企业剔除虚拟资产后的真实偿债能力。

1. 经营活动现金流量异常分析

将企业的盈利状况同现金流状况对比，可以看出企业的收益质量，如果企业通过虚增收入来包装利润，则虚增的收入很可能无法收回，导致企业的利润很高，而经营活动净现金流量却长期低于净利润，甚至为负。如某公司的财务数据如表 8.6 所示。

表 8.6　某公司 2001～2004 年现金流量简表

单位：万元

年　份	2001 年	2002 年	2003 年	2004 年
经营活动净现金流	－2 079	－558	12 410	13 468
投资活动净现金流	－12 344	－37 217	－25 592	－29 845
筹资活动净现金流	12 128	65 581	34 518	－10 191
现金净流量	－2 295	27 806	21 336	－26 558
主营业务收入	60 938	38 358	90 899	14 521
净利润	8 915	12 799	41 765	－39 444

这时，需注意其是否虚增收入，一般可以通过检查应收款项进一步核实。这是因为当企业通过虚增收入来包装利润，而经营活动净现金流量异常时，一般会伴随应收款项（包括应收账款、其他应收款、预付账款）的迅速增长，因为企业未收回的收入一般会在应收款项挂账。

2. 投资活动现金流量异常分析

企业的经营活动现金流量正常，但投资活动现金流出异常，也可能会有问题。此时应结合其他方面来考察，如可结合企业经营情况的变化和同行业情况。如某企业有如下财务数据，如表 8.7 所示。

表 8.7 某公司 2001～2004 年现金流量简表

单位:万元

年 份	2001 年	2002 年	2003 年	2004 年
经营活动净现金流	13 458	18 155	17 661	15 480
投资活动净现金流	－17 200	－29 639	－23 625	－69 892
筹资活动净现金流	22 975	18 736	8 282	52 712
现金净流量	19 229	7 252	2 318	－1 700
主营业务收入	26 020	31 610	30 412	28 653
净利润	11 607	14 726	9 083	4 817
吞吐量(万吨)	574.4	735.6	1 050.6	1 110.2

截至 2004 年末,该公司总资产 29.6 亿元,其中固定资产 18.5 亿元;同行业的另一公司 T,总资产 28.1 亿元,其中固定资产 17.5 亿元,2004 年 T 公司实现收入 10 亿元,而该公司只有 2.8 亿元。据此可判断此公司情况异常,有虚增固定资产投资、增加收入的可能。

【案例 15】

江苏阳光虚构营业现金流量

2008 年江苏阳光年报显示,江苏阳光 2008 年销售成本为 283 343 万元,比上年增加 19 000 万元,存货增加 38 050 万元,预付账款减少 109 453 万元(预付款减少额中的 65 477 万元是预付工程款),应付票据减少 48 632 万元,应付账款增加 9 440 万元。购买商品、接受劳务支付的现金为 65 892 万元,较上年的 115 172 万元减少 49 280 万元,减少 42.79%,经营活动产生的现金净流量为 113 004 万元,较上年的 52 155 万元增加 60 849 万元,增长 116.7%。

经分析,2008 年营业成本、存货增加,应付票据和应付账款减少,这四项因素使得购买商品、接受劳务支付的现金增加 97 050 万元,预付账款减少使得购买商品、接受劳务支付的现金减少 109 453 万元,两项合计使得购买商品、接受劳务支付的现金减少 12 403 万元,实际减少 49 280 万元,多计经营活动净现金流量 36 877 万元。另外,预付款减少额中的 65 477 万元是预付工程款,应作为投资现金流量,剔除该因素影响,少算经营现金流出 102 354 万元,2008 年实际经营活动现金流量只有 10 650 万元。

(2008 年江苏阳光涉嫌虚构经营活动现金流量[N].证券日报,2009-3-10.)

四、不良资产剔除法

由于虚构收入等原因，上市公司账面有很多资产可能是不良资产，如子公司长期亏损或业绩平平，这就怀疑该公司长期投资在减值；如果在建工程一直挂在账上，这也很可能是不良资产，尤其是工期长及过时的生产设备等。由于不良资产是导致上市公司虚盈实亏的重要原因，同时也是公司一个未引爆的"定时炸弹"，因此在对那些存在高额不良资产的上市公司进行年报分析时，对不良资产进行剔除分析就显得十分重要。在运用不良资产剔除法时，可以将不良资产总额与净资产比较，如果不良资产总额接近或超过净资产，即说明上市公司的持续经营能力可能有问题；同时也可以将当期不良资产的增加额与当期利润总额的增加额相比较，如果前者超过后者，说明上市公司当期的利润表可能有"水分"。

不良资产要逐项分析，现在上市公司往往乱投资(如对一些生物制药、电子商务的子公司)，所以很多长期投资实际上要提减值准备，有些投资根本就是子无虚有，对一些租赁、承包、托管子公司或分公司更要小心，租赁、承包、托管的背后往往是这个子公司或分公司不行了或根本就不存在。上市公司通过虚增固定资产和在建工程消化应收款项，对于固定资产虚构，要结合各种情况分析，如某家上市公司，一年就 1 个亿的销售额，但生产设备却值 3 个亿，如果是这样要等到猴年马月才能把成本收回来？——这里面蕴含的可能是这些生产设备根本就不值 3 个亿，这家上市公司虚增固定资产的同时，也把自己给套住了，因为每年要计提巨额折旧费，为了保配，必须虚增收入将虚增的折旧费消化掉。

例如，某公司在 2003 年的《董事会第×次会议决议及召开 2003 年第一次临时股东大会公告》中说明，鉴于公司的控股股东以往来账的形式所欠股份公司的债务 21 830 万元，董事会同意控股股东以其所属企业 A 房地产公司、B 公司经评估后的净资产来冲抵控股股东所欠股份公司债务，以减少关联交易金额。至 2003 年 6 月 30 日，A 房地产公司的账面总资产约 4 943 万元、账面净资产约 485 万元，2003 年上半年账面盈利 14.9 万元，B 公司的账面总资产约 885 万元、账面净资产约 829 万元，2003 年上半年账面盈利 13.3 万元。公司也可能突然注销巨额应收款项，造成该年度巨额亏损。这时，可能说明上市公司的应收款项质量极差，为避免账面难看，才与其他公司进行资产置换，这时，置入的资产质量或价值也是有疑点的(资产评估也可能存在问题)。

五、合并报表分析法

合并报表分析法，是指将合并会计报表中的母公司数和合并数进行比较分析，来判断上市公司公布的财务数据真实性的一种方法。有的上市公司采取的粉饰报表手法比较高明，为了逃避注册会计师和有关部门的审查，往往通过子公司或者“孙公司”来实现利润虚构。因此，仔细分析合并报表有时也能发现其中的疑点。此方法对于上市公司为集团母公司时较为有效。

以桂林集琦为例来说明合并报表分析法的运用。桂林集琦2000年中报显示，其主营业务收入同比增长118%，净利润同比增长187%，扣除非经常性损益后的每股收益同比增长247.7%。这些数据似乎告诉我们桂林集琦的报表值得信赖，但是在其合并利润表中，发现了疑点。

桂林集琦母公司2000年上半年的主营收入不到去年同期的1/3，营业利润更是出现了负值，而投资收益却激增了864%，是主营业务收入的两倍多，不符合常理。为此，我们可以追查其母公司投资收益的组成，并可发现母公司对南宁集琦荣高实业有限公司的投资收益高达4 065.9万元，远远超过了对其他子公司的投资收益。再追查下去可以发现南宁集琦荣高实业有限公司系桂林集琦在该会计年度购买股权而实现控股的，注册资本仅1 000万元，桂林集琦持股60%。也就是说，桂林集琦对该子公司的权益仅600万元，但6个月内就实现了4 000多万元的利润，这里显然存在重大疑点。因此，我们有较大的理由对桂林集琦的中报提出质疑。事实上，2000年中期业绩达到0.302元的桂林集琦，年终业绩却只有0.088元。

六、或有事项审查法

或有事项是指过去的交易或事项形成的一种状况，其结果须通过未来不确定事项的发生或不发生予以证实。常见的或有事项有：未决诉讼、未决索赔、税务纠纷、产品质量保证、商业票据背书转让或贴现、为其他单位提供债务担保等。

有些公司为了逃避投资者和注册会计师的目光，会隐瞒或有事项的发生。例如南华西自1997年以来，为集团公司及其关联公司提供贷款担保总额高达46 910万元；被第一大股东占用资金达63 287万元；为大股东提供担保的贷款中逾期部分已达10 400万元。公司对上述重大事件均没有及时披露，为此，公司及其董事、监事均遭到深交所的公开谴责。

大部分公司不敢像南华西那样完全隐瞒所发生的或有事项，但是，有的上市公司会采取其他手段企图蒙混过关。它们采取的手法包括：

(1) 或有事项的披露分散在年报的几个部分，没有按要求在财务报表附注的或有事项一栏集中披露。例如，隧道股份在或有事项一栏无披露事项，但在承诺事项中，则揭示出为子公司贷款担保8 100万元，为外单位贷款担保4.34亿元，共计5.15亿元(占净资产比例将近50%)。这就需要审查时认真阅读有关内容。

(2) 大部分公司没有披露或有负债可能对公司经营和财务产生的影响，这就要求审阅人先自己作出合理的判断，必要时应向相关部门进行调查与核实。

(3) 普遍没有对或有负债进行会计处理。根据会计准则的要求，如果很可能导致支付义务，且金额能够可靠计量的话，应该在“预计负债”科目下进行确认和计量，但目前在报表上确认或有负债的上市公司几乎没有。在这种情况下，注册会计师为了最大程度地减轻自身的审计责任，最好从谨慎性原则出发，在审计报告中对审计过程中认为有很大可能发生的或有损失予以说明。

七、偶然性因素排除法

这里的偶然性因素是指那些来源不稳定、不可能经常发生的收益或损失。常见的偶然性因素包括：补贴收入，营业外收入，债务重组收益，因会计政策变更或会计差错更正而调整的利润，发行新股冻结资金的利息等。通过偶然性因素排除法，将这些因偶然性因素发生的损益从企业的利润总额中剔除，能够较为客观地分析和评价上市公司盈利能力的高低和利润来源的稳定性。

例如上海汽车 2000 年利润总额中包含 3.67 亿元的投资收益，同比增加 128.3%，约占利润总额的 43.2%。这部分投资收益中很重要的一块是公司作为战略投资者参与一级市场新股配售获得的收益，这部分收益约在 1.7 亿元左右。由于今后作为战略投资者参与新股配售将鲜有机会，因此上海汽车明年很难再获取如此高的投资收益。所以在分析该公司年报时一定要把这个因素考虑在内。

八、重点会计科目分析法

上市公司进行报表粉饰时，常常运用的账户包括应收账款、其他应收款、其他应付款、存货、投资收益、无形资产、补贴收入、各项准备等会计科目。如果这些会计科目出现异常变动，必须认真对待。

例如：应收账款的异常减少，应收账款周转率严重偏离行业均值，应收账款增长幅度小于销售收入，甚至出现应收账款下降而销售收入增加的背离现象，可能的原因是：一是企业信用政策的调整，缩短信用期间；二是应收账款管理力度加大，回收能力上升；三是应收账款转入其他科目或记账串户；四是债务重组；五是压缩应收账款，如出售、剥离等；六是虚构交易和收入，虚增货币资金和销售收入却没有同时伪造应收账款，虚增货币资金的同时虚增存货、在建工程、固定资产等较难审计的项目，虚增经营活动现金流入的同时虚增经营活动现金流出或投资活动现金流出，将虚增的货币资金消化掉。

例如，“其他应收款”和“其他应付款”科目被注册会计师们戏称为“财务报表垃圾筒”和“利润调节器”。这两个科目主要用于反映除应收账款、预付账款、应付账款、预收账款以外的其他款项，在正常情况下，它们的期末余额不应过大。然而，在许多公司的报表中，它们的期末余额常常与“应收账款”、“预付账款”、“应付账款”和“预收账款”的余额不相上下，甚至超过这些科目的余额。一般而言，“其他应收款”主要用于隐藏潜亏，高估利润，而“其他应付款”主要用于隐瞒收入，低估利润。

九、审计意见分析法

对注册会计师出具的审计报告加以分析，也是识别财务报告舞弊的一个重要途径。分析审计报告时，应关注审计报告中所反映的意见类型，因为注册会计师所发表的审计意见类型直接反映了财务报告是否存在舞弊及其严重程度。关注非标准审计报告及管理层对此作出的说明，非标准无保留意见的审计报告往往蕴含着这家上市公司存在严重的财务问题，注册会计师往往不是不知道上市公司造假，但他们一般不会直接地指出上市公司造假，因此在措辞时往往避重就轻，非常委婉，用说明段和解释段内容暗示该公司存在严重财务问题。比如注册会计师强调“应收款项金额巨大”时，这时投资者就要注意可能这些应收款项很难收回或者是虚构的；注册会计师强调“主营收入主要来源于某家公司尤其是境外公司”时，这时投资者就要注意这些收入可能是虚构的。

案例分析

红光实业的虚假上市如下。

(1) “红光实业”的上市过程。

红光实业是成都红光实业股份有限公司的简称，1997 年 6 月在上海证券交易所上市，代码为 600083。其前身是国营红光电子管厂，始建于 1958 年，是在成都市工商行政管理局登记注册的全民所有制工业企业，该厂是我国“一五”期间 156 项重点工程项目之一，是我国最早建成的大型综合性电子束器件基地，也是我国第一只彩色显像管的诞生地。

经成都市体改委(1992)162 号文批准，1993 年 5 月，由原国营红光电子管厂以其全部生产经营性净资产投入，联合四川省信托投资公司、中国银行四川省分行、交通银行成都分行作为发起人以定向募集方式设立本公司。成都市科学技术委员会认定红光公司为高新技术企业(成科工字[1994]019 号文)，技术中心被国家经济贸易委员会、国家税务总局、海关总署认定为享受优惠政策的企业(集团)技术中心(国经贸技(1995)374 号文),1995 年 12 月被四川省人民政府、国家经济体制改革委员会(川府函[1955]517 号文)列为全国现代企业制度试点企业。经中国证监会证监发字[1997]246 号文和[1997]1247 号文批准,红光公司于 1997 年 5 月 23 日以每股 6.05 元的价格向社会公众发行 7 000 万股社会公股,占发行后总股本的 30.43%,实际筹得 4.1 亿元资金。

(2) 上市前的相关信息披露。

目前我国上市公司信息披露的方式与渠道中,"上市公告书"和"招股说明书"是主要部分。此外,相关渠道(从当时来看,主要是证券类报纸和电视、广播评论)的介绍与评论,也构成信息来源的一部分。但公司能否取得上市资格、公司新股发行价格的确定等,主要取决于由上市公司提供经相关中介机构认定的财务资料等信息。而这部分信息也构成了"上市公告书"和"招股说明书"的主体,因此下面对相关信息披露的介绍,主要基于红光实业上市前所公开披露的这两份文件。

在当时公司上市采取"总量控制,限报家数"的政策下,公司如果取得"稀缺"的"额度",则财务资料成为后期上市运作最为关键的因素:顺利通过中国证监会的批准并取得较好的发行价格。红光实业披露的经成都市蜀都会计师事务所审计的上市前三年销售收入和利润总额情况如表 8.8 所示。

表 8.8　红光实业上市前三年销售收入和利润总额

单位:万元

项　目 ＼ 年　份	1996 年	1995 年	1994 年
主营业务收入	42 492	95 679	83 771
利润总额	6 331	11 685	9 042
净利润	5 428	7 860	6 076

红光公司 1997 年 4 月(股票公司公开发行前一个月),进行了一次 1∶0.4 的缩股,将原来 4 亿股的总股数缩为 1.6 亿股。再按缩股后的股数对前三年净利润计算每股收益,倒算出 1994～1996 年的每股税后利润分别为 0.380 元、0.491 元、0.339 元;在此基础上,确定了每股 6.05 元的发行价格。

除财务信息外,关于拟上市公司的一些描述性信息也颇受关注,特别是关于该公司发展前景的信息。理论上,中国证监会不能也不应当批准一个没有发展前景的公司上市,因此,如何将拟上市公司的前景描述的"动听"且"诱人",是招股说明书和上市公告书的主要任务之一。从红光实业所提供的"招股说明书"和"上市公告书”中,我们可以发现,该公司是一家“前途光明灿烂”的电子企业。同时,按照招股说明书的格式要求,红光公司还提供了经会计师事务所审核的盈利预测数字:预计公司 1997 年度全年净利润 7 055 万元,每股税后利润(全面摊薄)0.306 3 元/股,每股税后利润(加权平均)0.351 3 元/股。

部分由于上述信息包装,再配合当时整个股票市场的大势,红光实业(600083)的上市认购中签率不足 2.8%,锁定认购资金 133 亿元。

(3) 中国证监会的调查结果。

红光实业(600083)1997 年 6 月初股票上市发行,募集了 4.1 亿元资金;当年年报披露亏损 1.98 亿元,每股收益为 -0.86 元。当年上市、当年亏损,开中国股票市场之先河。为此,中国证监会进行了调查,并公布了调查结果。

① 编造虚假利润,骗取上市资格。

红光公司在股票发行上市申报材料中称 1996 年度盈利 5 400 万元。经查实,红光公司通过虚构产品销售、虚增产品库存和违规账务处理等手段,虚报利润 15 700 万元,1996 年实际亏损 10 300 万元。

② 少报亏损,欺骗投资者。

红光公司上市后,在 1997 年 8 月公布的中期报告中,将亏损 6 500 万元虚报为净盈利 1 674 万元,虚构利润 89 174 万元;在 1998 年 4 月公布的 1997 年年度报告中,将实际亏损 22 952 万元(相当于募集资金的 55.9%)披露为亏损 19 800 万元,少报亏损 39 152 万元。

③ 隐瞒重大事项。

红光公司在股票发行上市申报材料中,对其关键生产设备彩玻池炉废品率上升,不能维持正常生产的重大事实未作任何披露。

显然,如果红光公司事先如实披露其亏损和生产设备不能正常运行的事实,它将无法取得上市资格;即便取得了上市资格,上市募股,也很难取得成功。

④ 相关的法律诉讼与结果。

红光因报告巨额亏损,导致股价大跌,资本市场投资者损失惨重。此后,1998 年 12 月,上海股民姜女士向上海市浦东新区人民法院诉讼红光公司管理层;2000 年初,上海市民吴先生在成都再次起诉红光公司管理当局,但这两起诉讼都被以“起诉人的损失与被起诉人的违规行为无必然因果关系,该纠纷不属人民法院受理范围”为由,裁决不予受理。在股民自发起诉不予受理的同时,2000 年 1 月,成都市人民检察院指控以犯欺诈发行股票罪,向成都市中级人民法院提起公诉。2000 年 12 月 14 日,成都市中级人民法院以欺诈发行股票罪,判处红光公司罚金人民币 100 万元;有关责任人员何行毅、焉占翠、刘正齐、陈哨兵被分别判处 3 年以下有期徒刑。

（刘峰.制度安排与会计信息质量：红光实业的案例分析[J].会计研究，2001(7).）

试就本案例分析回答下列几个问题：

(1) 股票上市发行价格等于上市前三年平均每股税后利润×市盈率。如果市盈率为15倍，前三年每股收益平均值提高0.1元，则红光公司可多募集多少资金？

(2) 企业为了编造虚假利润，常用的手段有哪些？

(3) 会计信息失真产生的原因有哪些？（分别从上市公司管理当局和控股股东、各级政府和管理机构、中介机构、中国证监会几个方面进行探讨。）

第九章　审 计 报 告

第一节　审计报告的作用

一、审计报告的概念

审计报告是注册会计师根据审计准则的要求，在实施审计工作的基础上出具的，是用于对被审计单位财务报表发表审计意见的书面文件。审计报告是审计工作的最终成果，是对审计工作的全面总结，是向审计服务需求者传达所需信息的重要手段，也是表明注册会计师完成了审计任务并愿意承担审计责任的证明文件。

二、审计报告的作用

审计报告的意见是对财务报表数据的鉴证，它的意见类型对财务报表分析工作的准确性、真实性和完整性有着实质性的影响。由注册会计师签发的审计报告主要有签证、保护和证明三个方面的作用。

1. 签证作用

注册会计师签发的审计报告，是以超然独立的第三者身份，对被审计单位会计报表中所反映的财务状况、经营成果和现金变动情况是否合法、公允，会计处理方法前后期是否一贯发表自己的审计意见。这种客观意见，具有签证作用，使得有关方面能够通过阅读报告大致了解企业会计报表的可靠情况，并以此作为处理有关问题的重要依据。这种签证作用，得到政府及其各部门和社会各界的普遍认可。政府有关部门，如财政部门、税务部门等了解掌握企业的财务状况和经营成果的主要依据是企业提供的财务报表，财务报表是否真实、合法，主要依据注册会计师的审计报告作出判断；股份制企业的股东，主要依据注册会计师的审计报告来了解被投资企业财务状况和经营成果是否真实，以便进行投资决策等。

2．保护作用

注册会计师通过审计，可以对被审计单位出具不同类型意见的审计报告，以提高或降低会计报表信息使用者对会计报表的信赖程度，能够在一定程度上对被审计单位的财产所有者、债权人和企业利害关系人的利益起到保护作用。如投资者为了减少投资风险，在进行投资之前，必须要查阅被投资单位的会计报表和注册会计师的审计报告，了解被投资企业的经营情况和财务情况。投资者根据注册会计师的审计报告作出投资决策，可以减少其投资风险。这一点，在一个健康的股市中尤为明显。

3．证明作用

审计报告是对注册会计师审计任务完成情况及其结果所作的总结，它可以表明审计工作的质量并明确注册会计师的审计责任。因此，审计报告可以对审计工作质量和注册会计师的审计责任起到有力的证明作用。通过审计报告，可以证明注册会计师在审计过程中是否完成了必要的审计程序，是否以审计工作底稿为依据发表审计意见，发表的审计意见是否与被审计单位的实际情况相一致，审计工作质量是否符合要求。通过审计报告，可以证明注册会计师审计责任的履行情况。

必须指出，财务报表审计有其固有的局限性。原因来自于两个方面：被审计单位和审计人员。

从被审计单位因素来说，原因有三。

(1) 随着现代企业的扩展，经济活动日趋复杂，出于实际和经济的考虑或时间经费的限制或审计成本与效益的要求，注册会计师很难也不必像以前那样做到面面俱到。客观上要求注册会计师从详细检查向抽样审计转变，在这个过程中，由于覆盖面的减少，审计抽样误差和风险增多，注册会计师已不可能对审计对象的真实面貌作出完全肯定的评价和意见。

(2) 会计作为一种人工信息系统，是主观见诸于客观的活动，它不可能完全真实正确地反映客观存在的经营活动。会计主体本身所存在的一些尚未完全证明的假设(如币值不变、持续经营、会计期间等)和原则(如历史成本原则、配比原则、谨慎性原则等)，一定程度上限制了会计反映的客观性，并且这些假设和原则的某些内容已经随着社会经济的发展变化而发生动摇，从而进一步影响了会计这个人工信息系统的反映功能。因此，会计系统本身的这种反映的特征，决定了审计意见不可能超越这种特征所说明的现实,而将这种正确反映的有限性放大为无限性。

(3) 被审计单位管理舞弊和非管理舞弊客观存在,而现代审计不以查错防弊为主要目标,并且设计和执行审计计划并非以查错防弊为基础或依据。因此,未能查出精心策划的、影响较大的舞弊行为的风险就必然存在。

从注册会计师自身来说,原因有四。

(1) 注册会计师的工作受经济因素的限制。注册会计师只能花费合理的成本,并在一合理期间内完成审计工作,这种成本的限制使得注册会计师只能对会计记录及其支持性资料,执行有选择的测试或审查选出的样本。这可能产生不能发现报表所有错误、舞弊和违法行为的风险。即使没有这种局限性,也不能指望审计人员去发现所有经管理当局精心策划的串通舞弊行为。

(2) 注册会计师的工作受时间的限制。一般情况下,要求注册会计师在资产负债表日后四个月内,对会计报表签发审计报告。这一时间限制有可能使注册会计师对那些发生在编制资产负债表日期以后且可能影响会计报表的交易和事项,无法取得足够的证据。并且,对在编制报表当日存在的不确定事项,注册会计师也只能在相当短的时间里匆匆作出处理。

(3) 注册会计师的工作受编制财务报表所使用的既定框架的限制。这是由于:① 一般公认会计原则通常允许客户根据具体情况选择应用;② 估计是会计过程中的固有组成部分;③ 包括注册会计师在内,没有人能预计不确定事项的结果。因此,在正确性和确定性根本就不存在于会计报表之中时,审计就无法增加会计报表的这两个特征。

(4) 审计过程中有许多问题需要高度的专业判断,它们会因为注册会计师观察问题和分析问题的能力不高和问题本身的错综复杂性发生偏差。另外,因各种审计方法的特点和优缺点不同,其适用范围和运用方式也不同,因此,在运用这些不同审计方法时,由于组织协调和注册会计师熟悉程度的差别,可能会发生运用不当、配合失调的情况,因而造成工作失误。

由于财务审计自身的局限性,注册会计师出具的审计报告的作用也是有限的,所以,不能把注册会计师的审计报告作用无限扩大,不能认为注册会计师的审计报告是对被审计单位长期的、全部的经营管理活动的一种绝对的评价意见,也不能认为是对被审计单位持续经营、获利能力、偿债能力的一种保证。因此,在使用审计报告时必须明确这一点。注册会计师应当要求委托人按照审计业务约定书的要求使用审计报告。委托人或第三者因使用审计报告不当或误解审计报告所造成的后果,应由使用者或误解者负责,与注册会计师及其所在的会计师事务所无关。

三、审计报告的种类

审计报告可按不同标准进行分类。

1. 按照审计工作的范围和性质分

按照审计工作的范围和性质，可分为标准审计报告和非标准审计报告。

(1) 标准审计报告是指格式和措辞基本统一的审计报告。审计职业界认为，为了避免混乱，有必要统一报告的格式和措辞。因为每个审计报告的格式和措辞不一，使用者势必难以理解其准确含义。标准审计报告一般适用于对外公布的审计报告。

(2) 非标准审计报告是指格式和措辞不统一，可以根据具体审计项目的问题来决定的审计报告。它包括一般审计报告和对以综合审计为基础(而不是以公认会计原则为基础)编制的会计报表的审计报告、对会计报表中某些特定项目账户等发表意见的审计报告、对是否符合契约规定或管理法规规定发表意见的审计报告等特殊审计报告。非标准审计报告一般适用于非公布的审计报告。

2. 按照审计报告的使用目的分

按照审计报告的使用目的，可分为公布目的的审计报告和非公布目的的审计报告。

(1) 公布目的的审计报告，一般是用于对企业股东、投资者、债权人等非特定利益关系者公布的附送会计报表的审计报告。

(2) 非公布目的的审计报告，一般是用于经营管理、合并或业务转让、融通资金等特定目的而实施审计的审计报告。这类审计报告是分发给特定使用者的，如经营者、合并或业务转让的关系人、提供信用的金融机构等。

3. 按照审计报告的详略程度分

按照审计报告的详略程度，可分为简式审计报告和详式审计报告。

(1) 简式审计报告，又称短式审计报告，它是指注册会计师对应公布的会计报表进行审计后所编制的简明扼要的审计报告。简式审计报告反映的内容为非特定多数的利害关系人、共同认为的必要审计事项，它具有记载事项为法令或审计准则所规定的特征，具有标准格式。因而，简式审计报告一般适用于公布目的，具有标准审计报告的特点。

(2) 详式审计报告，又称长式审计报告，它是指对被审计单位所有重要的经济业务和情况都要作详细说明和分析的审计报告。详式审计报告主要用于帮助企业改善经营管理，故其内容要较简式审计报告丰富得多、详细得多。详式审计报告一般适用于非公布目的，具有非标准审计报告的特点。

4. 按照审计结论分

根据注册会计师对会计报表发表意见或无法发表意见的审计结论，审计报告可分为无保留意见的审计报告（包括标准无保留意见的审计报告和带强调事项段的无保留意见的审计报告）、保留意见的审计报告、否定意见的审计报告和无法表示意见的审计报告。审计报告还可以分为标准审计报告（亦即标准无保留意见的审计报告）和非标准审计报告两类。标准审计报告是指包括标准措辞的引言段、范围段和意见段的无保留意见的审计报告，不附加任何说明段、强调事项段或修正性用语。标准审计报告以外的其他审计报告统称为非标准审计报告。

四、审计报告与财务报表的关系

(1) 财务报表主要包括资产负债表、利润表、现金流量表、所有者权益变动表等，而报表的有关附注属于财务报表的有机组成部分。

(2) 审计报告是审计工作的结果。注册会计师以第三者身份，对企业或有关组织管理当局提供的财务报表进行检查，并对财务报表的合法性、公允性和一贯性作出独立鉴证，以增强财务报表的可信性。所以，审计报告只是注册会计师表述审计结论的手段，它本身不包括被审计企业或组织的财务信息或具体数据资料，不能代替财务报表。

注册会计师一旦在审计报告上签名并盖章，就表明对所出具的审计报告承担责任。审计报告是注册会计师对财务报表发表意见的书面文件，表明了对财务报表实施的审计工作和结论，因此，审计报告应当后附已审计的会计报表，以防止被审计单位替换、更改已审计财务报表，或审计报告使用人在缺乏已审计财务报表的情况下产生误解。

第二节　审计报告的内容和格式

一、国际审计准则对审计报告的内容要求

国际审计准则第 1 号《关于审计的目的和基本原则》和国际审计准则第 13 号《审计人员对会计报表的报告》中规定，注册会计师应当复核和评价从获得的审计证据中得出的结论，以此作为对财务资料表示意见的基础。这种复核和评价要包

括下述考虑：

（1）编制的财务报表是否运用了公认会计原则，其运用是否前后一致。

（2）同编制财务报表有关的财务资料，是否遵守了法规和法定要求。

（3）会计资料表达的观念，在总体上是否与审计人员对这个单位业务的了解相一致。

（4）对会计资料妥当表述有关的所有重要事项，是否作了足够的表达。

审计报告应当包含明确的以书面表示的对财务资料的意见。无保留意见表明注册会计师对上述事项在所有重要方面认为满意。当一定要表示保留意见、否定意见或拒绝表示意见时，审计报告应当以清楚的和有根据的方式陈述全部理由。

注册会计师报告的基本组成部分在国际审计准则第 13 号中有明确规定，注册会计师的报告应当包括下述基本组成部分：

（1）标题。

（2）收件人。

（3）确认会计报表已经被审计过。

（4）参照的审计准则应统一遵循的实务。

（5）对会计报表意见的表示或不表示。

（6）签字。

（7）注册会计师的地址。

（8）报告日期。

在注册会计师报告的形式和内容上，要有统一的规范，因为这样有助于增进阅读者的理解。注册会计师的无保留意见报告，通常由如下两段组成，一段说明他的审计范围，另一段表示他的意见。

关于标题，准则规定，应当使用一个适当的标题，例如“注册会计师的报告”等。这有助于阅读者识别出这是注册会计师的报告和易于同可能由其他方面例如管理人员提出的报告相区分。

关于收件人，准则规定，报告应当按照约定情况和当地规定的要求致送给适当的人。报告通常是致送给被审计单位的全体股东或董事会。

关于财务报表的确认，准则规定，报告应当确认财务报表已经过审计。这里应当包括单位的名称以及财务报表所包括的日期和期间。

关于参照的审计准则或实务，准则规定，报告应当指出审计进行中所遵循的审计准则或实务，是参照国际审计准则还是某一国家内制定的审计准则或实务。阅读者需要以此相信审计是遵照已经制定的准则或实务完成的。除非另作说明，即可推测出遵循的是注册会计师地址所表明的那个国家的审计准则或实务。

关于对财务报表的意见，准则规定，报告应当清楚地表明审计人员对被审计单位的财务状况及其经营成果的会计报表的意见。注册会计师审计报告中所表示的意见可以是：无保留意见、保留意见、否定意见或拒绝表示意见。

关于签字，准则规定，报告应当签署会计师事务所的名称，注册会计师本人的姓名，或两者并署，这都是恰当的。

关于注册会计师的地址，准则规定，报告应当有具体的地点名称，这通常是注册会计师所在城市的办公室。

关于报告日期，准则规定，报告应当注明日期，这样，可以告诉阅读者，注册会计师已经能够将他所知道的到那个日期为止所发生的事项或业务，对会计报表和对他的报告的影响作过考虑。

二、西方国家对审计报告的内容要求

美国对审计报告的要求是，必须表明审查范围，以及审计是否按一般公认审计原则进行。必须说明财务报表是否按一般公认会计原则公正地编制，以及是否与上年的会计原则相一致，必须对整体财务报表表示意见，或认为不能表示意见。除非另有规定，审计结果应当被披露。

加拿大对审计报告的要求是，必须依照审查范围对财务报表发表意见，或断言不能对财务报表发表意见（说明不能发表意见的理由）。该意见应该表明财务报表是否遵守一般公认会计原则，这种会计原则是否被一贯运用。

墨西哥对审计报告的要求是，必须依照审查范围，按独立性的一般公认会计原则，公正地对公司财务报表表示意见。

法国对审计报告的要求是，必须证实财务报告或告知读者财务报表未被证实。报告可以是有保留意见的，也可以是无保留意见的。如公司高级职员或公司董事与其他公司签订协议，可以要求再提交一份特别报告。以上报告均无标准格式。

荷兰对审计报告的要求是，法律对用语无规定，但荷兰注册会计师协会则要求考虑使用“真实和公正的观点”。按照商法典要求，必须在年会召开前15天向股东提交报告；必须在8天内向《商务公报》提供会计报表和审计报告，以便公众审查，不要求审计报告提及其他账目或公司事务；按照惯例，必须向管理者提供一份更详细的报告。

瑞士对审计报告的要求是，向一般股东大会提供短式报告，包括范围段和意见段，不必要用“真实和公正”用语，向董事会提供长式报告（附带详尽的审计情况报告）。向董事会提供特别报告（如舞弊行为等异常事件），以及在紧急时刻，向非常规股东大会提供口头报告。

英国对审计报告的要求是，包括审计范围段和意见段。按照章程必须对资产负债表（截止报告日真实、公正的报表数字）、损益表（真实、公正）以及账目（依公司法编写）发表意见。在例外项目中必须报告公司是否保存了适当的记录，从未审查的分支机构转来的收入是否适当、足额，资产负债表和损益表是否和记录一致，执业会计师是否得到所需的信息。

德国对审计报告的要求是，法律上有规定，即规范用语为“我（我们）按职业准则所审计的会计和年度会计报表是按照德国法律和公司章程编制的”。

日本对审计报告的要求是，必须说明审查范围。并对会计报表表达意见，表明财务报表是否公正地反映真实结果。另外，必须陈述未在当期会计报表中体现而将来严重影响会计报表结果的事件。

三、我国审计报告的内容

我国的独立审计报告有一个历史发展过程，国务院1986年7月发布的《中华人民共和国注册会计师条例》和财政部1988年12月印发的《注册会计师检查验证会计报表规则（试行）》中都称作是查账报告，以区分政府审计报告；1993年10月，全国人大常委会公布的《中华人民共和国注册会计师法》中才规定称作“审计报告”。

根据《中国注册会计师审计准则第1501号——审计报告》、《中国注册会计师审计准则第1502号——非标准审计报告》和《中国注册会计师审计准则第1503号——在审计报告中增加强调事项段和其他事项段》的规定，审计报告应当包括下列基本内容。

1. 审计报告的要素

所谓要素，是指构成事物的必要因素。如果要素不完整，审计报告就会出现缺陷，其法律效力就会受到怀疑。审计报告应当包括九项要素：① 标题；② 收件人；③ 引言段；④ 管理层对财务报表的责任段；⑤ 注册会计师的责任段；⑥ 审计意见段；⑦ 注册会计师的签名和盖章；⑧ 会计师事务所的名称、地址及盖章；⑨ 报告日期。

2. 标题

从国外情况看，审计准则要求注册会计师在出具审计报告时，标题应当带有“独立”字样，并在标题中使用“独立审计师”（注册会计师），以使注册会计师出具的审计报告区别于由其他审计师（如内部审计师和政府审计师）出具的报告（因为这些审计师不必遵守与独立审计师相同的职业道德要求），同时使财务报表使用人清楚了解注册会计师实施的审计工作在各个方面是没有偏见的。

审计报告的标题应当统一规范为“审计报告”。考虑到这一标题已广为社会公众所接受，因此，我国注册会计师出具的审计报告标题中没有包含“独立”两个字，但注册会计师在执行财务报表审计业务时，应当遵守独立性的要求。

3. 收件人

审计报告的收件人是指注册会计师按照业务约定书的要求致送审计报告的对象，一般是指审计业务的委托人。审计报告应当载明收件人的全称。

注册会计师应当与委托人在业务约定书中约定致送审计报告的对象，以防止在此问题上发生分歧或审计报告被委托人滥用。针对整套通用目的财务报表出具的审计报告，审计报告的致送对象通常为被审计单位的全体股东或董事会。

4. 引言段

审计报告的引言段应当说明被审计单位的名称和财务报表已经过审计，并包括下列内容：① 指出构成整套财务报表的每张财务报表的名称；② 提及财务报表附注；③ 指明财务报表的日期和涵盖的期间。

根据企业会计准则规定，整套财务报表的每张财务报表的名称分别为资产负债表、利润表、所有者(股东)权益变动表和现金流量表。此外，由于附注是财务报表不可或缺的重要组成部分，因此，也应提及财务报表附注。财务报表有反映时点的，有反映期间的，注册会计师应在引言段中指明财务报表的日期或涵盖的期间。

5. 管理层对财务报表的责任段

管理层对财务报表的责任段应当说明，按照适用的会计准则和相关会计制度的规定编制财务报表是管理层的责任，这种责任包括：① 设计、实施和维护与财务报表编制相关的内部控制，以使财务报表不存在由于舞弊或错误而导致的重大错报；② 选择和运用恰当的会计政策；③ 作出合理的会计估计。

在审计报告中指明管理层的责任，有利于区分管理层和注册会计师的责任，降低财务报表使用者误解注册会计师责任的可能性。

6. 注册会计师的责任段

注册会计师的责任段应当说明下列内容：① 注册会计师的责任是在实施审计工作的基础上对财务报表发表审计意见。注册会计师按照中国注册会计师审计准则的规定执行了审计工作。中国注册会计师审计准则要求注册会计师遵守职业道德规范，计划和实施审计工作以对财务报表是否不存在重大错报获取合理保证。② 审计工作涉及实施审计程序，以获取有关财务报表金额和披露的审计证据。选择的审计程序取决于注册会计师的判断，包括对由于舞弊或错误导致的财务报表重大错报风险的评估。在进行风险评估时，注册会计师考虑与财务报表编制相关的内部控制，以设计恰当的审计程序，但目的并非对内部控制的有效性发表意见。审计工作还包括评价管理层选用会计政策的恰当性和作出会计估计的合理性，以及评价财务报表的总体列报。③ 注册会计师相信已获取的审计证据是充分、适当的，为其发表审计意见提供了基础。

如果接受委托，结合财务报表审计对内部控制有效性发表意见，注册会计师应当省略第②项中"但目的并非对内部控制的有效性发表意见"的术语。

理解注册会计师的责任段内容时，应当注意以下几点：

第一段内容阐明注册会计师的责任、注册会计师执行审计业务的标准以及审计准则对注册会计师提出的核心要求。同时向财务报表使用者说明，注册会计师应当计划和实施审计工作以对财务报表是否不存在重大错报获取合理保证。不存在重大错报，是指注册会计师认为已审计的财务报表不存在影响财务报表使用者决策的错报。合理保证是指注册会计师通过不断修正的、系统的执业过程，获取充分、适当的审计证据，对财务报表整体发表审计意见，提供的是一种高水平但非百分之百的保证。

第二段内容阐明注册会计师执行审计工作的主要过程，包括运用职业判断实施风险评估程序、控制测试（必要时或决定测试时）以及实质性程序。同时向财务报表使用者说明，注册会计师的审计是建立在风险导向审计基础上的。在进行风险评估时，注册会计师考虑与财务报表编制相关的内部控制，以设计恰当的审计程序，但目的并非对内部控制的有效性发表意见。因此，审计报告对内部控制不提供任何保证。

第三段内容阐明注册会计师通过实施审计工作，获取了充分、适当的审计证据，具备了发表审计意见的基础。

7. 审计意见段

审计意见段应当说明财务报表是否按照适用的会计准则和相关会计制度的规定编制，是否在所有重大方面公允反映了被审计单位的财务状况、经营成果和现金流量。

财务报表审计的目标是注册会计师通过执行审计工作，对财务报表的下列方面发表审计意见：① 财务报表是否按照适用的会计准则和相关会计制度的规定编制；② 财务报表是否在所有重大方面公允反映了被审计单位的财务状况、经营成果和现金流量。因此，当注册会计师完成审计工作，获取了充分、适当的审计证据时，应当就上述内容对财务报表发表审计意见。

8. 注册会计师的签名和盖章

审计报告应当由注册会计师签名并盖章。注册会计师在审计报告上签名并盖章，有利于明确法律责任。《财政部关于注册会计师在审计报告上签名盖章有关问题的通知》(财会[2001]1035 号)明确规定："(1) 会计师事务所应当建立健全全面质量控制政策与程序以及各审计项目的质量控制程序，严格按照有关规定和本通知的要求在审计报告上签名盖章。(2) 审计报告应当由两名具备相关业务资格的注册会计师签名盖章并经会计师事务所盖章方为有效。① 合伙会计师事务所出具的审计报告，应当由一名对审计项目负最终复核责任的合伙人和一名负责该项目的注册会计师签名盖章。② 有限责任会计师事务所出具的审计报告，应当由会计师事务所主任会计师或其授权的副主任会计师和一名负责该项目的注册会计师签名盖章。"

9. 会计师事务所的名称、地址及盖章

审计报告应当载明会计师事务所的名称和地址，并加盖会计师事务所公章。根据《中华人民共和国注册会计师法》的规定，注册会计师承办业务，由其所在的会计师事务所统一受理并与委托人签订委托合同。因此，审计报告除了应由注册会计师签名并盖章外，还应载明会计师事务所的名称和地址，并加盖会计师事务所公章。

注册会计师在审计报告中载明会计师事务所地址时，标明会计师事务所所在的城市即可。在实务中，审计报告通常载于会计师事务所统一印刷的、标有该所详细通信地址的信笺上，因此，无需在审计报告中注明详细地址。此外，根据国家工商行政管理部门的有关规定，在主管登记机关管辖区内，已登记注册的企业名称不得相同。因此在同一地区内不会出现重名的会计师事务所。

10. 报告日期

审计报告应当注明报告日期。审计报告的日期不应早于注册会计师获取充分、适当的审计证据(包括管理层认可对财务报表的责任且已批准财务报表的证据)，并在此基础上对财务报表形成审计意见的日期。

注册会计师在确定审计报告日期时，应当考虑：① 应当实施的审计程序已经完成；② 应当提请被审计单位调整的事项已经提出，被审计单位已经作出调整或拒绝作出调整；③ 管理层已经正式签署财务报表。

审计报告的日期非常重要。注册会计师对不同时段的资产负债表日后事项有着不同的责任，而审计报告的日期是划分时段的关键时点。在实务中，注册会计师在正式签署审计报告前，通常把审计报告草稿和已审计财务报表草稿一同提交给管理层。如果管理层批准并签署已审计财务报表，注册会计师即可签署审计报告。注册会计师签署审计报告的日期通常与管理层签署已审计财务报表的日期为同一天，或晚于管理层签署已审计财务报表的日期。在审计报告日期晚于管理层签署已审计财务报表日期时，注册会计师应当获取自管理层声明书日到审计报告日期之间的进一步审计证据，如补充的管理层声明书。

注册会计师出具的审计意见，一方面对上市公司本身以及资本市场上广大投资者的投资决策产生重大影响，另一方面也直接关系到注册会计师审计质量的优劣。因此，探究注册会计师出具审计报告意见的类型，有利于人们客观地把握和评价注册会计师的质量，进而使注册会计师的意见可以真正为上市公司和资本市场上广大投资者发挥正面的积极导向作用。审计报告是注册会计师根据独立审计准则的要求，在实施必要的审计程序后出具的，用于被审计单位年度会计报表发表审计意见的书面文件。而审计意见则是注册会计师对被审计单位财务报表是否按照使用的会计准则和相关会计制度的规定编制，是否在所有重大方面都公允，反映了被审计单位财务状况、经营成果和现金流量的客观公正评价。

根据注册会计师对会计报表发表意见或无法发表意见的审计结论，审计报告可分为无保留意见的审计报告（包括标准无保留意见的审计报告和带强调事项段的无保留意见的审计报告）、保留意见的审计报告、否定意见的审计报告和无法表示意见的审计报告。审计报告还可以分为标准审计报告（亦即标准无保留意见的审计报告）和非标准审计报告两类。标准审计报告是指包括标准措辞的引言段、范围段和意见段的无保留意见的审计报告，不附加任何说明段、强调事项段或修正性用语。标准审计报告以外的其他审计报告统称为非标准审计报告。

1. 无保留意见的审计报告

无保留意见的审计报告是最普遍的审计报告。据国外文献统计，注册会计师出具的审计报告90%以上都是无保留意见的审计报告，我国的比例可能低一些，主要与企业的质量有关。如果注册会计师认为会计报表符合合法性与公允性，审计范围没有受到限制，且不存在应当调整或披露而被审计单位未予调整或披露的重要事项时，应当出具无保留意见的审计报告。在决定出具无保留意见的审计报告时，如果认为审计报告不必附加任何说明段、强调事项段或修正性用语，注册会计师应当出具标准无保留意见的审计报告，即标准审计报告。

2. 保留意见的审计报告

保留意见适用于被审计单位没有遵守国家颁布的企业会计准则和相关会计制度的规定，或注册会计师的审计范围受到限制。只有当注册会计师认为会计报表就其整体而言是公允的，但还存在对会计报表产生重大影响的情形，才能出具保留意见的审计报告。如果注册会计师认为所报告的情形对会计报表产生的影响极为严重，则应出具否定意见的审计报告或无法表示意见的审计报告。因此，保留意见的审计报告被视为注册会计师在不能出具无保留意见的审计报告情况下最不严厉的审计报告。

审计报告准则中规定了应出具保留意见的审计报告的两种情形，其中如果会计政策的选用、会计估计的作出或会计报表的披露不符合国家颁布的企业会计准则和相关会计制度的规定，注册会计师在判断其影响是否重大时，应当考虑该影响所涉及的金额或性质并与确定的重要性水平进行比较。对于审计范围受到限制，通常涉及存货监盘的限制、应收账款函证的限制以及审计长期股权投资时无法获取被投资企业的已审计会计报表等。注册会计师因审计范围受到限制而出具保留意见的审计报告，取决于无法实施的审计程序对形成审计意见的重要性。注册会计师在判断重要性时，应当考虑有关事项潜在影响的性质和范围以及在会计报表中的重要程度。当注册会计师因审计范围受到限制而出具保留意见的审计报告时，意见段的措辞应当表明保留意见是关于对会计报表可能产生的影响而不是关于范围限制本身。

3. 否定意见的审计报告

只有当注册会计师确信会计报表存在重大错报和误导信息以致会计报表不符合国家颁布的企业会计准则和相关会计制度的规定，未能从整体上公允反映被审计单位的财务状况、经营成果和现金流量，注册会计师才可出具否定意见的审计报告。也就是说注册会计师应当依据充分、适当的证据，进行恰当的职业判断，确信会计报表不具有合法性与公允性时，才出具否定意见的审计报告。据文献统计，注册会计师一般很少出具否定意见的审计报告。

4. 无法表示意见的审计报告

只有当审计范围受到限制可能产生的影响非常重大和广泛，不能获取充分、适当的审计证据，以至无法确定会计报表的合法性与公允性时，注册会计师才可出具无法表示意见的审计报告。无法表示意见不同于否定意见，它仅仅适用于注册会计师不能获取充分、适当的审计证据。如果注册会计师发表否定意见，必须获得充分、适当的审计证据。无论无法表示意见还是否定意见，都只有在非常严重的情形下才采用。

【案例 1】

2011 年贵州茅台无保留审计意见报告

贵州茅台酒股份有限公司全体股东：

我们审计了后附的贵州茅台酒股份有限公司(以下简称贵公司)财务报表，包括 2011 年 12 月 31 日的资产负债表和合并资产负债表、2011 年度的利润表和合并利润表、2011 年度的现金流量表和合并现金流量表、2011 年度的所有者权益变动表和合并所有者权益变动表以及财务报表附注。

1. 管理层对财务报表的责任

编制和公允列报财务报表是贵公司管理层的责任。这种责任包括：① 按照企业会计准则的规定编制财务报表，并使其实现公允反映；② 设计、执行和维护必要的内部控制，以使财务报表不存在由于舞弊或错误导致的重大错报。

2. 注册会计师的责任

我们的责任是在执行审计工作的基础上对财务报表发表审计意见。我们按照中国注册会计师审计准则的规定执行了审计工作。中国注册会计师审计准则要求我们遵守中国注册会计师职业道德守则，计划和执行审计工作以对财务报表是否不存在重大错报获取合理保证。

审计工作涉及实施审计程序，以获取有关财务报表金额和披露的审计证据。选择的审计程序取决于注册会计师的判断，包括对由于舞弊或错误导致的财务报表重大错报风险的评估。在进行风险评估时，注册会计师考虑与财务报表编制和公允列报相关的内部控制，以设计恰当的审计程序，但目的并非对内部控制的有效性发表意见。审计工作还包括评价管理层选用会计政策的恰当性和作出会计估计的合理性，以及评价财务报表的总体列报。

我们相信，我们获取的审计证据是充分、适当的，为发表审计意见提供了基础。

3. 审计意见

我们认为，贵公司财务报表在所有重大方面按照企业会计准则的规定编制，公允反映了贵公司 2011 年 12 月 31 日的财务状况以及 2011 年度的经营成果和现金流量。

中国注册会计师：××× ×××

立信会计师事务所 中国 上海

2012 年 4 月 9 日

（贵州茅台(600519)2011 年年度报告[EB/OL]. 南京证券网(2012-04-11). http://www.njzq.com.cn/njzq/xwzx/xwzq_template.jsp? docId=2430717.）

【案例 2】

2011 年山西当代投资无保留并带强调事项段的审计意见报告

山西当代投资股份有限公司全体股东：

我们审计了后附的山西当代投资股份有限公司（以下简称山西当代）财务报表，包括 2011 年 12 月 31 日的资产负债表，2011 年度的利润表、现金流量表和股东权益变动表，以及财务报表附注。

1. 管理层对财务报表的责任

编制和公允列报财务报表是山西当代管理层的责任。这种责任包括:① 按照企业会计准则的规定编制财务报表,并使其实现公允反映;② 设计、执行和维护必要的内部控制,以使财务报表不存在由于舞弊或错误而导致的重大错报。

2. 注册会计师的责任

我们的责任是在执行审计工作的基础上对财务报表发表审计意见。我们按照中国注册会计师审计准则的规定执行了审计工作。中国注册会计师审计准则要求我们遵守中国注册会计师职业道德守则,计划和执行审计工作以对财务报表是否不存在重大错报获取合理保证。

审计工作涉及实施审计程序,以获取有关财务报表金额和披露的审计证据。选择的审计程序取决于注册会计师的判断,包括对由于舞弊或错误导致的财务报表重大错报风险的评估。在进行风险评估时,注册会计师考虑与财务报表编制和公允列报相关的内部控制,以设计恰当的审计程序,但目的并非对内部控制的有效性发表意见。审计工作还包括评价管理层选用会计政策的恰当性和作出会计估计的合理性,以及评价财务报表的总体列报。我们相信,我们获取的审计证据是充分、适当的,为发表审计意见提供了基础。

3. 审计意见

2011 年度报告,我们认为,山西当代财务报表在所有重大方面按照企业会计准则的规定编制,公允反映了山西当代 2011 年 12 月 31 日的财务状况以及 2011 年度的经营成果和现金流量。

4. 强调事项

我们提醒财务报表使用者关注,如财务报表附注所述,山西当代 2011 年度发生亏损计人民币 23 970 128. 10 元,截至 2011 年 12 月 31 日累计亏损计人民币 260 147 159. 17 元;于 2011 年 12 月 31 日,山西当代流动负债总额高于流动资产总额计人民币 69 532 728. 92 元;山西当代 2008 年 8 月 1 日根据国家环保要求全面停产,2011 年 3 月 29 日进行了经营范围的变更,截至审计报告日,主业正在转型中。这些情况表明,可能导致对山西当代持续经营能力产生重大疑虑的事项或情况存在重大不确定性。本段内容不影响已发表的审计意见。

中国注册会计师:××× ×××

天健正信会计师事务所有限公司 中国 北京

报告日期:2012 年 4 月 18 日

(ST 当代:2011 年年度审计报告[EB/OL]. 中财网(2012-04-20). http://www.cfi.net.cn/p20120420000469.html.)

【案例 3】

2011 年云南绿大地保留意见报告

云南绿大地生物科技股份有限公司全体股东：

我们审计了后附的云南绿大地生物科技股份有限公司(以下简称“绿大地公司”)财务报表，包括 2011 年 12 月 31 日的资产负债表和合并资产负债表，2011 年度的利润表和合并利润表、现金流量表和合并现金流量表、股东权益变动表和合并股东权益变动表以及财务报表附注。

1. 管理层对财务报表的责任

编制和公允列报财务报表是绿大地公司管理层的责任，这种责任包括：① 按照企业会计准则的规定编制财务报表，并使其实现公允反映；② 设计、执行和维护必要的内部控制，以使财务报表不存在由于舞弊或错误导致的重大错报。

2. 注册会计师的责任

我们的责任是在执行审计工作的基础上对财务报表发表审计意见。我们按照中国注册会计师审计准则的规定执行了审计工作。中国注册会计师审计准则要求我们遵守中国注册会计师职业道德守则，计划和执行审计工作以对财务报表是否不存在重大错报获取合理保证。

审计工作涉及实施审计程序，以获取有关财务报表金额和披露的审计证据。选择的审计程序取决于注册会计师的判断，包括对由于舞弊或错误导致的财务报表重大错报风险的评估。在进行风险评估时，注册会计师考虑与财务报表编制和公允列报相关的内部控制，以设计恰当的审计程序，但目的并非对内部控制的有效性发表意见。审计工作还包括评价管理层选用会计政策的恰当性和作出会计估计的合理性，以及评价财务报表的总体列报。

我们相信，我们获取的审计证据是充分、适当的，为发表审计意见提供了基础。

3. 导致保留意见的事项

(1) 2010 年 3 月 17 日，绿大地公司因涉嫌信息披露违规被中国证券监督管理委员会立案调查，截至 2012 年 4 月 24 日，尚未收到中国证券监督管理委员会相应的处罚决定，无法确定最终处罚结果对绿大地公司 2011 年度财务报表的影响。

(2) 如财务报表附注八所述，2011 年 8 月 17 日，绿大地公司收到昆明市检察机关《起诉书》(以下简称“前起诉书”)，经云南省公安厅直属公安局侦查终结，绿大地公司自 2004 年度至 2009 年度期间虚增资产 33 753.77 万元，虚增收入 49 932.30 万元，并以欺诈发行股票罪、违规披露重要信息罪追究被告单位绿大地公司刑事责任。2011 年 12 月 2 日，绿大地公司收到昆明市官渡区人民法院《刑事判决书》，判决绿大地公司犯欺诈发行股票罪，判处罚金人民币 400 万元。2012 年 1 月 31 日，公司收到昆明市人民检察院《刑事抗诉书》，对云南省昆明市官渡区人民法院判决书提出抗诉。2012 年 3 月 29 日，绿大地公司收到《云南省昆明市中级人民法院刑事裁定书》，撤销云南省昆明市官渡区人民法院(2011)官刑初字第 367 号刑事判决，发回原审昆明市官渡区人民法院重新审理。2011 年 4 月 16 日，绿大地公司再次收到昆明市检察机关《起诉书》(以下简称“后起诉书”)，后起诉书在前起诉书的基础上增加了被告人涉嫌伪造银行票证及销毁伪造会计凭证犯罪。绿大地公司在 2011 年年度财务报表中将上述虚增资产、收入对 2011 年度财务报表的影响进行了追溯调整，并在 2011 年度计提了 400 万元的预计损失。截至 2012 年 4 月 24 日，法院尚未对该案件开庭审理。最终的判决结果具有不确定性。无法确定最终判决结果对绿大地公司 2011 年度财务报表的影响。

4. 保留意见

我们认为，除“3. 导致保留意见的事项”段所述事项可能产生的影响外，绿大地公司财务报表在所有重大方面按照企业会计准则的规定编制，公允反映了绿大地公司 2011 年 12 月 31 日的财务状况以及 2011 年度的经营成果和现金流量。

中国注册会计师：××× ×××

山东正源和信有限责任会计师事务所 中国 济南

2012 年 4 月 24 日

(云南绿大地生物科技股份有限公司 2011 年年度审计报告[EB/OL]. 新浪财经网(2012-04-26). http://vip.stock.finance.sina.com.cn/corp/view/vCB_AllBulletinDetail.php? gather=1&id=902321.)

【案例 4】

2011 年 *ST 广夏(000557)无法表示意见报告

广夏(银川)实业股份有限公司全体股东：

我们接受委托，审计后附的广夏(银川)实业股份有限公司(以下简称“广夏实业公司”)财务报表，包括 2011 年 12 月 31 日的合并及母公司资产负债表，2011 年度的合并及母公司利润表、合并及母公司现金流量表和合并及母公司股东权益变动表以及财务报表附注。

1. 管理层对财务报表的责任

编制和公允列报财务报表是广夏实业公司管理层的责任，这种责任包括：① 按照企业会计准则的规定编制财务报表，并使其实现公允反映；② 设计、执行和维护必要的内部控制，以使财务报表不存在由于舞弊或错误导致的重大错报。

2. 注册会计师的责任

我们的责任是在按照中国注册会计师审计准则的规定执行审计工作的基础上对财务报表发表审计意见。但由于“3. 导致无法表示意见的事项”段中所述的事项，我们无法获取充分、适当的审计证据以为发表审计意见提供基础。

3. 导致无法表示意见的事项

(1) 广夏实业公司已资不抵债，主要经营性资产已被法院拍卖。广夏实业公司已于2010年9月16日被宁夏回族自治区银川中院裁定进入重整程序。2011年12月9日，广夏实业公司管理人收到银川中院作出的(2010)银民破字第2-4号《民事裁定书》，裁定批准《广夏(银川)实业股份有限公司重整计划》。重整计划拟定以宁夏宁东铁路股份有限公司及(或)其关联方为广夏实业公司的重组方。资产重组方案和重组方的最终确定尚未召开股东大会进行审议表决和经中国证监会批准，故我们无法判断广夏实业公司继续按照持续经营假设编制的2011年度财务报表是否合理。

(2) 我们无法实施必要的审计程序，以针对广夏实业公司财务报表所反映的应收广夏(银川)贺兰山葡萄酿酒有限公司人民币16 194.83万元款项的存在性及可收回金额，以及按50%比例计提坏账准备金获取充分、适当的审计证据。

(3) 截至2011年12月31日，广夏实业公司纳入合并范围的子公司宁夏大展房地产开发有限公司存货余额493.56万元，账面价值493.56万元；广夏(银川)贺兰山葡萄酒销售有限公司存货余额404.93万元，跌价准备404.93万元；宁夏金色枸杞产业开发有限公司存货余额45.68万元，跌价准备45.68万元。合计上述存货余额为944.17万元，跌价准备为450.61万元，账面价值为493.56万元，占年末资产总额的4.61%。我们无法实施存货的监盘程序，亦无法实施其他替代审计程序，以对年末存货的数量和状况获取充分、适当的审计证据。

(4) 广夏实业公司纳入合并范围的子公司截至2011年12月31日预收账款余额合计617.52万元，其中：账龄2～3年115.94万元，3年以上501.58万元，我们未能通过实施函证等审计程序获取预收账款长期挂账合理性的充分、适当的审计证据。

4. 无法表示意见

由于“3. 导致无法表示意见的事项”段所述事项的重要性，我们无法获取充分、适当的审计证据以为发表审计意见提供基础，因此，我们不对广夏实业公司财务报表发表审计意见。

中国注册会计师：××× ×××

希格玛会计师事务所有限公司 中国 西安

2012年4月19日

（广夏（银川）实业股份有限公司2012第三季度报告[EB/OL]. 证券时报网（2012-10-23）. http://epaper.stcn.com/paper/zqsb/html/epaper/index/content_413258.htm.）

四、审计报告的合理使用

阅读财务报告首先应当注意审计意见的类型，如果是非标准的无保留意见审计报告，说明财务报告的信息质量可能存在问题，但应注意审计意见所指问题的具体内容；如果是标准的无保留意见审计报告，报表的使用者仍然应当分析得出自己对财务报告信息质量的判断，为此需要进一步关注会计师事务所的信誉、规模、为一家公司服务时间的长短、更换事务所的频率等。

值得注意的是，标准的无保留意见审计报告，也就是对公司财务报表是否按照遵循公认会计原则，是否公允反映公司的财务状况以及经营成果和现金流量的一个判断，即使一家企业按照公认会计准则编制报表，也可能存在问题。世界范围内认为公认会计原则存在以下三个问题，即：① 长久以来，利润几乎是考核公司业绩唯一重要指标，因此促使公司管理层和资本市场都在进行数字游戏；② 知识资本、技术秘诀、客户忠诚度等项目以及其他同样具有经济意义的无形资产在现行会计准则下很难定义为资产；③ 不能提供充分的价值创造信息。

【案例5】

纵横国际的两份拒绝意见审计报告

会计师事务所在查清纵横国际问题上起到至关重要的作用。最初是深圳天健信德会计师事务所，它拒绝对纵横国际的财务报告表示意见，而被公司解除长年的会计顾问；后来者是和纵横国际同在江苏的天华大彭会计师事务所，它依然对这位客户说出了“不”。江苏天华大彭会计师事务所对纵横国际2001年度的审计报告，认为公司存在5个方面的问题：

公司多年来成本核算不规范；公司治理结构方面存在重大缺陷，存在账外资金运作情况；公司确认销售收入的内控制度存在严重缺陷；公司资产账面价值存在不实现象；公司出口货款可回收性无法确定。

上市公司纵横国际这一段时间成了证券市场上关注的一个热点，2002年在股市上创造了不少“新纪录”：由于 2001 年度财务报告难产，它成了最后一家公布年报的上市公司，拖了两个多月；它是唯一一家两次戴上 ST，也就是特别处理帽子的上市公司；两家会计师事务所对它的 2001 年年报同时出具了拒绝表示意见的审计报告；纵横国际起先说 2001 年上半年每股收益是 0.3 元，后来调整为 0.02 元，等到全年财务报告时，则是 2001 年每股亏损 0.99 元。

纵横国际有限公司位于江苏省南通市原南通机床厂内。在 1998 年 8 月以前名叫南通机床，一直以机床为主打产品。但在江苏技术进出口公司进驻南通实施重组之后，作为优势项目注入的草地机械成为纵横国际的主营产品。以 1999 年为例，根据纵横国际公布的年报，当年共实现利润 6 219 万元，其中草地机械完成利润 2 988 万元，占总利润的 48%，在公司利润构成四项收入中排在首位。那么，草地机械有没有创造这么多利润呢？记者来到了位于南通市郊区的纵横国际草地机械公司。一位销售主管将记者带进了割草机生产车间。这里冷冷清清，在上班时间整个流水线上看不到一个工人。倒是地上堆放着不少品牌为草地王的割草机，看样子，这个车间更像是仓库。

33 寸割草机在国内市场不好销售，因为它是专为出口生产的。由于 33 英寸的割草机质量出现了很大的问题，所以在美国市场没有受到欢迎。

纵横国际在 1999 年 12 月到 2001 年 2 月期间出口美国的割草机及配件所发生的出口收汇有 24 笔逾期没有核销，合计未核销金额 5 107 771.24 美元。被处以 72 万元罚款。也就是说，有 4 000 多万元的割草机光有产品出口，没有收回外汇货款。这还不包括在 1999 年 12 月以前一年时间里的出口业务。

销到美国去的纯粹是作假的，苏泰克公司不是美国的公司，是纵横国际大股东开的公司。美国苏泰克公司的英文拼写和纵横国际的第一大股东江苏技术进出口公司的英文简称完全一样，苏泰克公司是纵横国际大股东，江苏技术进出口公司的美国子公司，纵横国际的所谓割草机出口美国其实是自买自卖的假出口。

纵横国际的割草机先是通过大股东出口给苏泰克公司，后来由纵横国际直接出口给苏泰克。截止到 2001 年停止出口，3 年的总销售额为 1 000 多万美元，合人民币 1 亿多元，以前作为销售收入已经全部反映在公司报表中，但由于在美国销售发生问题加上一些退货，所以实际拿到的货款没有账面上那么多。纵横国际公司在 2001 年度发生的草地机械等产品大量退货所涉及的销售收入是纵横国际管理部门通过编造销售合同，移库藏匿产品，虚开发票，虚构销售回款等手法形成的虚假收入。

草地机械在纵横国际财务报表中起这么大的作用，自然也是公司投重金发展的项目。2000 年 5 月，纵横国际增发了一次新股，按当时的承诺，投资计划最大的一项是草地机械的技术改造项目，要占到计划募集资金的一半以上。新股发行得很顺利，去掉发行费用以后，最后募集到 6 亿 7 000 万元。

按照纵横国际 2000 年的募股说明书中的投资计划，募集到的资金要拿出 2.64 亿元以上投到草地机械技术改造项目上，共有 10 个项目，都要在募集资金后一年内也就是 2001 年 5 月中旬之前完成建设。完成技术改造后，纵横国际的年生产割草机能力会达到 10 万台。那么在募集到资金以后，他们往草地机械技术改造项目上投入了多少呢？根据调查得到的资料实际是 2 000 多万元。

纵横国际把募集来的计划投资到草地机械技术改造项目上的 2.64 亿元资金到底投到哪里去了？根据天华大彭会计师事务所 2002 年 7 月 24 日送交中国证监会的情况说明，在 2000 年 5 月中旬完成增发新股募集资金以后，纵横国际公司从当年 6 月 1 日起到 2001 年，在金融资本市场上频繁进行账外资金运作。根据调查，纵横国际分别采取将定期存单质押和担保等方式从银行取得贷款高达十几亿元，其中大部分被转移到江苏技术的子公司波尔公司，进行证券买卖后将收益转移到江苏技术的另一个子公司同创公司。由此打造出一个周密的利润资金环。那么，纵横国际公司当时是怎么运作的呢？

资本运作由大股东专门有人在操作账外资金的运作。当时大股东从 2000 年募集资金到位以后多余下来的钱（由于募集资金不好去直接运作）先存入银行，存了银行后把这个订单拿去质押，贷出来的钱再进行资本运作。在天华大彭 2002 年 6 月进行审计以前，上述所有资金均为封闭运作。这一部分资金，一个是违规，没有按照募股资金规定的渠道去使用，没有经过董事会或者股东大会，没有经过相关的程序批准。而且这一部分资金是在账外，没有在纵横国际的会计报表内反映，它是在账外运作，违反会计法规。

（南通机床是如何"纵横"国际的？[EB/OL]. 经济半小时(2002-09-03). http://www.cctv.com/financial/jingji/sanji/diaocha/20020903/97.html.）

案例分析

A 和 B 注册会计师负责对 X 公司 20×7 年度财务报表进行审计，并确定财务报表层次的重要水平为 1 200 000 元。X 公司 20×7 年财务报告于 20×8 年 3 月 25 日获董事会批准，并于同日报送证券交易所。其他相关资料如下。

资料 1：X 公司未经审计的 20×7 年度财务报表部分项目的年末余额或年度发生额如表 9.1 所示。

表 9.1 财务报表部分项目

项 目	金额(万元)
资产总额	42 000
股本	15 000
资本公积	8 000
盈余公积	2 000
未分配利润	1 800
营业收入	36 000
利润总额	600
净利润	400

资料 2:在对 X 公司审计过程中,A 和 B 注册会计师注意到以下事项。

(1) X 公司会计政策规定,对应收款项采用账龄分析法计提坏账准备。确定的坏账准备计提比例分别为:账龄 1 年以内的(含 1 年,以下类推),按其余额的 15%计提;账龄 1~2 年的,按其余额的 40%计提;账龄 2~3 年的,按其余额的 60%计提;账龄 3 年以上的,按其余额的 80%计提。

X 公司 20×7 年 12 月 31 日未经审计的预收款项账面余额 23 445 000 元,明细情况如表 9.2 所示。

表 9.2 预收款项明细情况

账龄 客户名称	1 年以内	1~2 年	2~3 年	3 年以上
预收款项——a 公司	30 150 000			
预收款项——b 公司		2 100 000		
预收款项——c 公司	600 000		25 000	
预收款项——d 公司	−9 500 000			
预收款项——e 公司				70 000
小 计	21 250 000	2 100 000	25 000	70 000

(2) X 公司采用完工百分比法确认合同收入和合同费用,按累计实际发生的合同成本占合同预计总成本的比例确定合同完工程度。20×7 年 1 月,X 公司作为建筑承包商与建设单位签订一项总金额为 40 000 000 元的固定造价合同,预计

总成本为36 000 000元。20×7年度实际发生成本25 200 000元。20×7年末，预计为完成该项合同尚需在20×8年发生成本16 800 000元，该合同的结果能够可靠估计，但X公司在20×7年度尚未确认与该项合同相关的主营业务收入和主营业成本。

(3) 20×7年1月起，X公司开始研发一项产品专利技术，董事会认为研发该项目具有可靠的技术和财务等资源的支持，并且一旦研发成功将显著降低X公司的产品成本，因此予以批准。20×7年11月31日，该项专利技术达到预定用途，结转研发支出，确认无形资产。该无形资产的估计使用寿命为5年，净残值为零，并按直线法摊销。X公司在研发过程中发生材料费30 000 000元、工资费用6 000 000元、其他相关费用4 000 000元，共40 000 000元，其中符合资本化条件的支出为18 000 000元。X公司在20×7年度作了如下会计处理：在发生研发支出时，借记"研发支出——费用化支出"22 000 000元、"研发支出——资本化支出"18 000 000元，贷记"原材料"30 000 000元、"应付职工薪酬"6 000 000元、"银行存款"4 000 000元；在结转研发支出——费用化支出时，借记"管理费用"22 000 000元，贷记"研发支出——费用化支出"22 000 000元；在确认无形资产时，借记"无形资产"18 000 000元，贷记"研发支出——资本化支出"18 000 000元；在摊销该项无形资产时，借记"制造费用——专利技术"300 000元，贷记"累计摊销"300 000元。

(4) 20×6年2月，X公司与某广告代理公司签订广告代理合同，委托该公司承办产品广告业务，采用机场广告牌方式。广告代理合同约定：机场广告牌费用为14 400 000元。展示时间为20×6年2月至20×8年1月共两年，若因故在展示期间中止广告，则代理方应退还中止广告期间所对应的广告费用。X公司于20×6年7月一次全额支付该项广告费用，并全额记入20×6年度销售费用。A和B注册会计师在审计X公司20×6年度财务报表时认为，应自20×6年2月起的两年内平均分摊该项广告费用，提出借记"长期待摊费用"7 800 000元、贷记"销售费用"7 800 000元的审计调整建议。X公司调整了20×6年度财务报表，但未调整20×7年度相关账户和财务报表。

(5) X公司于20×7年8月取得了某外国上市公司18%的股权(不能实施控制，也无重大影响)，投资成本8 000 000元。在编制20×7年12月31日资产负债表时，X公司对该公司投资的账面价值按当日公允价值反映。20×8年3月24日，该外国上市公司因所在地发生地震造成其股票市场价值与20×7年12月31日相比下挫60%，从而导致X公司对该上市公司的股权投资遭受重大损失。

(6) 20×7年1月31日，X公司开发建成一栋商住两用楼盘，该商住楼所在地不存在活跃的房地产交易市场，20×7年年末未发生减值迹象。该商住楼的建造成本为 30 000 000 元，其中，一层商铺 12 000 000 元计划用于出租，其余楼层 18 000 000 元计划用于 X 公司办公。20×7 年 3 月 31 日，X 公司就一层商铺与某超市签订经营租赁合同，租赁期为 20×7 年 3 月 31 日至 20×9 年 3 月 30 日，租赁费用总额 1 440 000 元，自 20×7 年 4 月起按月结算。该商住楼预计使用年限为 30 年，预计净残值率为原值的 10%，按平均年限法计提折旧。X 公司于 20×7 年 1 月 31 日作了增加固定资产——商住楼 30 000 000 元的会计处理；于 20×7 年 2 月至 12 月计提了该商住楼折旧，作借记“管理费用——折旧费”825 000 元、贷记“累计折旧”825 000 元的会计处理；于 20×7 年 4 月至 12 月对该商住楼的租赁业务作了借记“银行存款”540 000 元、贷记“营业收入——其他业务收入”540 000 元的会计处理。

要求：

(1) 在资料 1 的基础上，如果不考虑审计重要性水平，针对资料 2 中事项(1)至事项(6)，请分别回答 A 和 B 注册会计师是否需要提出审计处理建议。

(2) 在资料 1 的基础上，如果考虑审计重要性水平，假定 X 公司分别只存在资料 2 的 6 个事项中的 1 个事项，并且拒绝接受 A 和 B 注册会计师针对事项(1)至事项(6)提出的审计处理建议(如果有)，在不考虑其他条件的前提下，请指出 A 和 B 注册会计师应当针对该 6 个独立存在的事项分别出具何种意见类型的审计报告。

(3) 在资料 1 的基础上，如果考虑审计重要性水平，假定 X 公司只存在资料 2 中的事项(4)，并且拒绝接受 A 和 B 注册会计师提出的审计处理建议(如果有)，在不考虑其他条件的前提下，请代编审计报告。

(4) 如果 ABC 会计师事务所对 X 公司 20×6 年度财务报表出具了非无保留意见的审计报告，且导致该非无保留意见的事项在 20×7 年度仍未解决，在这种情况下，假定不考虑其他因素，对 X 公司 20×7 年度财务报表应当出具何种意见类型的审计报告？

(5) 假定 A 和 B 注册会计师在 20×8 年 3 月 24 日阅读 X 公司其他信息时，发现与 X 公司 20×7 年度已审计财务报表存在重大不一致。假定不考虑其他因素：① 如果 A 和 B 注册会计师确定需要修改已审计财务报表而 X 公司拒绝，对 X 公司 20×7 年度财务报表应当出具何种意见类型的审计报告？② 如果 A 和 B 注册会计师确定需要修改应当采取何种措施？

参考答案如下。

(一) 调整分录

(1) 预收账款借方余额重分类调整为应收账款，并按规定计提坏账准备。

借:应收账款　　9 500 000

　贷:预收账款　　9 500 000

借:资产减值损失　　9 500 000×15% = 1 425 000

　贷:应收账款——坏账准备　　1 425 000

(2) 确认合同相关主营业务收入和成本。

完工进度为:25 200 000/(25 200 000 + 16 800 000) = 60%。

借:主营业务成本　　25 200 000

　贷:存货——工程施工(合同毛利)　　1 200 000

　　主营业务收入　　24 000 000

确认预计损失为:16 800 000 − 40 000 000×(1 − 60%) = 800 000。

借:资产减值损失　　800 000

　贷:存货跌价准备　　800 000

(3) 无形资产实际摊销计算错误,应为两个月的摊销。建议补记摊销。

借:制造费用——专利技术　　300 000

　贷:无形资产——累计摊销　　300 000

(4) 只调整 2006 年报表,未调 2007 年报表,影响 2007 年度费用和利润,应建议调整。

借:销售费用　　7 200 000

　贷:长期待摊费用　　7 200 000

(5) 资产负债表日后发生公允价值降低,属于非调整期后事项,建议披露。

(6) 商铺一层自 20×7 年 4 月开始属投资性房地产,4～12 月折旧应计入其他业务支出。

借:投资性房地产——商住楼　　12 000 000

　固定资产——累计折旧　　60 000

　贷:固定资产——商住楼　　12 000 000

　　投资性房地产——累计折旧　　60 000

借:其他业务支出　　270 000

　贷:管理费用——累计折旧　　270 000

(二) 意见类型

(1) 保留意见(虚减资产 9 500 000 − 1 425 000 = 8 075 000(元),占资产总额的 1.9%,虚增利润 1 425 000 元,占利润总额的 23.75)。

(2) 保留意见(虚减收入 2 400 万元,占收入总额的 6.67%,虚增资产 120 万元，虚增利润 60 万元）。

(3) 无保留意见（虚增资产和利润各 30 万元）。

(4) 否定意见（虚增利润 720 万元，虚增资产 720 万元，使亏损变成盈利）。

(5) 保留意见（投资下跌 480 万元，占资产总额的比例为 1.1%）。

(6) 保留意见（对资产及利润的影响额均低于重要性水平，但对个别资产类项目的分类有重大影响）。

（三）审计报告

审 计 报 告

X 股份有限公司全体股东：

（引言段略）

1. 管理层对财务报表的责任

（略）

2. 注册会计师的责任

（略）

3. 导致否定意见的事项

X 公司于 20×6 年 7 月一次全额支付 20×6 年 2 月至 20×8 年 1 月的机场广告费，并全额计入 20×6 年度的销售费用。我们认为，该项广告费用应自 20×6 年 2 月起的两年内平均摊销。X 公司调整了 20×6 年度财务报表，但未调整 20×7 年度财务报表。如果 X 公司对 20×7 年度财务报表进行相应的调整，则其 20×7 年末资产总额和利润总额均减少 780 万元，从而由盈利 600 万元变为亏损 120 万元。

4. 审计意见

我们认为，由于受到前段所述事项的重大影响，X 公司财务报表没有按照企业会计准则和《股份制企业会计制度》的规定编制，未能在所有重大方面公允反映 X 公司 20×7 年 12 月 31 日的财务状况以及 20×7 年度的经营成果和现金流量。

ABC 会计师事务所（盖章）　　中国注册会计师：A（签名并盖章）

中国注册会计师：B（签名并盖章）

中国××市　　2008 年 3 月 25 日

（四）是否影响本期数据

如果上期导致的事项影响本期财务数据，注册会计应当对本期财务报表发表非无保留意见；如果不影响本期数据，注册会计师仍应对本期财务报表整体发表非无保留意见。

（五）强调事项

（1）保留或否定意见审计报告。

（2）在审计报告中增加强调事项段，说明该重大不一致，或不出具审计报告、解除业务约定以及必要时征询法律意见。

参考文献

［1］ 中国注册会计师协会.会计[M].北京:中国财政经济出版社,2013.

［2］ 中国注册会计师协会.财务成本管理[M].北京:中国财政经济出版社,2013.

［3］ 中国注册会计师协会.审计[M].北京:中国财政经济出版社,2013.

［4］ 张瑞稳.会计学[M].合肥:中国科学技术大学出版社,2003.

［5］ 张先治.财务分析[M].5版.大连:东北财经大学出版社,2012.

［6］ 戴维·马歇尔,等.会计学:数字意味着什么[M].于长春,沈洁,译注.北京:人民邮电出版社,2012.

［7］ 简·R·威廉姆斯,等.会计学:企业决策的基础[M].杜美杰,译.北京:机械工业出版社,2010.

［8］ 查尔斯·亨格伦,等.财务会计教程[M].北京:华夏出版社,1998.

［9］ 周晓苏.会计学[M].大连:大连出版社,2008.

［10］ 裘伯英.会计学[M].北京:中国市场出版社,2007.

［11］ 荆新,刘兴云.财务分析学[M].北京:经济科学出版社,2010.

［12］ 葛家澍,等.会计学[M].3版.北京:高等教育出版社,2013.

［13］ 张新民,王秀丽.企业财务报告分析[M].北京:高等教育出版社,2006.

［14］ 朱小平,徐泓.工商企业会计学[M].北京:中国人民大学出版社,2007.

［15］ 陈信元.财务会计[M].4版.北京:高等教育出版社,2013.

［16］ 荆新,刘兴云.财务分析学[M].北京:经济科学出版社,2010.

［17］ 陆正飞,黄慧馨,李琦.会计学[M].2版.北京:北京大学出版社,2012.

［18］ 兰艳泽,车嘉丽.会计学[M].北京:科学出版社,2013.

［19］ 刘东明.企业会计学[M].北京:中国财政经济出版社,2010.

［20］ 于玉林.会计学[M].上海:格致出版社,2009.

［21］ 张跃进,张耘.会计政策及其选择[M].杭州:浙江人民出版社,2001.

［22］ 武晓玲,聂丽洁.会计学[M].3版.西安:西安交通大学出版社,2009.

［23］ 欧阳爱平.职业经理会计[M].杭州:浙江人民出版社,2001.

[24] 谢志华.财务分析[M].2版.北京:高等教育出版社,2009.

[25] 财政部会计资格评价中心.初级会计实务[M].北京:中国财政经济出版社,2013.

[26] Charles H Gibson. Accounting[M].5th ed.北京:清华大学出版社,2001.

[27] Charles H Gibson. Financial Reporting and Analysis: Using Financial Accounting Information[M].9th ed. Cincinnati: South-Western College Pub.,2003.

[28] Michael A Diamond. Financial Accounting[M].大连:东北财经大学出版社,1998.